Kurt Walchensteiner

Die Praxis der Befreiung des Bewusstseins

AF209716

Kurt Richard Walchensteiner ist Autor der Bücher "Die Suche nach dem Geheimnis des Bewusstseins", "Die Zeitalter des Menschen" und des zweibändigen Werks "Die Praxis der Befreiung des Bewusstseins". In seinen Büchern beschreibt er die Ordnung des Bewusstseins im Menschen. Nach Jahrzehnten der Forschung und der Meditation hat er dieses seit Jahrtausenden vergessene Wissen wiedergefunden und gibt es in Büchern, Seminaren, Webinaren und Online-Kursen weiter.

Website: bewusstsein.site

Kurt Richard
Walchensteiner

DIE PRAXIS DER
BEFREIUNG DES
BEWUSSTSEINS

Buch 2

Bibliografische Information der Deutschen Nationalbibliothek:
Die Deutsche Nationalbibliothek verzeichnet diese Publikation
in der Deutschen Nationalbibliografie;
detaillierte bibliografische Daten sind im Internet
über http://dnb.dnb.de abrufbar.

Verlag: BoD · Books on Demand GmbH, Überseering 33,
22297 Hamburg, bod@bod.de
Druck: Libri Plureos GmbH, Friedensallee 273,
22763 Hamburg

ISBN: 978-3-7597-9605-9

Inhaltsverzeichnis Buch 1

Inhaltsverzeichnis Buch 2

11. Die 2. Dimension des Bewusstseins – 681 –
Der Einfluss der Dunkelheit

12. Die 1. Dimension des Bewusstseins – 777 –
Die äußere Finsternis des Menschen

15. Die vorbereitenden Übungen für die 10. Dimension – 923 –

Die 4. Dimension des Bewusstseins

Die Korrektur des Menschen durch die Zeit

In der 4. Dimension ist das Bewusstsein des Menschen an die Zeit gebunden. Die Besonderheit der 4. Dimension besteht darin, dass sie einerseits zusammen mit der 8. Dimension den Geist des Universums bildet und andererseits als Dimension einen Bereich des Bewusstseins definiert. In diesem Kapitel geht es um die *verwaltenden Eigenschaften* der 4. Dimension.

Diese *Eigenschaften* betreffen den 3. der 5 Körper – den Körper der individuellen Korrektur. Er besteht hauptsächlich aus diesen *Eigenschaften*. Sie alle haben eine wesentliche Ausrichtung: die Bindung des Menschen durch die Zeit.

Viele Menschen glauben an ein gerechtes Schicksal oder an schicksalhafte Einflüsse, die im Menschen einen Lernprozess auslösen sollen. Das stimmt nicht oder nur teilweise.

Im Kapitel über die 7. Dimension habe ich bereits über Schicksalseinflüsse geschrieben, wenn Menschen sich freiwillig einer Instanz unterwerfen und ihr damit die Legitimation geben, regulierend einzugreifen. Diese Formen der Regulierung haben immer den Sinn, den Menschen weiterhin in das jeweilige religiöse oder weltliche System einzubinden.

Gerecht ist das Schicksal nur im Sinne der höheren Instanz dieser Religion oder Nation, nicht im Sinne des Menschseins. Auch die damit verbundenen Lernprozesse haben nur etwas damit zu tun, dass man sich z. B. der Gebote und Verbote einer Religion bewusster wird und sich intensiver damit beschäftigt. Mit einer tieferen Erkenntnis des Menschseins hängt dies nicht zusammen, im Gegenteil, der Mensch entfernt sich vielmehr von möglichen höheren Erkenntnissen.

Die Regulierung der 4. Dimension bezieht sich immer auf das Leben im physischen Körper. 64 *verwaltende Eigenschaften* korrigieren den Körper, die Gedanken und Gefühle wie jeden anderen Aspekt des Lebens im physischen Körper auf der Erde.

Schicksalsschläge, positive wie negative, haben die Tendenz, den Menschen tiefer in das physische Leben mit seinen religiösen und weltlichen Inhalten zu integrieren.

Eine weitere Möglichkeit der Einflussnahme ist die Willkür.

Der Glaube, ein positives Leben habe Auswirkungen auf das nächste Leben, ist weit verbreitet. Das physische Leben bildet die Grundlage für das nächste Leben in einem physischen Körper. Es gibt jedoch einen grundlegenden Unterschied zwischen einem nächsten Leben in den niederen Dimensionen und einem zukünftigen Leben in den höheren Dimensionen.

In den niederen Dimensionen steht das zukünftige Leben in direktem Zusammenhang mit dem letzten Leben. Hat sich ein Mensch einer Religion unterworfen, so hängt seine nächste Inkarnation unmittelbar mit den Instanzen dieser Religion zusammen. Ein zukünftiges Leben in den höheren Dimensionen hängt von der Verwirklichung des jeweiligen Bewusstseins ab. All das ist unabhängig davon, in welche Kultur, Religion oder Nation der Körper hineingeboren wurde. Man muss sich von all diesen Bindungen befreien. Verharrt man im Glauben einer Religion oder im Nationalbewusstsein, entscheidet man sich dazu, in den niederen Dimensionen zu bleiben. Zur Befreiung bedarf es eines höheren Bewusstseins.

Doch bevor man auf der Erde geboren wird, durchläuft man einen intensiven Prozess der Konfrontation mit sich selbst. Der Vorgang des Sterbens und der Geburt in einem neuen Körper ist sehr komplex. Nach dem Tod geht man gewissermaßen nach innen, in das innere All. Obwohl es dort keine Zeit im Sinne der 4. Dimension gibt, kann der Mensch diesen Zustand für eine lange Dauer erleben. Darüber werde ich in einem späteren Kapitel sprechen.

Die 64 *verwaltenden Eigenschaften* der 4. Dimension sind nicht daran gebunden, durch das Schicksal im Sinne einer höheren Instanz gerecht auf den Menschen einzuwirken oder nicht einzuwirken. Es spielt für sie keine Rolle, welcher Religion oder Nation ein Mensch angehört. Dieser Aspekt des Menschseins will sich nicht aus den Bindungen des Lebens auf der Erde lösen.

Es ist recht einfach, sich eine geistige *Eigenschaft* räumlich vorzustellen. Die betreffende geistige Substanz nimmt dann einen bestimmten Platz ein. Sich *Eigenschaften* in der Zeit vorzustellen, ist nicht so einfach.

Es gibt 20 *verwaltende Eigenschaften*[1] der 4. Dimension und des Körpers der individuellen Korrektur, die in der Zeit wirken. Sie greifen, bildhaft ausgedrückt, über den Fluss der Zeit korrigierend ein und lassen nur jene Veränderungen zu, die dem Leben im physischen Körper entsprechen. Die einzige Möglichkeit, sich von den Einflüssen der 4. Dimension zu lösen, ist die Erkenntnis.

Auch die 20 *verwaltenden Eigenschaften* sind keine äußeren Einflüsse, sondern stammen vom Menschen selbst. Sie bilden zusammen die Erfahrung der Zeit und wirken, solange sie nicht erkannt werden, aus dem Unterbewusstsein des Körpers der individuellen Korrektur. Das

---

[1] In der Religion der Maya werden diese *Eigenschaften* Nahuales genannt.

Geschehen in der Zeit, wie es der Mensch auf der Erde erlebt, wird durch sie definiert. Alle verwaltenden Eigenschaften der 4. Dimension sind natürlich in das Leben integriert.

Die Ordnung der 20 *verwaltenden Eigenschaften* der 4. Dimension

1. *verwaltende Eigenschaft*

Die Illusion von Freiheit – Diese *verwaltende Eigenschaft* definiert den Weg des Menschen als Individuum durch die Zeit, an die er gebunden ist. Grundsätzlich geht es um die Lebenserfahrungen, die der Mensch als Individuum macht. Die Zeit hat die Qualität der Veränderung, und dementsprechend initiiert sie die Veränderungen oder lässt sie zu. Diese korrespondieren mit dem Lebenslauf des Menschen im Sinne seines Körpers der individuellen Korrektur. Die 1. *Eigenschaft* beeinflusst den Menschen auch, sein individuelles Schicksal anzunehmen und sich dem Fluss der Zeit zu überlassen. Es geht nicht um Selbsterkenntnis, sondern um die Erfüllung und Annahme der Vorgaben der *Eigenschaften* des inneren Alls, denen gegenüber diese 1. *Eigenschaft* eine devote Haltung im Menschen fördert.

Gleichzeitig suggeriert sie dem Menschen, dass er sich entwickelt. Sie gaukelt ihm vor, als Individuum frei entscheiden zu können. In Wirklichkeit ist er an die 4. Dimension und an die Erde gebunden.[2]

2. *verwaltende Eigenschaft*

Das Gefühl im Zeitverlauf – Auf dem Weg durch die Zeit wirken Kräfte auf den Menschen ein, mit denen er sich auseinandersetzen muss. Diese Kräfte sind geistige Substanzen, die entweder von ande-

---

[2] In der Maya-Religion trägt diese *Eigenschaft* den Namen Ajpuu oder Ahau. Zuordnung als Nahual: Die Sonne.

ren Menschen, Lebensumständen oder *Eigenschaften* ausgehen. Die Wirkungsweise ist magnetisch. Der Mensch selbst verhält sich expansiv. Diese Gegensätzlichkeit führt in der Regel zu emotionalen Reaktionen, die stark oder schwach sein können. Häufig sind es emotionale Auseinandersetzungen mit Ereignissen, die den Menschen im Zeitverlauf betreffen.

Jede dieser gefühlshaften Berührungen im Laufe der Zeit gleicht einer Erinnerung aus der Dunkelheit. Man könnte diese Ereignisse als punktuelle Bindungen beschreiben. Jede Berührung einer Kraft zieht den Menschen zurück auf die Erde.[3]

3. *verwaltende Eigenschaft*

Die Intelligenz im Zeitverlauf – Durch die 3. *verwaltende Eigenschaft* erfährt der Mensch Inhalte durch den Fluss der Zeit. Man kann sich das so vorstellen, dass ein Mensch sich durch die Zeit bewegt und ihm Inhalte entgegenkommen. Bildlich gesprochen weht ihm ein Wind entgegen, der Wissen in sich trägt. Dieses entgegenkommende Wissen nimmt der Mensch auf, je nachdem, wie stark er mit dieser *Eigenschaft* verbunden ist. Durch sie besitzt er auch die Fähigkeit, eine Situation, die sich gerade ergibt, gut zu erkennen und zu analysieren.

Die Inhalte stammen von verschiedenen *Eigenschaften* der niederen Dimensionen. Jede Erkenntnis, die mit dieser 3. *verwaltenden Eigenschaft* verbunden ist, bindet den Menschen wieder an die Erde.[4]

---

[3] Diese *Eigenschaft* wird in der Maya-Religion als Imox oder Imix bezeichnet. Zuordnung als Nahual: Das Krokodil.

[4] Diese *Eigenschaft* trägt den Namen Iq oder Ik. Zuordnung als Nahual: Der Wind. Wenn man über diese *Eigenschaft* meditiert, dann hat man den Eindruck, dass die Intelligenz im Zeitverlauf an einen Wind erinnert. In ähnlicher Weise findet man bei allen Nahuales eine Erklärung für die jeweilige Zuordnung.

4. verwaltende Eigenschaft

Die willentliche Beeinflussung – Durch diese *verwaltende Eigenschaft* verbindet sich der Wille des Menschen mit den *Eigenschaften* der niederen Dimensionen. Diese Verbindung geschieht automatisch durch den Willen, den der Mensch bewusst einsetzt. Diese *Eigenschaft* beinhaltet einen aktiven und einen passiven Willen innerhalb der Zeitlinie. Dieser doppelte Wille berührt alle *Eigenschaften* der Dimensionen, ausgehend von der 4. Dimension.

Einerseits bewegt sich der Mensch willentlich auf die *Eigenschaften* zu. Andererseits werden die *Eigenschaften* beeinflusst, sich auf den Menschen zuzubewegen.

Der Wille des Menschen ist die Zeit. Auf diesem Zeitfluss beruht dieser doppelte Wille.

Jede Willensäußerung in Verbindung ist eine Annäherung an die *Eigenschaften* der niederen Dimensionen des inneren Alls. Will jemand z. B. etwas erreichen, so nähert er sich den entsprechenden *Eigenschaften*. Ebenso nähern sich ihm diese *Eigenschaften*.[5]

5. verwaltende Eigenschaft

Die Verbindung mit der Macht – Unter dem Einfluss dieser *verwaltenden Eigenschaft* erweitert der Mensch seinen Machtbereich. Veränderungen, die sich automatisch in der Zeit vollziehen, fallen zugunsten der persönlichen Macht aus. Betrachtet man das Wirken dieser *Eigenschaft* in der Zeit, so hat man zunächst den Eindruck, sie halte die Zeit an. Dieser 1. Eindruck täuscht, unabhängig davon, dass sie das nicht kann. Sie verhindert die Veränderung der materiellen und geistigen Substanzen. Es gleicht einer Stauung, welche die Materie daran hindert, sich durch die Zeit zu verändern. Die Identifizierung mit dieser

---

[5] Der Name in der Maya-Religion lautet Ak'ab'al oder Akbal. Zuordnung als Nahual: Die Nacht oder der Übergang von Tag und Nacht.

Stauung ist das, was die Menschen in diesem Fall als persönliche Macht definieren.

Diese *Eigenschaft* schafft Verbindungen zu möglichen Machtbereichen, die sich in der Zeit ergeben. Sie gleicht einer ständigen Ausbreitung auf der Erde durch Verbindungen zu anderen Menschen, zu materiellen Gütern, zu Wissen usw. Ihr Bestreben ist es, die Menschen auf der Erde durch diese Verbindungen zu binden. Materielle Macht bindet.[6]

6. *verwaltende Eigenschaft*

Die Abwehr der Dunkelheit – Das Thema dieser *verwaltenden Eigenschaft* ist die Abwehr von Einflüssen, die den Menschen im Laufe der Zeit berühren oder berühren könnten. Diese Form der Abwehr hat nichts mit Erkenntnis zu tun. Man kann sich das bildhaft so vorstellen, dass jemand etwas abwehrt, was hereinkommen will.

In vielen Augenblicken der Zeit dringen Substanzen ins Bewusstsein. Damit verbunden ist der Wunsch, sich von der Dunkelheit abzugrenzen, um nicht von ihr berührt zu werden. Die Menschen nehmen eine getrennte Position in der Zeit ein. Diese *Eigenschaft* bildet und verstärkt die Überzeugung, die Dunkelheit verdrängen zu müssen. Dadurch verhindert sie die Erkenntnis der Dunkelheit.

Durch diese *Eigenschaft* befinden sich die Menschen in der Zeit, bildhaft ausgedrückt, wie in einem abgegrenzten Tunnel. Die *Eigenschaft* schützt, wenn man so will, die Ränder. Man kann sich das wie eine schlangenförmige Bewegung durch die Zeit vorstellen, wobei der Körper der Schlange mögliche Einflüsse nach außen drängt.[7]

---

[6] Bei den Mayas bezeichnet man diese *Eigenschaft* als Nahual Kat oder Kan. Zuordnung als Nahual: Die Eidechse und die Spinne.

[7] Diese *verwaltende Eigenschaft* wird in der Maya-Religion als Nahual Kaan oder Chiccan bezeichnet. Zuordnung als Nahual: Die Schlange, der Drache.

7. *verwaltende Eigenschaft*

Die Kontrolle über die Erinnerungen – Diese *verwaltende Eigenschaft* führt im Laufe der Zeit dazu, dass einzelne Erlebnisse und geistige Substanzen, die einem Menschen im Leben begegnen, verschwinden. Manche Dinge vergisst man für immer, andere für eine gewisse Zeit. Diese *Eigenschaft* bestimmt die Erinnerungen an die Vergangenheit. Dabei kann es sich sowohl um positive als auch um negative Erinnerungen handeln. Traumatische Erlebnisse sind oft in einer Art mentaler Kapsel eingeschlossen, die eine konkrete Erinnerung verhindert. Grundsätzlich geht es dieser *Eigenschaft* darum, diese positiven und negativen Erinnerungen zuzulassen, welche die Bindungen auf der Erde stärken.

Durch diese *Eigenschaft* wirkt in der Zeit eine doppelte magnetische Kraft. Dieser Magnetismus bewirkt, dass Ereignisse und geistige Substanzen aus der Zeit verschwinden. Sie existieren in der Zeit nicht mehr. Man könnte sagen, sie sind tot. Durch diesen Magnetismus kontrolliert sie die Erinnerungen.[8]

8. *verwaltende Eigenschaft*

Die oberflächliche Stabilität – Diese *verwaltende Eigenschaft* definiert eine bestimmte Selbsterfahrung des Menschen durch die Zeit. Sie ist gefühlshaft und zugleich oberflächlich. Diese Wahrnehmung des Gefühls durch die Zeit suggeriert dem Menschen eine bestimmte Form von abgeklärter innerer Tiefe. Diese Selbsteinschätzung kommt durch die Bewegung der Zeit. Da sie sich aber an der Oberfläche der gefühlshaften Wahrnehmung befinden, erleben sie sich gleichzeitig als stabil. Diese oberflächliche Stabilität, verbunden mit der gefühls-

---

[8] Diese *Eigenschaft* heißt als Nahual Keme oder Cimi. Zuordnung als Nahual: Der Tod.

haften Bewegung durch die Zeit, birgt eine Selbsteinschätzung, die jede weitere Entwicklung verhindern möchte.

Durch diese *Eigenschaft* strömen, bildlich gesprochen, weiche geistige Substanzen durch die Zeit. Sie gleichen Wellen, die zwar ein wenig nachgiebig sind, aber ein tieferes Eintauchen verhindern. Auf ihnen bewegen sich die Menschen, die sich mit dieser *Eigenschaft* identifizieren, durch die Zeit.[9]

9. *verwaltende Eigenschaft*

Die Bindung an eine Erinnerung – Ein Merkmal dieser *verwaltenden Eigenschaft* ist die punktuelle Aufmerksamkeit des Menschen. Im Zeitverlauf bewirkt sie, dass sich der Mensch auf einen einzelnen Punkt im Raum konzentriert. In diesem Moment fließt die Kraft des Menschen dorthin und betont diese geistige Substanz oder dieses einzelne Ereignis. Die 9. *Eigenschaft* verleiht bestimmten Ereignissen eine besondere Bedeutung für den Menschen. Das kann ein Fest sein, ein Augenblick in der Natur oder ein Moment mit einem Menschen. Allen Ereignissen ist gemeinsam, dass sie durch das Merkmal hervorgehoben werden und dadurch in Erinnerung bleiben.

Bildhaft kann man sich vorstellen, wie jemand für einen kurzen Moment aus der Zeit fällt und sich an einen Punkt im Raum bindet. Im Hintergrund läuft die Zeit jedoch weiter. Wenn man sich wieder löst, kehrt man in die Normalität des Alltags zurück.[10]

---

[9] Der Name, den diese *Eigenschaft* in der Maya-Religion erhalten hat, ist Kiej oder Manik. Zuordnung als Nahual: Der Hirsch.

[10] Q'anil oder Lamat sind die Namen, welche diese *Eigenschaft* als Nahual in der Religion der Maya besitzt. Zuordnung als Nahual: Das Kaninchen, der Hase und allgemein das Thema Fruchtbarkeit.

10. *verwaltende Eigenschaft*

Die regulierende Beeinflussung – Durch diese *verwaltende Eigenschaft* ist es den verschiedenen Typen von *Eigenschaften* möglich, regulierend in den Zeitverlauf des Menschen einzugreifen. Diese Regulierung ist immer abhängig von dem System, dem sich ein Mensch unterworfen hat. Es geht in erster Linie darum, den Menschen im System zu halten. Was als schicksalhaftes Geschehen empfunden wird, geht oft auf einen willkürlichen Einfluss durch verschiedene *Eigenschaften* zurück. Regulierungen erfolgen meist im Sinne von Religionen oder spirituellen Lehren, denen sich der Mensch unterworfen hat.

Diese *Eigenschaft* ermöglicht im Fluss der Zeit den Einfluss der *Eigenschaften* auf den Menschen. Gleichzeitig suggeriert sie dem Menschen, dass es sich um Einflüsse handelt, die zu seinem Wohle geschehen. Oft können Menschen nichts dafür, was ihnen widerfährt.[11]

11. *verwaltende Eigenschaft*

Die bindende Gerechtigkeit – Das Grundthema dieser *verwaltenden Eigenschaft* ist Gerechtigkeit und Schutz. Der Bezugspunkt der Einflussnahme ist das Universum. Gerecht für sie ist, was den Ordnungen und Gesetzen des Universums entspricht. Wenn ein Mensch diese Anforderungen erfüllt, dann ist sein Leben im Sinne dieser *Eigenschaft* gerecht. Daraus ergibt sich der Schutz durch diese *Eigenschaft*. Sie dient dazu, die Einbindung des Menschen innerhalb dieser Systeme und Ordnungen zu erhalten. Dabei geht es nicht nur um die Gesetze der Erde selbst, die z. B. das Pflanzenwachstum betreffen. Es geht auch um die Einhaltung der Gesetze durch die Gesellschaft.

---

[11] Diese *Eigenschaft* wird in der Religion der Maya Tooj oder Muluc genannt. Zuordnung als Nahual: Das Karma des Menschen und die Hingabe der Haustiere.

Wer sich mit dem Universum identifiziert, erlebt die Zeit der 4. Dimension als Bestätigung seines Lebens. Vor allem will diese *Eigenschaft* die Unterordnung des Menschen und seine Identifizierung mit dem Universum. Durch ihre Einwirkung erfährt sich der Mensch als Teil davon. Er unterwirft sich den Umständen und damit auch den verschiedenen *Eigenschaften*.[12]

12. *verwaltende Eigenschaft*

Die Entwicklung im Sinne der 20 *verwaltenden Eigenschaften* der 4. Dimension – Der Mensch erfährt sich durch diese *verwaltende Eigenschaft* als außerhalb oder hierarchisch über der Erde und den Mitmenschen auf der Erde. Die *Eigenschaft* suggeriert die Vorstellung einer geistig höheren Position, in der er sich befindet. Betrachtet man jemanden, der diese Position eingenommen hat, so hat man den Eindruck, einen geistig weit entwickelten Menschen zu sehen. Im Grunde geht es aber darum, dass diese Person alle Anforderungen der 20 *verwaltenden Eigenschaften* der 4. Dimension erfüllt und sich diese Erfüllung in dieser Weise zeigt.

Innerhalb der verschiedenen Ordnungen der niederen Dimensionen finden sich Entwicklungsstufen. Diese hängen davon ab, wie intensiv und ausschließlich sich jemand mit den *Eigenschaften* identifiziert. In dieser Ordnung von 20 *verwaltenden Eigenschaften* definiert die 12. *Eigenschaft* die größte Identifizierung mit dieser Ordnung.[13]

---

[12] Ts'i oder Oc sind die Namen, welche diese Eigenschaft in der Maya-Religion erhalten hat. Zuordnung als Nahual: Der Schutz, die Gerechtigkeit und als Tier der Hund.

[13] In der Maya-Religion trägt diese *Eigenschaft* die Namen B'aatz oder Chuen. Zuordnung als Nahual: Die Verbindung zur Göttlichkeit, die Künste und als Tier der Affe.

13. *verwaltende Eigenschaft*

Die Bindung an das Licht des Universums – Durch diese *verwaltende Eigenschaft* wird der Weg des Menschen durch die Zeit mit Licht erhellt. Ebenso erhellt dieses Licht den Raum. Es ist wichtig zu verstehen, dass es sich um relatives Licht handelt. Betrachtet man es innerhalb der 4. Dimension, so erscheint es als Licht. Aus den Instanzen aller höheren Dimensionen erkennt man, dass es nicht Licht, sondern Dunkelheit ist.

Das Licht, von dem hier die Rede ist, entsteht durch positive Taten. Das Problem ist die Befriedigung, welche die Menschen dabei empfinden. Sie fühlen sich auf dem richtigen Weg und erkennen deshalb nicht die Bindung durch dieses Licht.[14]

14. *verwaltende Eigenschaft*

Die Bindung durch die Lebensbereiche – Der Einfluss der 4. Dimension auf den Menschen in seinem Umgang mit der Zeit bezieht sich auf die Wesenszüge der Wachsamkeit und Vorsorge in den verschiedenen Lebensbereichen. Zum einen geht es um die Wachsamkeit gegenüber der äußeren Umwelt und den Mitmenschen, zum anderen um die Wachsamkeit in Bezug auf die eigene Vorsorge. Hat man ein Dach über dem Kopf und kann man sorgenfrei leben? Ist man in diesem Leben geschützt? Je nach Kultur und Epoche werden diese Fragen unterschiedlich beantwortet. Die grundsätzlichen Themen des Lebens bleiben jedoch gleich.

Die Einbindung des Menschen in das Leben auf der Erde durch diese *Eigenschaft* wird von ihnen nicht als Bindung, sondern als selbstverständlicher Teil des Lebens angesehen. Der Mensch benötigt Ar-

---

[14] In der Maya-Religion wird diese *Eigenschaft* Ee oder Eb genannt. Zuordnung als Nahual: Die Straße oder der Weg.

beit, Wohnung und je nach Kulturkreis die dazugehörigen Lebensbereiche.[15]

15. *verwaltende Eigenschaft*
Die harmonische Dunkelheit – Diese *verwaltende Eigenschaft* führt die Menschen an Orte der Dunkelheit. Dies können Orte in der Natur oder religiöse und esoterische Orte sein. Diese Dunkelheit wird von den Menschen sehr intensiv erfahren. Auf der Erde wird den Menschen suggeriert, dass die Dunkelheit einen notwendigen Gegenpol zum Licht bildet. Dieses scheinbare Gleichgewicht zwischen dem Licht und der Dunkelheit auf der Erde wird als Harmonie erlebt.

Dieser Umgang mit der Dunkelheit führt nicht zur Befreiung von der Dunkelheit, um in höhere Dimensionen zu gelangen, sondern zur Akzeptanz der Dunkelheit. Der Mensch integriert die Dunkelheit in sein Leben. Diese *Eigenschaft* vermittelt den Menschen eine Form von harmonischer Dunkelheit.[16]

16. *verwaltende Eigenschaft*
Freiheit und Fülle – Diese *verwaltende Eigenschaft* beeinflusst die Menschen dahingehend, dass sie sich in ihrer Identifizierung mit dem Leben auf der Erde frei fühlen. Sie bewegen sich durch die Zeit und erleben diese Bindung als eine Möglichkeit, ihre Wünsche in ihrem Leben zu erfüllen. Sie lassen sich auf das physische Leben ein und sehen in der Erfüllung ihrer Wünsche keine Bindung, sondern Freiheit. Dass es immer Bindungen sind, die sie mit den *Eigenschaften* der

---

[15] Diese *Eigenschaft* wird als Nahual bei den Mayas Aaj oder Ben genannt. Zuordnung als Nahual: Der Mais.

[16] Diese *Eigenschaft* trägt als Nahual den Namen I'x oder Ix. Zuordnung als Nahual: Der schwarze Jaguar.

Dimensionen und des Universums eingehen, ist ihnen nicht nur unbekannt, es kommt ihnen auch nicht in den Sinn.

Die Zeit ist für diese Menschen ein Begleiter, der verschiedene Möglichkeiten eröffnet. Ihr Bewusstsein ist primär auf die Verwirklichung und Vermehrung von materiellem Reichtum und Fülle ausgerichtet. Auch darin sehen sie keine Fesseln. Im Gegenteil, es wird positiv, lichtvoll und als ein Zeichen höherer Entwicklung und größerer Freiheit angesehen.[17]

17. *verwaltende Eigenschaft*

Die Annahme der Vergangenheit – Die 17. *verwaltende Eigenschaft* beeinflusst die Menschen dahingehend, dass sie die Dunkelheit annehmen und sich mit ihr identifizieren. Diese Annahme bezieht sich auf alle Merkmale des Charakters und der Persönlichkeit. Der Mensch sieht sich als Produkt und Summe seiner physischen Vergangenheit in Verbindung mit seinen Eltern, Großeltern und Vorfahren. Sie erkennen darin die Grundlage ihres eigenen Lebens, das sie, davon sind sie überzeugt, nach ihrem eigenen Willen gestaltet haben. Zugleich akzeptieren sie die Bindung ihrer Freiheit an diese Vorgaben. Sie empfinden dies aber nicht als Einschränkung, sondern als Grundlage ihres Lebens. Sie fühlen sich frei.

Diese *Eigenschaft* manipuliert die Menschen dazu, sich in die Ordnungen des Universums mit allen seinen *Eigenschaften* und Raum-Bewusstseinen einzufügen und sie als Teil des Lebens anzunehmen. Sie hinterfragen das Leben nicht, sondern sehen es als Folge der Vergangenheit. Die Selbsterkenntnis dient nur der Bestätigung der Vergan-

---

[17] Die Mayas nennen diese *Eigenschaft* als Nahual Tz'ikin oder Men. Zuordnung als Nahual: Der Adler.

genheit, wie der Vergangenheit der Menschheit, der eigenen Vorfahren oder des eigenen Lebens.[18]

18. verwaltende Eigenschaft

Die distanzierte Betrachtung – Der Themenbereich dieser *verwaltenden Eigenschaft* ist die distanzierte Betrachtung aller Lebensumstände. Dies betrifft nicht nur die Lebensbereiche der Erde, sondern auch die Selbstbetrachtung des Menschen. Durch diese Distanz haben Menschen den Eindruck, eine gewisse Souveränität zu besitzen. Diesen Eindruck haben auch die Mitmenschen. Man kann sich jemanden vorstellen, der die Dinge aus dieser Distanz betrachtet und nicht von ihnen betroffen ist.

Diese *Eigenschaft* fördert die Illusion von Freiheit durch Distanz. Distanz wird mit Freiheit verwechselt. Gleichzeitig verhindert sie dadurch eine tiefere Erkenntnis der Gesetzmäßigkeiten und Ordnungen der Dimensionen. Sie suggeriert den Menschen, durch die distanzierte Betrachtung einen größeren Überblick über die Ereignisse und Dinge zu besitzen, die sich im Zeitverlauf zeigen.[19]

19. verwaltende Eigenschaft

Die willentliche Aufrechterhaltung – Unter dem Einfluss der 19. *verwaltenden Eigenschaft* der 4. Dimension ist der Mensch bestrebt, den gewohnten Zustand aufrechtzuerhalten. Als gewohnter Zustand wird das angesehen, was sich aus dem Zeitfluss innerhalb des Universums als Nächstes ergibt. Die Menschen empfinden diesen Einfluss, auch wenn sie sich dessen nicht bewusst sind, als inneren Halt. Für sie ist

---

[18] Der Nahual, wie die Mayas diese *Eigenschaft* bezeichnen, trägt den Namen Ajmac oder Cib. Zuordnung als Nahual: Die Ahnen und der Geier.

[19] Die Mayas nennen diese *Eigenschaft* als Nahual Noj oder Caban. Zuordnung als Nahual: Der Kojote und der Specht.

es selbstverständlich, diesen Zustand zu erhalten. Wenn sie mit Veränderungen in Berührung kommen, lassen sie diese nicht an sich heran. Auch wenn sie die Veränderung ablehnen, werden sie nicht involviert. Sie halten Distanz. Die Selbstverständlichkeit dieses Zustands verhindert eine tiefere Erkenntnis.

Diese *Eigenschaft* weckt in den Menschen eine latente Bereitschaft, den als natürlich empfundenen Zustand zu verteidigen. Fremden Ideen stehen sie distanziert gegenüber. Dabei sind sie den Menschen gegenüber nicht feindlich eingestellt. Die erwähnte Abwehr bezieht sich vor allem auf jeden möglichen Kontakt mit höheren Dimensionen. Wenn man es so ausdrücken will, verteidigen die mit dieser *Eigenschaft* verbundenen Menschen die Dunkelheit in sich gegen eine mögliche Einwirkung des Lichtes.[20]

20. *verwaltende Eigenschaft*

Die Bewahrung eines Zustands – Diese *verwaltende Eigenschaft* beeinflusst die Menschen dahingehend, dass sie in einem statischen Zustand innerhalb der Bewegung verharren. In diesem Zustand glaubt der Mensch, eine höhere Form der Entwicklung in sich verwirklicht zu haben. Sie manifestiert sich in ihnen als unveränderliche Gewissheit. Ob es sich dabei um eine alltägliche oder künstlerische Beschäftigung, eine philosophische Erkenntnis oder einen spirituellen Zustand handelt, ändert nichts an der Grundüberzeugung. Alle Bewegungen, die sich daraus ergeben, werden als Teil eines inneren Prozesses betrachtet. Die Gewissheit über den eigenen höheren Zustand ändert sich dadurch nicht.

Will man diesen Zustand bildhaft beschreiben, so gleicht er einem ruhenden Zentrum, um welches sich die Dinge bewegen. Diese *Ei-*

---

[20] Als Nahual wird diese *Eigenschaft* Tijaax oder Eznab genannt. Zuordnung als Nahual: Der Obsidian.

genschaft suggeriert dem Menschen ständig die Gewissheit der Überlegenheit. Wie bei allen 20 *verwaltenden Eigenschaften* der 4. Dimension ist die Erkenntnis der Bindung nicht einfach, so selbstverständlich zeigt sie sich.[21]

---

21 In der Religion der Maya heißt diese *Eigenschaft* Kawoq oder Cauac. Zuordnung als Nahual: Der Sturm.

Die Ordnung der 64 *verwaltenden Eigenschaften* der 4. Dimension

1. *verwaltende Eigenschaft*

Die Korrektur der 1. *verwaltenden Eigenschaft* wird durch das physische Leben auf der Erde definiert. Für sie nimmt es den Mittelpunkt im Leben eines Menschen ein. Jede Abweichung von dieser Ausrichtung wird korrigiert. Man kann sich dies bildhaft so vorstellen, dass jemand sein Leben in eins mit den Gesetzen der Erde verbringt und somit keine Korrektur erfährt. Wenn jemand diese Ordnung verlässt, kommt es zu Reaktionen, die korrigierend auf das Leben einwirken.

Es gibt viele *Eigenschaften*, die in dieser Ordnung ihren Platz haben. In erster Linie sind es die Gesetze der Naturwissenschaften, die das Leben regeln. Daraus ergeben sich Ordnungen für das berufliche, soziale und partnerschaftliche Leben. Zum Beispiel muss man arbeiten, um sich zu ernähren, oder es müssen die wirtschaftlichen Voraussetzungen gegeben sein. Auch die Genügsamkeit, um ein weiteres Beispiel zu nennen, fördert die Integration in das irdische Leben und verhindert in dieser Weise eine Korrektur.

2. *verwaltende Eigenschaft*

Die 2. *verwaltende Eigenschaft* betrifft die Korrektur des Lebens im Sinne der traditionellen sozialen Stellung. Es geht um die Stellung, die ein Mensch in der Gesellschaft und in einer Gemeinschaft einnimmt. Diese Position erbt der Mensch von seiner Familie. Lebt jemand innerhalb dieses Rahmens, kann er ein zufriedenes Leben führen. Versucht er auszubrechen, so wird er durch diese *Eigenschaft* und indirekt durch seine Mitmenschen korrigiert.

Dafür gibt es viele Beispiele, angefangen bei der Geburt. Jemand, der in ärmlichen Verhältnissen aufwächst, hat ganz andere Lebensvoraussetzungen als jemand, der in eine Familie mit viel Besitz und hohem Ansehen hineingeboren wird. Der Versuch, die ererbte Position zu verlassen und eine höhere Position einzunehmen, ist mit sehr viel Anstrengung verbunden. Diese *Eigenschaft* korrigiert die Menschen dahingehend, dass z. B. Reiche unter Reichen, Arbeiter unter Arbeitern, Adelige unter Adeligen und Gebildete unter Gebildeten bleiben. Gelingt es jemandem, seine Position z. B. wirtschaftlich zu verbessern, so kann es dennoch vorkommen, dass er von seinen Mitmenschen nicht akzeptiert wird.

3. *verwaltende Eigenschaft*

Die Korrektur der 3. *verwaltenden Eigenschaft* dreht sich um den Schlaf. Auf der Erde ist der Schlaf die Folge von Tag und Nacht durch die Drehung der Erde um sich selbst. Nachts werden die Menschen müde, weil das Licht der Sonne fehlt. Durch die astronomischen Bewegungen der Erde in Verbindung mit der Sonne ergibt sich im Jahreskreis eine mittlere Ordnung, in die sich der Mensch mit seinen Schlafbedürfnissen einfügt.

Die Korrektur dieser *Eigenschaft* betrifft das Schlafbedürfnis. Wenn jemand z. B. eine oder zwei Nächte nicht schläft, kommt es zu einer Korrektur. Die Menschen werden immer müder und erschöpfter. Jede Form von Schlafbedürfnis wird durch diese *Eigenschaft* reguliert. Auch hier kann es sehr anstrengend sein, sich auch nur für kurze Zeit willentlich von dieser Korrektur zu lösen.

4. verwaltende Eigenschaft

Die 4. *verwaltende Eigenschaft* korrigiert das Fühlen eines auf der Erde lebenden Menschen. Damit sind alle intuitiven, inspirativen und gefühlshaften Wahrnehmungen gemeint. Diese Gefühle können sich in allen Lebensbereichen oder Lebensthemen äußern. Durch diese Korrektur werden mögliche Gefühle höherer Dimensionen gewissermaßen gedeckelt. Sie liegen nicht im Spektrum möglicher Gefühle. Gleichzeitig verhindert oder beschränkt diese Korrektur intuitive Erkenntnisse höherer Dimensionen.

Die Korrektur betrifft auch alle außersinnlichen Wahrnehmungen, die normalerweise mit dem Geist möglich wären. Auch bei dieser *Eigenschaft* geht es um die Integration des Menschen in die 4. Dimension. Die Gefühle, die z. B. zur 11. Dimension gehören, sind gänzlich neu und gleichzeitig erschütternd.

5. verwaltende Eigenschaft

Die 5. *verwaltende Eigenschaft* korrigiert die Erfahrung der Freiheit. Das bedeutet, dass Menschen sich trotz ihrer sozialen, wirtschaftlichen und gesellschaftlichen Bindungen als frei definieren. Die in der 4. Dimension vorherrschenden Bindungen werden als Notwendigkeit und nicht als Einschränkung der Freiheit definiert. Je nachdem, in welcher Gesellschaftsordnung die Menschen leben, kann sich diese Einschätzung grundlegend unterscheiden. Was in dem einen Land als Einschränkung der Freiheit empfunden wird, bildet in einem anderen Land die Grundlage der Gesellschaft.

Auch die Bindung des Bewusstseins an die Gesetze der 4. Dimension wird nicht als Bindung erkannt. Sie bilden für die allermeisten Menschen die Ordnungen des Lebens.

6. verwaltende Eigenschaft

Die 6. *verwaltende Eigenschaft* betrifft die Veranlagung, die ein Mensch besitzt. Dazu gehört auch die sportliche Leistungsfähigkeit, die Menschen von Geburt an mitbringen. Grundsätzlich geht es um die Belastbarkeit des Körpers und damit des Menschen. Dies betrifft auch psychische Belastungen, die sich unterschiedlich auf den menschlichen Körper auswirken.

Grundsätzlich korrigiert diese *Eigenschaft* über den Körper das Leben des Menschen. So kann es z. B. sein, dass sich jemand ohne körperliche Ursache – z. B. körperlich anstrengende Arbeit – körperlich völlig erschöpft fühlt. Würde er sich jedoch überwinden und sich gegen diesen Einfluss körperlich betätigen, so würde er gleichzeitig die Erschöpfung überwinden.

7. verwaltende Eigenschaft

Die 7. *verwaltende Eigenschaft* des Körpers der individuellen Korrektur bezieht sich auf die Zufriedenheit des Menschen und damit gleichzeitig auf den Tatendrang. Sie bewirkt, dass der Mensch in seinem Erdenleben grundsätzlich zufrieden ist und nicht den Antrieb hat, sich von seinen Bindungen zu befreien. Dies hat unter anderem zur Folge, dass sich nur wenige Menschen ernsthaft auf die Suche begeben. Gleichzeitig können sich die Gesetze des Körpers der individuellen Korrektur ungehindert entfalten. In dieser *Eigenschaft* findet sich auch eine scheinbare Aktivität.

Im Leben auf der Erde zeigt sich Zufriedenheit bei den Menschen auf unterschiedlichen Ebenen. Die einen sind erst zufrieden, wenn sie eine gut bezahlte Position auf der Karriereleiter erreicht haben, die anderen brauchen nur ein Sofa und einen Fernseher. Alle Formen der Zufriedenheit werden reguliert.

8. verwaltende Eigenschaft

Die 8. *verwaltende Eigenschaft* bezieht sich auf die Einbindung des Menschen in ein religiöses System. Die Besonderheit dieser Korrektur betrifft das Selbstbewusstsein des Menschen. Je mehr sich der Mensch einer Religion oder einer spirituellen Lehre unterordnet, desto selbstbewusster wird er. Diese Korrektur bewirkt, dass sich die Menschen freiwillig unterordnen und in das System einfügen. Auch Opfer oder Gaben stärken das Selbstbewusstsein. Wie bei allen anderen *Eigenschaften* geht es auch hier um das Leben auf der Erde im Rahmen aller herrschenden Gesetze.

Je besser sich ein Mensch einfügt, desto weniger Probleme hat er in der Familie, in der Gemeinschaft und in der Gesellschaft. Das hier angesprochene Selbstbewusstsein erfüllt sich durch die Akzeptanz dieser Ordnungen der 4. Dimension. Der Mensch erfährt sich als wertvoller Teil der Gemeinschaft.

9. verwaltende Eigenschaft

Diese *verwaltende Eigenschaft* reguliert den Zustand des Bewusstseins zwischen den Gedanken. Wenn man beispielsweise über etwas nachdenkt, dann kommt es immer wieder zu Momenten der Ruhe, in welchen sich jemand nicht auf das Thema konzentriert, sondern in einen Zustand geht, den man allgemein als normal oder natürlich ansieht. In diesen kurzen Momenten greift diese *Eigenschaft* und lässt den Menschen das Bewusstsein des Körpers in eins mit der 4. Dimension als normal und natürlich erfahren.

Diese Korrektur stellt sicher, dass sich die Menschen auch dann, wenn sie sich in unbewussten Zuständen befinden, automatisch mit dem Bewusstsein des physischen Körpers und damit der 4. Dimension identifizieren.

10. *verwaltende Eigenschaft*

Diese *verwaltende Eigenschaft* definiert im Unterbewusstsein des Menschen positive Zustände, die mit der 4. Dimension verbunden sind. Hier findet sich das positive Erleben der Erde und des Universums. Dafür gibt es viele Beispiele. Der Blick von einem Berg in die Weite der Landschaft oder der Blick von einem Hochhaus auf die Stadt. Dabei geht es nicht um die Freude, sondern um den grundsätzlich positiven Zugang zur physischen Erde, wie er im Menschen durch diese *Eigenschaft* gespeichert ist. Diese Korrektur bewirkt, dass Menschen z. B. einen Sonnenuntergang positiv erfahren.

Ebenso führt diese Korrektur z. B. dazu, dass Menschen mit gleichen Interessen zusammenkommen. Wenn sich jemand mit einem bestimmten Thema beschäftigt, dann nähern sich ihm ebenso die gleichen oder ähnliche Inhalte in unterschiedlicher Form.

12. *verwaltende Eigenschaft*

Die Korrektur dieser *verwaltenden Eigenschaft* bezieht sich auf das Verhalten des Menschen im Umgang mit der Natur, insbesondere als Reaktion auf das Wetter. Dies betrifft vor allem die Temperatur. Der Mensch passt sich dem Wetter an und reguliert sich durch Kleidung und durch die Wohnung, die geheizt oder gekühlt werden kann. Auch das Aufsuchen von Schutzräumen vor Unwettern gehört dazu. Die Reaktion des Menschen auf die Einflüsse der Natur auf seinen Körper ist unterschiedlich, je nachdem, wie er damit umgeht.

Ein Aspekt dieser *Eigenschaft* ist auch die Korrektur des eigenen Verhaltens, z. B. bei Gefahr durch wilde Tiere. Immer geht es darum, negative oder positive Umwelteinflüsse mit geeigneten Mitteln zu korrigieren.

13. *verwaltende Eigenschaft*

Jeder Mensch hat unterschiedliche körperliche Voraussetzungen, Talente und Fähigkeiten. So unterschiedlich wie der Charakter ist auch der Verstand und die soziale Kompetenz. Die Korrektur betrifft die Gedanken im Sinne dieser Anlage. Die Gedanken werden reguliert und, wenn nötig, korrigiert. Die Korrekturen beziehen sich auf die Möglichkeiten, ein anderes als das vorgegebene Leben zu leben.

Durch diese *Eigenschaft* nähern sich nur solche Gedanken der Lebensgestaltung an, die den Vorgaben des Körpers entsprechen.

14. *verwaltende Eigenschaft*

Wenn jemand einen heißen Gegenstand berührt, reagiert er instinktiv und zieht die Hand rasch zurück. Diese instinktive Reaktion kann man auch beobachten, wenn jemand im Auto plötzlich in eine Gefahrensituation gerät und automatisch ausweicht. Es gibt unzählige Situationen, in denen diese *Eigenschaft* den Menschen vor Gefahren schützt oder in einer bereits bestehenden Gefahr den besten Ausweg findet.

Der physische Körper reagiert im Sinne des Körpers der Korrektur. Durch Ereignisse in der Vergangenheit, es können auch vergangene Inkarnationen sein, wird der Instinkt dieses Körpers beeinflusst. Manche Schicksalsschläge des Menschen sind durch diesen Körper vorgegeben. Es kommt auch zu Schicksalsschlägen durch das eigene Verhalten, durch das Verhalten der Mitmenschen oder durch Ereignisse in der Natur.

15. *verwaltende Eigenschaft*

Die 15. *verwaltende Eigenschaft* bezieht sich auf den Humor und das Lachen der Menschen. Viele andere menschliche Wesenszüge reagieren darauf. Die Grenzen des Humors sind bei den Menschen sehr unterschiedlich, und je nachdem, wo die Grenzen liegen, ergeben sich unterschiedliche Verhaltensmuster. Diese *Eigenschaft* nutzt den Humor als Korrektiv.

Wenn für jemanden die Grenze des Humors bei der eigenen Religion liegt, ergeben sich ganz andere Denkmuster als bei jemandem, der sehr wohl Witze über die Religion, die Gottheit oder wichtige Personen innerhalb der Religion machen kann. Grundsätzlich gilt diese Form der Korrektur für alle Themen.

16. *verwaltende Eigenschaft*

Diese *verwaltende Eigenschaft* beinhaltet die Korrektur in Bezug auf körperliche Veränderungen. Damit sind in erster Linie alle bekannten Möglichkeiten wie Bewegung und Ernährung gemeint. Sport verändert den Körper ebenso wie gesunde oder ungesunde Ernährung. Auch hier bezieht sich die Korrektur auf die Anlagen des Menschen. Sich gesund zu ernähren ist für manche Menschen einfach, für andere schwierig.

Sie verändert nicht nur das Aussehen, sondern auch das Denkvermögen, die Beweglichkeit im Alltag und im Beruf und damit das gesamte Leben. Die Korrektur greift immer dann ein, wenn eine Veränderung dem geplanten Lebenslauf widerspricht. Zur Korrektur gehören auch körperverändernde Operationen.

17. *verwaltende Eigenschaft*

Jede Gesellschaft, gleich welcher Kultur, lebt in einer festen Ordnung, die durch Gebote und Verbote geregelt ist. Das Thema dieser Korrektur ist die Erhaltung der örtlichen Gegebenheiten. Es geht um den physischen Raum, den die Gesellschaft einnimmt. Das kann eine Siedlung, ein Dorf, eine Stadt oder ein Land sein. Die Bewohner bewegen sich darin wie auf imaginären Schienen, die keine Abweichungen zulassen. Korrektur erfährt der Bewohner, wenn er das System infrage stellt oder die vorgegebenen Bahnen verlässt.

Wo darf man sich bewegen, welche Einschränkungen gibt es für Fahrzeuge, welche Fahrzeuge sind überhaupt erlaubt? Welche architektonischen Vorgaben gibt es für den Hausbau? Welche Materialien, welche Energiegewinnung, welche sozialen Zentren sind nur einige von vielen Fragen? Es gibt keinen Lebensbereich in einer Gesellschaft, der nicht geregelt ist. Dadurch wird der Mensch nicht nur von seinen Mitmenschen korrigiert, sondern schon vorher durch seine Gedanken.

18. *verwaltende Eigenschaft*

Diese *verwaltende Eigenschaft* beeinflusst die Menschen, ihre Ahnen zu verehren. Je nach Kultur gibt es unterschiedliche Totenkulte, die meist mit der Religion verbunden sind. In der Ahnenverehrung findet sich oft eine festgelegte Hierarchie zwischen männlichen und weiblichen Ahnen, denen jeweils eine andere Rolle zugeschrieben wird. Ein Leben in Verbindung und im Sinne der Ahnen bedeutet, sich einer Ordnung zu unterwerfen, die seit Jahrzehnten oder Jahrhunderten gelebt wird.

Diese *Eigenschaft* bezieht sich darauf, dass das Leben im Körper nur durch die Ahnen möglich ist. Die lebenden Menschen sind die Kinder der Ahnen und verdanken ihnen ihre Existenz auf der Erde. Nicht nur der physische Körper ist davon betroffen, sondern auch Gegenstände und Werte, die seit Generationen an die Kinder weitergegeben werden. Die Korrektur setzt immer dann ein, wenn jemand aus dieser Ordnung ausbrechen will. Er erfährt dann einen inneren und einen äußeren Widerstand durch die Angehörigen.

19. *verwaltende Eigenschaft*

Diese *verwaltende Eigenschaft* regelt die konventionellen Formen des Umgangs miteinander. Diese sind von Kultur zu Kultur sehr unterschiedlich. Es geht also nicht darum, welche Umgangsformen man pflegen sollte, sondern nur darum, die bestehenden Umgangsformen nicht zu verändern. Je mehr sich eine Person diesem Einfluss unterwirft, desto höher ist ihr Ansehen in einer Gemeinschaft.

In der einen Kultur ist es höflich, sich mit Handschlag zu begrüßen, in einer anderen Kultur muss man sich verbeugen, wobei auch die Tiefe der Verbeugung eine wesentliche Rolle spielt. Dabei geht es nicht um eine Wertung, sondern um die Aufrechterhaltung der Ordnung. Die Einschränkungen, die Menschen durch diese *Eigenschaft* erfahren, sind oft sehr groß.

20. *verwaltende Eigenschaft*

Die 20. *verwaltende Eigenschaft* korrigiert die Richtung und das Ziel der Praxis der Meditation, des Gebets oder allgemein der spirituellen Beschäftigung. Sie geht vom gegenwärtigen Zustand des Charakters und der Persönlichkeit aus und befasst sich nicht mit dem niederen Selbst oder dem höheren Selbst, sondern mit der Vervollkommnung der vorhandenen *Eigenschaften*. Das Mittel ist die Ruhe, die sich mit der Aktivität des täglichen Lebens abwechselt. Die Art der Meditation ist sehr einfach. Es geht um innere Stille und ähnliche Themen. Diese Themen bewirken automatisch eine magnetische Annäherung zwischen den Menschen. Das stärkt die Gemeinschaft.

Der Einfluss bezieht sich immer auf die bestehenden Werte einer Kultur. Es kann auch sein, dass die Werte einer Gemeinschaft von einer anderen Kultur als sehr negativ empfunden werden.

21. *verwaltende Eigenschaft*

Die 21. *verwaltende Eigenschaft* betrifft die Ordnung innerhalb der Familie. Jedes Familienmitglied nimmt innerhalb des Familienverbands eine bestimmte Stellung ein. Dies gilt für die Eltern, die Kinder, aber auch für die Großeltern und die näheren Verwandten. Beispielsweise nehmen der älteste Sohn, die jüngste Tochter, der Vater der Mutter oder der Bruder des Vaters diese durch die 21. *Eigenschaft* vorgegebenen Plätze ein. Dies betrifft nicht nur die hierarchische Stellung. Es beeinflusst auch das Verhalten.

Die Ordnung der Familie dient auch der Aufrechterhaltung bestehender Strukturen innerhalb der 4. Dimension. Wer sich nicht an diese Ordnung hält, erfährt eine äußere Korrektur durch die Familie und eine innere Korrektur z. B. durch ein schlechtes Gewissen.

22. *verwaltende Eigenschaft*

Durch diese *verwaltende Eigenschaft* erfolgt die Korrektur durch die Gesetzgebung und die sich daraus ergebenden Strafen. Die Gemeinschaft duldet keine Abweichungen von den Gesetzen, welche die Herrschenden als geeignet ansehen, die gesellschaftliche Ordnung aufrechtzuerhalten. Steuerrecht, Kriegsrecht, Erbrecht usw. sind verschiedene Formen der Gesetzgebung zur Aufrechterhaltung der Gesellschaft.

Dies gilt auch, wenn z. B. die Steuern in einer Gesellschaft viel zu hoch sind und die Menschen zu wenig verdienen, um ein der Gesellschaft entsprechendes menschenwürdiges Leben führen zu können. Diese Korrektur begünstigt immer die Reichen, da diese in den meisten Fällen die bestehende Ordnung erhalten wollen.

23. *verwaltende Eigenschaft*

Die 23. *verwaltende Eigenschaft* definiert die Philosophie, die hinter jeder Gesellschaftsordnung steht. Die Philosophen einer Gesellschaft geben dem System die notwendige geistige Grundlage. Die Philosophie des Kapitalismus oder des Kommunismus sind zwei Beispiele, die den Herrschern eines Systems die notwendigen Inhalte liefern. Damit werden die Systeme vor den Menschen gerechtfertigt.

Diese *Eigenschaft* dient auch der Gewissenskorrektur durch Erklärung und Rechtfertigung. So können die Herrschenden ohne Gewissensbisse Entscheidungen treffen, die z. B. viel Leid über eine Gruppe innerhalb der Gesellschaft bringen. Durch die philosophische Rechtfertigung wird die Korrektur innerhalb einer Gesellschaft als notwendig erachtet.

24. *verwaltende Eigenschaft*

Diese *verwaltende Eigenschaft* bezieht sich auf die Korrektur des Herrschers. Einerseits korrigiert der Herrscher die Gesellschaft, andererseits wird er selbst beeinflusst. Die Gesellschaft bildet eine pyramidale Ordnung mit dem Herrscher an der Spitze. Je nach Ordnung nehmen Beamte, Akademiker, Selbstständige oder Handwerker unterschiedliche Positionen ein. Der Herrscher bestimmt letztlich die Gesellschaft und korrigiert Abweichungen, die die Gesellschaft verändern könnten.

Souverän kann ein Kaiser, ein König, ein Präsident oder ein Kanzler sein. Auch ob es sich um eine Monarchie oder eine Demokratie handelt, spielt bei dieser *Eigenschaft* keine Rolle.

25. *verwaltende Eigenschaft*

Diese *verwaltende Eigenschaft* bezieht sich auf die Dauer einer Gesellschaftsordnung. Beispielsweise werden unter diesem Einfluss Denkmäler errichtet, die über Jahrhunderte bestehen bleiben und Ausdruck des jeweiligen Systems sind. Grundsätzlich geht es um Symbole der Dauer einer Gesellschaft, an denen sich die Menschen orientieren. Neben Bauwerken können auch Schriften, wiederkehrende Bräuche oder religiöse Feste im Jahreskreis die Bindung verstärken.

Vor allem religiöse Feste, die mit Sonne und Mond verbunden sind, bestimmen seit Jahrtausenden bis heute den Zeitablauf einer Gesellschaft. Was heute Weihnachten genannt wird, war vor dem Christentum das Fest eines Sonnengottes. Ähnlich verhält es sich mit den meisten religiösen Festen.

26. *verwaltende Eigenschaft*

Diese *verwaltende Eigenschaft* beeinflusst die Menschen dahingehend, dass sie sich anstrengen müssen, um etwas zu erreichen. Wenn man sich ein Fahrzeug vorstellt, das man mit Muskelkraft aus dem Stillstand in Bewegung setzen muss, bekommt man ein gutes Bild davon, wie viel Anstrengung das kostet. Es ist wie eine Verlangsamung der Entwicklung, damit Veränderungen nicht plötzlich eintreten. Durch die Verlangsamung des Fortschritts kann sich die Gemeinschaft an die Veränderung gewöhnen.

Diese Anstrengung betrifft sowohl die körperliche als auch die geistige Arbeit. Überschießende Fähigkeiten, welche die bestehende Ordnung infrage stellen könnten, werden reguliert. Dies betrifft alle Lebensbereiche.

27. *verwaltende Eigenschaft*

Durch den Einfluss der 27. *verwaltenden Eigenschaft* kommen die Menschen mit der Dunkelheit in Verbindung. Dies geschieht, wenn diese Art der Regulierung notwendig ist. Das Leben in der 4. Dimension definiert sich durch Höhen und Tiefen in Verbindung mit dem Körper. Auch die Verbindung mit der Dunkelheit ist eine Form der Regulierung, die unterschiedliche Auswirkungen auf den Menschen hat.

Die Verbindung zur Dunkelheit dient der Einbindung in das Universum. Die Menschen sind beschäftigt und versuchen, sich von der Situation zu lösen. Bei dieser *Eigenschaft* geht es nicht darum, die Dunkelheit zu beherrschen oder zu erkennen, sondern nur darum, unter ihrem Einfluss zu stehen. Nach einer gewissen Zeit nimmt der Einfluss automatisch ab.

28. *verwaltende Eigenschaft*

Diese *verwaltende Eigenschaft* trübt den Blick auf eine höhere Zukunft. Dadurch verhindert diese *Eigenschaft* die Vorstellung einer Befreiung oder eines höheren Bewusstseins. Die Ideen und Wünsche der Menschen beziehen sich meist auf das Leben im Universum, indem sie sich mehr Geld oder Ruhm, eine glückliche Partnerschaft oder Gesundheit wünschen. Der Wunsch nach einem höheren Bewusstsein außerhalb der gesellschaftlichen und religiösen Ordnungen ist sehr selten.

Die spirituelle Entwicklung des Menschen ist auf der Erde an Religionen oder esoterische Lehren gebunden. Menschen, die keiner Religion angehören, definieren ihre spirituelle Entwicklung über esoterische Lehren, Einweihungslehren, Naturreligionen, Philosophien oder andere Lehren. Diese sind jedoch in den meisten Fällen Teil einer bestimmten kulturellen Ordnung im Universum.

29. *verwaltende Eigenschaft*

Die 29. *verwaltende Eigenschaft* beschränkt den Intellekt in seiner Fähigkeit, fortgeschrittenes Wissen zu erfahren. Dies betrifft alle physischen Bereiche des Lebens. Zum Beispiel wird die Entwicklung in der Technik oder in der Medizin reguliert. Der Fortschritt ist durch den Willen an die Zeit gebunden. Daraus ergibt sich zwar eine stetige, aber an die 4. Dimension gebundene Entfaltung eines höheren Wissens. Durch diese Beeinflussung kommen die Menschen nicht auf Zukunftsideen.

Diese *Eigenschaft* verhindert eine sprunghafte Entwicklung in den einzelnen Lebensbereichen. Das Neue entwickelt sich meist aus dem Bestehenden. Durch die Zeit der 4. Dimension ist das heutige Wissen die Basis für zukünftiges Wissen.

30. *verwaltende Eigenschaft*

Diese *verwaltende Eigenschaft* definiert den Spannungspunkt, an dem etwas bricht. Wenn man einen spröden Gegenstand verbiegt, wird er einmal brechen. Diese Regel gilt nicht nur für alle physischen Gegenstände, sondern auch für den Geist des Menschen. Wenn jemand einen inneren Zustand erreicht, der ihn überfordert, dann bricht dieser Lebensbereich zu einem späteren Zeitpunkt zusammen. Wann dies geschieht, wird durch diese *Eigenschaft* geregelt.

Wenn jemand ein Unternehmen gründet, das ihn überfordert, ist eine psychische Überlastung oder der Konkurs vorprogrammiert. Auch die Belastbarkeit einer Person wird beeinflusst.

31. *verwaltende Eigenschaft*

Die 31. *verwaltende Eigenschaft* schränkt die Vorstellung von Größe ein. Dies führt dazu, dass geistige Zustände als groß und fortgeschritten angesehen werden, obwohl sie nur *Eigenschaften* der 4. Dimension sind. Diese eingeschränkte Selbsteinschätzung hindert Menschen daran, sich über die 4. Dimension hinaus zu entwickeln, da sie fälschlicherweise glauben, bereits einen höheren Zustand erreicht zu haben.

Diese Korrektur wirkt sich auch körperlich aus. Sie zeigt sich, wenn Menschen glauben, sie hätten ihr höchstes Ziel erreicht. Hier liegen die Grenzen des menschlichen Ehrgeizes. Auch diese *Eigenschaft* wirkt sich auf alle Lebensbereiche aus.

32. *verwaltende Eigenschaft*

Die Korrektur dieser *verwaltenden Eigenschaft* bezieht sich auf die Machtausübung des Menschen. Einerseits wird korrigiert, wie viel Macht ein Mensch ausüben kann und andererseits, wie weit sich jemand dieser Macht unterwirft. Diese Form der Machtausübung erfordert eine ständige Spannung, in der sich die Untergebenen befinden müssen. Dann wirkt die Macht und die Menschen unterwerfen sich. Befindet sich aber jemand außerhalb dieser Spannung, dann geht diese Spannung ins Leere und die Macht hat keinen Einfluss mehr auf die Menschen.

Die Macht eines Staates, eines Unternehmens oder einer Religion kann nur dann ihre Wirkung entfalten, wenn sich die Menschen in einem Spannungsfeld befinden. Man befindet sich außerhalb des Machteinflusses oder reduziert ihn zumindest, wenn man z. B. aus einer Religion austritt, sich nicht mehr der totalen Vereinnahmung der eigenen Person durch ein Unternehmen unterwirft oder sich nicht mehr von den Angstmechanismen eines Staates beeinflussen lässt. Die 32. *Eigenschaft* zielt darauf ab, die Menschen innerhalb der Macht zu binden.

33. *verwaltende Eigenschaft*

Die 33. *verwaltende Eigenschaft* korrigiert den Menschen durch den physischen Körper. Diese Korrekturen können positiv oder negativ sein. Bei positiven Korrekturen steigt die Leistungsfähigkeit stark an oder die körperliche Gesundheit bleibt erhalten. Bei negativen Korrekturen ist das Gegenteil der Fall. Es kommt immer darauf an, welche Einflüsse diese *Eigenschaft* zulässt.

Alle körperlichen Begabungen oder Einschränkungen werden durch sie korrigiert. Die Korrektur beschränkt sich auf die 4. Dimension, und das Ziel der Korrektur ist es, den Menschen innerhalb des Universums zu binden. Wenn jemand seinen Lebenssinn im Sport findet und sich nur damit beschäftigt, dann beschränkt er sich auf das Talent seines physischen Körpers. Umgekehrt können auch körperliche Beeinträchtigungen den Menschen mit seinem Bewusstsein an das Universum binden.

34. *verwaltende Eigenschaft*

Das Thema der 34. *verwaltenden Eigenschaft* ist der Glaube des Menschen an ein vorbestimmtes und individuelles Schicksal in Einheit mit dem Universum. Je mehr sich der Mensch seinem Schicksal fügt, desto größer ist der Einfluss der 34. *Eigenschaft*. Sie will, dass sich die Menschen ganz dem Leben im Universum unterordnen und in Verbindung mit dem Bewusstsein leben. Jedes höhere Bewusstsein wird als Möglichkeit ausgeschlossen. Auch die Entwicklung vollzieht sich innerhalb der Bindung des Bewusstseins an die Zeit.

Der Glaube an ein verdientes Schicksal verhindert Entwicklung. Die Menschen gleichen dann willenslosen Wesen, die sich wie Marionetten bewegen lassen.

35. *verwaltende Eigenschaft*

Die 35. *verwaltende Eigenschaft* korrigiert den Einfluss der Mitmenschen auf eine Person. Der Maßstab ist die Einbindung in die 4. Dimension und das Bewusstsein der 4. Dimension. Diese Korrektur betrifft alle positiven und negativen Charakterzüge, die eine Person haben kann. Jedes Zuviel oder Zuwenig wird vermieden, um die Menschen in einer ausgewogenen Mitte zu binden. Wenn diese *Eigenschaft* es erlaubt, mit den Extremen in Kontakt zu kommen, dann unter der Bedingung, dass die Menschen in der 4. Dimension bleiben.

Wenn sie mit jemandem in Kontakt kommen, der ein höheres Bewusstsein in sich verwirklicht hat, kommt es sehr oft zu einer Korrektur und die Menschen wenden sich ab. Oft wird der Kontakt von vornherein eingeschränkt.

36. *verwaltende Eigenschaft*

Die 36. *verwaltende Eigenschaft* definiert sich durch die Selbstbeschränkung des Menschen. Diese kommt einer Verdunkelung des Bewusstseins und der damit verbundenen *höheren Eigenschaften* gleich. Gleichzeitig wird diese Selbstbeschränkung als Ausdruck von Bescheidenheit angesehen. Der Mensch erfährt diese Unterdrückung und kultiviert sie in sich als Bescheidenheit. Dadurch verhindert diese *Eigenschaft* das Erfahren und vor allem das Annehmen eines höheren Bewusstseins.

Diese Korrektur definiert die Bindung des Menschen durch Wesenszüge wie Bescheidenheit oder Genügsamkeit, die allgemein als positive Wesenszüge angesehen werden. Es ist nicht einfach, dies als Bindung in der Dunkelheit zu erkennen.

37. *verwaltende Eigenschaft*

Durch den Einfluss dieser *verwaltenden Eigenschaft* beschränken sich die Menschen auf die Wesenszüge, die aus ihnen selbst kommen. Im Grunde sind sie davon überzeugt, dass nur die inneren Qualitäten, die von innen kommen und sich ohne äußeren Einfluss entwickeln können, es wert sind, ausgebildet zu werden. Jegliche Beeinflussung von außen ist durch diese *Eigenschaft* grundsätzlich beschränkt.

Auch hier schränken sich die Menschen in gewisser Weise selbst ein. Gleichzeitig sind sie aber absolut davon überzeugt, die Wahl selbst getroffen zu haben.

38. *verwaltende Eigenschaft*

Die Korrektur dieser *verwaltenden Eigenschaft* bezieht sich auf die Fülle und Intensität der Lebenswahrnehmung durch die Sinne und in der Sexualität. Die Fülle ist grundsätzlich eine materielle Fülle. Wer z. B. ein Essen intensiv schmeckt oder sich von einer Landschaft beeindrucken lässt, kann das Leben sehr intensiv erfahren.

Die Beschränkungen dienen der Einbindung des Menschen in die 4. Dimension. Gleichzeitig erfahren sie eine Richtlinie durch den Grad der Fülle und Intensität. Viele Menschen sind auf der Suche nach mehr Fülle und Intensität in ihrem Leben. Diese Suche unterstützt diese *Eigenschaft* und nutzt sie, um die Menschen in der 4. Dimension zu binden.

39. *verwaltende Eigenschaft*

Die 39. *verwaltende Eigenschaft* regelt den Einfluss der *Eigenschaften* der verschiedenen Dimensionen. So werden z. B. *verwaltende Eigenschaften* so eingeschränkt, dass das Leben in der 4. Dimension in vorgegebenen Bahnen verlaufen kann. Es geht vor allem darum, die *Eigenschaften* z. B. der 6. oder 7. Dimension zu regulieren. Oft gilt: Je mehr sich ein Mensch einschränken lässt, desto ruhiger verläuft sein Leben auf der Erde.

Wer mit einem höheren Bewusstsein in Berührung kommt, erkennt allmählich den inneren Widerstand gegen *höhere Eigenschaften*. Dieser Widerstand rührt daher, dass sich innere Wesensanteile nicht verändern wollen. Genauer gesagt: Veränderungen im Sinne der 4. Dimension erfahren nur einen geringen Widerstand. Bei Veränderungen im Sinne höherer Dimensionen kann je nach Persönlichkeit ein großer Widerstand entstehen.

40. *verwaltende Eigenschaft*

Die 40. *verwaltende Eigenschaft* korrigiert die Unbeweglichkeit. Im Grunde geht es darum, dass, wenn jemand längere Zeit nicht aktiv ist, sei es körperlich oder geistig, eine Spannung entsteht und gleichzeitig mit der Spannung der Drang, sich zu bewegen. Dabei geht es nicht um große Aktivitäten, sondern nur um Bewegung, die auch sehr gering sein kann. Mit der Bewegung erfüllt der Mensch die Anforderungen der 4. Dimension.

Mit dem Willen, etwas in der physischen Welt zu erledigen, agiert man im Zeitfluss der 4. Dimension. Fehlt jedoch der Wille zur Bewegung, so ist dies gleichbedeutend mit dem Versuch, die Zeit anzuhalten. Die dabei entstehenden Spannungen führen entweder zur Bewegung oder entladen sich auf andere Weise über die erwähnten Korrekturen.

41. *verwaltende Eigenschaft*

Die 41. *verwaltende Eigenschaft* reguliert die Eigenständigkeit und Individualität des Menschen. Gleichzeitig bewahrt sie die Oberflächlichkeit in der Selbstbetrachtung. Es geht darum, den Blick auf sich selbst zu beschränken. Alle *Eigenschaften* der verschiedenen Dimensionen bleiben unter der Oberfläche verborgen. Diese *Eigenschaft* reduziert den Menschen auf seine Individualität innerhalb der 4. Dimension und birgt gleichzeitig die Illusion der Freiheit, die durch die Oberflächlichkeit empfunden wird.

Bildhaft kann man sich den Körper vorstellen, der sich scheinbar frei und unbeeinflusst auf der Erde bewegt. Diese innere Selbsteinschätzung möchte die 41. *Eigenschaft* aufrechterhalten.

42. *verwaltende Eigenschaft*

Diese *verwaltende Eigenschaft* bewirkt, dass Menschen, wenn sie sich mit der Dunkelheit beschäftigen und identifizieren, diese nicht als Dunkelheit erkennen. Dies gilt nicht nur für weltliche, sondern auch für religiöse und esoterische Themen. Die Ausrichtung der spirituellen Entwicklung wird durch die 4. Dimension definiert. Gottheiten zu verehren und anzubeten bedeutet, sich innerhalb der niederen Dimensionen zu binden.

Die Menschen verwechseln oft die Intensität der spirituellen Erfahrung mit dem Wahrheitsgehalt. Je dichter und dunkler eine geistige Substanz ist, desto intensiver und emotionaler wird sie empfunden. Die 42. *Eigenschaft* korrigiert die möglichen Erkenntnisse, dass es sich hier um Dunkelheit handeln könnte.

43. *verwaltende Eigenschaft*

Diese *verwaltende Eigenschaft* definiert durch ihre Regulierung höher dimensionale Zustände in der 4. Dimension. Das bedeutet, dass z. B. die Erkenntnis der 5. Dimension in eins mit den physikalischen Gesetzen definiert wird, die das Bewusstsein in der 4. Dimension binden. Die physikalischen Gesetze der höheren Dimensionen beziehen sich jedoch auf eine andere Realität. Raum und Zeit verhalten sich zueinander vollkommen anders und sind als Eigenschaften des Bewusstseins nicht mit einem Bewusstsein der 4. Dimension vergleichbar.

Die Bewusstseine der 5., 6. und 7. Dimensionen werden durch diese *Eigenschaft* über die Gesetze der 4. Dimension erfahren. Sie entsprechen also nicht der Realität dieser Dimensionen.

44. *verwaltende Eigenschaft*

Durch die 44. *verwaltende Eigenschaft* werden alle sogenannten mystischen Erfahrungen reguliert. Was viele Menschen als mystische Erfahrung oder intuitive Erkenntnis einer höheren Dimension interpretieren, ist durch den Einfluss dieser *Eigenschaft* in Wirklichkeit eine Erfahrung der niederen Dimensionen.

Die Schwierigkeit bei der Erfahrung höherer Dimensionen besteht darin, dass man lernen muss, neue Gedanken zu denken. Wie viel Liebe und Hingabe ein Mensch auch besitzt und auf diese Weise glaubt, sich höheren Gedanken und Gefühlen nähern zu können, die geistigen Substanzen und Gesetze der höheren Dimensionen kann man nur erfahren, wenn man das Wissen um die Gesetze besitzt. Andernfalls handelt es sich um Erfahrungen von geistigen Substanzen der niederen Dimensionen, die eine gewisse Analogie besitzen.

45. *verwaltende Eigenschaft*

Die Korrektur der 45. *verwaltenden Eigenschaft* bezieht sich auf das Universum der 4. Dimension. Im Wesentlichen geht es darum, dass die Menschen durch diese *Eigenschaft* davon überzeugt sind, dass sie sich in ihrer Entwicklung nur innerhalb des Universums der 4. Dimension bewegen. Die 5. und 6. Dimension – in manchen Religionen als Jenseits bezeichnet – werden z. B. als geistige Bereiche innerhalb des Universums verortet.

Das Universum der 5. Dimension liegt jedoch außerhalb des bekannten Universums. Die Raumzeit der 5. Dimension bildet zusammen mit der 8. Dimension das Universum der 5. Dimension. Dort wirken andere physikalische Gesetze auf den Körper des Menschen. Durch diese *Eigenschaft* ist das Bewusstsein auf das Universum der 4. Dimension beschränkt.

46. *verwaltende Eigenschaft*

Die 46. *verwaltende Eigenschaft* stellt die subjektive Betrachtung und Bewertung aller Sachverhalte in den Mittelpunkt. Man kann sagen, dass diese Inhalte als Wahrheit definiert werden, die im subjektiven Verständnis als Wahrheit angesehen werden. Durch diese *Eigenschaft* wird jede mögliche objektive Überlegung zugunsten einer subjektiven Überlegung ersetzt. Durch die Verbindung zum physischen Körper fällt jede subjektive Betrachtung im Sinne der 4. Dimension aus.

Der individuelle Geist des Menschen ist durch die physische Geburt begrenzt. Jedes höhere Denken muss erlernt werden. Der Automatismus des intellektuellen Denkens geht daher immer in Richtung des physischen Körpers und der Dimensionen des physischen Körpers. Das Denken im Sinne der höheren Dimensionen wird zugunsten der 4. Dimension reguliert.

47. *verwaltende Eigenschaft*

Diese *verwaltende Eigenschaft* reguliert die körperliche Gesundheit. Im Wesentlichen geht es um die Flüssigkeiten im Körper und um das Nervensystem. Sie bestimmt den möglichen Einfluss der *Eigenschaften* der Dimensionen auf den Körper.

Oft besteht eine große Diskrepanz zwischen der Ursache einer körperlichen Beschwerde und den tatsächlich erlebten Symptomen. Dies hängt damit zusammen, dass sich verschiedene *Eigenschaften* der niederen Dimensionen, bildhaft ausgedrückt, mit der ursprünglichen Beschwerde verbinden. Diese *Eigenschaften* gewinnen durch das Bewusstsein des Menschen an Kraft und damit an Einfluss. Die Symptome, die der Mensch erlebt, sind daher viel stärker als die ursprünglichen Beschwerden. Die 47. *Eigenschaft* reguliert diesen Einfluss und kann die Symptome verstärken.

48. *verwaltende Eigenschaft*

Die 48. *verwaltende Eigenschaft* reguliert die subjektive Sensibilität und die Gefühle in Verbindung mit dem Körper. In Bezug auf den Körper geht es hier um die Haut und das Gehirn. Dabei handelt es sich nicht nur um die Empfindlichkeit der Haut, sondern auch um die Empfindlichkeit der Psyche. Unter dem Einfluss der Hormone reagiert der physische Körper auf diese Empfindsamkeit.

Diese Gefühle stehen in direktem Zusammenhang mit dem physischen Körper und der Ausschüttung verschiedener Hormone. Die *Eigenschaft* reguliert diese Gefühle und vor allem die Sensibilität, indem sie auf den Körper einwirkt.

49. *verwaltende Eigenschaft*

Die 49. *verwaltende Eigenschaft* beeinflusst das Wahrheitsempfinden der Menschen innerhalb der 4. Dimension. Unabhängig von naturwissenschaftlichen Gegebenheiten betrifft dies vor allem religiöse und philosophische Inhalte und Lehren. Die Menschen sind davon überzeugt, dass ihre Religion einer höheren Wahrheit entspricht, obwohl sich alle Inhalte über das Universum definieren.

Wenn ein gläubiger Mensch einer Religion mit der Tatsache konfrontiert würde, dass der Gott seiner Religion eine *umfassende Eigenschaft* ist, die von ihm abhängt, würde er es nicht glauben. Diese Weigerung, ein höheres Wissen zu akzeptieren, ist die Folge der Wirkung der 49. *Eigenschaft*. Sie wirkt, indem sie den Menschen an die 4. Dimension bindet.

50. *verwaltende Eigenschaft*

Die 50. *verwaltende Eigenschaft* gibt dem Lebenslauf eine bestimmte Richtung. Es handelt sich jedoch nicht um eine Vorherbestimmung des Lebens. Die Wirkung dieser *Eigenschaft* bezieht sich nicht auf Lebensthemen und greift auch nicht in das Leben innerhalb der 4. Dimension ein. Die Begrenzung bezieht sich auf die mögliche Beschäftigung mit höheren Dimensionen.

Innerhalb der 4. Dimension gibt es keine Einschränkung dieser *Eigenschaft*. Jedes Thema und jeder Lebensbereich können das Leben beeinflussen. Wer jedoch versucht, in höhere Dimensionen zu blicken, erfährt eine Grenze.

51. *verwaltende Eigenschaft*

Die 51. *verwaltende Eigenschaft* ermöglicht es den Menschen bis zu einem gewissen Grad, ihr Leben durch verschiedene Formen spiritueller Praxis zu verändern. Diese *Eigenschaft* kommt erst dann zum Tragen, wenn die Grenze der niederen Dimensionen überschritten werden könnte.

Es gibt sehr viele Möglichkeiten der spirituellen Praxis. Solange alles im Rahmen bleibt, erfährt der Praktizierende keinen Widerstand aus dieser *Eigenschaft*. Der mögliche Widerstand kann sich z. B. im Willen oder im Intellekt zeigen.

52. *verwaltende Eigenschaft*

Die menschliche Gesellschaft ist in den meisten Fällen hierarchisch strukturiert. Dies gilt auch für Religionsgemeinschaften. An der Spitze steht ein Herrscher, der entweder gewählt wurde oder auf andere Weise an die Macht gekommen ist. Durch die 52. *verwaltende Eigenschaft* werden die weltlichen oder religiösen Untertanen direkt vom Herrscher beeinflusst.

Wechselt zum Beispiel in einer Gesellschaft der weltliche Herrscher, so verändert sich das Volk auf subtile Weise. Dies gilt auch, wenn alle anderen hierarchisch höheren Positionen gleich bleiben. Diese *Eigenschaft* schafft eine Verbindung vom Herrscher zum Volk.

53. *verwaltende Eigenschaft*

Die 53. *verwaltende Eigenschaft* reguliert die Vorstellungen, Visionen und Wünsche, die Menschen für ihre eigene Zukunft haben. Das bedeutet, dass Ideen, die sich auf höhere Dimensionen beziehen könnten, von vornherein vermieden werden. Man kommt gar nicht auf die Idee, einen höher dimensionalen Zustand als Zukunftsziel zu definieren.

Die Religionen und die Götter der Religionen sind große Hindernisse auf dem Weg zur Verwirklichung des Bewusstseins der 9. Dimension. In den höheren Dimensionen gibt es keine Götter, auch keine Götter der Religionen.

54. *verwaltende Eigenschaft*

Die 54. *verwaltende Eigenschaft* reguliert die Größe des Raumes des Bewusstseins ebenso wie die Größe des physischen Lebensraumes. Sie verhindert die Ausdehnung des Bewusstseins. Wenn es diese Regulierung nicht gäbe, würden sich viel mehr und andere Inhalte mit dem Bewusstsein verbinden. Bildlich kann man sich das wie eine größere Kugel vorstellen, die den Menschen umgibt und nur die Inhalte zulässt, die diesem Menschen entsprechen.

Die Regulierung dieser *Eigenschaft* gilt auch für die physische Umgebung auf der Erde. So bewegen sich die meisten Menschen in einem Umkreis von wenigen Kilometern.

55. *verwaltende Eigenschaft*

Die 55. *verwaltende Eigenschaft* reguliert das Zeitempfinden. Im Alltag blicken die Menschen nur wenige Stunden in die Vergangenheit und in die Zukunft. Wenn es Ausnahmen gibt, dann handelt es sich um positive oder negative Ereignisse in der Vergangenheit, die meist mit Gefühlen verbunden sind und von denen man sich nicht lösen kann. Bei der Zukunft handelt es sich ebenfalls um besondere Ereignisse, wenn sie über einen längeren Zeitraum geplant sind.

Der Blick in die ferne Vergangenheit oder Zukunft ist jedoch die Ausnahme. So selbstverständlich dem Menschen sein Zeithorizont erscheint, so sehr unterliegt er der Regulierung durch diese *Eigenschaft*.

56. *verwaltende Eigenschaft*

Die 56. *verwaltende Eigenschaft* reguliert die Raum-Zeit-Erfahrung des Menschen in der 4. Dimension. Das Bewusstsein könnte sich ohne Zeitverlust an jeden Ort im gesamten Universum bewegen. In der 4. Dimension benötigt man Zeit, um den Raum zu durchqueren. Diese Empfindung wird durch diese *Eigenschaft* reguliert.

Wenn man von der Erde aus in den Sternenhimmel schaut, blickt man nicht nur in den Raum, sondern auch durch die Zeit in die Vergangenheit. Diese Erfahrung ist für den physischen Körper ganz natürlich. In der 4. Dimension ist das Bewusstsein an die Zeit gebunden. In jeder Dimension gelten jedoch andere Gesetze.

57. *verwaltende Eigenschaft*

Die 57. *verwaltende Eigenschaft* reguliert, inwieweit ein Mensch bestimmten *Eigenschaften* folgt. Diese betreffen den Körper der individuellen Eigenschaften. Es sind dies die *Eigenschaften*, welche die Persönlichkeit in ihrer Gesamtheit formen.

Die auf der Erde übliche Identifizierung mit der Persönlichkeit ist eine Regulierung des Menschen im Sinne der niederen Dimensionen.

Ein höheres Bewusstsein ist dieser Persönlichkeit nicht möglich. Es gibt Menschentypen, welche einen Zustand der Vollkommenheit auf der Erde darstellen – dazu gehören z. B. der Erschaffer oder der Nachfolger – und Persönlichkeitstypen, welche nur einen Teilaspekt der Möglichkeit ausdrücken.

58. verwaltende Eigenschaft

Die 58. verwaltende Eigenschaft reguliert den physischen Körper und damit den Bewegungsapparat und die Muskeln. Alle Bewegungen des Menschen stehen in Beziehung zu dem ihn umgebenden Raum. Hier geht es darum, die Beziehung zwischen den Fähigkeiten des physischen Körpers und der physischen Umgebung zu regulieren.

Wie schnell kann der Körper laufen? Wie viel Gewicht kann er heben oder wie schnell können sich seine Arme bewegen? Diese und ähnliche Fragen, die den Körper betreffen, sind mit der 58. Eigenschaft verbunden.

59. verwaltende Eigenschaft

Die 59. verwaltende Eigenschaft reguliert die Nahrungsaufnahme des physischen Körpers. Hier geht es um Essen und Trinken. Ebenso findet man hier die Regulierung der Aufnahme von Sonnenlicht über die Haut und über die Atmung sowie die Aufnahme von Sauerstoff über die Lunge und über die Haut. Grundsätzlich betrifft es alle Stoffe und Einflüsse, die von außen auf den physischen Körper einwirken. Dazu gehören z. B. auch Erdstrahlen, die auf den Körper einwirken können.

Die Regulierung betrifft die Menge und auch die Intensität der Einwirkung. Ebenso hängt sie mit der Reaktion des Körpers zusammen. Menschen reagieren unterschiedlich auf physikalische Einwirkungen.

60. *verwaltende Eigenschaft*

Die 60. *verwaltende Eigenschaft* reguliert das Licht, das aus den höheren Dimensionen den Körper des individuellen Mensch-Bewusstseins berühren und beeinflussen könnte. Diese *Eigenschaft* will den Menschen vom höheren Licht abschotten.

Im Prinzip durchdringen einige *höhere Eigenschaften* der 9. Dimension das Universum. Dies betrifft vor allem die Nüchternheit. Ebenso wird jeder Mensch, der das Bewusstsein der 9. Dimension in sich verwirklicht hat, von den *verwaltenden Eigenschaften* der niederen Dimensionen, befindet er sich im Bewusstsein der 9. Dimension, als höchste Instanz anerkannt.

61. *verwaltende Eigenschaft*

Die Regulierung der 61. *verwaltenden Eigenschaft* bindet den Menschen an ein äußeres hierarchisches System. Innerhalb dieses Systems ordnet er sich unter. Handelt es sich um ein weltliches System, so ist der Staat mit all seinen Verboten und Geboten die übergeordnete Instanz. Handelt es sich um eine Religion, so nehmen die Priester und die Gottheit die höheren Positionen ein. Der Mensch wird bildlich gesprochen zu einer Zelle in einem großen geistigen Organismus.

Diese Unterordnung verhindert unter anderem die Erkenntnis, dass der Mensch selbst der Ursprung des Bewusstseins ist. Es gibt keine Gottheit einer Religion, die hierarchisch eine höhere Stellung einnimmt.

62. *verwaltende Eigenschaft*

Die 62. *verwaltende Eigenschaft* reguliert alle körperlichen und geistigen Äußerungen des Menschen. Dazu gehören neben der Sprache als Äußerung auch alle Formen künstlerischer und kreativer Arbeit. Ein Bild ist ebenso wie eine Komposition eine Äußerung. Durch diese

Eigenschaft sind alle Äußerungen auf das Universum der 4. Dimension beschränkt, das dem Menschen jedoch unendlich groß erscheint.

Im Zentrum dieser Regelung stehen die geistigen Äußerungen. Das bedeutet, dass die geistige Macht, die der Mensch besitzt, reguliert wird. Ebenso werden die Gedanken reguliert.

63. *verwaltende Eigenschaft*

Die 63. *verwaltende Eigenschaft* reguliert die Entwicklung des Menschen. Für sie ist es natürlich, den Weg der spirituellen Entwicklung innerhalb der 4. Dimension und in Harmonie mit den herrschenden Gesetzen zu gehen. Die Fantasie wird als höchster Zustand den niederen Dimensionen zugeordnet.

Auf der Erde geht der Mensch entweder einen spirituellen Weg in eins mit dem niederen Selbst oder mit dem höheren Selbst. Innerhalb der 4. Dimension gibt es nur diese beiden Möglichkeiten. Durch den Einfluss der 63. *Eigenschaft* ist die Vorstellung, dass das höchste Selbst der 6. Dimension nicht der höchste Zustand ist, für viele unvorstellbar.

64. *verwaltende Eigenschaft*

Durch die 64. *verwaltende Eigenschaft* der Regulierung des Menschen in der 4. Dimension sind sie überzeugt, sich nicht weiterentwickeln zu müssen. Sie verharren in ihrem gegenwärtigen Bewusstseinszustand. Kleine Veränderungen wie die Verbesserung positiver Charakterzüge sind möglich, sofern sie sich im Rahmen der jeweiligen Religion oder spirituellen Lehre bewegen. Das Bewusstsein, das der Mensch von Geburt an besitzt, wird nicht infrage gestellt.

Eine der größten Schwierigkeiten, ein höheres Bewusstsein in sich zu verwirklichen, ist die selbstverständliche Überzeugung, dass dieses Bewusstsein des niederen Selbst nicht verändert werden muss.

Die 3. Dimension des Bewusstseins

Das falsche Licht

Die *Eigenschaften* der 3. Dimension[22] gehören der Dunkelheit an. Das Bewusstsein ist an den Raum gebunden und der Raum lässt keine Veränderung im Sinne der Entwicklung des Bewusstseins zu. Diese Dimension liegt hierarchisch unterhalb des Universums und wirkt aus der Dunkelheit auf die Menschen ein. Der starre Raum der 3. Dimension unterstützt die Aufrechterhaltung der 8. Dimension im Bewusstsein der Menschen.

Die 3. Dimension steht direkt mit dem Körper des individuellen Mensch-Bewusstseins und dem Körper des individuellen Geistes in Verbindung. Die Menschen identifizieren sich mit den *Eigenschaften* und erfahren ihre Individualität auf der Erde als normales Bewusstsein.

In der 3. Dimension gibt es 3 Ordnungen mit jeweils 20, 12 und 49 *Eigenschaften*. Jede dieser Ordnungen definiert ein Grundverständnis des Menschseins auf der Erde.

---

[22] In der Pistis Sophia wird die 3. Dimension Chaos genannt. Dieser Name bezieht sich auf die Umdrehung der Hierarchie im Chaos. Die Menschen definieren die Dunkelheit der 3. Dimension als Licht. Dadurch entsteht das Chaos.

Allen gemeinsam ist, dass sie Strukturen bilden, die von den Menschen als absolut angesehen werden. Die Bindung des Bewusstseins an den Raum und damit an die Aufrechterhaltung suggeriert diese Absolutheit der jeweiligen *Eigenschaften*. Sie werden von den Menschen als vollkommene Gegebenheiten im Raum betrachtet und als solche bewertet. Indem der Mensch diesen *Eigenschaften* folgt und sie als höchstes Ziel definiert, bindet er sich an die Dunkelheit.

20 *verwaltende Eigenschaften*[23] definieren das Mensch-Bewusstsein[24] und die Einbindung des Individuums in den Raum der 3. Dimension. Diese *verwaltenden Eigenschaften* sind für den Menschen so selbstverständlich, dass sie nicht als Dunkelheit erkannt werden. Es ist die Integrierung des Mensch-Bewusstseins in das physische Leben auf der Erde.

Auch 12 Raum-Bewusstseine[25] der 3. Dimension definieren die Einbindung des Menschen in das physische Leben auf der Erde. Diese Bewusstseinsstruktur ist eine der größten Bindungen an die Dunkelheit überhaupt, da sie den Menschen die Illusion eines selbstbestimmten Lebens suggeriert.

Durch das 1. Raum-Bewusstsein glaubt der Mensch, einen freien Willen zu besitzen. In Wirklichkeit handelt er triebhaft, aus einem

---

[23] Die 20 *Eigenschaften* der 3. Dimension waren der Ursprung der Bedeutungen der 20 Bäume in der Religion der Kelten. Heute sind die Runen, verbunden mit den jeweiligen Bäumen, als Oghams bekannt.

[24] Das Mensch-Bewusstsein der 3. Dimension ist der Ursprung von personifizierten Eigenschaften mancher Religionen. In der Pistis Sophia wird es Jaldabaoth genannt. Bei den Maya trägt es den Namen Kukulcan. Ursprünglich war Kukulcan das sich entwickelnde individuelle Mensch-Bewusstsein ausgehend von der 3. Dimension. Heute wird Kukulcan als eine Gottheit verehrt.

[25] Die 12 Raum-Bewusstseine der 3. Dimension sind die Tierkreiszeichen.

inneren oder äußeren Verlangen. Die Menschen folgen keinem freien Willen, sondern den *Eigenschaften* der Dunkelheit.

Das 2. Raum-Bewusstsein manipuliert den Menschen, indem es ihn gefühlsmäßig an die Materie bindet. Die Intensität des Gefühls wird als Liebe empfunden.

Das 3. Raum-Bewusstsein suggeriert einen hohen und unabhängigen Intellekt. Dieser Intellekt ist jedoch auf den Raum der 3. Dimension beschränkt.

Das 4. Raum-Bewusstsein der 3. Dimension bindet den Menschen durch Hingabe an *Eigenschaften*, die der Dunkelheit entsprechen, das 5. Raum-Bewusstsein fördert die persönliche Machtdurchsetzung usw.

Diese 12 Raum-Bewusstseine bilden eine oberflächliche Matrix des Bewusstseins, welche die Menschen davon abhält, sich selbst tiefer erkennen zu wollen. Sie streben vielmehr danach, den Inhalten zu entsprechen, sie zu fördern und sich mit ihnen zu identifizieren. Damit meinen sie, sich selbst zu verwirklichen.

Die 49 *negativen Eigenschaften* sind Merkmale des Körpers des individuellen Geistes. Sie definieren die höchstmögliche Entwicklung des Geistes der 3. Dimension. In vielen Religionen und esoterischen Lehren bildet diese Ordnung die Grundlage für den jeweiligen geistigen Weg.

Die *negativen Eigenschaften* bilden zusammen jenen Körper des individuellen Geistes, der eine relative Unabhängigkeit von den Körpern der Korrektur, der *Eigenschaften* und des Bewusstseins erreicht hat. Eine vollständige Lösung oder gar Befreiung, wie es allgemein verstanden wird, ist nicht möglich. Dies wäre eine Lösung vom Menschsein.

Außerdem gibt es in der 3. Dimension zahlreiche Lichttäuschungen aus der 7. Dimension. Im Kapitel über die 7. Dimension habe ich 4 dieser Täuschungen beschrieben.

Die *Eigenschaft* des individuellen Mensch-Bewusstseins der 3. Dimension

Das individuelle Mensch-Bewusstsein der 3. Dimension ist das Bewusstsein des physischen Lebens, das den Menschen selbstverständlich ist. Der Mensch identifiziert sich damit, wenn er morgens aufsteht, seine tägliche Arbeit verrichtet, mit Freunden zusammen ist und seine Freizeit gestaltet. Es ist die selbstverständliche Identifizierung mit dem physischen Leben, mit seinen positiven und negativen Seiten. Es ist das Bewusstsein, das mit dem physischen Körper verbunden ist.

Wenn Menschen davon sprechen, ihr Leben zu gestalten oder zu meistern, Pläne für die Zukunft zu schmieden oder durch unvorhergesehene Ereignisse in Krisen zu geraten, dann ist es dieses Mensch-Bewusstsein, das in dieser Weise wirkt. Wenn sie von einem glücklichen Leben sprechen, dann ist damit immer das physische Leben gemeint und hängt z. B. mit der Partnerschaft, dem beruflichen Erfolg, der Gesundheit und den sozialen Kontakten zusammen.

Dieses individuelle Mensch-Bewusstsein definiert sich über die Annahme des Lebens auf der Erde als Mittelpunkt der eigenen Existenz.

Positiv ist, was die Integration in das physische Leben fördert. Wesentlich sind Geld und berufliche Karriere. Menschen empfinden es als innere Befriedigung und Erfüllung ihrer Lebensziele, wenn sie z. B. reich sind oder in einem Beruf überdurchschnittliche Leistungen erbracht haben. Beide gehen häufig Hand in Hand.

Alle Formen der spirituellen Beschäftigung sind akzeptabel oder werden akzeptiert, wenn sie Glück und Erfolg fördern. Es gibt unzählige Meditations- und Yogapraktiken, die eine positive Identifikation mit dem Körper fördern und gleichzeitig ein erfolgreiches Leben unterstützen.

Damit einher geht eine Form der intellektuellen Vernunft, die sich am physischen Körper und an der materiellen Lebenswirklichkeit orientiert. Die Vernunft bejaht die vorbehaltlose Bindung des Menschen an den Körper. Der Wille und die persönliche Macht dienen der Förderung des Lebens im Sinne des Körpers. Methoden der Selbstoptimierung durch Übungen und vieles mehr sind Teil des Lebens geworden. Im Mittelpunkt stehen Qualitäten wie Selbstakzeptanz, Harmonie mit dem physischen Leben und die Illusion, den Sinn des Lebens erreicht zu haben, wenn man erfolgreich und angesehen ist.

Die eigene Realität wird verteidigt. Der Angriff auf andere wird nicht als negativ empfunden, sondern als Schutz vor einer möglichen negativen Veränderung des eigenen Lebens. Allmählich integriert der Mensch *Eigenschaften* der Dunkelheit, die den Charakter und die Persönlichkeit prägen. Diese *Eigenschaft* fördert die Integrierung von *Eigenschaften* der 3. Dimension.

Vor allem erkennen sich die Menschen als Teil der Welt und fühlen sich mit der Erde verbunden. In der Schönheit der physischen Welt meinen sie eine höhere Macht zu erkennen und erfahren gleichzeitig Gefühle, die ebenso als höhere Gefühle interpretiert werden.

Dieses Mensch-Bewusstsein suggeriert den Menschen primär Freiheit. Sie sind davon überzeugt, ein freies Leben auf der Erde zu führen. Auch das positive Handeln gegenüber den Mitmenschen ist Teil des individuellen Mensch-Bewusstseins der 3. Dimension.

Ebenso kann sich das Leben in der physischen Welt negativ entwickeln. Die Menschen haben vielleicht kein Geld, sind nicht erfolgreich oder haben soziale Probleme. Viele führen einen täglichen

Kampf ums Überleben. Was sich jedoch nicht ändert, ist die absolute Identifizierung mit dem Körper und dem physischen Leben.

Je absoluter man sich mit diesem Bewusstsein identifiziert, das gilt für reiche wie für arme Menschen, desto mehr nähern sich die *Eigenschaften* der Dunkelheit an. Das Gewissen wird immer mehr unterdrückt, *negative Eigenschaften* beginnen sich zu etablieren und die Dunkelheit wird allmählich Teil des Lebens.

Im Zentrum des physischen Lebens stehen vor allem materieller Besitz und Macht. Der Krieg der Reichen gegen die Armen ist ein wesentlicher Aspekt des physischen Lebens. Dass dies nicht als Krieg wahrgenommen wird, ist Teil dieses Mensch-Bewusstseins.

Dieses für die meisten Menschen selbstverständliche Sein auf der Erde ist eines der größten Hindernisse für die Befreiung des Bewusstseins.

Die Ordnung der 20 *verwaltenden Eigenschaften* des individuellen Mensch-Bewusstseins der 3. Dimension

1. *verwaltende Eigenschaft*

Das Selbstbewusstsein des Mensch-Bewusstseins – Die 1. *Eigenschaft* definiert das Selbstbewusstsein des Körpers des individuellen Mensch-Bewusstseins. Dieses Selbstbewusstsein ist haltgebend, bestimmend und trägt in sich die Kraft der Durchsetzung. Es trägt auch eine große Lebendigkeit in sich.

Diese *Eigenschaft* beinhaltet eine innere bewegliche Kraft, die gleichzeitig expansiv nach außen wirkt. Es kommt jedoch nicht zu einer ausdehnenden Bewegung, da dieser Kraft auch eine feste, man könnte sagen, kristalline Struktur innewohnt. Die Beweglichkeit und Expansion äußert sich nicht als Ausdehnung, sondern durch das strukturgebende Gerüst als innere Spannung, die sich als Lebendigkeit zeigt. Sie gleicht einer vorhandenen Kraft, die sich nicht entladen kann. Das Selbstbewusstsein dieser *Eigenschaft* besitzt die Merkmale dieser Kraft.

2. *verwaltende Eigenschaft*

Das Agieren mit der Umgebung – Durch die 2. *Eigenschaft* wird das Agieren des Menschen mit seiner unmittelbaren Umgebung erklärt. Dabei kann es sich sowohl um körperliche Handlungen als auch um Gedanken und Gefühle handeln, mit denen jemand Einfluss auf den umgebenden Raum ausübt.

Durch diese *Eigenschaft* nimmt der Mensch eine Position im Zentrum eines Raumes ein, welcher magnetisch auf ihn zuströmt. Gleichzeitig agiert er durch eine nach außen wirkende, expansive Kraft. Im Gegensatz zur magnetischen Kraft, die im Raum wirkt, endet die expansive Kraft mit dem individuellen Mensch-Bewusstsein. Bildlich gesprochen endet sie an der Grenze des physischen Körpers. Jedes Agieren geht vom Zentrum aus, wo beide Kräfte wirken, in den Raum der zusammenziehenden magnetischen Kraft.

3. *verwaltende Eigenschaft*

Der gebundene Intellekt – Die 3. *Eigenschaft* steht in direktem Zusammenhang mit dem Intellekt des Menschen. Der Intellekt ist auf die Dimension der Verkörperung des Menschen beschränkt. Das Mensch-Bewusstsein gehört zur 3. Dimension und mit dem Körper lebt der Mensch auf der Erde. Alle Ausdrucksformen der Intelligenz und des Verstandes gehen nicht über das Universum hinaus. Das schließt auch das analoge Denken ein.

Die 3. *Eigenschaft* ist einerseits neutral und andererseits aktiv. Die Neutralität geht mit einer gewissen Oberflächlichkeit einher. Der Verstand identifiziert z. B. einen Baum als Baum, was grundsätzlich der Wahrheit entspricht. Die biologischen Prozesse, die im Baum ablaufen, muss sich der Mensch erst über den Intellekt aneignen. Analoges Denken ist ebenso oberflächlich, da die Analogiebezüge in den niederen Dimensionen liegen. Eine höhere Dimension analog zu den Gesetzen der 4. Dimension zu beschreiben, muss eine Oberflächlichkeit beinhalten. In Verbindung mit der Neutralität wirkt der Intellekt gleichzeitig expansiv und aktiv.

4. *verwaltende Eigenschaft*

Der natürliche Wille – Die 4. *Eigenschaft* definiert die Natürlichkeit des Willens im täglichen Leben der Menschen auf der Erde. Es ist vor allem die große Selbstverständlichkeit, mit der die Menschen die Freiheit ihres Willens einschätzen. Niemand würde diese Freiheit in der physischen Welt bezweifeln. Dieser Wille weiß nichts von der Beeinflussung des Menschen durch die *Eigenschaften* der Dimensionen. Die vom Mensch-Bewusstsein wahrgenommene Freiheit definiert eine Grundhaltung des Menschen.

Die Gesetze dieser *Eigenschaft* sind durch eine grundlegende expansive Aktivität definiert. Innerhalb dieser Ausdehnung liegt die Individualität des Menschen, die ebenfalls eine expansive und aktive Grundhaltung besitzt. Durch diese doppelte Expansion entsteht im Mensch-Bewusstsein ein Zustand ständiger Möglichkeiten des Handelns mit Körper und Geist. In gewisser Weise braucht der Mensch dieser Expansion nur nachzugeben, um den vorgegebenen Kräften zu folgen.

5. *verwaltende Eigenschaft*

Die persönliche Macht – Beschreibt die 4. *Eigenschaft* die Natürlichkeit des Willens, dann erklärt die 5. *Eigenschaft* die Macht, die ein Mensch in eins mit dem Mensch-Bewusstsein der 3. Dimension in sich verwirklicht. Im Mittelpunkt steht das Streben nach persönlicher Macht. Diese bezieht sich auf die physische Welt und die Materie. Sie bezieht sich aber auch auf die geistige Macht, die ein Mensch durch seine Persönlichkeit über andere Menschen ausübt. Magische oder kabbalistische Macht gehört nicht zu dieser 5. *Eigenschaft*. Diese Art von Macht gehört zur Welt der sogenannten *gefallenen Eigenschaften*.

Das Gesetz, das dieser *Eigenschaft* zugrunde liegt, führt zur Ursache der Expansion. Man gelangt in einen Zustand der Spannung als Voraussetzung für die Expansion. Eine Explosion wäre dagegen eine mehr oder weniger unkontrollierte Entladung der Spannung. Diese Spannung ist die Ursache für die Macht des Mensch-Bewusstseins der 3. Dimension.

6. verwaltende Eigenschaft

Der Schutz vor der Dunkelheit – Die 6. *Eigenschaft* umfasst die Thematik der natürlichen Abwehr. Sie gleicht einer inneren Haltung der ständigen Abwehr äußerer Einflüsse. Definiert die 1. *Eigenschaft* das Selbstbewusstsein, so beinhaltet die 6. *Eigenschaft* dessen innere Verteidigung. Im Alltag gibt es unzählige Momente der Abwehr. Immer dann, wenn jemand etwas verneint oder nicht annehmen will, zeigt sich dieses Bewusstsein. Jede Entscheidung wird in diesem Sinne getroffen. Auch diese *Eigenschaft* ist für den Menschen selbstverständlich. Die Abwehr geschieht meist automatisch und instinktiv. Man könnte sie als Verteidigung gegen Einflüsse bezeichnen, die das Mensch-Bewusstsein beeinträchtigen könnten.

Die Kräfte, die dieser *Eigenschaft* zugrunde liegen, sind einerseits magnetisch, andererseits gibt es eine feste Struktur. Diese Struktur definiert die genannte Verteidigung. Der Magnetismus beschreibt die Einflüsse auf den Menschen.

7. verwaltende Eigenschaft

Die materielle Fülle – Aufgrund dieser *Eigenschaft* ist der Mensch bestrebt, die physische Materie zu vermehren. Dies wird von den Menschen als ganz natürlich empfunden. Es geht darum, etwas zu sehen und es in den eigenen Bereich integrieren zu wollen. Die materiellen Güter und der Einflussbereich vergrößern das Bewusstsein des Körpers. Wenn jemand großen Grundbesitz sein Eigen nennt, erweitert sich das Bewusstsein entsprechend. Dasselbe gilt für politische oder wirtschaftliche Macht. Diese Kraft der Anhäufung von Materie ist für den Menschen absolut selbstverständlich und wird von den meisten Menschen geschätzt. Diese respektvolle innere Haltung gegenüber Reichen wird von anderen Menschen automatisch und meist unreflektiert übernommen.

Die Kräfte, durch die diese *Eigenschaft* wirkt, sind magnetische Kräfte. Es ist wichtig, den Magnetismus zu erfahren, der zwischen dem Körper und der materiellen Umgebung besteht. Ein Aspekt dieses Magnetismus ist, dass das individuelle Mensch-Bewusstsein die Umwelt sein Eigen nennen möchte. Dann kann sich dieses Mensch-Bewusstsein ausbreiten.

8. *verwaltende Eigenschaft*

Das oberflächliche Gefühl – Durch die 8. *Eigenschaft* ist es dem Menschen immanent, die Umwelt gefühlsmäßig zu erfahren. Gleichzeitig bleibt dieses Erleben aber an der Oberfläche. Das eigentliche Ausmaß eines Gefühls bleibt außen vor. Man kann sich zum Beispiel vorstellen, dass ein Mensch große Freude oder tiefe Trauer empfindet. Der Mitmensch nimmt dieses Gefühl wahr, bleibt aber in seiner Wahrnehmung an der Oberfläche. Im Prinzip wirkt diese Substanz in jedem Augenblick. Ein solcher Mensch ertastet, bildlich gesprochen, äußerlich einen Gegenstand mit seinem Mensch-Bewusstsein. Er fühlt das Material, die Konturen wie alle äußeren Details. Das Innere des Gegenstandes kann diese Person nicht wahrnehmen.

Die Kräfte sind einerseits neutral, andererseits magnetisch. Man kann es auch so beschreiben, dass man durch den reinen Intellekt eine geistige Substanz zwar denken, aber nicht fühlen und in sich erfahren kann.

9. *verwaltende Eigenschaft*

Die Reaktion der Umwelt – Die 9. *Eigenschaft* definiert die Reaktion der Umwelt auf den Willen des Menschen. Es geht nicht darum, eine andere Person bewusst zu überzeugen oder willentlich zu beeinflussen. Es handelt sich um die automatische Reaktion der gesamten Umgebung, die auch aus anderen Menschen bestehen kann. Jemand befindet sich z. B. in einem Garten, wird auf eine bestimmte Pflanze aufmerksam und beginnt, sie etwas genauer zu betrachten. Sein Wille richtet sich auf diese Pflanze. Die anderen Menschen bemerken dies und automatisch, ohne es zu wollen, richtet sich auch ihre Aufmerksamkeit auf diese Pflanze. Unwillkürlich wandern die Augen in ihre Richtung. Der Zusammenhang zwischen der Konzentration auf einen Punkt und der daraus resultierenden Anziehungskraft zeigt sich auch, wenn sich jemand intensiv und konzentriert mit einem Thema beschäftigt. Gleiche oder ähnliche Inhalte werden automatisch angezogen.

Dahinter steht ein besonderer Magnetismus, der mit dem Willen des Menschen verbunden ist. Der Wille ist auf einen bestimmten Punkt gerichtet. Darauf reagiert die Umgebung magnetisch.

10. *verwaltende Eigenschaft*

Das höhere Gefühl – Das Merkmal dieser *Eigenschaft* bezieht sich auf die automatische Verehrung des Menschen gegenüber religiösen oder allgemein als höher angesehenen Kräften. Grundsätzlich kennt jeder Mensch diese Art von Gefühlen. Diese *Eigenschaft* ist Teil des Mensch-Bewusstseins und betrifft auch nicht religiöse Menschen. Dazu gehört auch der undefinierte und oft unbewusste Glaube an eine höhere Macht. Vor allem aber findet man sie in den Tempeln der Weltreligionen. Eine Schwierigkeit besteht darin, dass diese oft als göttlich bezeichneten Erfahrungen als höchste Erfahrungen definiert werden. Auch Gefühle gegenüber einer Person, einer Philosophie oder Empfindungen in der Natur können Teil des Einflusses dieser *Eigenschaft* sein. Charakteristisch ist, dass sie von den Menschen als höchste menschliche Gefühle angesehen werden. Dazu gehören vor allem religiöse und esoterische Erfahrungen.

11. *verwaltende Eigenschaft*

Die Verbundenheit mit der Erde – Durch die 11. *Eigenschaft* ordnet sich das Mensch-Bewusstsein den physischen Gegebenheiten unter und erkennt sich als Teil der Welt. Je stärker diese *Eigenschaft* im Menschen wirkt, desto mehr verschmilzt der Mensch gleichsam als Zelle eines größeren Ganzen mit der materiellen Welt. Diese verschiedenen Formen der Identifikation mit der materiellen Welt fördern die Integration und bewirken, dass sich der Mensch immer mehr wie eine physische Zelle in einen größeren Zellverband einfügt. Diese Art der allmählichen Verschmelzung mit einem Bewusstsein, das an das Universum gebunden ist, wird von diesen Menschen als Erdverbundenheit, Heimatverbundenheit oder in ähnlicher Form erlebt. Vorsicht ist auch geboten, wenn Menschen sich intensiv mit Pflanzen beschäftigen. Manchmal entsteht dabei eine Art dichtes Wohlgefühl, etwa wenn der Mensch mit den Händen die Erde umgräbt und darin seinen Lebensinhalt zu erkennen glaubt.

Diese *Eigenschaft* bewirkt die Integration des Menschen in die physischen Gegebenheiten. Der Mensch identifiziert sich als Teil der Erde.

12. *verwaltende Eigenschaft*

Die beschränkte Selbstreflexion – Diese *Eigenschaft* definiert sich über die Selbstreflexion des Menschen. Da die Grenze das Universum ist, bleibt die Selbstreflexion oberflächlich. Grundsätzlich beschreibt diese *Eigenschaft* die natürliche Art und Weise des Menschen, über sich selbst nachzudenken und Dinge in sich zu spüren und zu verfolgen. Durch die 12. *Eigenschaft* haben die Menschen den Eindruck, selbstreflektiert zu leben. Die innere Tiefe, die viele Menschen zu erreichen glauben, ist auf das Universum beschränkt. Die 12. *Eigenschaft* kann keine höheren Erkenntnisse vermitteln, da sie nicht zu ihren Substanzen gehört und sie daher nicht um sie weiß.

13. *verwaltende Eigenschaft*

Die Bindung durch positive Taten – Diese *Eigenschaft* bindet den Menschen in besonderer Weise an das Universum. Es handelt sich um positive Taten. Man kann sich bildlich einen Menschen vorstellen, der anderen Menschen hilft und dafür keinen Lohn beansprucht. Diese Taten sind grundsätzlich freiwillig und heben das Bewusstsein dieses Menschen in gewisser Weise aus der Masse heraus. Er schafft in sich einen Zustand, der in ihm ein Gefühl der Befriedigung hervorruft. Auf diese innere Befriedigung kommt es an. Die Aussage, dass es für den Menschen befriedigend ist, anderen Menschen zu helfen, findet hier ihre Erklärung.

Natürlich ist es wichtig, ein positives Leben zu führen. Das steht außer Frage.

Die Schwierigkeit besteht jedoch darin, die positive Handlung von dem befriedigenden Gefühl zu trennen, das sich aus dieser *Eigenschaft* ergibt. Denn es ist dieses Gefühl, das den Menschen innerhalb des Universums bindet. Ein weiteres Problem liegt in der Selbstverständlichkeit dieses Gefühls. Es wird automatisch hervorgerufen, wenn jemand im Bewusstsein des Körpers einem anderen Menschen Gutes tut. Ein ähnliches Gefühl stellt sich ein, wenn man auf einem Gebiet besondere Leistungen erbringt. Auch diese innere Befriedigung bindet den Menschen innerhalb des Universums. Es ist oft schwieriger als bei negativen Kräften, die Bindung der subjektiv als positiv empfundenen Wesenszüge als Bindung zu erkennen und sich davon zu lösen.

14. *verwaltende Eigenschaft*

Der Angriff als Verteidigung – Dieser Aspekt beinhaltet den Angriff auf alle Kräfte, die das Mensch-Bewusstsein der 3. Dimension angreifen. Man könnte nun diese Form des Angriffs als eine Art Verteidigung bezeichnen. Gleichzeitig muss man aber wissen, dass der betreffende Mensch den Angriff als die beste Form der Verteidigung ansieht. Diese *Eigenschaft* zeigt sich vor allem dann, wenn dieses Mensch-Bewusstsein an sich infrage gestellt wird. Die 14. *Eigenschaft* schützt, wenn man so will, dieses an die Dunkelheit gebundene Mensch-Bewusstsein vor höheren Einflüssen. Die Art des Schutzes besteht darin, diesen höheren Einflüssen mit Angriff und Aggression zu begegnen.

Grundsätzlich wird auch der materielle Besitz als Teil des eigenen Territoriums betrachtet. Man braucht sich nur anzuschauen, wie Menschen reagieren, wenn ein Fremder das eigene Grundstück betritt. Auch wenn die Reaktion kontrolliert und äußerlich nicht aggressiv wirkt, nehmen die meisten Menschen eine Art Angriffshaltung ein, auch wenn es nur Gedanken und weniger starke Gefühle sind. Der Ursprung dieser Reaktion ist diese 14. *Eigenschaft*. Es ist wichtig, die Selbstverständlichkeit zu erkennen, mit der der Körper reagiert und die Gefühle und Gedanken beeinflusst.

15. *verwaltende Eigenschaft*

Die Bindung der harmonischen Dunkelheit – Die 15. *Eigenschaft* erklärt einen Aspekt des menschlichen Bewusstseins, welcher sich über die Dunkelheit definiert. Es handelt sich um eine automatische Anziehung der Dunkelheit mit all ihren verschiedenen Ausdrucksformen. In gewisser Weise ist die Integration der Dunkelheit die Erfüllung. Durch die 15. *Eigenschaft* verdichtet sich die Dunkelheit im Menschen immer mehr. Die Annahme des physischen Lebens ist die Annahme der Dunkelheit, und dementsprechend vermehrt sich die Dunkelheit im Laufe des Lebens.

Eine Besonderheit liegt zum Beispiel in folgendem: Je mehr sich die Emotionen im Menschen verdichten, desto stärker werden sie spürbar. Gleichzeitig führen starke Emotionen das Bewusstsein immer weiter in die Dunkelheit. Schließlich definieren die Inhalte selbst die Dunkelheit als Lebensinhalt. Verschiedene Formen der Musik, esoterische und religiöse Strömungen und viele Praktiken mehr führen das Mensch-Bewusstsein immer tiefer in die Dunkelheit. Gleichzeitig erlebt der Mensch intensive Emotionen.

Die 15. *Eigenschaft* stärkt im Menschen ein Wohlbefinden in der Dunkelheit, wie es in verschiedenen religiösen oder esoterischen Strömungen gelehrt wird. In vielen Tempeln gibt es Orte der Dunkelheit, die den Menschen einhüllen und ihm eine Art Heimatgefühl vermitteln. Sich dort wohlzufühlen, ist Ausdruck dieses Aspekts des Mensch-Bewusstseins in der 3. Dimension.

16. *verwaltende Eigenschaft*

Die Illusion der Freiheit – Die 16. *Eigenschaft* suggeriert den Menschen, dass sie frei im Universum sind. Dadurch erleben sie sich subjektiv als frei und unabhängig. Mit diesem Erleben von Freiheit geht gleichzeitig eine grundsätzlich positive Einstellung zum materiellen Leben einher. Diese *Eigenschaft* bildet somit die Grundlage für den Freiheitsgedanken des Menschen. Sie ist so durchdringend und mächtig, dass ein Zweifel an dieser inneren und äußeren Freiheit gar nicht infrage kommt. Es ist nicht nur die Freiheit, sich frei zu bewegen oder etwas erreichen zu können; der Einfluss beinhaltet vielmehr die Vorstellung einer absoluten Freiheit des Menschen im Körper.

Er hindert die Menschen also daran, über eine mögliche Unfreiheit nachzudenken. Sie liegt einfach außerhalb ihrer Vorstellungskraft. Dies ist einer der Gründe, warum es für die meisten Menschen unvorstellbar ist, dass ihr Leben auf der Erde von Hunderten verschiedener *Eigenschaften* gelenkt wird. Die Selbstverständlichkeit und Absolutheit, mit der sich die Menschen als selbstbestimmt betrachten, sind das Hindernis, den Einfluss der 16. *Eigenschaft* zu erkennen.

17. *verwaltende Eigenschaft*

Die bindende Selbstakzeptanz – Die 17. *Eigenschaft* definiert eine Struktur, durch die alle individuellen Lebewesen im Universum eine Art gefühlsmäßige Selbstakzeptanz besitzen. Normalerweise würde man sagen, dass es sich dabei um eine Form der Selbstliebe des Menschen in Bezug auf seinen physischen Körper handelt. Es kann sich aber auch um Energien der Ablehnung des Körpers oder der physischen Existenz handeln. Grundsätzlich bezieht sich die Wirkung dieser *Eigenschaft* auf eine Identifikation mit dem Körper über ein Gefühl.

Diese positiven oder negativen Gefühle, die den physischen Körper betreffen, stammen von der 17. *Eigenschaft*. Sie werden jedem individuellen Wesen im Universum eingegeben.

18. *verwaltende Eigenschaft*

Die beschränkte Selbsterhöhung – Der Einfluss der 18. *Eigenschaft* auf den Menschen ist deshalb nicht leicht zu erkennen, weil sie eine gegensätzliche Grundhaltung zum Dasein im Körper zu fördern scheint. In der Identifikation mit dem Körper und dem Leben im Universum manipuliert die 18. *Eigenschaft* den Menschen so, dass er sich selbst in der Erkenntnis seines eigenen Seins und seiner Umwelt in einer erhöhten Position wahrnimmt.

Dieser innere Zustand kann als ein vom Universum abgehobener Zustand erklärt werden. Die Bindung ist dadurch nicht weniger stark, aber schwerer zu erkennen. Hier zeigt sich der selbstverständliche Aspekt jeder Persönlichkeit, den Überblick zu haben. Auch hier gilt es, diesen Einfluss in seiner alltäglichen Form zu erkennen. Der Mensch nimmt dies mit einer absoluten Natürlichkeit wahr.

Dieser Überblick über das Leben zeigt sich sowohl positiv als auch negativ. Wenn jemand meint, sein Leben im Griff zu haben und sein Leben und seine Lebensbereiche zu überblicken scheint, stammt dieser innere Zustand von der 18. *Eigenschaft*. Wenn jemand umgekehrt der Meinung ist, zu all dem nicht in der Lage zu sein, dann kann man das auch auf die 18. *Eigenschaft* zurückführen.

Wie bei den beiden letzten *Eigenschaften* ist das Thema die Suggestion von Freiheit. Einmal das Bewusstsein betreffend, dann das Gefühl und im Blick auf die 18. *Eigenschaft* die auf die physische Welt beschränkte intelligente Betrachtung des Lebens.

19. *verwaltende Eigenschaft*

Die Bindung durch die Natürlichkeit – Die 19. *Eigenschaft* bewirkt im Menschen eine Grundhaltung zur eigenen hierarchischen Stellung im Universum. Es ist das selbstverständliche Bewusstsein, Mittelpunkt des Lebens zu sein. Gleichzeitig erfährt sich jeder Mensch als Herr seines eigenen Seins. Er erkennt sich in der hierarchisch höchsten Position. Dabei geht es nicht um Qualitäten wie Macht, Kraft oder Stärke oder um das Streben, diese Position zu erlangen oder zu behalten. Alle diese Qualitäten beziehen sich nicht auf die Wirkung dieser *Eigenschaft*. Vielmehr geht es um die selbstverständliche Annahme des Menschen, Herr seiner selbst zu sein. Dies ist für jeden Menschen ein Aspekt seiner Existenz, der mit absoluter Natürlichkeit gelebt wird.

Es ist nicht einfach, jemandem etwas so Selbstverständliches zu erklären. Man kann sich dazu vorstellen, wie man jemandem, der einfach nur die Hand bewegt oder in eine andere Richtung blickt, mitteilt, er sei dazu nicht in der Lage. Er würde vollkommen konsterniert reagieren und vermutlich gar nicht verstehen, worum es geht. Natürlich ist man Herr über die jeweilige Situation und kann die Hand bewegen.

Eine ähnliche Selbsteinschätzung bewirkt die 19. *Eigenschaft*. Es geht aber nicht nur um Bewegung, sondern um das Leben in jedem Augenblick. Die Menschen denken nicht darüber nach, ob sie Herr ihres momentanen Seins sind. Sie bewegen und handeln automatisch und natürlich. Es wäre für sie absurd, darüber nachzudenken. Im Hintergrund wirkt jedoch die 19. *Eigenschaft*, die diese innere Haltung definiert. Dadurch vermeiden die Menschen, darüber nachzudenken, ob sie in ihrem Denken, Fühlen und Handeln von Kräften und Mächten beeinflusst werden.

20. *verwaltende Eigenschaft*

Die Illusion der Vollkommenheit – Diese *Eigenschaft* beeinflusst den Menschen insofern, als er im Universum alle Ursachen des gesamten menschlichen Lebens und des Universums selbst zu erkennen glaubt.

Im Grunde definiert diese 20. *Eigenschaft* die höchste Vollkommenheit, die dem Menschen in seiner Identifikation mit dem Mensch-Bewusstsein der 3. Dimension möglich ist. Eine Vorstellung von höherer Vollkommenheit ist diesem Menschen-Bewusstsein nicht möglich.

Damit sind nicht nur esoterische oder religiöse, sondern auch weltliche Vorstellungen von Vollkommenheit gemeint.

Grundsätzlich suggeriert diese *Eigenschaft* jedem Menschen, dass das Ziel, das er anstrebt oder als höchstes Ziel definiert, dieses höchste Ziel ist. Dabei handelt es sich jedoch nicht um die Definition von Idealen, sondern um eine Grundhaltung des physischen Körpers.

Indem sie dem Menschen die Vollkommenheit in Verbindung mit dem Universum suggeriert, setzt sie ihm eine Grenze der Entwicklung. Diese Grenze ist so selbstverständlich, dass es für die meisten Menschen undenkbar ist, dass es sich dabei um Begrenzungen handelt.

Die Grenze der 20. *Eigenschaft* schließt den Kreis, der mit dem Selbstbewusstsein der 1. *Eigenschaft* begonnen hat. Diese 20 *Eigenschaften* definieren zusammen die Struktur des Universums im Sinne der menschlichen Individualität.

Die Ordnung der 12 Raum-Bewusstseine der 3. Dimension

1. Raum-Bewusstsein

Das 1. Raum-Bewusstsein der 3. Dimension definiert das willentliche Handeln ausgehend von einem inneren Zustand oder einer *Eigenschaft*. Das Ziel befindet sich innerhalb der im Raum der 3. Dimension existierenden geistigen Inhalte und erfüllt die Vorgabe des inneren Zustands oder der *Eigenschaft*. Dieser Wille wirkt als expansive, sich ausbreitende Kraft innerhalb einer vorgegebenen Bewegung.

Dieses Raum-Bewusstsein ist die Plattform der *Eigenschaften* in ihrer Beeinflussung des Willens der Menschen. Der mit dem 1. Raum-Bewusstsein verbundene Wille will Inhalte der 3. Dimension durchsetzen. Dies können sowohl materielle als auch geistige Ziele sein. Die typische Ausrichtung ist das willentliche Streben nach beruflichem Erfolg. In der 3. Dimension meinen die Menschen, einen Fortschritt und ein Licht zu erkennen. Dieses Licht ist geistige Macht oder die materielle Macht durch Reichtum. Die Durchsetzung des Willens wird als grundsätzlich positiv erlebt.[26]

Typische Charaktereigenschaften: aktiv, impulsiv, vorwärtsdrängend und triebhaft

2. Raum-Bewusstsein

Das 2. Raum-Bewusstsein definiert die Hingabe an die Materie und gleichzeitig das Erleben der erstarrten Materie als Halt für die eigene

---

[26] Tierkreiszeichen: Widder

Persönlichkeit. Durch diese Qualitäten bindet das 2. Raum-Bewusstsein den Menschen an die 3. Dimension. Es wirkt eine bestimmte Form einer geistigen Gravitation, durch die sich der Mensch mit vorgegebenen *Eigenschaften* identifiziert.

Das Raum-Bewusstsein beeinflusst die Menschen dahingehend, dass die Verbindung zur Erde und zur Materie, einschließlich des materiellen Besitzes, nicht nur grundsätzlich positiv ist, sondern auch Halt gibt. Das Irdische und Materielle wird als Realität definiert. Dieses Raum-Bewusstsein bindet die Menschen so ein, dass sie sich der 3. Dimension und ihren *Eigenschaften* hingeben. Die Liebe und Hingabe, welche die 3. Dimension durch das 2. Raum-Bewusstsein in sich trägt, bewirkt, dass die Menschen das physische Leben lieben. Diese Liebe zum irdischen Sein wird durch die 3. Dimension als lichtvoll und erstrebenswert erfahren. Zu dieser Liebe gehört auch die Sexualität.[27]

Typische Charaktereigenschaften: erdverbunden, bedächtig, hingebungsvoll und liebend

3. Raum-Bewusstsein

Das 3. Raum-Bewusstsein ist die geistige Plattform der 3. Dimension. Sie zeichnet sich durch eine distanzierte Sicht auf das Leben auf der Erde aus. Auch über diese Plattform wirken die *Eigenschaften* der 3. Dimension.

Wenn sich der Mensch mit diesem Raum-Bewusstsein identifiziert, dann werden alle Inhalte, die z. B. zur 4. Dimension gehören, über den Intellekt in Verbindung mit der 3. Dimension definiert.

Dieses Raum-Bewusstsein bindet die Menschen, indem es zur Beurteilung und Unterscheidung der Dinge nur die Instanz der 3. Dimension zulässt. Das Licht, das die Menschen darin sehen, ist mit der

---

[27] Tierkreiszeichen: Stier

Beweglichkeit der Gedanken verbunden. Die Möglichkeit der distanzierten Betrachtung suggeriert eine Objektivität, die jedoch nicht gegeben ist, da das Leben aus einer distanzierten Position innerhalb der 3. Dimension betrachtet wird. Ein wesentliches Merkmal des 3. Raum-Bewusstseins ist die Freude am physischen Leben.[28]

Typische Charaktereigenschaften: neutral, beweglich, lebhaft und wechselhaft

4. Raum-Bewusstsein

Das 4. Raum-Bewusstsein definiert die Gravitation, den Magnetismus, die Zusammenziehung und die Anziehung der 3. Dimension, wobei alle diese Kräfte einer Vorgabe folgen. Der Mensch wird durch dieses Raum-Bewusstsein, identifiziert er sich mit ihm, von den *Eigenschaften* der verschiedenen Dimensionen beeinflusst. Durch das 4. Raum-Bewusstsein ordnet der Mensch die *Eigenschaften*, von denen er beeinflusst wird, hierarchisch höher ein.

Die Macht, welche die Menschen durch das 4. Raum-Bewusstsein erkennen, nimmt in der physischen und geistigen Realität des Lebens auf der Erde eine hierarchisch höhere Stellung ein, weil sich die Menschen gefühlsmäßig unterordnen. Sie schätzen diese Macht als Licht ein. Es ist für sie ganz normal, sich einem Staat, einem Unternehmen, einer Religion oder den menschlichen Repräsentanten dieser Mächte unterzuordnen, ihren Inhalten zu folgen und in ihrem Sinne bestimmend zu handeln. Das 4. Raum-Bewusstsein wirkt als ständiger, nicht nachlassender Einfluss. Dadurch bindet sich der Mensch an die 3. Dimension.[29]

Typische Charaktereigenschaften: gefühlsbetont, einfühlsam, bestimmend und nachfolgend

---

[28] Tierkreiszeichen: Zwilling

[29] Tierkreiszeichen: Krebs

5. Raum-Bewusstsein

Das 5. Raum-Bewusstsein bildet die Grundlage für Macht, Kraft, Durchsetzungsvermögen und Autorität. Die Aufrechterhaltung einer Kraft, die innerhalb eines definierten Raumes eine Spannung in sich trägt, wirkt als Gesetz. Auch hier fügt sich der Mensch in die 3. Dimension ein. Im Gegensatz zum 4. Raum-Bewusstsein, das eine Unterordnung verlangt, können sie durch das 5. Raum-Bewusstsein selbst eine höhere Position innerhalb der 3. Dimension einnehmen.

Durch das 5. Raum-Bewusstsein definieren die Menschen die 3. Dimension als positiv. Sie sehen in ihr unbewusst den geistigen Lebensraum. Vor allem akzeptieren sie durch das 5. Raum-Bewusstsein die Hierarchie in dieser Dimension als ein Grundgesetz des Lebens. Dadurch haben materielle Güter und Reichtum diesen herausragenden Stellenwert im Leben der Menschen. Die Menschen haben auch das Gefühl, dass für sie gesorgt wird. Wenn sie selbst eine höhere Position innerhalb der 3. Dimension einnehmen, herrschen sie im Sinne dieser Dimension über andere Menschen. Dies betrifft vor allem die Mächtigen und Reichen auf der Erde. Positionen der Macht und Stärke werden als Licht interpretiert und erlebt.[30]

Typische Charaktereigenschaften: warmherzig, selbstbewusst, machtbedürftig und beherrschend

6. Raum-Bewusstsein

Das Gesetz des 6. Raum-Bewusstseins definiert die Methode zur Identifizierung der physischen Welt und des Lebens innerhalb der physischen Welt. Die Grundlage bilden die kleinsten Teilchen, beginnend mit den Bestandteilen der Atome. Diese Methode zeigt sich auch in der zunehmenden Spezialisierung im Berufsleben. Die Erfah-

---

[30] Tierkreiszeichen: Löwe

rung des Lichts bezieht sich auf die Erkenntnis des physischen Körpers und der Erde im Sinne der 3. Dimension.

Erkenntnis im Sinne der 3. Dimension bedeutet, das Wissen um die Beschaffenheit der physischen Welt und der physischen Materie als höchstes Wissen zu definieren. Auch dieses analytische Wissen interpretieren die Menschen als Licht. Dadurch wird die materielle Hierarchie, welche auf der Erde durch die 3. Dimension definiert wird, intelligenzhaft gerechtfertigt. Auch der menschliche Körper wird als rein physisches Gebilde wahrgenommen.[31]

Typische Charaktereigenschaften: analytisch, einfach, systematisch und ordnungsliebend

7. Raum-Bewusstsein

Das Gesetz des 7. Raum-Bewusstseins für den Geist ist das Gesetz der Harmonie, das in der Natur der physischen Welt wirkt. Es zeigt sich in der Atmosphäre ebenso wie im Wachstum der Pflanzen. In der Natur und zwischen den Menschen bestimmt diese Harmonie entweder das harmonische Gleichgewicht, die Unterordnung oder die Machtausübung auf der Grundlage einer mächtigeren Harmonie.

Das Licht, das die Menschen in Verbindung mit dem 7. Raum-Bewusstsein sehen, bezieht sich auf die Harmonie mit der Natur und zwischen den Menschen. Diese Harmonie kann sich körperlich manifestieren wie z. B. in der Sexualität, oder geistig, wie z. B. in der Harmonie mit anderen Menschen, einer Religion oder Ideologie. Diese Harmonie ordnet und verbindet die Menschen untereinander im Sinne der 3. Dimension. Auch hier sind es Inhalte der physischen Welt, welche die Inhalte der Harmonie vorgeben. Harmonische Ergänzungen im Sinne des 7. Raum-Bewusstseins werden als Voraussetzung dafür definiert, dass Beziehungen oder soziale Kontakte positiv ver-

---

[31] Tierkreiszeichen: Jungfrau

laufen können. In der Realität stärken sie das Leben in der Identifizierung mit der 3. Dimension.[32]

Typische Charaktereigenschaften: harmonisch, beeinflussbar, verbindend und ausgleichend

8. Raum-Bewusstsein

Das 8. Raum-Bewusstsein definiert die geistige Gravitation und die aus dieser Kraft resultierende Dichte der geistigen Substanzen. Im Gegensatz zum 4. Raum-Bewusstsein folgt diese Gravitation nicht einer willentlichen, sondern einer gefühlsmäßigen Vorgabe. In der Natur zeigt sich dies im Raum als Gravitation, durch die z. B. die Materie eines Planeten dichter wird, je näher sie dem Zentrum kommt. Das 8. Raum-Bewusstsein definiert das Geheimnisvolle und Mystische als erstrebenswert.

Die Tiefe zeigt sich im 8. Raum-Bewusstsein als Dunkelheit innerhalb des Lebens auf der Erde. Sie betrifft nicht die Selbsterkenntnis. Durch die Plattform des 8. Raum-Bewusstseins glauben die Menschen, dass ihre Suche nach mystischen Geheimnissen und Mysterien in Verbindung mit Gefühlen in die Dunkelheit führen muss. Die Intensität der Empfindungen und Emotionen in der Dunkelheit gilt als Bestätigung. Viele Orte und Gebäude der Religionen sind mit dem 8. Raum-Bewusstsein verbunden.

Dieses Raum-Bewusstsein beschränkt spirituelle Erfahrungen und emotionale Ausbrüche auf die 3. Dimension. Der emotionale Ausbruch ist die Folge einer zu starken Verdichtung und zeigt sich als Explosion.[33]

Typische Charaktereigenschaften: schweigsam, reizbar, leidenschaftlich und empfindsam

---

[32] Tierkreiszeichen: Waage

[33] Tierkreiszeichen: Skorpion

9. Raum-Bewusstsein

Das 9. Raum-Bewusstsein zeigt sich in der Natur als Möglichkeit, in die Ferne zu schauen. Gleichzeitig wahrt der Betrachter eine innere Distanz. Er kann die Dinge sehen, aber nicht fühlen. Im individuellen Mensch-Bewusstsein zeigt sich dies als Möglichkeit, ein noch fernes Ziel anzustreben und zu erreichen. Das Ziel kann realistisch oder unrealistisch sein. Über diese Qualitäten wirkt die Beeinflussung, die 3. Dimension als Licht zu sehen. Deshalb orientiert sich der Mensch an diesem Ziel und strebt es an.

Durch das 9. Raumbewusstsein wirkt auf den Menschen die Suggestion, dass ein Ziel oder ein Vorhaben innerhalb der 3. Dimension dem Licht entspricht. Die Folge ist, dass der Mensch seine Hoffnung und seinen Glauben auf dieses Ziel setzt. Dabei kann es sich auch um Ziele handeln, deren Verwirklichungen unrealistisch sind. Beim 9. Raum-Bewusstsein geht es nur darum, dass sich die Menschen innerhalb der 3. Dimension bewegen und kein höheres Ziel ins Auge fassen. Wie alle anderen Raum-Bewusstseine bindet auch dieses den Menschen an die 3. Dimension durch ein vermeintliches Licht – in diesem Fall ist es die Illusion, ein höheres Ziel zu erreichen.[34]

Typische Charaktereigenschaften: zielgerichtet, drängend, unternehmungslustig und optimistisch

10. Raum-Bewusstsein

In der Natur zeigt sich dieses Gesetz als Kraft, welche die Materie zusammenhält. Diese Kraft sorgt zum Beispiel dafür, dass ein Stein nicht auseinanderfällt. Es ist die Aufrechterhaltung der physischen Gegebenheit eines Gegenstandes. Dieser Kraft wohnt eine gewisse Spannung inne. Im Geist ist es, um das Beispiel aus der Natur zu

---

[34] Tierkreiszeichen: Schütze

verwenden, die Aufrechterhaltung der geistigen Substanzen durch die Aufrechterhaltung einer Tradition.

Das vermeintliche Licht, welches das 10. Raum-Bewusstsein den Menschen vorgaukelt, bezieht sich auf die Tradition. Traditionen werden den Menschen als höhere Werte suggeriert. Gleichzeitig beziehen sich alle diese Traditionen auf die Vergangenheit des Lebens auf der Erde. Durch die Beeinflussung des 10. Raum-Bewusstseins wollen die Menschen diese für sie wesentlichen Werte erhalten und pflegen. Durch die Bewahrung der Werte entsteht eine Bindung innerhalb der 3. Dimension. Oft ist die physische Realität der Ausgangspunkt und das Ziel der Überlegung.[35]

Typische Charaktereigenschaften: traditionell, sachlich, ehrgeizig und ordentlich

11. Raum-Bewusstsein

Die Grundlage des 11. Raum-Bewusstseins ist die individuelle Erfahrung von Freiheit durch den Körper des individuellen Mensch-Bewusstseins. Diese Freiheitserfahrung beruht auf der begrenzten Erkenntnisfähigkeit des Geistes in seiner Identifikation mit der 3. Dimension. Tiefere Einflüsse, welche die Freiheit einschränken, können nicht erkannt werden. Distanz wird als Freiheit definiert.

Das Licht, das dieses Raum-Bewusstsein der 3. Dimension den Menschen suggeriert, ist die Freiheit und gleichzeitig die Orientierung in eine positive Zukunft. Der Mensch fühlt sich mit dem Zeitgeist verbunden und empfindet sich als modern, realistisch und zukunftsorientiert. All diese Wesenszüge erlebt er in der Identifizierung mit den Inhalten und in eins mit den Gesetzen der 3. Dimension. Durch diese Manipulation glaubt der Mensch frei zu sein. In Wirk-

---

[35] Tierkreiszeichen: Steinbock

lichkeit bindet ihn dieser Glaube an das Mensch-Bewusstsein der 3. Dimension.[36]

Typische Charaktereigenschaften: freiheitsliebend, zukunftsorientiert, unabhängig und veränderlich

12. Raum-Bewusstsein

Dieses Raum-Bewusstsein bestimmt das intuitive Empfinden. In der Natur kann man sich einen Nebel vorstellen, der sich um einen Gegenstand schmiegt. Betrachtet man ihn, so kann man ihn sehen, mit dem Verstand identifizieren und die Wassertropfen des Nebels fühlen.

Das Licht, das die Menschen durch das 12. Raum-Bewusstsein in der 3. Dimension zu erkennen glauben, bezieht sich auf das Vertrauensvolle in der Persönlichkeit. Dieses Vertrauen haben sie aber gegenüber den Gesetzen und Ordnungen der 3. Dimension. Sie sehen darin die Struktur und Ordnung der gesamten Wirklichkeit des Menschen und geben sich ihr hin. Durch ihre Medialität sind sie überzeugt, höhere Gesetzmäßigkeiten zu erfahren, wobei es sich immer um Inhalte des Lebens in der Betrachtung aus der Instanz der 3. Dimension handelt. So verhindert das 12. Raum-Bewusstsein eine Entwicklung.[37]

Typische Charaktereigenschaften: vertraut, medial, fantasiebegabt und sensibel

---

[36] Tierkreiszeichen: Wassermann

[37] Tierkreiszeichen: Fische

Die Ordnung der 49 *negativen Eigenschaften* des Körpers des individuellen Geistes

1. *negative Eigenschaft*

Die Beherrschung der Gefühle und Emotionen – Durch diese Form der Selbstmeisterung mit dem Verstand wird den Menschen suggeriert, dass Selbsterkenntnis nicht notwendig ist. Anstatt den Ursprung der Emotionen zu erkennen, bindet man sich an den Verstand.

2. *negative Eigenschaft*

Die Beherrschung des rastlosen und zugleich oberflächlichen Suchens mit dem Intellekt – Da die Meisterung dieser triebhaften Wesenszüge durch den Geist geschieht, bindet man sich durch die Meisterung an die Oberflächlichkeit des individuellen Geistes.

3. *negative Eigenschaft*

Die 3. *Eigenschaft* ist das Mitgefühl – Durch das Mitgefühl des individuellen Geistes zieht sich der Mensch zurück und verhindert eine tiefere Selbsterkenntnis. Dieses Mitgefühl ist der liebende Rückzug vor den im inneren All existierenden *Eigenschaften*.

4. *negative Eigenschaft*

Die 4. *Eigenschaft* ist der Zustand der Gedankenleere – Dieser Zustand ist die Reduzierung auf den Geist, der durch den Körper der individuellen Korrektur definiert wird. Dadurch schottet sich der Mensch von allen Einflüssen ab und verharrt in einem inneren Zu-

stand der Ruhe und Gedankenleere. Jede Form tieferer Selbsterkenntnis wird unmöglich.

5. *negative Eigenschaft*

Die konzentrierte Beobachtung der Gedanken – Mit dieser *negativen
Eigenschaft* ist die konzentrierte Beobachtung der Gedanken gemeint.
Dabei wird geübt, alle inneren Impulse zu unterdrücken. Die Folge
ist die sukzessive Abschottung von tieferen Erkenntnissen.

6. *negative Eigenschaft*

Die Aufrechterhaltung von Gedanken einer definierten Qualität –
Diese *negative Eigenschaft* beschreibt einen Geisteszustand, in dem man
sich darauf konzentriert, ausschließlich einer bestimmten Idee ge-
danklich zu folgen. Dies kann zum Beispiel eine Geschäftsidee sein.
Oft geht es aber auch darum, einen inneren Zustand aufrechtzuerhalten, um sich nicht weiter mit einem Thema beschäftigen zu müssen.
Man hält sich aus Angst an der Oberflächlichkeit des Geistes fest.

7. *negative Eigenschaft*

Der Zustand der Erfahrung höherer Geisteszustände – Durch die 7.
negative Eigenschaft erfährt der Mensch höhere Geisteszustände. Diese
nähern sich durch die Hinwendung zum Geist. Man kann sich einen
meditierenden Mönch vorstellen, dem sich höhere Geistesqualitäten
nähern. Der Mensch ist durchdrungen von der absoluten Überzeugung und dem Glauben, dass seine geistige Erfahrung einer höheren
Wahrheit entspricht.

8. *negative Eigenschaft*

Die Ausschließlichkeit des Geistes – Diese *negative Eigenschaft* suggeriert den Menschen, dass es ausschließlich um die Entwicklung des
Geistes geht. Sie sind an ihn gebunden und erleben den Geist klar

und kontinuierlich. Die anderen Körper und das innere All werden als äußere Einflüsse und Störungen auf dem geistigen Weg erlebt, die es zu überwinden und von denen es sich zu befreien gilt, um sich nur noch mit dem Geist identifizieren zu können.

9. *negative Eigenschaft*
Die Erfahrung des Geistes des Universums – Diese *negative Eigenschaft* beinhaltet die Verbindung zwischen dem persönlichen Geist des Menschen und dem Geist des Universums. Dieser Geist ist die Folge der 4. Dimension und der 8. Dimension. Der Mensch wird jedoch so beeinflusst, dass er glaubt, mit dem höchsten Geist in Verbindung zu stehen.

10. *negative Eigenschaft*
Die liebende Hingabe – Diese *negative Eigenschaft* des Geistes definiert sich durch die liebende Hingabe an den Geist. Gleichzeitig distanziert man sich in diesem Zustand von der Außenwelt und fühlt sich durch diese Distanz frei. Man kann sich jemanden vorstellen, der sich in der Meditation in einem Zustand der Liebe befindet, losgelöst von der Welt. Diese Form der Liebe des Geistes fühlt sich frei, klar und leicht an. Selbsterkenntnis ist nicht möglich.

11. *negative Eigenschaft*
Die Identifizierung mit dem Geist – In Verbindung mit dieser *negativen Eigenschaft* identifiziert sich das Bewusstsein nur noch mit dem Geist. Alle anderen Wesenszüge werden als Leiden und Dunkelheit definiert. Dieser Zustand ist die Folge der Abwendung von allen *Eigenschaften*, die nicht Geist sind.

12. *negative Eigenschaft*

Die Gleichförmigkeit des Handelns – Im Zusammenhang mit dieser *negativen Eigenschaft* kann man sich eine Person vorstellen, die sich gleichförmig bewegt und dabei eine Distanz zur Außenwelt wahrt. Diese *Eigenschaft* bewirkt auch, dass man sich mit keiner Emotion identifiziert.

13. *negative Eigenschaft*

Die Wiederholung von Formeln – Durch die Wiederholung von Formeln verdichtet man die geistigen Substanzen der *negativen Eigenschaften* des Geistes. Durch diese Praxis identifiziert man sich allmählich immer mehr mit dem Geist. Ebenso werden die Grundeigenschaften des Geistes, Liebe, Glaube und Hoffnung, durch das wiederholte Rezitieren stärker hervorgehoben.

14. *negative Eigenschaft*

Die Askese des Geistes – Diese *negative Eigenschaft* bezeichnet einen Zustand der Askese des Geistes, durch den man alle Einflüsse auf den Geist fernhält. Dies geschieht durch die Zurücknahme der geistigen Merkmale wie den Intellekt und den Willen. In diesem Zustand versucht man, jede Veränderung durch die Zeit zu vermeiden, indem man sich auf den Geist als statische Größe im Raum konzentriert. Dabei zieht man sich auch mit dem Körper auf den Geist zurück. Diese Askese betrifft indirekt ebenso den physischen Körper, indem die geistige Askese durch körperliche Askese unterstützt wird.

15. *negative Eigenschaft*

Die Bindung an den Geist – Eine Grundeigenschaft jedes Geistes, auch des menschlichen Geistes, ist die Liebe. Die Liebe als Funktion ist die Bindung des Geistes. Indem man sich der Liebe des menschlichen Geistes nähert, bindet man sich an sie, reduziert sich auf den

Geist und distanziert sich gleichzeitig von jeder Form tieferer Selbst-erkenntnis. Diese Liebe ist klar und fein und lässt keine Liebe eines höheren Geistes zu. Die 15. *negative Eigenschaft* bindet den Menschen durch die Liebe an den menschlichen Geist.

16. *negative Eigenschaft*

Die Freiheit des Geistes – Diese *negative Eigenschaft* definiert die Frei-heit des Geistes. Man stelle sich einen Menschen in einem kleinen Raum vor, der nach oben schaut und einen Vogel sieht, der in großer Höhe fliegt. Diese Freiheit ist sehr leicht und wird von einem positi-ven Gefühl begleitet. Der Mensch ist sich nicht bewusst, dass er sich in einem kleinen Raum befindet. In Wirklichkeit handelt es sich um eine große Einschränkung, die als Freiheit getarnt ist.

17. *negative Eigenschaft*

Die Bewegung des Geistes – Diese *negative Eigenschaft* ist die Bewe-gung des Geistes im Raum. Der Mensch, der sich mit dem Geist identifiziert, kann den Raum durchqueren und sich an jeden Ort des Universums begeben. Dies nennt man außerkörperliches Reisen mit dem Geist.

18. *negative Eigenschaft*

Die überlegte Freundlichkeit – Diese *negative Eigenschaft* des Geistes verleiht den Menschen eine Form von Souveränität durch ihre Freundlichkeit, die gleichzeitig etwas distanziert ist. Damit geht eine gewisse Unberührbarkeit einher. Man schätzt sich selbst positiv ein. Diese Freundlichkeit kann von den Mitmenschen gut wahrgenom-men werden, ebenso wie die damit verbundene Souveränität. Diesen Menschen wird eine gewisse Größe zugeschrieben. Im Grunde ist es ein überheblicher Charakterzug.

19. *negative Eigenschaft*

Die Wahl der Gefühle – Diese *negative Eigenschaft* beinhaltet die geistige Fähigkeit, ein beliebiges Gefühl auszuwählen, es zu empfinden und in diesem Gefühl zu verweilen. Der Mensch wählt selbst, welches Gefühl er empfindet. Alle diese Gefühle sind Wirkungen von tieferen Ursachen im inneren All. Was die Menschen als Willensfreiheit in den Empfindungen zu erkennen glauben, ist eine komplexe Form der Täuschung, die den Zweck hat, die Menschen an die Oberfläche zu binden.

20. *negative Eigenschaft*

Die Bindung an den Geist eines Lehrers – Die 20. *negative Eigenschaft* bestimmt, dass ausgehend vom Geist eines Menschen eine liebende Verbindung zum Geist eines spirituellen Lehrers aufgebaut wird. Der Geist des Lehrers, der als Meister angesehen wird, bildet die geistige Instanz, die angestrebt wird. Daraus kann sich eine über Jahrhunderte andauernde geistige Nachfolge entwickeln.

21. *negative Eigenschaft*

Die Korrektur des Geistes – Durch diese *negative Eigenschaft* hat die geistige Schule, Religion oder Lehre, der ein Mensch angehört, die Macht, korrigierend einzugreifen. Dies geschieht vor allem durch den Geist der Lehre, der direkt auf den Geist des Menschen einwirkt. Hat sich jemand einer *umfassenden Eigenschaft* unterworfen, so hat er ihr auch die Ermächtigung gegeben, korrigierend einzugreifen.

22. *negative Eigenschaft*

Die Verbindung mit dem Geist – In diesem Geisteszustand ist der Mensch mit dem Gründer der jeweiligen Geistesschule oder Religion verbunden. Diese Verbindung ist real und wird als großes Glück erfahren. In Wirklichkeit ist diese Verbindung eine Bindung an seinen Geist, wie er sich in der Gegenwart äußert.

23. *negative Eigenschaft*
Die Identifizierung mit dem Intellekt – Durch diese *negative Eigenschaft* identifiziert sich der Mensch ausschließlich mit seinem Intellekt. Der Verstand und vor allem die Vernunft als Parameter des Überlegens und Entscheidens stehen im Mittelpunkt. Vernunft und Verstand orientieren sich an der Irreführung des Geistes.

24. *negative Eigenschaft*
Die Harmonie im Geist – Es gibt viele verschiedene Meditationen, um eine Harmonie im Geist zu erreichen. Meist sind es Gegensätze wie Yin und Yang, Feuer und Feuer oder Licht und Dunkelheit, die man durch bestimmte Meditationen in sich ausgleichen oder harmonisieren möchte. Die 24. *negative Eigenschaft* umfasst alle Harmonien, die in Verbindung mit dem Körper des individuellen Geistes möglich sind.

25. *negative Eigenschaft*
Das Licht des Geistes – Diese *negative Eigenschaft* suggeriert den Menschen, dass der Körper des Geistes helles Licht ist. Diese Überzeugung ist durch den Einfluss so stark und durchdringend, dass sie für diese Person zur Gewissheit wird.

26. *negative Eigenschaft*
Die bewusste Tätigkeit – Diese *negative Eigenschaft* des Geistes zeichnet sich durch eine bewusste willentliche Handlung in Verbindung mit dem physischen Körper aus. Bewusstes Gehen, bewusstes grafisches Zeichnen oder bewusste Körperbewegungen im Tanz oder in der

Kampfkunst sind Möglichkeiten, wie sich diese *Eigenschaft* ausdrücken kann. Die Grundlage ist die Kontrolle der Bewegung.

27. *negative Eigenschaft*
Die Imagination des Lichts – Die 27. *negative Eigenschaft* ist die Imagination des Lichts. Wer sie in seinem Geist stark entwickelt hat, kann bei sich selbst und bei anderen Menschen einen positiven Einfluss auf Geist und Körper ausüben. Dies betrifft z. B. das geistige Heilen.

28. *negative Eigenschaft*
Die Introspektion des Geistes – Diese *negative Eigenschaft* beinhaltet die Erkenntnis der Wesenszüge des Menschen im Sinne des Körpers des individuellen Geistes. Gleichzeitig bewirkt sie, dass sich der Mensch durch diese Selbsterkenntnis wieder ganz mit dem Geist identifiziert.

29. *negative Eigenschaft*
Die automatische Reaktion – Die 29. *negative Eigenschaft* beeinflusst Menschen dazu, automatisch mit dem Geist auf alles zu reagieren, was geschieht. Wenn jemand z. B. durch *Eigenschaften* dazu gedrängt wird, negativ zu denken, dann ist die Reaktion meistens eine Abwehrreaktion des Geistes. Durch das Bewusstsein im Wachsein[38] ist die negative Einflussnahme nicht mehr möglich.

30. *negative Eigenschaft*
Das Handeln in der Zeit – Tätigkeiten, die Zeit in Anspruch nehmen, sind in der Betrachtung oberflächlich. Überlegungen bleiben an der Oberfläche. Wer z. B. einen Spaziergang macht, betrachtet alle Ereig-

---

[38] Wachsein ist ein Zustand des Bewusstseins. Die Praxis des Wachseins beschreibe ich im Kapitel über die 9. Dimension.

nisse mit dem individuellen Geist. Die Bewertung erfolgt nicht durch das Bewusstsein, sondern durch den Geist.

31. *negative Eigenschaft*
Die subjektive Prägung des Geistes – Befindet sich ein Mensch in diesem Zustand, so prägt er seinen Geist mit verschiedenen Merkmalen, die durch die Lehre oder Religion vorgegeben sind. Meist geschieht dies durch Meditationen über bestimmte Gegenstände. Dadurch wird die Bindung an die Lehre und den Geist verstärkt.

32. *negative Eigenschaft*
Die Konzentration auf einen Gedanken – Wenn man sich auf einen Gedanken konzentriert und versucht, diesen Gedanken festzuhalten, bindet man sich an den Geist. Da der Geist das realisiert, was der Körper zur individuellen Korrektur vorgibt, ist eine tiefere Erkenntnis nicht möglich.

33. *negative Eigenschaft*
Die Prägung des Geistes auf ein Ideal – Durch diese Eigenschaft konzentriert man sich auf einen Geisteszustand, der von der Lehre oder Religion als erstrebenswert angesehen wird. Dadurch entsteht ein Magnetismus. Der Geist beginnt, die erwünschten Merkmale in sich zu formen und sich allmählich mit ihnen zu identifizieren.

34. *negative Eigenschaft*
Die Unterweisung durch den Geist – Diese *negative Eigenschaft* bewirkt, dass der Zuhörer mit seinem Geist magnetisch der geistigen Unterweisung eines anderen Menschen folgt. Der Geist des Menschen nähert sich dem Inhalt der Lehre. Gleichzeitig ist es eine grundsätzliche Annäherung an die jeweilige geistige Lehre oder Religion.

35. *negative Eigenschaft*

Die Selbstbeherrschung durch den Geist – Wenn man sich mit dieser *negativen Eigenschaft* identifiziert, befindet man sich in einem Zustand der Selbstbeherrschung durch den Geist. Dadurch wird der triebhafte Wille beherrscht. Dies betrifft alltägliche Situationen oder auch starke Emotionen, die zum Handeln drängen.

36. *negative Eigenschaft*

Der Magnetismus des Geistes – Diese *negative Eigenschaft* wirkt durch einen Magnetismus, der den Menschen dazu verleitet, sich immer tiefer mit dem Geist zu identifizieren. Gleichzeitig bewirkt sie, dass Zweifel an der Wahrheit des geistigen Weges von vornherein nicht vorhanden sind.

37. *negative Eigenschaft*

Das Studium des Geistes – Der Zustand dieser *negativen Eigenschaft* ist die Meditation über den Geist. Man kann es als intensives Nachdenken beschreiben, bei dem Intuition und Intellekt Hand in Hand gehen. Zugleich beschränkt die 37. *Eigenschaft* jede Erkenntnis auf den Geist.

38. *negative Eigenschaft*

Die Zufriedenheit des Geistes – In Verbindung mit dieser *negativen Eigenschaft* befindet man sich in einem Zustand innerer Zufriedenheit mit dem gleichzeitigen Gefühl leiser Freude oder stillen Glücks. Dieser Zustand ist die Reduzierung auf den Geist, der sich selbst genügt. Die 38. *Eigenschaft* bindet das Bewusstsein an einen scheinbar positiven geistigen Zustand.

39. *negative Eigenschaft*

Die Anziehungskraft des Geistes – Befindet sich ein Mensch im Zustand dieser *negativen Eigenschaft*, so besitzt er eine sehr große Anziehungskraft. Die Mitmenschen haben das Bedürfnis, sich ihm zu nähern, um vom Licht des Geistes dieses Menschen berührt zu werden.

40. *negative Eigenschaft*

Der Fortschritt des Geistes – Je länger und intensiver die Beschäftigung und Identifizierung mit dem Geist ist, desto mehr kapselt man sich von den Körpern der Korrektur, der Eigenschaften und des Bewusstseins ab. Diese *negative Eigenschaft* ist eine starke Kraft des Geistes, die diese ausschließliche Identifizierung mit dem Geist fördert.

41. *negative Eigenschaft*

Der Zustand des Geistes – Dieser Zustand ist dadurch gekennzeichnet, dass sich der Mensch nur noch mit seinem Geist identifiziert. Alle Einflüsse der Korrektur-, Eigenschafts- und Bewusstseinskörper sind noch im Unterbewusstsein vorhanden, können aber nicht mehr mit dem Geist und dem Körper des Mensch-Bewusstseins und damit auch nicht mit dem physischen Körper in Berührung kommen.

42. *negative Eigenschaft*

Der Rückzug in den Geist – Normalerweise löst sich nach dem physischen Tod der Körper des individuellen Geistes vom Menschen und konfrontiert ihn mit sich selbst als *verwaltende Eigenschaft*. Durch die 42. *negative Eigenschaft* ist der Mensch nach dem Tod mit dieser *verwaltenden Eigenschaft* verbunden. Sie wird zu einer *umfassenden Eigenschaft*, mit der sich der Mensch nun vollständig identifiziert. Diese Menschen sind Individuen im geistigen Raum der Erde und des Universums geworden. Sie müssen im Universum der 4. Dimension bleiben, bis sie erkennen, was sie sich selbst angetan haben. Dann können sie wieder inkarnieren und haben die Möglichkeit, sich in Richtung der höheren Dimensionen weiterzuentwickeln.

43. *negative Eigenschaft*

Die Konzentration auf sich selbst – Durch diese *negative Eigenschaft* entsteht ein Magnetismus zwischen dem Geist und dem Körper des individuellen Mensch-Bewusstseins. Der Mensch konzentriert sich auf sich selbst und seinen Geist. Diese *Eigenschaft* ermöglicht es, mit dem Geist regulierend auf den eigenen Körper einzuwirken. Dies kann z. B. bedeuten, dass man mit seinem Geist den Körper im Sinne einer positiven Gesundheit beeinflusst.

44. *negative Eigenschaft*

Die äußere und innere Zurückhaltung – Der Charakterzug, den die Menschen durch diese *negative Eigenschaft* besitzen, ist Zurückhaltung. Diese drückt sich zunächst in der eigenen Lebensführung aus, indem sie sich in allen Lebensbereichen wie Essen, Kleidung etc. zurückhalten. Dabei geht es nicht um Genügsamkeit oder gar Verzicht. Es ist eher eine Zurückhaltung gegenüber dem physischen Leben im Allgemeinen. Gleichzeitig ist es möglich, in einem gewissen Luxus zu leben, wobei auch hier die typische Zurückhaltung wirkt.

45. *negative Eigenschaft*

Die Achtsamkeit des Geistes – Diese *negative Eigenschaft* verleiht dem Menschen die Qualität der Achtsamkeit. Es geht um die Achtsamkeit gegenüber sich selbst und vor allem gegenüber den Mitmenschen. Diese Regulierung durch den Geist fördert die Identifizierung mit dem Geist, wodurch tiefere Berührungen verhindert werden. Wie viele andere *Eigenschaften* wird auch diese als sehr positiv erlebt. Letztlich geht es aber darum, den Menschen an die Irreführung durch den Geist zu binden.

46. *negative Eigenschaft*

Der Rückzug von der Welt – Damit identifizieren sich Menschen, die sich von der Welt zurückziehen. Dies kann z. B. eine Einsiedelei in den Bergen, ein Kloster oder ein Tempel sein, wo alle dort lebenden Menschen den gleichen geistigen Weg gehen. Dieser Rückzug erschwert z. B. die Konfrontation mit den *verwaltenden Eigenschaften* der niederen Dimensionen. Der Mensch beschäftigt sich nur noch mit seinem Geist und dem physischen Körper unter dem Einfluss des Geistes.

47. *negative Eigenschaft*

Die Regulierung durch den Geist – Diese *negative Eigenschaft* bildet die Gebote und Verbote einer Lehre oder Religion, welche die fortschreitende Identifikation mit dem Geist lehrt. Der gesamte Lehrinhalt dient der Irreführung durch den Geist und will eine tiefere Erkenntnis verhindern.

48. *negative Eigenschaft*

Die Hierarchie des Geistes – Mit dieser *negativen Eigenschaft* sind jene Personen verbunden, die als religiöse Führer einer Lehre oder Religion des Geistes vorstehen. Je nach Position identifizieren sie sich mit einer oder mehreren der 49 *negativen Eigenschaften*. Sie können z. B. Initiationen vornehmen und allgemeine Regeln aufstellen. Grundsätzlich sind sie die personifizierten Vertreter des Geistes.

49. *negative Eigenschaft*

Die höchste geistige Instanz – Die höchste geistige Instanz einer Lehre oder Religion. In den meisten Fällen ist es der Gründer der geistigen Lehre. Sein Geist bildet die Spitze. Wer sich diesem Geist unterwirft, willigt ein, im Sinne der Irreführung des Geistes beeinflusst und reguliert zu werden.

Die 2. Dimension des Bewusstseins

Der Einfluss der Dunkelheit

In der 2. Dimension ist das Bewusstsein an einen inhaltslosen Raum gebunden[1]. In diesem Raum strömen ununterbrochen geistige Substanzen an die Oberfläche, die gedacht und gefühlt werden, Willensimpulse auslösen, Wünsche entstehen lassen, körperliches Begehren hervorrufen und vieles mehr. Unsichtbar in der geistigen Substanz der 2. Dimension verborgen befinden sich die Ordnungen der Dunkelheit.

Die *Eigenschaften* der 2. Dimension sind sehr umfangreich. Sie gehören zur Dunkelheit und sind um ein Vielfaches dunkler als die *Eigenschaften* der 3. Dimension.

Der Körper des individuellen Geistes folgt den Vorgaben des Körpers der individuellen Korrektur. Die geistige Wirklichkeit des Menschen ist das, was sich ihm nach der Korrektur als geistige Wirklichkeit offenbart. Welcher Religion oder welchem System sich der Mensch auch unterworfen hat, es definiert den Geist des Menschen. Der Geist ist das, was nach der Korrektur als Wirklichkeit für den Menschen übrig bleibt.

Glaube, Liebe und Hoffnung, Intellekt und Intuition bestätigen die geistigen Inhalte nach der Korrektur. Vor allem die drei Grundeigenschaften des Geistes – Glaube, Liebe und Hoffnung – binden den Menschen an seine subjektive geistige Realität. Ob man an die Richtigkeit der staatlichen Gesetze glaubt, die Zugehörigkeit zu einer Nation liebt oder auf eine bessere jenseitige Welt hofft, spielt bei den Grundeigenschaften keine Rolle.

In der 2. Dimension gibt es die Ordnung der 7 *umfassenden Eigenschaften* des Körpers des individuellen Geistes[2]. Diese *Eigenschaften* haben die Besonderheit, dass sie das Bewusstsein des Menschen an den Geist binden. Gleichzeitig glaubt der Mensch, er sei Geist und identifiziert sich mit ihm. Anstatt sich in der Bindung zu erkennen und zu befreien, distanziert sich der Mensch durch die Identifizierung mit seinem Geist von der möglichen Erkenntnis. Die 7 *umfassenden Eigenschaften* schaffen eine immer größere Distanz zur möglichen Erkenntnis.

Innerhalb der 2. Dimension gibt es eine 2. Ordnung von 5 *verwaltenden Eigenschaften*, die den Menschen in die Dunkelheit binden. Diese Ordnung ist in hohem Maße für die Dunkelheit auf der Erde verantwortlich.

In Verbindung mit der 1. *verwaltenden Eigenschaft* existieren 25 Persönlichkeitstypen der Dunkelheit[3]. Wer ihnen folgt, beginnt sie selbst zu leben.

Dasselbe gilt für die anderen 4 *verwaltenden Eigenschaften*, wobei es sich hier nicht um Persönlichkeitstypen handelt, sondern um *negative Eigenschaften*. Streit, Hass, Gewalt, Pornografie, Heimtücke, Krieg und viele Dinge mehr gehen auf diese 5 *verwaltenden Eigenschaften* der Dunkelheit[4], die jeweils eine eigene Ordnung bilden, zurück. Die 5. *verwaltende Eigenschaft* bezieht sich auf die persönliche Dunkelheit des Menschen[5].

Das Leid, das Menschen in Verbindung mit diesen 5 *verwaltenden Eigenschaften* verbreiten, ist unbeschreiblich. Die Erfahrung, wie dunkel sie wirklich sind, ist erschütternd.

Alle diese Persönlichkeitstypen und *negativen Eigenschaften* der 2. Dimension, so dunkel sie auch sein mögen, existieren im inneren

Raum eines jeden Menschen. Das bedeutet nicht, dass der Mensch sich automatisch mit diesen *Eigenschaften* identifiziert und sie lebt.

Das Erkennen der 5 *verwaltenden Eigenschaften* der 2. Dimension ist die Konfrontation mit der Dunkelheit des Menschseins. Sie zu erkennen, ist unbedingt notwendig, wenn man sich befreien will.

Verborgen im Unterbewusstsein definiert eine 3. Ordnung mit 3 *unsichtbaren Eigenschaften* die innerste Bindung des Menschen in der 2. Dimension.

In 15 *verwaltenden Eigenschaften* werden die Meditierenden mit den unterschiedlichsten Qualitäten der Finsternis konfrontiert, die alle das Ziel haben, den Menschen an der Befreiung zu hindern.

11 *verwaltende Eigenschaften* definieren die Wahrheitsfindung des Menschen aus dem Unterbewusstsein. Gerade hier bedarf es einer höheren Form der Nüchternheit, um die Einflüsse nicht nur zu erkennen, sondern sich auch einzugestehen.

Die letzten 10 *verwaltenden Eigenschaften*, die im tiefsten Unterbewusstsein existieren, bilden die Grundlage dafür, wie sich ein Mensch auf der Erde als Mensch definiert. Diese *verwaltenden Eigenschaften* bilden die tiefste Prägung der 2. Dimension.

Die Ordnung der 7 *umfassenden Eigenschaften* des Körpers des individuellen Geistes

1. *umfassende Eigenschaft*

Diese 1. *umfassende Eigenschaft* definiert die natürliche und im Sinne des physischen Lebens positive Einbindung des Körpers des individuellen Geistes in das Leben auf der Erde. Einerseits handelt der Mensch bewusst und überlegt, andererseits wahrt er durch die Identifizierung mit dem Geist eine Distanz. Diese Distanz beinhaltet die Vorstellung, dass er nicht an die physische Materie gebunden ist, sondern eine höhere Entwicklungsstufe des Geistes verwirklicht hat.

Man kann sich einen Menschen vorstellen, der freundlich, realistisch und mit einer positiven Grundeinstellung das materielle Leben meistert, ohne sich von ihm binden zu lassen. Er bleibt in seinem Handeln in der Gegenwart und widmet sich seinen Tätigkeiten mit dem nötigen Ernst.

Die erwähnte Distanz hält er auch zu seinen Mitmenschen. Gleichzeitig bleibt er freundlich und bewahrt sich eine gewisse Ernsthaftigkeit.

Der Einfluss dieser *Eigenschaft* bewirkt auch, dass sich dieser Mensch in gewisser Weise als Schöpfer der gegenwärtigen Situation erlebt. Er ist mit ganzem Herzen bei der Sache. Je stärker der Einfluss ist, desto weniger lässt er sich ablenken. Dies gilt nicht nur für körperliche Arbeit, sondern auch für geistige Tätigkeiten wie z. B. die Meditation.

Dem Menschen wird suggeriert, seine Aufgabe sei es, seinen individuellen Geist zu entwickeln und sich immer mehr mit ihm zu identifizieren.

2. *umfassende Eigenschaft*

Die 2. *umfassende Eigenschaft* verbindet den Menschen mit der Liebe und dem Licht, die dem Körper des individuellen Geistes innewohnen. Die Liebe beruht auf der harmonischen Eingliederung des Menschen in das Leben. Es ist eine Liebe, die alles annimmt und in gewisser Weise stehen lässt. Diese Liebe definiert sich dadurch, dass sie alle Lebewesen und Dinge gleichermaßen liebt. Sie wird als eine wertfreie Liebe verstanden. Die Menschen, die sich mit dieser *Eigenschaft* identifizieren, meinen durch die Distanz des individuellen Geistes, dass ihre Liebe frei ist und sie nicht bindet.

Die Liebe, die der Mensch empfindet, ist die Liebe des Geistes zu sich selbst. Ebenso hat die Wahrnehmung des Lichtes die Selbstwahrnehmung des Geistes zur Grundlage. Beides erklärt sich der Geist durch den Verstand und bestätigt es sich durch das Gefühl. Diese Liebe ist die Bindung des Menschen an den Geist.

Das Wesen dieser Menschen ist sehr freundlich und liebevoll. Sie besitzen auch eine große Ernsthaftigkeit und ein hohes Unterscheidungsvermögen im Sinne des Körpers des individuellen Geistes. Dadurch können Sie sehr genau erkennen, ob sich andere Menschen mit dieser Liebe und diesem Licht in Einheit mit dem Geist identifizieren. Mit diesen positiven Qualitäten möchten Sie Ihren Mitmenschen die Liebe und das Licht des individuellen Geistes näherbringen.

Gleichzeitig kann eine gewisse Distanz wahrgenommen werden. Diese Distanz wird meist als eine positive Form der Gelassenheit interpretiert. Die eigentliche Ursache liegt in der Identifizierung mit dem individuellen Geist. Diese Distanz zeigt sich auch in allen zwischenmenschlichen Beziehungen, so auch in der Partnerschaft.

3. umfassende Eigenschaft

Die 3. *umfassende Eigenschaft* definiert die Macht und das Durchsetzungsvermögen des individuellen Geistes. Das Wesen der Menschen, die sich vor allem damit identifizieren, ist positiv und besitzt eine gewisse Strenge. Gleichzeitig sind sie freundlich und vermitteln den Eindruck, ihren Mitmenschen helfen zu wollen.

Wenn diese *Eigenschaft* offen ist, d. h. wenn sie sich ungehindert ausdrücken kann, dann kann sich dieser Mensch gegenüber jedem Wesen durchsetzen, das ebenfalls auf der Ebene des individuellen Geistes agiert. Diese Ebene bezieht sich auf die Oberflächlichkeit, die dem individuellen Geist innewohnt. Diese Macht ist immer mit der oberflächlichen Wirkung und nicht mit der Ursache verbunden.

Dieser Mensch ist beispielsweise in der Lage, seine Emotionen zu beherrschen. Die Konzentration auf die Beherrschung führt dazu, dass er sich immer mehr mit dieser *Eigenschaft* und damit mit dem individuellen Geist identifiziert. Gleichzeitig wächst die Distanz zu den geistigen Ordnungen und Gesetzen der niederen Dimensionen. Sie versinken, wenn man so will, immer mehr im Unbewussten. Dadurch wird die Selbsterkenntnis immer schwieriger. Denn sie können nicht die Ursachen der Emotion erkennen, die in den *Eigenschaften* der niederen Dimensionen zu finden wären, sondern nur die Wirkung beherrschen.

Für die Menschen zeigt sich dies z. B. in der Beherrschung von Gefühlen und Emotionen. Diese Bestätigung führt einerseits dazu, dass diese Form der Durchsetzung der eigenen Macht weiter ausgebaut wird. Andererseits führt sie dazu, dass sich das Bewusstsein immer mehr mit dem individuellen Geist identifiziert.

Durch Macht und Durchsetzungsvermögen wird dem Menschen suggeriert, eine höhere Stufe der Selbstbeherrschung erreicht zu haben. Gleichzeitig wird die Distanz des Menschen zu sich selbst immer größer. Dies kann dazu führen, dass die Existenz des Körpers der individuellen Eigenschaften und des Körpers des individuellen Bewusstseins nicht nur angezweifelt, sondern geleugnet wird.

4. umfassende Eigenschaft

Die 4. *umfassende Eigenschaft* stellt eine Verbindung zur höchsten Instanz des individuellen Geistkörpers her. Diese Instanz befindet sich in der 3. Dimension und gehört zu den 49 *negativen Eigenschaften* des Geistes. Menschen, die einen spirituellen Weg gehen, streben danach, sich dieser höchsten Instanz anzunähern. Durch die Beeinflussung dieser 4. *umfassenden Eigenschaft* wird diese Verbindung als die innerste und tiefste erfahren.

Der Meditierende erlebt dies als Ruhen im Geist. Es ist für ihn die Herzensverbindung mit der höchsten Instanz des eigenen Geistes. Verbunden mit einer stillen, lichten Freude, die den ganzen Geist durchdringt, wird dieser Zustand von den Meditierenden als eines der Ziele der Geistesentwicklung definiert.

Mit jeder der 7 *umfassenden Eigenschaften* vergrößert sich der Abstand zum Körper der individuellen Eigenschaften und zum Körper des individuellen Bewusstseins. Wenn diese 4. *Eigenschaft* geöffnet ist, ist der Abstand so groß geworden, dass die beiden Körper nicht mehr erfahren werden können. Sie existieren nicht mehr in der Wahrnehmung. Auch das Licht der höheren Dimensionen, das in jedem Menschen existiert, kann nicht mehr wahrgenommen werden.

Mit dieser *Eigenschaft* erreicht die Identifizierung mit dem Körper des individuellen Geistes einen Wendepunkt und die Selbstverleugnung eine neue Stufe. Jetzt identifiziert sich der Mensch mit seinem Geist. Die Verbindung zu den 49 *negativen Eigenschaften* der 3. Dimension erlebt er als ständiges Licht im Herzen.

Diese Ruhe kommt daher, dass dieser Mensch sich dem individuellen Geist ergeben hat und nicht mehr das Licht der höheren Dimensionen sucht. Er ordnet sich in die 3. Dimension ein und sieht in der

Verkörperung des individuellen Geistes die höchste geistige Instanz. Seine Mitmenschen sehen in ihm einen spirituellen Meister.

Die Überzeugung, befreit zu sein, beruht auf der Distanz zu sich selbst, die dieser Mensch durch seine Identifizierung mit dem individuellen Geist erreicht hat. Man kann es auch so ausdrücken, dass die Distanz zu sich selbst als Freiheit interpretiert wird.

5. *umfassende Eigenschaft*

In Verbindung mit der 5. *umfassenden Eigenschaft* beginnt sich der Mensch in seiner Identifizierung mit dem individuellen Geist nach außen zu wenden. Durch die allmähliche Öffnung dieser *Eigenschaft* und dem damit verbundenen wachsenden Einfluss erlangt der Mensch geistige Fähigkeiten. Je stärker die Verbindung, desto mehr kommen die 49 *negativen Eigenschaften* der 3. Dimension zum Ausdruck.

Dazu gehört z. B. die Befähigung zur geistigen Heilungsarbeit. Es ist auch möglich, andere Menschen von bestimmten negativen Energien zu befreien.

Man kann sagen, dass dieser Mensch die Verwirklichung des individuellen Geistes im physischen Körper ist.

Alle diese Fähigkeiten betreffen jedoch die Oberfläche. Die tieferen Ursachen im Menschen, die den Körper der individuellen Korrektur, den Körper der individuellen Eigenschaften und den Körper des individuellen Bewusstseins betreffen, werden dadurch nicht berührt.

Die Kraft zur Verwirklichung ist die Substanz des menschlichen Bewusstseins. Diese Substanz müsste eigentlich gereinigt, d. h. von den Inhalten der Dunkelheit befreit werden. Der Geist des Menschen weigert sich jedoch, diese Substanz von einer höheren Instanz im Menschen reinigen zu lassen.

Diese Menschen strahlen eine große Macht aus, sind aktiv und bereit, ihren Mitmenschen zu helfen. Sie konzentrieren sich in ihrer Arbeit auf das Wesentliche und verlieren sich nicht in Gefühlen und Emotionen. Sie gehen sehr direkt auf ihre Mitmenschen ein. Oft werden diese durch ihre Aussagen sehr stark berührt.

6. *umfassende Eigenschaft*

Durch die Identifizierung mit der 6. *umfassenden Eigenschaft* erreicht der Mensch die höchstmögliche Entwicklungsstufe in eins mit dem Körper des individuellen Geistes. Die höheren Körper des Menschen existieren in seiner Wahrnehmung nicht mehr.

Wenn man sich einen spirituellen Guru einer spirituellen Lehre oder Religion vorstellt, der eine heilige und durchsetzungsfähige Persönlichkeit besitzt und von vielen Menschen verehrt wird, dann hat man ein recht gutes Bild von dieser Person. Wenn man sie anblickt, entsteht der Eindruck, dass sie von einer unsichtbaren Aura aus Licht umgeben ist. Für sehr viele Menschen ist dieser Zustand das Ziel ihres spirituellen Weges.

Die Menschen fühlen sich am Ziel ihrer geistigen Entwicklung und definieren ihren Lebensinhalt darin, anderen zu helfen, dies in sich selbst zu verwirklichen. Auf dieser Stufe sind sie überzeugt, dass es keine tieferen Inhalte mehr gibt.

In Wirklichkeit haben sie sich so sehr mit dem Körper des individuellen Geistes identifiziert, dass jeder Gedanke, jedes Gefühl und jede intuitive Wahrnehmung durch diesen Geist definiert und begrenzt werden. Sie identifizieren sich mit dem oberflächlichen Licht, und entsprechend stark ist die Bindung der Menschen.

Alles Wissen und alle Weisheit dieser Menschen werden vom Geist vorgegeben. Sie handeln wie Missionare. Grundsätzlich haben sie die Möglichkeit, viele der 49 *negativen Eigenschaften* des Geistes der 3. Dimension in sich zu verwirklichen.

Wenn diese Menschen weiter nach innen schauen, kommen sie einmal an einen Punkt, an dem in ihrer Wahrnehmung nichts mehr existiert. Sie sehen den Raum und interpretieren ihre oberflächliche Sicht als Leere, da ihr individueller Geist nicht in der Lage ist, tiefer zu sehen.

7. *umfassende Eigenschaft*

Die 7. *umfassende Eigenschaft* definiert einen Zustand, den die Menschen in ihrer Identifizierung mit dem individuellen Geist als vollständige und endgültige Befreiung zu erkennen glauben. Einerseits erfahren sie diese Qualität als Nichts oder Leere, andererseits kann es sein, dass sie dahinter einen noch unbekannten höheren Zustand in Verbindung mit dem Geist vermuten.

Die 7. *umfassende Eigenschaft* suggeriert den Menschen, dass man diesen Zustand nur erreichen kann, wenn man sich völlig vom Leben als Mensch löst. Gleichzeitig wird den Menschen indoktriniert, dass es ihre Aufgabe sei, sich nicht zu befreien, bis alle Menschen die Möglichkeit haben, sich ebenfalls zu befreien. Wie ein ständiges Versprechen, sich vollständig befreien zu können, bewirkt diese *Eigenschaft*, dass sich die Betroffenen ihr unterwerfen.

Zwischen der 6. und der 7. *umfassenden Eigenschaft* besteht eine Verbindung im individuellen Geist. Die 6. *Eigenschaft* bezieht sich auf den Zustand des Menschen auf dieser Stufe der höchsten Ausbildung des individuellen Geistes. Alle Qualitäten der anderen 5 *umfassenden Eigenschaften* können hier zusammengefasst werden. Die 7. *umfassende Eigenschaft* bestimmt das Ziel. Sie reguliert den Menschen in jedem Augenblick. Durch sie ist die Substanz des Bewusstseins gebunden und hat keine Möglichkeit, sich mit den höheren Dimensionen zu verbinden.

Der Mensch selbst weigert sich unter dem Einfluss der 7 *umfassenden Eigenschaften* des individuellen Geistes, diese Substanz des Bewusstseins zu reinigen. Eine Reinigung wäre z. B. das Eingeständnis, dass es sich nicht um Licht handelt.

Die Ordnung der 5 *verwaltenden Eigenschaften* der 2. Dimension

Die Ordnung der 1. *verwaltenden Eigenschaft*

1. verwaltende Eigenschaft

Unter dem Einfluss dieser 1. *verwaltenden Eigenschaft* der Dunkelheit der 2. Dimension agieren und reagieren Menschen mit Aggression, Wut, Zerstörung, Verleumdung, Verwünschung und Fluchen. Wie sich dies äußert, hängt davon ab, von welchem Persönlichkeitstyp jemand beeinflusst wird. So gibt es z. B. eine aktive, vorwärtsdrängende Aggression mit dem Ziel der Zerstörung oder eine zurückhaltende Aggression, die auf die Zerstörung wartet. Jemand kann einen Mitmenschen aktiv verfluchen oder passiv darauf warten, dass ihm etwas Böses widerfährt. Es gibt die aktive Verleumdung oder das passive Zulassen der Verleumdung. Alle diese Wesenszüge verursachen Leid und es gibt nichts Gutes darin.

Wer einem anderen etwas Schlechtes wünscht, verflucht oder verwünscht ihn. Auch das geschieht unter diesem Einfluss.

Der Einfluss betrifft auch eine wütende Auseinandersetzung zwischen zwei Menschen oder zwei Völkern. Wenn ein Despot ganze Völker verleumdet, Länder zerstört oder Menschengruppen tötet, zeigt sich diese Finsternis in ihrer bösartigsten Form.

Die *verwaltende Eigenschaft* beeinflusst den Körper des individuellen Mensch-Bewusstseins. Sie befindet sich im Unterbewusstsein und durch sie erfährt der Mensch die ständige Einladung, sich mit der

Dunkelheit zu identifizieren. Diese *Eigenschaft* verwaltet 25 negative Persönlichkeitstypen der Dunkelheit.

Der 1. Typus ist der Hasserfüllte, der 2. der Verführer und so weiter. Je nach charakterlicher und persönlicher Veranlagung nehmen der oder die entsprechenden Persönlichkeitstypen Einfluss.

Diese *Eigenschaft* ist darauf ausgerichtet, alle möglichen Einflüsse aus der 4. bis 7. Dimension zu verhindern. Es gleicht einer Abschottung. Für diese Menschen sind nur noch die Typen dieser *Eigenschaft* als Möglichkeiten vorhanden. Was den Einfluss der *Eigenschaften* der 5. Dimension betrifft, so suggeriert er den Menschen, nur im Sinne der negativen Ausrichtung zu handeln. Für den Einfluss der Dunkelheit ist es auch wesentlich, ein mögliches schlechtes Gewissen zu vermeiden.

Die positive Ausrichtung: Durch die positive Ausrichtung der *Eigenschaft* erleben Menschen in ihrer Aggression und Wut ein inneres Hochgefühl. Sie haben kein schlechtes Gewissen, wenn sie zum Beispiel jemanden angreifen oder schlagen. Es gibt ihnen ein Gefühl von Macht über den anderen. Dieses Machtgefühl wird positiv erlebt. Wer glaubt, dass dies gerechtfertigt ist, der handelt auch in diesem Sinne.

Die Menschen nehmen im Sinne der negativen Persönlichkeitstypen eine Machtposition ein. Sie erreichen in Verbindung mit der Dunkelheit das, was sie in Einheit mit dem jeweiligen Persönlichkeitstyp anstreben.

Die negative Ausrichtung: Die negative Ausrichtung ist die unmittelbare Begegnung mit der zerstörerischen Dunkelheit. Obwohl die Menschen wissen, dass sie böse agieren und reagieren, handeln sie im Sinne der Dunkelheit.

Gleichzeitig gleichen sie einer willenlosen Marionette. Diese Menschen geraten immer tiefer in den Abgrund der Finsternis.

Die 25 negativen Persönlichkeitstypen der

1. *verwaltenden Eigenschaft*

1. negative Persönlichkeitstyp

Der Hasserfüllte – Diese Menschen befinden sich in einem grundsätzlich negativen Zustand. Dieser gleicht einer unveränderlichen Starre. Die Grundhaltung ist feindselig gegenüber allen anderen Menschen. Jeder, der in ihre Nähe kommt, wird verbal angegriffen. Meist geht es darum, dass die Person verschwinden soll. Diese Menschen fühlen sich ungerecht behandelt, glauben an nichts Gutes und wünschen ihren Mitmenschen Schlechtes. Ihre Gedanken sind immer auf das Negative gerichtet. Sie wollen die Dunkelheit um jeden Preis festhalten und begegnen allen Einflüssen, die dies ändern könnten, mit unversöhnlichem Hass.

Man stelle sich einen verbitterten Hausbesitzer vor, der auf jedes Betreten seines Grundstücks mit Beschimpfungen und verbalen Angriffen reagiert.

2. negative Persönlichkeitstyp

Der Verführer – Menschen in diesem Einflussbereich ziehen ihre Mitmenschen in Situationen der Dunkelheit. Dies kann ein Ort oder eine Situation sein, in der Menschen von Dunkelheit umgeben sind. Diese Menschen sind Verführer in die Dunkelheit, sie locken Menschen in die Dunkelheit und ziehen sie hinab. Sie sind erst zufrieden, wenn sie sehen, dass ihr Gegenüber von Dunkelheit umgeben ist und diese Dunkelheit als neues Lebensumfeld annehmen.

Ein Beispiel wäre ein vermeintlicher Freund, der sein Gegenüber dazu verführt, z. B. eine kriminelle Laufbahn oder ein Leben als Prostituierte einzuschlagen. Ein anderes Beispiel wäre jemand, der einen ehemaligen Drogenabhängigen dazu verführt, wieder Drogen oder Alkohol zu konsumieren.

3. negative Persönlichkeitstyp
Der Beobachter – Diese Menschen beobachten ihre Mitmenschen und warten nur darauf, dass sie einen Fehler machen. Wenn dies geschieht, lächeln sie innerlich darüber, dass die Menschen mit der Dunkelheit verbunden sind. Es freut sie. Auch wenn es nur eine Kleinigkeit ist, sehen sie darin einen Beweis für die Schlechtigkeit der Menschen. Gleichzeitig fühlen sie sich auf eine dunkle Weise innerlich befriedigt. Wenn er ein Gespräch zwischen zwei Menschen beobachtet, würde er dem einen zuflüstern, wie der andere negativ gehandelt oder reagiert hat. Den anschließenden Streit würde er genießen. Seine Annäherung an Menschen gleicht einer dunklen Annäherung. Die eigene Haltung gleicht einem trotzigen und zugleich sich selbst bestätigenden Verharren im Dunkeln.

Bildlich kann man sich jemanden vorstellen, der einen Block in der Hand hält und mit dunkler Befriedigung die Menschen notiert und dann verrät.

4. negative Persönlichkeitstyp
Der Schläger – Menschen, die diesen Persönlichkeitstyp in sich integriert haben, schlagen andere Menschen. Man könnte fast sagen, dass diese Art von Gewalt zumindest ein Teil ihrer zwischenmenschlichen Kommunikation ist. Je größer der Einfluss dieser Dunkelheit ist, desto geringer ist ihr innerer Widerstand, jemanden zu schlagen. Sie haben dabei kein schlechtes Gewissen, sondern fühlen sich berechtigt, den anderen in seine Schranken zu weisen, ihn zu züchtigen, durch

einen Schlag eine Veränderung herbeizuführen oder einfach ihre Meinung durch Gewalt auszudrücken. Es ist auch möglich, nach dem Schlagen ein Gefühl der Befriedigung zu empfinden. Grundsätzlich ist es ein Zeichen von Ohnmacht und Hilflosigkeit, wenn man sich nur durch Schläge durchsetzen kann.

Wenn Eltern ihre Kinder oder Männer ihre Frauen schlagen, stehen sie unter diesem Einfluss. Oft findet man Gruppen von Männern, die so unter dem Einfluss dieser Dunkelheit stehen, dass die gesamte Hierarchie der Gruppe auf dieser Form der Gewalt beruht. Diese Art von Dunkelheit ist weit verbreitet und in allen Kulturen und Ländern anzutreffen.

5. negative Persönlichkeitstyp

Der Verächtliche – Der Lebensraum dieser Menschen ist die Dunkelheit. Das zeigt sich auch in ihrem Alltag. In dieser Dunkelheit verachten sie alles, was von Menschenhand geschaffen wurde. Es ist, als wollten sie alles Schöne und Kreative nicht nur zerstören, sondern aus ihrem Leben ausschließen. Normalerweise kommen sie damit nicht in Berührung. Anderen Menschen gegenüber empfinden sie Geringschätzung. Geld und die Durchsetzung der eigenen Interessen, um noch mehr Geld zu bekommen, bestimmen das Leben. Dabei wird die eigene innere Armut überdeckt. Das unkontrollierte Nachgeben gegenüber dem Dunklen – in diesem Fall die zwanghafte Beschäftigung mit Geld und die Verachtung gegenüber allen Menschen, die dies nicht tun – ist Willensschwäche.

Man findet diesen Persönlichkeitstyp sowohl auf der Straße, wo körperliche Gewalt herrscht, als auch an der Börse. Gemeinsam ist ihnen die Verachtung für alles, was nicht mit der Vermehrung von Geld zu tun hat.

6. negative Persönlichkeitstyp

Der Enge – Für diese Menschen ist es normal, das Dunkle zu sehen, zu erwarten und im Sinne der Dunkelheit zu handeln. Es ist, als gäbe es keine Möglichkeit, sich mit positiven Qualitäten oder Umständen zu beschäftigen. Die automatische Reaktion ist stets negativ. Kennzeichnend für diesen Typus ist eine große innere und äußere Enge. Jeder Mitmensch, der diese Enge aufbrechen könnte, wird als Feind betrachtet, verleumdet und gemieden. Gleichzeitig wird der Kreis der eigenen Dunkelheit gefestigt. Dieser Typ ist ständig bemüht, seine Mitmenschen in diese enge Dunkelheit hineinzuziehen, indem er versucht, sie davon zu überzeugen, dass dies die einzig wahre Lebensweise ist. Gelingt dies, so ist es zugleich eine Bestätigung. Gelingt es nach langen Versuchen nicht, wenden sie sich ab.

Man kann sich eine Person vorstellen, die sich in ihrem kleinen Lebensumfeld abschottet und das Negative erwartet. Wenn Menschen positiv handeln, versuchen sie das Negative zu sehen und verfluchen es, indem sie das Negative prophezeien. Ebenso wird das Positive abgewertet. Diese Einengung kann zu psychischer Instabilität führen.

7. negative Persönlichkeitstyp

Der Hemmungslose – Diese Menschen geben sich ganz der Völlerei und allen körperlichen Genüssen hin. Das Gleiche gilt für materielle Güter. Sie sind süchtig danach, das materielle Leben in sich aufzunehmen. Dabei sind sie zu laut und stellen ihren Lebensstil ohne Zurückhaltung und Schamgefühl zur Schau. Vor allem sind sie rechthaberisch in ihrem Handeln. Auf jede Kritik antworten sie mit der Frage, ob der Kritiker das Leben nicht selbst genießen wolle. Er unterstellt seinen Mitmenschen Neid. Dieser Typ saugt die Materie in sich auf und versteckt sich im Dunkeln. Worte, die dem Betrachter dazu einfallen, sind z. B. unappetitlich oder fleischig. Fragen, woher die

Güter kommen und ob bestimmte Dinge ethisch vertretbar sind, werden ignoriert. Es spielt keine Rolle.

Diese Menschen existieren für das materielle Leben. Jede Form der Beschäftigung, die nicht auf das materielle Leben ausgerichtet ist, wird beiläufig abgewertet. Sie haben keine Ambitionen, sich zu verändern oder gar zu entwickeln.

8. negative Persönlichkeitstyp

Der Abgehobene – Dieser Typus trifft Entscheidungen, die ihm selbst und seinen Mitmenschen Schaden zufügen. Dies geschieht nicht nur aus Oberflächlichkeit, sondern auch aus Unkontrolliertheit und Rechthaberei. Dadurch befindet er sich ständig in einem abgehobenen Zustand und verhält sich wie ein unreifer Pubertierender. Die Entscheidungen, die er trifft, betreffen aber das Leben vieler Menschen und haben immer negative Auswirkungen. Bildlich ausgedrückt verlässt er einen Ort und hinterlässt ein Trümmerfeld. Seine Mitmenschen müssen es ausbaden und wieder in Ordnung bringen. Gleichzeitig verletzt er sich durch sein Handeln selbst. Es gleicht einer freiwilligen Selbstverstümmelung.

Dieser Typ ist kein Pechvogel, wie man meinen könnte. Er lässt sich von der Dunkelheit anziehen und nimmt das Leid seiner Mitmenschen billigend in Kauf. Es ist ihm egal. Ihm geht es vor allem darum, recht zu haben. Wird sein Scheitern offensichtlich, zieht er sich feige zurück. Auch bei diesem Typ können psychische Probleme auftreten.

9. negative Persönlichkeitstyp

Der Verleumder – Dieser Persönlichkeitstyp betrügt seine Mitmenschen, indem er ihnen Fallen stellt. Er schafft Situationen, durch die sie mit der Dunkelheit in Berührung kommen. Dabei geht es vor allem um Verleumdung. Dadurch werden die Mitmenschen gezwungen, sich mit einer Dunkelheit auseinanderzusetzen, die sonst nicht zu ihrem Leben gehört. Eine andere Methode ist, den Mitmenschen Dinge unterzuschieben und sie dann zu beschuldigen. Beide Methoden können das Leben von Menschen zerstören, da es oft sehr schwer ist, sich von den Vorwürfen zu befreien. Sie selbst empfinden Genugtuung und Schadenfreude. Manche finden Gefallen daran. Viele Menschen dieses Typs können ihr eigenes Leben nicht kontrollieren und haben das Bedürfnis, auf diese Weise Macht über andere auszuüben.

Wer jemanden ungerechtfertigt beschuldigt oder einen Meineid schwört, gleicht einem Dämon, der diese Menschen mit Dunkelheit überzieht. Immer wieder kommt es vor, dass Menschen deshalb unschuldig im Gefängnis sitzen oder leiden müssen.

10. negative Persönlichkeitstyp

Der Triebhafte – Diese Menschen folgen einem inneren triebhaften Impuls und handeln aus dem Augenblick heraus. Plötzlich und ohne Vorwarnung fügen sie einem anderen Menschen Leid zu. Könnte man die Energien des Täters beobachten, würde man eine Dunkelheit sehen, die aus dem Moment heraus entsteht und wie eine Flutwelle über das Gegenüber hereinbricht. Bei diesem Typus geht es nicht nur um das Leid, das er anderen zufügt, sondern auch um seine Zerstörungswut. Auch hier kommt es plötzlich zu einer Entladung von zerstörerischem Vandalismus. Sie haben das Bedürfnis, die lebenswerte Umwelt ihrer Mitmenschen zu zerstören. Manche Menschen sind in diesem Persönlichkeitsaspekt auf der Stufe eines Kleinkindes stehen geblieben, das spontan die Sandburg eines anderen Kindes zerstört. Andere zeigen Merkmale eines Soziopathen, der dann das Leid seiner Mitmenschen ohne Empathie betrachtet.

Jemand stiehlt etwa einen Gegenstand, weil er die spontane Idee dazu hat. Eine andere Person zerstört einen Gegenstand aus einer

Laune heraus. Für die Mitmenschen stellt dieser Typ ein großes Problem dar, da alle Handlungen ohne Vorwarnung geschehen. Wirkt der Persönlichkeitstyp sehr stark, kommt es zu spontanen Verbrechen gegen Mitmenschen. Oft sind psychische Probleme die Folge.

11. negative Persönlichkeitstyp

Der Beiläufige – Die Bezeichnung „beiläufig" bezieht sich darauf, dass dieser Persönlichkeitstyp gewissermaßen nebenbei Leid verbreitet. Das Charakteristikum, das diese beiläufige Handlungsweise begleitet, ist Gewissenlosigkeit. Es scheint sie überhaupt nicht zu interessieren, welches Unheil sie verbreiten. Auch innerlich hat der Beobachter den Eindruck, dass diese Person davon unbeeindruckt ist. Würde man jedoch tiefer blicken, so würde man eine durchgehend untergründig schwelende Aggression erkennen, die durch ein überhebliches Gebaren in Schach gehalten wird. Diese Aggression zeigt sich in der beschriebenen Beiläufigkeit, mit der diese Menschen agieren. Sie fürchten sich davor, mit mehr Wissen konfrontiert zu werden. Wenn es doch dazu kommt, reagieren sie mit Verachtung. Die beschriebenen Handlungen wirken wie kurze Entladungen unterdrückter Aggressionen, als würden diese Menschen Luft holen, um nicht an der Aggression zu ersticken. Schaut man etwas tiefer, erkennt man auch, dass sie aggressiv in die Zukunft blicken.

Je nachdem, wie stark dieser Typus ausgeprägt ist, zeigt sich das in einem Elternteil, der beiläufig eine Strafe verhängt, oder in einem Personalchef, der beiläufig und fast gleichgültig einen Mitarbeiter entlässt. Man muss nicht betonen, wie sehr man damit die Würde seiner Mitmenschen missachtet. Oft sind es auch kleine Taten. Wenn ein Despot nebenbei mit einer Handbewegung ein Todesurteil vollstreckt, zeigt sich dieser Typus in seiner dunkelsten Ausprägung.

12. negative Persönlichkeitstyp

Der Negative – Dieser Persönlichkeitstyp ist introvertiert. Er bewegt sich bildhaft beschrieben mit gebeugtem Kopf, eilig und gleichzeitig leise. Er bemüht sich, keine Aufmerksamkeit zu erregen. Viele haben auch das innere Bedürfnis, sich zu verstecken. Beides gelingt nicht. Die Mitmenschen spüren die negative Ausstrahlung und wenden sich instinktiv ab. Dieser Typ denkt und fühlt negativ. Diese negativen Gedanken kommen automatisch und ständig an die Oberfläche. Jeder äußere Impuls löst Negativität aus. Es gibt keinen Lebensbereich – außer sich selbst – der nicht negativ bewertet wird. Sie haben Angst, von etwas Positivem berührt zu werden. Sie wollen das Negative nicht verlieren.

Es gibt Menschen, die auf alles, was geschieht, mit negativen Gedanken und Gefühlen reagieren, es abwerten oder auf andere Weise diffamieren. Die Negativität tritt impulsiv und unkontrolliert auf. Wenn dieser Typus sehr stark ausgeprägt ist, sind diese Menschen unfähig, in ihren Mitmenschen, in der Gemeinschaft und in der Gesellschaft etwas Positives zu sehen. Dann kann es auch zu psychischen Problemen kommen, die sich in unkontrollierten Reaktionen äußern. Diese beschränken sich in der Regel auf die Person selbst.

13. negative Persönlichkeitstyp

Der Heimtückische – Wenn man diesem Persönlichkeitstyp begegnet, scheint er auf den ersten Blick normal zu sein. Vielleicht spürt man eine latente Spannung, wenn man mit ihm spricht. Vielleicht ist auch eine gewisse Oberflächlichkeit zu erkennen. In jedem Fall halten die Mitmenschen diese Emotionen nicht für wesentlich. Wenn sie aber wüssten, dass dieser Typ kurze Zeit später mit jemand anderem sehr negativ über sie spricht und sogar Lügen verbreitet, wären sie schockiert. Ein weiteres Merkmal ist, dass sie Fallen stellen. Das können rhetorische oder physische Fallen sein. Sie schrecken auch nicht davor zurück, das Leben eines Mitmenschen zu zerstören.

Dieser Typ nutzt jede Äußerung oder Handlung, um andere Menschen negativ darzustellen. Wenn er nichts findet, was er verdrehen kann, erfindet er etwas. Diese Personen erzählen hinter vorgehaltener Hand negative Dinge und Lügen über andere. Dabei tun sie oft überrascht. Indem sie andere schlecht machen, versuchen sie, sich selbst ins rechte Licht zu rücken, z. B. als vernünftig oder kompromisslos.

14. negative Persönlichkeitstyp

Der Flüchtende – Wenn Menschen mit diesem Typ zu tun haben, kommt der Punkt, an dem sie aufgeben. Dieser Typ übernimmt keine Verantwortung, sondern geht mit Leichtigkeit weiter, wenn es Schwierigkeiten gibt. Er hinterlässt die verbrannte Erde, die er selbst verursacht hat, und überlässt es seinen Mitmenschen, die Dinge wieder in Ordnung zu bringen. Er geht, manchmal lachend, ohne ein schlechtes Gewissen zu haben. Das Dunkle bleibt in ihm, aber er distanziert sich durch seine Oberflächlichkeit davon. So bindet er sich an die Vergangenheit. Er gleicht einem Flüchtling.

Wenn man mit jemandem ein Unternehmen gründet und dieses in Schwierigkeiten gerät, wird man von diesem Persönlichkeitstyp mit Schulden und Schwierigkeiten zurückgelassen. Man wird von ihm auch allein gelassen, wenn man z. B. bei einer gemeinsamen Unternehmung ein Problem lösen muss oder in Schwierigkeiten gerät.

15. negative Persönlichkeitstyp

Der Einsame – Dieser Persönlichkeitstyp bleibt freiwillig zurück, weil er bei jedem Kontakt eine Störung seines eigenen Befindens empfindet. So wird der Kontakt zu den Mitmenschen immer störender. Gleichzeitig werden sie immer einsamer und umgeben sich nur noch mit Dingen, die das eigene Empfinden bestätigen. Dieser Rückzug hat Züge einer Flucht aus Feigheit. Es ist auch möglich, dass sich einige Personen ihren Mitmenschen gegenüber unterwürfig verhalten. Mit der Zeit entwickeln sie ein degeneriertes Rechtsempfinden. Auch der moralische Kompass für das eigene Handeln verändert sich. Psychische Probleme können dann auftreten, wenn der Einfluss dieser Dunkelheit stärker wird. Es kann sein, dass diese Menschen dann anfangen, Selbstgespräche zu führen und grundlos zu lachen.

Wer sich eine Person vorstellt, die alle anderen Menschen als störend empfindet, hat ein gutes Bild von diesem Typus. Wenn die Dunkelheit stärker wird, kann es zur Gewalt kommen, wenn jemand absichtlich oder unabsichtlich die Kreise dieser Person stört. Dieser Typ ist dann unberechenbar.

16. negative Persönlichkeitstyp

Der Despot – Menschen unter dem Einfluss dieses Persönlichkeitstyps strahlen eine latente Gefahr aus. Gleichzeitig sind sie ruhig, obwohl in ihnen eine ständige Spannung herrscht. Die Souveränität, die sie ausstrahlen, beruht auf der Macht, die sie über ihre Mitmenschen haben. Unvermittelt und für ihre Mitmenschen ohne ersichtlichen Grund können sie gewalttätig werden, wobei es ihnen weniger um die Gewalt als um die Aufrechterhaltung des eigenen Einflusses geht. Sie wollen Veränderungen verhindern und sind ständig auf der Hut. Sehr gefährlich werden diese Menschen, wenn es zu einem emotionalen Ausbruch kommt. Sie gründen ihre Macht, ihre Souveränität und ihre Persönlichkeit grundsätzlich auf das Handeln ihrer Mitmenschen und nicht auf sich selbst. Deshalb haben sie Angst, ihren inneren Halt zu verlieren, wenn sie diese Macht nicht mehr besitzen.

Dieser Typus findet sich sowohl in der Familie als auch als Herrscher eines Staates. Kinder oder Untergebene fürchten diesen Typus und viele sind gleichzeitig von ihm fasziniert. Wenn der Einfluss dieses Typs stärker wird, sieht man einen Gewaltherrscher, der vor nichts zurückschreckt und kein schlechtes Gewissen hat.

17. negative Persönlichkeitstyp

Der Befehlsempfänger – Dieser Persönlichkeitstyp handelt im Auftrag einer hierarchisch mächtigeren Instanz der Dunkelheit. Im Namen dieser Dunkelheit begeht er Verbrechen und fügt seinen Mitmenschen Leid zu oder zerstört ihren Lebensraum. Diese Menschen wirken sehr klar und machtvoll, da sich ihre Persönlichkeit auf die mächtigere Instanz stützt. Auch Befehle werden nicht hinterfragt, sondern ausgeführt. Wenn der Befehlsgeber ein Staat ist, erfüllt es viele Menschen dieses Typs mit Stolz, dem Staat zu dienen. Sie haben kein schlechtes Gewissen, weil sie davon überzeugt sind, einem höheren Gut zu dienen.

Viele Soldaten und Agenten, die einem System der Dunkelheit dienen, identifizieren sich mit diesem Typus. Man findet ihn auch in der organisierten Kriminalität, wenn Mörder oder Kriminelle im Auftrag der Organisation handeln.

18. negative Persönlichkeitstyp

Der Diener – Diese Menschen handeln immer im Sinne der Dunkelheit in dem Glauben, einer für sie höheren Sache zu dienen. Dabei sind sie keiner Instanz unterworfen, sondern handeln freiwillig aus einem inneren Drang heraus, etwas zu bewirken. Oft wirken diese Menschen im Verborgenen und dienen so der Dunkelheit. Mit der Zeit identifizieren sie sich immer mehr mit der Sache und verlieren sich selbst. Das verändert das ganze Leben im Sinne dieser Dunkelheit. Auch wenn dies nicht die ursprüngliche Motivation war, erhoffen sie sich eine Belohnung. Obwohl sie einer Finsternis dienen, fühlen sie sich erfüllt.

Wenn z. B. Anhänger einer weltlichen oder religiösen Ideologie aus eigenem Antrieb Propagandamaterial verbreiten und Menschen überzeugen wollen, dann handeln sie im Sinne dieser Dunkelheit. Je dunkler die Ideologie, desto tiefer versinken diese Menschen in der Finsternis.

19. negative Persönlichkeitstyp

Der Redner – Menschen, die unter dem Einfluss dieses Persönlichkeitstyps stehen, kann man beobachten, wenn sie als Redner vor einer Menschenmenge emotional für ihr Ideal werben und die Menschen aufstacheln. Intelligent und rhetorisch begabt argumentieren sie im Sinne der Dunkelheit. Gleichzeitig befinden sie sich in einem geschlossenen geistigen Raum, in dem jede Antwort bereits existiert. Mögliche Einwände winken sie wie beiläufig ab. Ihr Selbstbewusstsein gründet sich auf ihrer Überzeugung und ihrem Glauben. Gleichzeitig sind viele dieser Menschen hasserfüllt.

Diese Menschen sind oft sehr fanatisch und lassen keinen anderen Gedanken zu. Wenn ein Ideologe die Menge aufhetzt, um Andersdenkenden Leid zuzufügen, zeigt sich dieser Persönlichkeitstyp in seiner dunkelsten Form.

20. negative Persönlichkeitstyp

Der Zerstörer – Menschen, die unter dem Einfluss dieses Persönlichkeitstyps stehen, neigen zu destruktivem oder mörderischem Handeln. Charakteristisch ist die Fixierung der ganzen Persönlichkeit auf eine politische oder religiöse Idee. Es ist eine Bindung an das Oberflächliche, das von diesen Menschen nicht erkannt werden kann. Ein Erkenntnisprozess, in dem Ursache und Wirkung für eine tiefere Erkenntnis eine Rolle spielen, ist nicht möglich. Diese Dunkelheit definiert einen einzigen Moment der Zerstörung, den diese Menschen nur umsetzen können, wenn sie sich zwanghaft an die Oberflächlichkeit gebunden haben. Eine tiefere Erkenntnis ist dann unmöglich. Ein terroristischer Selbstmordanschlag ist auch deshalb Selbstmord, weil diese Menschen durch ihre Bindung an die Oberflächlichkeit keinen tieferen Sinn im Leben erkennen können. Für sie ist die Suche nach dem Sinn des Lebens beendet. Das zeigt sich dann in der tiefsten Dunkelheit. Durch die dieser Dunkelheit innewohnende Oberflächlichkeit hat ein Anschlag auch keine ideologische Wirkung. Was bleibt, ist das Leid der Menschen und die Reaktionen darauf.

Es gibt viele Beispiele, wie Leid im Namen einer Ideologie oder Religion verbreitet wird. Menschen neigen auch dazu, die Zerstörung kleiner materieller Dinge zu billigen, um eine Ideologie zu fördern.

21. negative Persönlichkeitstyp

Der Grobe – Menschen unter dem Einfluss dieses Persönlichkeitstyps sind grob und damit verbunden gewalttätig. Diese Grobheit nimmt keine Rücksicht auf andere. Es geht nur darum, die eigenen Interessen durchzusetzen. Es fehlt an Feingefühl, Kultur und jeder Form von Rücksichtnahme auf die Mitmenschen. Im Gegenteil, diese werden eingesetzt, um das Ziel zu erreichen. Gewalt ist Mittel zum Zweck, und diese Menschen haben Spaß daran, Gewalt auszuüben. Das erleben sie, weil sie die Oberhand haben. Sie sind nicht sehr intelligent, besitzen aber gleichzeitig eine gewisse instinktive Schläue. Grobheit gibt diesen Menschen grundsätzlich Halt, da eine tiefere Sinngebung des Lebens nicht möglich ist.

Diesen Menschen fehlt jede Art von Selbstreflexion. Sie verbreiten Angst unter den Menschen und sind unberechenbar. Sie agieren grundsätzlich in der vorhandenen Dunkelheit und schrecken vor keinem Verbrechen zurück. Sie stolpern rücksichtslos durch die Dunkelheit und verbreiten Leid.

22. negative Persönlichkeitstyp

Der Gefühllose – Unter dem Einfluss dieses Persönlichkeitstyps bleiben die Menschen in ihrer Sexualität an der Oberfläche. Das bedeutet, dass ihr Sexualleben sowohl physisch als auch psychisch eingeschränkt ist, da sie kaum etwas empfinden. Gleichzeitig haben sie viele wechselnde Sexualpartner und kennen keine Hemmungen in Bezug auf Sexualität. Es scheint, als würden sie gedankenlos und beiläufig handeln. Man hat auch den Eindruck, dass sie auf etwas warten und mit ihren Gedanken ganz woanders sind. Mit der Zeit werden sie immer willenloser. Einerseits fühlen sie sich angezogen, andererseits, wenn sie sich einem Partner nähern wollen, abgestoßen. So bewegen sie sich zwischen den Menschen.

Diese Menschen geben sich unkontrolliert verschiedenen Sexualpartnern hin. Der Mangel an Gefühlen wird durch hektische Aktivitäten kompensiert. Diese Menschen leben an der Oberfläche ihres Körpers.

23. negative Persönlichkeitstyp

Der Gedankenlose – Diese Menschen leben ein Leben ohne tieferen Inhalt. Selbst sinnliche Erfahrungen gehen mehr oder weniger spurlos an ihnen vorüber. Ob das Essen schmackhaft oder ungenießbar ist, wird kaum wahrgenommen, ebenso wenig wie die Umgebung. Ihr Leben vollzieht sich von einer körperlichen Handlung zur nächsten. Man könnte sagen, sie leben ihr Leben nebenbei und ohne Interesse. Widersprüchlich ist, dass viele dieser Menschen Erwartungen haben.

Dieser Typ lebt an der Oberfläche und macht sich keine Gedanken. Durch den Einfluss dieses Persönlichkeitstyps ist der Intellekt eingeschränkt, was eine tiefere Erkenntnis verhindert. Durch diese Oberflächlichkeit und mangelnde Unterscheidungsfähigkeit geraten sie immer mehr in die Dunkelheit.

24. negative Persönlichkeitstyp

Der Wartende – Dieser Persönlichkeitstyp wartet auf einen Impuls, von wo auch immer, um handeln zu können. Dies betrifft nicht nur den physischen Körper, sondern auch den Willen, die Gedanken, die Gefühle, den Glauben, die Liebe und so weiter. Dieser Typ ist nicht in der Lage, eine eigene Entscheidung zu treffen. Man könnte sagen, er hat keinen eigenen Willen, den er einsetzt, keinen eigenen Intellekt, mit dem er unterscheiden kann, kein eigenes Gefühl, das er empfindet, und so weiter. Es gibt keine Entwicklung, weil diese Menschen darauf warten, dass man sie beeinflusst. Diese Beeinflussung ist ihr Halt. Ohne Beeinflussung wären sie hilflos.

Grundsätzlich ist dieser Typ sehr beflissen. Wenn man sich jemanden vorstellt, der etwas isst, weil er es am Nebentisch sieht, der sein Auto fährt, weil ein Kollege dasselbe hat, der etwas kauft, weil es das Lieblingsstück eines Bekannten ist, dann hat man ein gutes Bild von diesem Einfluss. Je stärker dieser Typus ausgeprägt ist, desto mehr wird er zu einem Werkzeug der *Eigenschaften* der Dunkelheit.

25. negative Persönlichkeitstyp

Der Böse – Der letzte Persönlichkeitstyp ist die Personifizierung des Bösen. Hier findet man Menschen, die bewusst und absichtlich böse handeln und anderen Menschen Schaden zufügen. Der Grund, so zu handeln, muss nicht einmal ein persönlicher Vorteil sein. Es geht nur darum, Dunkelheit zu verbreiten. Durch diese Beeinflussung besitzen viele dieser Menschen eine überdurchschnittliche Intelligenz, auch wenn sie nur darauf ausgerichtet sind, Dunkelheit zu verbreiten. Das große Problem dieser Menschen ist ihre Selbsteinschätzung. Sie halten sich für normal, auch wenn sie böse handeln. In Wirklichkeit sind sie von der Dunkelheit getrieben.

Diese Dunkelheit zeigt sich, wenn ein Soziopath anderen um des Leidens willen Leid zufügt, ohne Mitgefühl zu empfinden. Er empfindet Befriedigung, so zu handeln und zu leben. Er ist irritiert, wenn er einem positiven Menschen begegnet, der die Dinge mit einer höheren Intelligenz beurteilt. Ein Merkmal dieses Typs ist Schadenfreude.

Die Ordnung der 2. *verwaltenden Eigenschaft*

2. verwaltende Eigenschaft

Viele Menschen tolerieren diese *verwaltende Eigenschaft* der Dunkelheit in ihrem Leben. Diese *Eigenschaft* beeinflusst die Menschen zu einer grundsätzlich negativen Einstellung zum Leben und zu anderen Menschen. Wenn z. B. zwei Nachbarn, wie es oft vorkommt, sich jahrelang streiten oder stillschweigend eine negative Grundhaltung gegenüber dem Nachbarn pflegen, stehen sie unter dem Einfluss dieser Dunkelheit. Diese Menschen machen sich das Leben buchstäblich zur Hölle.

Nicht nur einzelne Menschen, sondern ganze Völker stehen einander feindlich gegenüber und machen sich das Leben schwer.

Es gibt Menschen, die unversöhnlich in ihrer Dunkelheit verharren und ihre bösen Gedanken und Gefühle nähren. Oft geschieht dies innerhalb einer Familie oder einer Gemeinschaft, und anstatt sich selbst die Dunkelheit und Negativität einzugestehen, verdunkeln sie das Leben der anderen.

Ein großes Problem bei manchen Menschen ist eine grundsätzlich negative oder böse Einstellung. Das kann so weit gehen, dass sie das Leben der Mitmenschen mit ihrer Dunkelheit vergiften.

Die 2. *verwaltende Eigenschaft* beeinflusst in erster Linie den Körper des individuellen Geistes. Im Gegensatz zur 1. *Eigenschaft* handelt es sich hier um *negative Eigenschaften* und nicht um negative Persönlichkeitstypen. 14 *negative Eigenschaften* wirken im Sinne dieser *Eigenschaft*.

Hier geht es um den negativen Umgang mit sich selbst und seinen Mitmenschen. Durch diese Dunkelheit wird jede zwischenmenschliche Kommunikation zum Streit, der sich bis zum Krieg ausweiten kann. Der Streit betrifft nicht nur 2 Menschen, sondern Familien, politische und religiöse Gemeinschaften und Länder. Die Dunkelheit gegenüber sich selbst bezieht sich vor allem auf negative Gedanken und Gefühle und auf die Förderung all jener Ideen, Ideologien und Wissensinhalte, die das Leben in der Dunkelheit fördern und rechtfertigen.

Diese *Eigenschaft* versucht, jene geistige Dunkelheit in den Menschen zu vermehren, zu der sie eine gewisse Neigung haben. Oft sind es auch Lebensthemen, die den Einfluss der *negativen Eigenschaften* bestimmen.

Um eine höhere Beeinflussung zu verhindern, wird den Menschen ein innerer Konflikt suggeriert, der sich auf höhere geistige Themen oder Personen, die diese repräsentieren, bezieht. In der Entscheidung in Verbindung mit den *Eigenschaften* der 5. Dimension versucht diese *Eigenschaft* immer, die Menschen im Sinne der negativen Inhalte zu manipulieren.

Diese *Eigenschaft* verkauft den Menschen Streit und Negativität als Eigenständigkeit, die es zu behaupten gilt. Unter ihrem Einfluss entsteht die Überzeugung, man müsse sich verteidigen und für sein Recht kämpfen. Gleichzeitig wird verhindert, dass die Negativität in ihrem wahren Ausmaß erkannt wird.

Die positive Ausrichtung: Diese Menschen fühlen sich im Recht. Für sie ist der Streit die Verteidigung der eigenen Sache und die grundsätzlich negative oder böse Einstellung gegenüber einem Menschen gerechtfertigt. Ebenso fühlen sie sich erhaben, weil sie ihr Recht im Streit verteidigen.

Durch die positive Orientierung gewinnt, wenn man es so ausdrücken will, dieser Mensch in einem Streit. Sei es durch seine Macht oder durch scheinbar bessere Argumente. Dadurch verbindet er sich immer mehr mit der jeweiligen *negativen Eigenschaft*.

Die negative Ausrichtung: Diese Menschen denken und fühlen bewusst und absichtlich negativ und böse über andere Menschen. Sie provozieren Streit und zerstören dadurch die verschiedenen Formen der Gemeinschaft unter den Menschen. Sie empfinden Befriedigung, wenn das Böse siegt.

Durch die negative Ausrichtung werden die Menschen im Streit im Sinne der Dunkelheit unterdrückt. Diese Dunkelheit wird immer dichter, bis sie sich in noch heftigerem Streit oder Gewalt entlädt.

Die 14 *negativen Eigenschaften* der 2. *verwaltenden Eigenschaft*

1. negative Eigenschaft

Diese Menschen provozieren Streit – Durch die 1. *negative Eigenschaft* drängt es die Menschen in einen Streit. Sie provozieren ihre Mitmenschen. Gleichzeitig nehmen sie eine negative Erwartungshaltung ein, die die Menschen zu einer Reaktion drängt. Man kann sagen, dass sie den Konflikt aktiv herbeiführen. Damit treiben sie ihre Mitmenschen in die Dunkelheit. Man kann sich das bildlich so vorstellen, dass diese Person unter dem Einfluss dieser *Eigenschaft* aus der Dunkelheit auftaucht und einen Streit provoziert.

2. negative Eigenschaft

Diese Menschen sprechen schlecht über andere Menschen – Unter dem Einfluss der 2. *negativen Eigenschaft* manipulieren Menschen ihre Mitmenschen, indem sie ihnen falsche Vorstellungen über ihre Mitmenschen eingeben. Ihr Auftreten wirkt freundlich und wohlwollend, wobei eine künstlich aufgesetzte Energie zu spüren ist. Je nach Charakter sind diese Menschen klar, liebenswürdig oder aktiv. Allen gemeinsam ist die Manipulation, mit der sie andere Menschen schlecht machen. Der ganze Vorgang gleicht einem Einflüstern aus der Dunkelheit oder einem Einträufeln der Dunkelheit. Würde man dies sehen, so könnte man erkennen, wie diese Menschen mit dieser *Eigenschaft* ihre Mitmenschen in die Dunkelheit ziehen wollen.

3. negative Eigenschaft

Diese Menschen provozieren Streit zwischen anderen Menschen –
Unter dem Einfluss dieser *negativen Eigenschaft* provozieren Menschen
Konflikte und Streitigkeiten zwischen anderen Menschen, wobei sie
sich selbst aus dem Geschehen heraushalten und es aus der Distanz
verfolgen. Gleichzeitig empfinden sie dabei eine leise innere, oft die-
bische Freude. Sie wähnen sich in der Position des neutralen Beob-
achters. In Wirklichkeit haben sie zwei Menschen in die Dunkelheit
gelockt, damit sie aufeinander losgehen. Es kann dann passieren, dass
sie diesen Streit als Rechtfertigung für ihre eigene Dunkelheit ansehen. Auf jeden Fall fühlen sie sich mächtig. Ihr Humor scheint iro-
nisch zu sein, in Wirklichkeit ist es Schadenfreude. Wenn jemand z. B.
einen Ehepartner provoziert, damit er schlecht über seinen Partner
redet, handelt er unter dem Einfluss und im Sinne dieser *Eigenschaft*.

4. *negative Eigenschaft*
Der Streit der armen Menschen – Die 4. *negative Eigenschaft* fördert die
Dunkelheit unter den wirtschaftlich Armen. Dies ist einer der Gründe, warum sie ihre Unzufriedenheit bis hin zur Aggression über die
Ungerechtigkeit bei der Verteilung von Gütern, Nahrung, Gesund-
heitsversorgung usw. gegen sich selbst oder gegen andere Arme richten. Wenn sich die Verbitterung der arbeitenden Bevölkerung, die
selbst zu wenig verdient, um in der jeweiligen Gesellschaft men-
schenwürdig leben zu können, gegen noch ärmere Menschen richtet,
die z. B. Sozialhilfe beziehen oder Flüchtlinge sind, dann hat das mit
dem Einfluss der 4. *Eigenschaft* zu tun. Sie fördert die Dunkelheit und
damit Qualitäten wie Bitterkeit und Frustration in den armen Menschen. Sie erschwert auch die Verbesserung der Situation. Später entlädt sich die Dunkelheit und es kommt zur Gewalt. Diese Gewalt
richtet sich wiederum meist gegen die Armen. Die Reichen werden in
ihrer Position von den Konflikten der Armen kaum berührt.

5. *negative Eigenschaft*

Der Streit der reichen Menschen – Die 5. *negative Eigenschaft* fördert die Dunkelheit bei den wirtschaftlich Reichen. Sie nehmen dadurch eine abgehobene Position ein, die es ihnen ermöglicht, Entscheidungen zu treffen, die ihr Gewissen nicht belasten. Der Kampf der Reichen richtet sich gegen die Armen, die arm bleiben müssen, damit die Reichen reich bleiben oder noch reicher werden können. Wenn beispielsweise Familien ihre Häuser oder Wohnungen verlieren, weil sie die Zinsen nicht mehr zahlen können, dann geschieht das meist, damit die Reichen reich bleiben oder noch reicher werden. Wirtschaftlich reiche Menschen erfahren durch die Dunkelheit einen Schutz und in gewisser Weise eine Unantastbarkeit. Sie erkennen die Dunkelheit nicht, sondern wähnen sich im Recht. Diese *Eigenschaft* fördert auch die Illusion, dass Reiche sich im Licht wähnen. Deshalb werden Reiche bewundert, weil sie eine höhere Stellung einnehmen. In Wirklichkeit gleichen sie, folgen sie dieser *Eigenschaft*, Königen der Dunkelheit.

6. *negative Eigenschaft*

Der Streit gegen die Mitmenschen – Auch diese *negative Eigenschaft* fördert eine Grundhaltung im Charakter und in der Persönlichkeit, die heute vielen Menschen normal erscheint. Es geht darum, ausschließlich die eigenen Interessen durchzusetzen. Gleichzeitig wird den Menschen ein Gefühl der Leichtigkeit vermittelt. Jeder kämpft für sich selbst und ist sich selbst der Nächste. Das führt zu Kampf und Streit unter den Menschen. Je länger man diesem Einfluss ausgesetzt ist, desto mehr verkümmert man innerlich. Es ist, als ob die Menschen in ihrer Entwicklung auf der Stelle treten. Der Einfluss dieser *Eigenschaft* beginnt bei einfachen Dingen, z. B. wenn sich jemand vordrängelt. Wie bei allen anderen 14 *negativen Eigenschaften* führt der Einfluss bis zu Mord und anderen Verbrechen.

7. negative Eigenschaft

Der Streit der Mitmenschen – Die 7. *negative Eigenschaft* fördert eine Grundhaltung in der Persönlichkeit der Menschen, durch die sie sich in ihrem Leben gewissermaßen als Einzelkämpfer in einer feindlichen Umgebung erleben. Sie sind fest davon überzeugt, sich gegen andere Menschen durchsetzen zu müssen. In diesem Sinne sind alle Mitmenschen Konkurrenten. Viele sehen darin einen Kampf ums Überleben. Wer ist der beste Sportler, wer verdient das meiste Geld, wer hat den attraktivsten Partner, wer hat die klügsten Kinder und so weiter sind nur einige von vielen Parametern des zwischenmenschlichen Wettbewerbs. Vielleicht beginnt es spielerisch am Rande des Fußballfeldes. Wenn Menschen anfangen zu lügen, zu betrügen und zu morden, um ihren eigenen Vorteil zu sichern, dann zeigt sich das wahre Ausmaß des Einflusses dieser *Eigenschaft*.

8. negative Eigenschaft

Automatisch negative Gedanken und Gefühle – Die 8. *negative Eigenschaft* beeinflusst Menschen dahingehend, dass sie automatisch negativ denken und fühlen. Dies ist vor allem dann der Fall, wenn sie mit neuen Situationen konfrontiert werden. Diese Negativität bezieht sich vor allem auf ihre Mitmenschen, denen sie grundsätzlich mit Misstrauen begegnen. Aber auch alle Eindrücke, die von außen kommen, werden negativ bewertet. Wie Gift sickert die permanente Negativität in diese Menschen ein und vergiftet ihr Leben. Dieses Versinken in die Dunkelheit beginnt mit einzelnen Gedanken. Mit der Zeit sind sie nicht mehr in der Lage, etwas Positives in den Menschen und im Leben zu sehen, außer der Erfüllung ihrer eigenen egozentrierten Wünsche.

9. *negative Eigenschaft*

Die Aufrechterhaltung der Oberflächlichkeit – Der Einfluss der 9. *negativen Eigenschaft* bewirkt eine automatische Oberflächlichkeit im Menschen. Dies betrifft sowohl ihn selbst als auch die Betrachtung seines Lebens. Die Selbstverständlichkeit dieses oberflächlichen Lebens ist so groß, dass jeder Einwand als absurd und wirklichkeitsfremd abgetan wird. Menschen, die unter dem Einfluss dieser *Eigenschaft* stehen, denken nur an Karriere, Geld, Sex und damit z. B. an ein neues Auto, ein größeres Haus und an Ansehen in der Gesellschaft. Dieses Ansehen basiert jedoch ausschließlich auf materiellen Gütern. Fragen nach der menschlichen Existenz und einem möglichen Sinn im Leben werden als Zeitverschwendung angesehen.

10. *negative Eigenschaft*

Das Nichtverstehen des Geschehens – Unter dem Einfluss der 10. *negativen Eigenschaft* fällt es den Menschen immer schwerer, Dinge zu verstehen, die außerhalb des eigenen Denkens liegen. Dabei geht es weniger um ein intellektuelles Verstehen, obwohl dies nicht ausgeschlossen werden soll, sondern um die grundsätzliche Wahrnehmung von Dingen außerhalb des eigenen Bereiches. Der Raum der eigenen Lebenswelt wird immer enger und kleiner. Es kann auch sein, dass äußere Einflüsse nicht mehr durch die Sinne wahrgenommen werden. Obwohl sie da sind, werden sie ignoriert. So wird das Leben immer enger und dunkler.

11. *negative Eigenschaft*

Die starre Grundhaltung – Wenn Menschen in einer starren und gleichzeitig unbeweglichen Haltung leben, stehen sie unter dem Einfluss der 11. *negativen Eigenschaft*. Oft kann man diese Unbeweglichkeit auch äußerlich sehen, wenn der Kopf sich nicht bewegt und starr auf den Schultern sitzt. Der Einfluss gleicht einer kristallisierten dunklen

Substanz, die das Bewusstsein bindet. Alle Gedanken, Gefühle und Emotionen spielen sich am Rande dieser Starre ab. Das ist auch der Grund, warum man den Eindruck hat, dass diese Menschen nichts wirklich berührt. Sie können eine Situation distanziert und gleichzeitig interessiert betrachten, aber sie bleiben außen vor, drehen sich bildlich gesprochen um und gehen weg. Die innere Starre bleibt. Auch der Einfluss dieser *negativen Eigenschaft* zeigt sich als Automatismus in den Menschen.

12. *negative Eigenschaft*

Der Automatismus, alles auf sich selbst zu beziehen – Menschen, die unter dem Einfluss der 12. *negativen Eigenschaft* stehen, beziehen alles auf sich selbst und bewerten alle Ereignisse und Dinge von einer eigenen Instanz aus, die sie automatisch höher einstufen. Sie bewerten ihre eigene Persönlichkeit positiv. Deshalb verhalten sie sich ähnlich wie ein positiver Herrscher, der sich selbst in den Mittelpunkt stellt. Wenn ihre Mitmenschen dies nicht akzeptieren, kommt es zu Problemen. Sie erkennen nicht, dass sie wie selbstverständlich egozentrisch denken, fühlen und handeln. Würde man ihnen Egoismus vorwerfen, wären sie zumindest irritiert, da sie aus ihrer Sicht positiv handeln. Gleichzeitig können sie nicht nachvollziehen, wie sich der Andere fühlt. Erfahren sie jedoch, wie es einem Mitmenschen wirklich geht, sind sie sehr irritiert. Je stärker der Einfluss, desto narzisstischer sind diese Menschen.

13. *negative Eigenschaft*

Die Entwicklung für Zerstörung und Verteidigung – Diese *negative Eigenschaft* beeinflusst die Menschen, jede Form der Entwicklung von Wissenschaft und Technik für Zerstörung und Verteidigung zu nutzen. Das fängt bei der eigenen Person an und geht bis zu ganzen Nationen. Die bekannteste Waffe, die aus neuen Erkenntnissen entstanden ist, ist die Atombombe. Hier geht es um den Automatismus, jede Technik und jede neue Errungenschaft dafür einzusetzen. Je intensiver dies praktiziert wird, desto größer ist der Einfluss dieser *Eigenschaft*.

Bei einzelnen Menschen zeigt sich der Einfluss dieser *negativen Eigenschaft* auch als Selbstzerstörung, indem sie sich für Handlungen entscheiden, die ihr Leben zerstören können. Diese Handlungen müssen nichts mit Verteidigung oder Zerstörung zu tun haben. Sie fördert auch den Drang, Waffen zu kaufen.

14. *negative Eigenschaft*

Der Krieg – Die 14. *negative Eigenschaft* ist die des Krieges. Sie beeinflusst einzelne Herrscher und Parlamente bis hin zu ganzen Nationen, einen Krieg zu beginnen. Wenn sich zwei Länder im Krieg befinden, war die Beeinflussung erfolgreich. Menschen werden auch manipuliert, um Menschengruppen mit anderen politischen oder religiösen Überzeugungen durch Krieg zu bekehren oder zu vernichten.

Im Gegensatz zur 13. *negativen Eigenschaft*, die die Selbstzerstörung des Individuums fördert, geht der Einfluss der 14. *negativen Eigenschaft* dahin, andere Menschen zu zerstören. Dies kann den physischen Tod bedeuten, sich aber auch auf alle Lebensbereiche erstrecken. Es kann sich aber auch auf die Zerstörung dieser Dinge beziehen, die für ein menschenwürdiges Leben in einer Gesellschaft notwendig sind.

Die Ordnung der 3. *verwaltenden Eigenschaft*

3. verwaltende Eigenschaft

Das Thema der 3. *verwaltenden Eigenschaft* der 2. Dimension ist die Lüge und das falsche Schwören.

Die *negativen Eigenschaften* wirken sich in erster Linie auf den Körper der individuellen Korrektur aus. Es gibt 27 *negative Eigenschaften*, die sich in 3 Gruppen aufteilen, von denen jede einen eigenen Themenbereich definiert und gleichzeitig mit den anderen *Eigenschaften* zusammenwirkt.

Der 1. Themenbereich bezieht sich auf die Individualität. Er umfasst 10 *negative Eigenschaften*. Durch 9 *Eigenschaften* werden verschiedene Themenbereiche des Menschseins bestimmt, die in der Individualität der 10. *Eigenschaft* zusammengefasst sind. Das Problem ist ihre Selbstverständlichkeit im Leben. Sie werden als natürlich angenommen. Zum Beispiel legt die 1. *negative Eigenschaft* dem Menschen nahe, an eine Gottheit außerhalb seiner selbst zu glauben. In den meisten Religionen und esoterischen Lehren ist dies die Norm. Diese Beeinflussung wird gefördert und gefordert. Man kann die Individualität der 10 *negativen Eigenschaften* als eine Grundpersönlichkeit betrachten, die von der Menschheit gelebt und grundsätzlich positiv bewertet wird. Die 10 *negativen Eigenschaften* entsprechen 10 geistigen Strukturen. Sie greifen ineinander und bilden zusammen ein geistiges Gefängnis in der Gestalt des Menschen. Diese Figur gleicht einer Marionette.

Im 2. Themenbereich werden Menschen dazu angeregt, *negative Eigenschaften*, die sie als Teil ihrer Persönlichkeit betrachten, zu akzeptieren. Ausgangspunkt ist die bereits erwähnte Individualität, die nun durch 13 *negative Eigenschaften* geprägt wird. Die 10. *negative Eigenschaft* hat die Voraussetzung dafür geschaffen, dass sich Menschen mit den folgenden 13 *negativen Eigenschaften* identifizieren können. Ihr Einfluss ist sehr mächtig. Gleichzeitig wird der Mensch von ähnlichen *Eigenschaften* anderer Dimensionen beeinflusst. Der Mensch gleicht nun einer Marionette, die sich auf einer vorgegebenen Bahn der Dunkelheit vorwärts bewegt.

Die 4 *negativen Eigenschaften* des 3. Themenbereichs beeinflussen die Menschen in Bezug auf das Leben. Sie sind vor allem bestrebt, das Leben in der Vorstellung des Menschen auf die Erde und das Universum zu beschränken. Der Mensch als Marionette verwirklicht sich im Leben in der Enge dieser 4 *negativen Eigenschaften*. Für den so beeinflussten Menschen gibt es keine andere Wirklichkeit. Ein höherer Einfluss kann kaum mehr durchdringen. Gleichzeitig sind die Menschen davon überzeugt, ein unabhängiges und selbstbestimmtes Leben zu führen. Viele sind unverbesserlich und müssen ihr Leben auf diese Weise verbringen. Positive Kräfte können dann keinen Einfluss mehr nehmen. Erst nach dem Tod des physischen Körpers, wenn der Mensch sich mit sich selbst auseinandersetzen muss, kann sich die Situation ändern.

Die positive Ausrichtung: Der Einfluss der positiven Ausrichtung führt dazu, dass Menschen lügen, um eine Position einzunehmen, die nicht der Realität entspricht. Die Lüge wird zum Mittel, sich selbst zu erhöhen und damit Macht zu erlangen. Der Hochstapler benutzt die Lüge, um sich als etwas auszugeben, was er nicht ist.

Durch die Lüge entzieht sich der Mensch dem Leben, er begibt sich in eine mentale Scheinwelt. In dieser Scheinwelt gibt es keine Korrektur. Die *negativen Eigenschaften* verstärken die Lüge und die Distanz zur Lebensrealität. Sehr schwierig wird es, wenn Menschen anfangen, ihre eigenen Lügen zu glauben. Dann wirken sie sehr stark.

Die Menschen handeln willentlich im Sinne dieser *verwaltenden Eigenschaft* und der 27 *negativen Eigenschaften*. Sie haben Macht, sei es durch Wissen, Besitz oder Gewalt, und ihr Leben ist nur auf das Universum ausgerichtet.

Die negative Ausrichtung: Wer im Sinne der negativen Ausrichtung handelt, lügt, um seine eigene Dunkelheit nicht zu offenbaren. Dies betrifft sowohl den Umgang mit anderen Menschen als auch den Umgang mit sich selbst. Durch diese Form der Selbstlüge gestehen sich Menschen ihre Dunkelheit nicht als Dunkelheit ein. Manche nennen dies Realitätssinn und werfen anderen, die dieser Argumentation nicht folgen, Realitätsferne vor. Das Kennzeichen ist eine grundsätzlich negative Einstellung. Eine Lüge in der Politik oder in der Industrie rechtfertigt zum Beispiel die Ausbeutung der Bodenschätze eines Landes. Das Leid der Bevölkerung wird bewusst in Kauf genommen. In Wahrheit wissen die Beteiligten, welche Dunkelheit sie verbreiten. Sie nehmen es in Kauf.

Die Skrupellosigkeit kann so weit gehen, dass sogar Morde gebilligt werden, um die Lüge aufrechtzuerhalten. Die Lüge wird öffentlich verbreitet.

Durch das falsche Schwören verbindet man sich mit einer *negativen Eigenschaft*. Dann kann sie ungehindert wirken, wie es vorher nicht möglich war. Es bedarf der tiefen Reue über den falschen Schwur.

Durch diese Ausrichtung ergeben sie sich der Dunkelheit und geben sich den *negativen Eigenschaften* hin. Ihr einziger Lebenszweck ist es, den *Eigenschaften* der niederen Dimensionen ihr Licht zum Überleben zu geben.

Die 27 negativen Eigenschaften der 3. verwaltenden Eigenschaft

1. negative Eigenschaft

Dieser Einfluss bewirkt, dass die Menschen eine *umfassende Eigenschaft* außerhalb ihrer selbst anbeten und an sie glauben. Dies schließt alle Götter aller Religionen ein. Das gilt auch für die monotheistischen Religionen. Indem der Mensch einen Gott einer Religion anbetet, verleugnet er sich selbst. Das höchste Bewusstsein, das es gibt, liegt nicht in einem Gott, sondern im Menschen. Diese Selbstverleugnung ist die größte Lüge des Menschen. Diese *negative Eigenschaft* verhindert, dass der Mensch diesen Zugang zu sich selbst erkennt.

2. negative Eigenschaft

Durch diesen Einfluss will sich der Mensch mit *Eigenschaften* der Dunkelheit oder den niederen Dimensionen identifizieren. Diese *negative Eigenschaft* will die Selbsterkenntnis des Menschen verhindern. Deshalb bedeutet Entwicklung für die große Mehrheit der Menschen, sich mit den Qualitäten der Religionen und der physischen Welt zu identifizieren und nicht, sich selbst zu erkennen, um sich zu befreien.

3. negative Eigenschaft

Durch diese Beeinflussung glauben sich die Menschen als Teil oder Zelle eines größeren Organismus zu erkennen. Wie Tiere in einem Schwarm sollen sie einen Platz einnehmen und dort ihre scheinbare Aufgabe erfüllen. Es gibt eine Regulierung, die diese *negative Eigen-*

schaft fördert, wenn man die Aufgabe dieser Einordnung nicht erfüllt. Sie versucht damit zu verhindern, dass die Menschen erkennen, dass in ihnen das innere All ist. Jeder Mensch ist selbst die Ursache aller Dimensionen in seinem inneren All.

4. *negative Eigenschaft*

Hier orientieren sich die Menschen an physischen und allgemein materiellen Werten. Grundsätzlich geht es darum, die Tradition aufrechtzuerhalten und sich an der Vergangenheit zu orientieren. Auf diese Weise werden die Menschen zu Dienern ihrer Häuser und allgemein ihres materiellen Besitzes, indem sie ihre gesamte Zeit diesem Besitz widmen. Ebenso werden sie in traditionelle, weltliche und religiöse Traditionen eingebunden. Auf diese Weise hindert die 4. *negative Eigenschaft* die Menschen daran, sich mit den Werten auseinanderzusetzen, die im Menschen darauf warten, erkannt zu werden.

5. *negative Eigenschaft*

Die 5. *negative Eigenschaft* suggeriert den Menschen das physische Leben als ständigen Kampf ums Überleben. Es geht um die Grundhaltung der Menschen, sich mit ganzem Willen dem Aufbau materieller Werte zu widmen. Sie beeinflusst die Menschen dahingehend, dass der Sinn des Lebens in der Erfüllung materieller Wünsche, Visionen und Vorstellungen über die berufliche Karriere liegt. Es ist vor allem diese *negative Eigenschaft*, die sie dazu bringt, ihre ganze Willenskraft dafür einzusetzen. Auf diese Weise wirkt der Wille im Sinne und in Richtung der Dunkelheit.

6. *negative Eigenschaft*

Durch diese Einwirkung sind die Menschen davon überzeugt, dass es bei der Entwicklung des Bewusstseins um eine Erweiterung oder Ausbreitung des Bewusstseins geht. Man kann sich das so vorstellen, dass die Menschen deshalb danach streben, ein Bewusstsein zu erlangen, das sich im Universum ausbreitet. Es geht nicht um die Erkenntnis des Bewusstseins, die für die Verwirklichung eines höherdimensionalen Bewusstseins notwendig wäre, sondern nur um dessen Ausdehnung. Im Grunde geht es darum, dass die 6. *negative Eigenschaft* die Menschen so beeinflusst, dass sie automatisch davon überzeugt sind, dass die Entwicklung innerhalb des Universums stattfinden muss. Es gleicht einer Deckelung.

7. *negative Eigenschaft*

Durch diesen Einfluss sind die Menschen davon überzeugt, dass das Leben im Universum der 4. Dimension das zentrale Leben des Menschen ist und die Existenz nach dem physischen Tod davon abhängt. Manche glauben, dass sie in gewisser Weise in ihren Werken oder in den Gedanken zukünftiger Menschen weiterleben. Der Glaube an ein gutes oder schlechtes Jenseits ist vor allem in den Religionen verbreitet. Diese *negative Eigenschaft* will verhindern, dass sich das Wissen um die Dimensionen des Bewusstseins ausbreitet. Durch seinen Einfluss entsteht die Illusion einer kleinen Welt, in der es eine diesseitige und eine jenseitige Ebene gibt.

8. *negative Eigenschaft*

Auch die 8. *negative Eigenschaft* beschränkt den Menschen auf das Universum der 4. Dimension. Im Wesentlichen handelt es sich um den Bereich des Intellekts. Sein Einfluss bewirkt die Trennung des Intellekts von der inneren Entwicklung und die Konzentration auf die äußere physische Realität. Der physische Körper steht im Mittelpunkt. Der Intellekt beschäftigt sich vor allem mit den Naturwissenschaften. Auch Psychologie und Philosophie definieren sich meist darüber, wie sich der Mensch als physischer Körper in der physischen Welt zurechtfindet und sich darin definiert. Diese *negative Eigenschaft* definiert eine Grenze zwischen einer intellektuellen Weltsicht, die sie fördert, und der Erkenntnis der inneren Dimensionen des Menschseins, z. B. der Ordnungen der 2. Dimension oder der Bedeutung der 360 *verwaltenden Eigenschaften* der 5. Dimension. In erster Linie geht es ihr darum, den Menschen an die Oberflächlichkeit des Intellekts zu binden. Dadurch können alle *Eigenschaften* des inneren Alls der niederen Dimensionen ungehindert wirken.

9. *negative Eigenschaft*

Das Ziel ist es, den Menschen im Universum zu binden. Dazu ist dieser *negativen Eigenschaft* jedes Mittel recht. Dies gelingt sowohl durch Zufriedenheit, Wünsche und Vorstellungen, Karriere und Reichtum als auch durch Leid, Armut und Ungerechtigkeit. Ständig strömen aus dem Unterbewusstsein Vorstellungen hervor, die mit dem physischen Leben zu tun haben und die den Menschen veranlassen, sich damit zu beschäftigen. Solange der Mensch in diesem Rad der scheinbar zwingenden Beschäftigung mit den irdischen Lebensbereichen gefangen ist, hat er keine Zeit und kein Bedürfnis, sich mit den Gesetzen des inneren Alls zu beschäftigen. Durch diesen Einfluss sind die Menschen davon überzeugt, dass all diese Arbeiten zwingend notwendig sind und sie keine Zeit dafür haben. Ein wesentliches Bestreben ist es auch, die Lebensumstände tatsächlich so zu verändern, dass immer weniger Zeit für andere Dinge bleibt.

10. *negative Eigenschaft*

Die 10. *negative Eigenschaft* beeinflusst den Menschen, indem sie alle Einflüsse der 1. bis 9. *negativen Eigenschaft* zusammenfasst und eine Individualität des Menschseins definiert. Angefangen von der Vorstellung eines Gottes in einer äußeren Realität bis hin zur Annahme der Notwendigkeit, sich mit allen möglichen Dingen in der physischen Welt beschäftigen zu müssen, zeigen sich alle Einflüsse in einer

Person. Sie ist bestrebt, jene Individualität zu formen, die den Menschen in der Bindung an das Universum hält.

11. negative Eigenschaft

Dieser Einfluss bringt den Menschen dazu, sein individuelles Leben, das durch die 10. *negative Eigenschaft* definiert wird, im Sinne der Dunkelheit zu leben. Damit sind Verbrechen, Mord, Verrat und die dunkelsten Bereiche des menschlichen Lebens gemeint.

12. negative Eigenschaft

Menschen in diesem Einflussbereich sind im Sinne der Dunkelheit beeinflussbar. Sie warten auf Impulse und Gründe, um Verbrechen zu begehen oder auf andere Weise in Verbindung mit der Dunkelheit zu leben. Dies baut auf dem Einfluss der 10. *negativen Eigenschaft* auf.

13. negative Eigenschaft

Ebenfalls auf der Individualität der 10. *negativen Eigenschaft* aufbauend, werden die unter diesem Einfluss stehenden Menschen im Sinne materieller Macht beeinflusst. Materie und Geld zu vermehren und politische, religiöse oder wirtschaftliche Macht zu erlangen, ist das hervorstechende Merkmal dieser Menschen.

14. negative Eigenschaft

Die Charaktereigenschaften, welche die Menschen durch diesen Einfluss annehmen, sind Unruhe und Rastlosigkeit. Ihr Wille ist darauf gerichtet, unbedingt etwas erreichen zu wollen. Es bleibt aber bei der Rastlosigkeit. Viele Menschen haben durch diese *negative Eigenschaft* Suchtprobleme, sei es mit Alkohol oder Drogen.

15. negative Eigenschaft

Unter diesem Einfluss neigen die Menschen zu Maßlosigkeit und Völlerei. Dies betrifft vor allem das Essen. Oft führt dieser Einfluss zu starkem Übergewicht. In der Persönlichkeit der Menschen fällt ein gewisser oberflächlicher Humor auf.

16. *negative Eigenschaft*
Die Charaktereigenschaften eines Menschen in diesem Einflussbereich sind Egoismus und Gewissenlosigkeit. Sie definieren Freiheit so, damit sie alles machen können, um ihr Ziel zu erreichen. Je stärker sie ausgeprägt ist, desto rücksichtsloser handeln diese Menschen, ohne sich weiter darum zu kümmern, welches Leid sie verursachen.

17. *negative Eigenschaft*
Menschen unter dem Einfluss der 17. *negativen Eigenschaft* nehmen nur sich selbst wichtig und sind anderen gegenüber spöttisch. Ebenso machen sie sich gerne über ihre Mitmenschen lustig. Wer z. B. private Daten anderer Leute im Internet veröffentlicht, handelt wahrscheinlich unter diesem Einfluss.

18. *negative Eigenschaft*
Menschen, die unter diesem Einfluss stehen, widmen sich ganz einer Sache. Meist ist es eine Religion oder eine politische Richtung. Für sie gibt es nur noch diese eine Wahrheit. Je stärker der Einfluss, desto rücksichtsloser und schließlich gewalttätiger wollen diese Menschen ihre Überzeugung vertreten und verbreiten.

19. *negative Eigenschaft*
Der Einfluss der 19. *negativen Eigenschaft* bewirkt, dass diese Menschen durchs Leben trampeln und alles niederwalzen. Dabei kann es sich sowohl um physische Dinge als auch um Ideen handeln. Charakteristisch sind Rücksichtslosigkeit und Verantwortungslosigkeit gegenüber der eigenen Zerstörung.

20. *negative Eigenschaft*

Unter dem Einfluss dieser *negativen Eigenschaft* sind die Menschen kalt und präzise. Intelligent und ohne Zögern handeln sie im Sinne der Dunkelheit. Das kann ein Manager oder ein Mörder sein. Sie handeln zielgerichtet und immer mit dem Hintergrund eines Gewinns, der meist materieller oder ideologischer Natur ist.

21. *negative Eigenschaft*

Die 21. *negative Eigenschaft* beeinflusst die Menschen dahingehend, dass sie laut und aggressiv sind. Sie neigen auch dazu, gewalttätig zu sein. Es geht ihnen darum, ihr Ziel zu erreichen. Dieser Einfluss ist in allen Lebensbereichen zu finden.

22. *negative Eigenschaft*

Unter diesem Einfluss handelt der Mensch im Verborgenen im Sinne der Dunkelheit. Meist wird dies von der Umgebung nicht wahrgenommen. Die Dunkelheit, mit der die Menschen verbunden sind, hängt von der Stärke des Einflusses ab.

23. *negative Eigenschaft*

Die 23. *negative Eigenschaft* macht Menschen überzeugend, enthusiastisch und berechnend im Sinne einer Idee oder Ideologie der Dunkelheit. Häufig findet man hier die Anführer von Gruppen, die im Verborgenen agieren. Mobber, die andere dazu überreden, jemanden zu mobben, stehen ebenso unter dem Einfluss wie Anführer fanatischer Sekten oder terroristischer Gruppen. Je stärker der Einfluss, desto dunkler der Bereich.

24. *negative Eigenschaft*

Diese *negative Eigenschaft* gibt den Menschen den Antrieb und den Wunsch, auf der Erde etwas im Sinne des materiellen Lebens zu erreichen. Es geht vor allem darum, reich zu werden, Karriere zu machen und Ansehen zu erlangen. Gleichzeitig wird jede Beschäftigung mit höheren Gesetzen und Bewusstsein verhindert. Im Gegenteil, sie haben das Bedürfnis, Menschen, die sich damit beschäftigen, als realitätsfremd zu betrachten. Grundsätzlich bewirkt diese *negative Eigenschaft* die Bindung an die Erde und an die Dunkelheit. Menschen, die z. B. unter fragwürdigen Umständen zu Reichtum gekommen sind, genießen oft Respekt und Ansehen unter den Menschen. Dies geschieht durch diesen Einfluss. Auch hier glauben die Menschen, dass die ganze Wirklichkeit des Menschen das Universum ist.

25. *negative Eigenschaft*

Die 25. *negative Eigenschaft* beeinflusst alle Menschen in Führungspositionen. Sie betrifft auch Menschen, die sich von höheren Positionen beeinflussen lassen. Dies können z. B. politische, wirtschaftliche, wissenschaftliche, journalistische, künstlerische oder religiöse Positionen sein. Die Beeinflussung bezieht sich auf die Ausschließlichkeit des Lebens innerhalb des Universums. Alle diese Personen beschränken das Leben in ihrer Kommunikation nach außen auf die physische Welt. Es geht immer um Geld und Macht. Auch bei religiösen Führern steht in diesem Fall das materielle Leben als Voraussetzung für ein jenseitiges Leben im Mittelpunkt. Der Einfluss geht so weit, dass z. B. Politiker durch die Gesetzgebung oder Wirtschaftsbosse durch die Schaffung von Arbeitsbedingungen die Menschen so unter Druck setzen, dass sie sich in ihrem gesamten Tagesablauf nur noch um die Bereitstellung bzw. Erhaltung der notwendigen Lebensbedürfnisse kümmern können. Der Druck auf die Menschen wird unter anderem durch ungerechte Steuern oder neue Gesetze immer weiter erhöht.

26. *negative Eigenschaft*

Der Einfluss der 26. *negativen Eigenschaft* bezieht sich auf Religionen und religiöse Menschen. Es geht auch um esoterische Lehren und Logen. Bei dieser *Eigenschaft* geht es um die Unterwerfung des Menschen und die Steigerung des Fanatismus. Demut oder Unterwerfung werden benutzt, um den Menschen davon abzuhalten, sich introspektiv mit sich selbst zu beschäftigen. Es geht nicht um Selbsterkenntnis, sondern um die Übernahme von Idealen. Diese *negative Eigenschaft* beeinflusst und initiiert neue esoterische oder religiöse Ideen. Viele Menschen binden sich durch diese Lehren an die Dunkelheit. Religiöser Fanatismus führt dazu, immer mehr in der Dunkelheit gefangen zu bleiben. Wenn Menschen im Namen ihres Gottes oder Meisters reich werden, andere Menschen beherrschen und unterwerfen oder töten, dann zeigt sich der Einfluss. Auch sich selbst im Namen einer esoterischen Lehre zu töten, ist mit dieser *negativen Eigenschaft* verbunden. Ein Bereich der Beeinflussung ist die Verbindung von Spiritualität und Sexualität. Sexuelle Unterdrückung durch esoterische Lehrer oder Priester gehört zu den Auswirkungen dieser *negativen Eigenschaft*. All diese Dinge führen immer weiter in die Dunkelheit.

27. *negative Eigenschaft*

Das Thema der 27. *negativen Eigenschaft* ist die Dunkelheit selbst. Sie schürt z. B. die Angst vor der Dunkelheit, damit alle *Eigenschaften* der Dunkelheit den Menschen aus dem Unterbewusstsein weiter beeinflussen können. Durch die Angst laufen die Menschen bildlich gesprochen vor der Dunkelheit davon, anstatt sie zu erkennen. Erst durch das Erkennen verliert man die Angst. Ebenso beeinflusst sie manche Träume der Menschen. Viele Alp- und Angstträume des Unterbewusstseins sind auf diese *Eigenschaft* zurückzuführen. Auch Vorstellungen von einer positiven oder heiligen Dunkelheit oder die spirituelle Verehrung der Dunkelheit oder von Wesenheiten der Dunkelheit werden gefördert. Ein weiterer Lebensbereich ist der Tod, wobei es nicht um den Tod selbst geht, sondern um seine Verdrängung. Der Tod wird zur Dunkelheit, die in der Ferne existiert. Viele Menschen haben daher die Vorstellung, dass nach dem Tod nichts mehr kommt. Auch die Angst vor einer ewigen Dunkelheit ist ein Bild, das gefördert wird. Wenn Religionen oder esoterische Lehren die Menschen mit Horrorvisionen über das Leben nach dem Tod erpressen, wenn sie sich nicht an die entsprechenden Gebote und Verbote halten, dann hängt das auch mit dieser *negativen Eigenschaft* zusammen. Es geht darum, dass die Menschen sich nicht mit der Selbsterkenntnis beschäftigen, sondern sich nur auf das physische und materielle Leben konzentrieren.

Die Ordnung der 4. *verwaltenden Eigenschaft*

4. verwaltende Eigenschaft

Der Lebensbereich, den die 4. *verwaltende Eigenschaft* im Sinne der Dunkelheit beeinflusst, ist die Sexualität.

Die 4. *Eigenschaft* dieser Dunkelheit verstärkt ein Gefühl der Lust und Wollust, verbunden mit sexueller Hemmungslosigkeit. Sie verstärkt den Wunsch, sich immer hemmungsloser allen möglichen Formen der Sexualität hinzugeben.

Der Einfluss dieser *Eigenschaft* betrifft den Körper der individuellen Eigenschaften. Sie verwaltet 32 *negative Eigenschaften*, die alle die Dunkelheit in der Sexualität zum Thema haben. Sie beeinflussen den Menschen in diesem Sinne.

32 *negative Eigenschaften* führen dazu, dass Menschen die Dunkelheit der Sexualität in den Mittelpunkt ihres Lebens stellen. Sie umfassen alle Grundthemen innerhalb dieser Dunkelheit, beginnend mit der ständigen sexuellen Begierde, was die 1. negative *Eigenschaft* betrifft, bis hin zu Menschen, die sich ausschließlich über ihre Sexualität definieren. In diesem Fall kommt die 32. negative *Eigenschaft* zum Ausdruck. Es geht darum, dass Menschen sich in ihrem Denken, Fühlen und Handeln ganz von der Dunkelheit der Sexualität vereinnahmen lassen, sodass die Dunkelheit zu einem akzeptierten Teil des Lebens wird.

Der Einfluss der 4. bis 7. Dimensionen tritt deshalb in den Hintergrund, weil das sexuelle Begehren und die damit verbundene magnetische Kraft in der Dunkelheit des physischen Körpers viel stärker empfunden wird. Einerseits gehört die Sexualität als Grundlage der

Fortpflanzung zum Leben, andererseits gibt es kaum eine Kraft im Menschen, die so sehr im Sinne der Dunkelheit missbraucht wird. Sexualität dient dann der Aufrechterhaltung der Dunkelheit. Menschen, die auf diese Weise von der Dunkelheit vereinnahmt werden, definieren ihr Lebensziel darin, mit ihrem Bewusstsein die Dunkelheit zu nähren.

Die positive Ausrichtung: Die positive Ausrichtung fördert eine scheinbar positive Einstellung zur Sexualität. Sie suggeriert Freiheit und ermutigt zur uneingeschränkten Ausübung aller möglichen sexuellen Praktiken. Dieses Gefühl erhöht den Menschen und in dieser subjektiven Erhöhung werden natürliche Hemmschwellen abgebaut. Alle sexuellen Praktiken werden positiv bewertet. Wer diesem Einfluss nicht folgt, gilt als spröde oder intolerant.

Ein weiterer Lebensbereich, der unter diesem Einfluss steht, ist die Prostitution. Dies betrifft sowohl Männer als auch Frauen. Sie fördert die Lust. Das führt dazu, dass die Menschen sofort an sexuelle Praktiken denken.

Wollust bedeutet, dass sich jemand ohne innere Schranken und Kontrolle der sexuellen Befriedigung hingibt. Dadurch kann sich der Mensch mit der Dunkelheit ohne innere Grenzen vereinen. Dies verstärkt wiederum die Grenzenlosigkeit in der Sexualität.

Die positive Ausrichtung bewirkt, dass die Menschen sich nicht als Gefangene erkennen, sondern in der Dunkelheit der Sexualität die Erfüllung ihres Lebens sehen. Es ist ihr Wunsch, aktiv so zu leben.

Die negative Ausrichtung: Diese Ausrichtung vermittelt Sexualität durch Machtausübung. Dabei beeinflussen die negativen *Eigenschaften* die Menschen, ihre Sexualpartner zu beherrschen und zu unterdrücken. Es gibt unzählige Praktiken, die jeweils durch unterschiedliche negative *Eigenschaften* begünstigt werden. Wenn die sexuelle Vereinigung zu einem Akt der Gewalt wird, ist man direkt mit dieser Dunkelheit verbunden.

Durch die negative Ausrichtung geben sich die Menschen dieser Dunkelheit unkontrolliert hin. Sie ist Teil des Lebens geworden und wird als Normalität akzeptiert.

Die 32 *negativen Eigenschaften* der
4. *verwaltenden Eigenschaft*

1. *negative Eigenschaft*

Menschen, die unter diesem Einfluss stehen, werden von einer ständigen sexuellen Begierde begleitet. Davon geprägt ist jeder Umgang mit den Mitmenschen. Alle Gedanken und Gefühle kreisen darum und üben einen ständigen negativen Magnetismus aus. Wie von einem Hunger getrieben, streben sie danach, diese Begierde zu befriedigen.

2. *negative Eigenschaft*

Der Charakter dieser Menschen ist impulsiv und gleichzeitig belästigen sie ihre Mitmenschen mit anzüglichen Anspielungen. Es gleicht einer ständigen Provokation in der Hoffnung, dass jemand auf die dargebotene Dunkelheit reagiert und ebenfalls mit sexuellen Anspielungen antwortet.

3. *negative Eigenschaft*

Menschen, die unter dem Einfluss dieser *negativen Eigenschaft* stehen, wollen herrschen. Sex wird als Mittel zur Machterhaltung eingesetzt. Dazu gehören Vergewaltigung, Unterdrückung und Gewalt.

4. *negative Eigenschaft*

Menschen werden so beeinflusst, dass sie zu Stalkern werden. Dies äußert sich in dem Drang, Mitmenschen aus einer unsichtbaren Position heraus zu beobachten. Die Motive können unterschiedlich sein, sexuelle Begierde wäre ein Grund. Grundsätzlich geht es um die Beobachtung der Natürlichkeit und Unschuld der Mitmenschen, die so handeln, weil sie sich unbeobachtet fühlen. Dadurch erleben sich diese Menschen in einer hierarchisch höheren Position, weil sie meinen, ähnlich einer Gottheit den wahren Charakter eines Mitmenschen sehen zu können. Durch dieses Gefühl nähren sie diese *negative Eigenschaft* in sich selbst.

5. *negative Eigenschaft*
Bei der 5. *negativen Eigenschaft* betrachten Menschen ihren Sexualpartner als Diener zur Befriedigung der eigenen Bedürfnisse. Die Partner werden entweder durch Worte oder durch körperlichen Druck dazu gedrängt, die sexuellen Bedürfnisse zu erfüllen. Man kann sich dies als Forderungen vorstellen, die wie selbstverständlich gestellt werden.

6. *negative Eigenschaft*
Durch die 6. *negative Eigenschaft* haben Menschen die Fantasie und den Drang, ihre Mitmenschen zu vergewaltigen. Dies betrifft vor allem Männer. Dieser Drang kann so stark werden, dass er ihn in die Tat umsetzt und zum Vergewaltiger wird. Dieser Mann gleicht dann einem Raubtier, das sich in der Dunkelheit herumtreibt.

7. *negative Eigenschaft*
Der Charakter von Menschen unter dem Einfluss der 7. *negativen Eigenschaft* ist manipulativ. Sie benutzen ihren eigenen physischen Körper als Sexualobjekt, um ihre Mitmenschen zu verführen, damit sie bekommen, was sie wollen. Manchmal sind es nur Andeutungen und keine konkreten Handlungen. In den meisten Fällen sind es Frauen, die ihren eigenen Körper auf diese Weise einsetzen. Dadurch werden

die *negativen Eigenschaften* der *4. verwaltenden Eigenschaft* im Gegenüber hervorgerufen.

8. *negative Eigenschaft*

Die 8. *negative Eigenschaft* bewirkt, dass alle Gedanken und Gefühle, die mit Sexualität zu tun haben, automatisch vermieden und unterdrückt werden. Der innere moralische Kompass verbietet jede Form der Beschäftigung mit Sexualität. Kommen Gedanken und Gefühle immer wieder an die Oberfläche, werden sie zwanghaft unterdrückt. Die Folge ist, dass diese Menschen, wenn sie wirklich mit diesen Themen in Berührung kommen, ihre inneren Triebe nur schwer kontrollieren können. Sie befinden sich in einem Gefängnis der unterdrückten Sexualität. Gewalt kann die Folge sein.

9. *negative Eigenschaft*

Die 9. *negative Eigenschaft* beeinflusst Menschen so, dass sie plötzlich und oft ohne ersichtlichen Grund an Sex denken. Diese Einflüsse sind sehr belastend und entziehen sich schrittweise der Kontrolle der Menschen. Aufgrund dieses Einflusses neigen sie dazu, vor allem Männer, Prostituierte für Sex zu bezahlen. Damit haben sie der 9. *negativen Eigenschaft* nachgegeben.

10. *negative Eigenschaft*

Der Einfluss der 10. *negativen Eigenschaft* bewirkt, dass die Menschen ständig auf der Suche nach einem Sexualpartner sind. Diese Suche in jedem Augenblick bestimmt den Tag, den Abend und das ganze Leben. Sehen sie auch nur die geringste Chance, versuchen sie mit verschiedenen Methoden, den anderen als Sexpartner zu gewinnen. Gelingt dies nicht, wenden sie sich ab und suchen rastlos weiter.

11. *negative Eigenschaft*

Die Themen der 11. *negativen Eigenschaft* sind Schamlosigkeit, Hemmungslosigkeit und Exhibitionismus. Durch die bewusste Förderung der Schamlosigkeit beim Sexualpartner versuchen Menschen, über den Körper des anderen bestimmen zu können. Dies ist eine Form der Manipulation, um Macht über den Körper ausüben zu können. Auch die mit dieser *Eigenschaft* verbundene Förderung der Hemmungslosigkeit hat diesen Hintergrund. Durch Exhibitionismus begeben sich Menschen in eine Position der Machtlosigkeit und versuchen so, die Mitmenschen, vor denen sie sich entblößen, in die Dunkelheit zu ziehen.

12. *negative Eigenschaft*

Unter dem Einfluss der 12. *negativen Eigenschaft* werden Menschen zu Voyeuren. Dieser Voyeurismus bezieht sich auf das Betrachten von nackten Körpern bis zu pornografischen Darstellungen und Filmen. Menschen werden zu Voyeuren sowohl in der Realität, z. B. in einem Nachtklub, als auch durch Fotos oder im Internet. Sehr viele Menschen leben unter dem Einfluss dieser *negativen Eigenschaft*. Wenn sie längere Zeit so handeln, werden sie süchtig nach dem Gefühl, das der Voyeurismus in ihnen auslöst. Sie ziehen sich selbst immer weiter in die Dunkelheit.

13. *negative Eigenschaft*

Unter dem Einfluss der 13. *negativen Eigenschaft* wird Sex zu einem Teil des Lebens in der Dunkelheit. Zuhälterei, Prostitution und allgemein das Geschäft mit dem Sex gehören für diese Menschen zum Alltag. Gleichzeitig werden sie immer abgestumpfter und rücksichtsloser. Auch die Kunden der Prostituierten, die dies als normalen Teil ihres Lebens betrachten, stehen unter diesem Einfluss.

14. *negative Eigenschaft*

Die 14. *negative Eigenschaft* bezieht sich ebenfalls auf die Sexualität und verhindert die Entstehung eines schlechten Gewissens, indem sie die Oberflächlichkeit fördert. Auch Gefühle wie Abneigung, Ekel oder Widerwillen werden durch diese Oberflächlichkeit unterdrückt. Manche Menschen erkennen durch diese *Eigenschaft* nicht, dass sie sexuell nur benutzt werden und geben sich unkontrolliert und ohne tiefere Gefühle den sexuellen Fantasien ihres Gegenübers hin. Diese *Eigenschaft* wirkt sich auf beide Personen aus. Die oberflächliche Grundhaltung zeigt sich auch, wenn die Sexindustrie z. B. Sexspielzeug als Teil des modernen Lebens darstellt.

15. *negative Eigenschaft*

Das Thema der 15. *negativen Eigenschaft* ist Selbstbefriedigung. Der Einfluss bewirkt, dass die Selbstbefriedigung diesen Menschen eine größere sexuelle Befriedigung verschafft als das natürliche Zusammensein mit einem Partner. Die größte Schwierigkeit in der partnerschaftlichen Sexualität ist für sie der Drang, das Geschehen fast zwanghaft kontrollieren zu wollen. Der Partner wird als Mittel zur Selbstbefriedigung gesehen.

16. *negative Eigenschaft*

Durch die 16. *negative Eigenschaft* versuchen Menschen, ihre sexuelle Befriedigung durch Schmerz zu intensivieren. Der Einfluss verhindert ein tieferes Gefühl des Vertrauens in der sexuellen Verbindung zwischen zwei Menschen. Bei einer vertrauensvollen Beziehung würde die Person gleichzeitig eine intensivere und vor allem differenziertere körperliche Befriedigung erfahren. Masochistische Tendenzen sind Ersatzhandlungen für tiefere und differenziertere Empfindungen in der Sexualität. Je stärker der Einfluss dieses Merkmals ist, desto unbefriedigender wird die Sexualität. Gleichzeitig verstärken sich die masochistischen Tendenzen.

17. *negative Eigenschaft*

Das Thema der 17. *negativen Eigenschaft* ist eine sehr große Unbewusstheit. Die Entscheidungen, die diese Menschen treffen, sind triebgesteuert und instinktiv. Es gibt kein bewusstes Handeln. Sie scheinen sich wie Zombies durch den Raum zu bewegen, ohne ein Gefühl für die verschiedenen Dinge des Lebens zu haben. Auf die gleiche Weise nähern sie sich möglichen Sexualpartnern. Es gibt auch keine Hemmungen, Gewalt anzuwenden. In dieser *negativen Eigenschaft* ähnelt der Umgang mit Sexualität dem Verhalten von Tieren. Gleichzeitig ist das sexuelle Empfinden sehr eingeschränkt.

18. *negative Eigenschaft*

Das Thema dieser *negativen Eigenschaft* ist die Konzentration der Männer auf ihr Geschlechtsteil. Diese reduzierte Selbstwahrnehmung ist ein Merkmal einer streng patriarchalischen Gemeinschaft. Was bereits in der Kindheit in der Erziehung beginnt, setzt sich das ganze Leben bis ins hohe Alter fort.
Es gibt keine Gleichberechtigung zwischen Mann und Frau. Einerseits ist die Hierarchie zwischen Mann und Frau klar geregelt. Zudem verhindert sie, dass ein Mann ein möglicherweise positives Bild von sich selbst als Mann erfüllen kann. Einerseits unterdrücken sie die Frauen und andererseits sind sie als Mann armselig. Um die Macht nicht zu verlieren und um ihr negatives Ansehen bei den Frauen zu kompensieren, verstärken sie ihre hierarchisch mächtigere Position. Auch Gewalt ist ein Mittel, um Zweifel an der eigenen Persönlichkeit zu unterdrücken. Diese Männer werden in der Regel von den Frauen verachtet oder als erwachsene Männer nicht ernst genommen und gleichzeitig gefürchtet oder gemieden.

19. *negative Eigenschaft*

Durch diese *negative Eigenschaft* wird Sex zu einer Folge von materiellem Besitz. Der Besitz steht bei Frauen und Männern im Mittelpunkt. Sex ist also nicht die Folge von Sympathie oder tiefer Liebe zwischen zwei Menschen. Sexualität wird so zu einer Nebensache, die zwanghaft aufrechterhalten werden muss, um die Partnerschaft zu rechtfertigen.

20. *negative Eigenschaft*

Durch diese *negative Eigenschaft* haben die Menschen das Bedürfnis, sich durch Sexualität noch tiefer in die Dunkelheit zu begeben. Dieser Sog in die Finsternis drückt sich in immer größeren Perversionen aus, die diese Menschen praktizieren. Es ist eine fortschreitende Entmenschlichung durch Sex.

21. *negative Eigenschaft*

Das Thema der 21. *negativen Eigenschaft* ist die Sexsucht der Frau. Eine Grundlage dieser Sexsucht ist der Drang nach ständiger Veränderung, der sich nicht verwirklichen lässt und sich deshalb über die Sexualität ausdrückt. Das Problem ist auch hier, dass sich mit der Zeit alles nur noch um diese Sucht dreht und die Menschen sich immer mehr darin verlieren. Es ist wie eine Jagd nach Lebendigkeit, die sich so nie realisieren kann. Im Gegenteil, das Leben wird als immer schaler und sinnloser empfunden.

22. *negative Eigenschaft*

Bei der 22. *negativen Eigenschaft* haben Männer und Frauen den krankhaften Drang, Sex mit möglichst jungen Sexualpartnern zu haben. Dies betrifft vor allem Sex mit Jugendlichen. Der Einfluss zeigt sich aber auch, wenn z. B. ältere Männer mit gerade volljährigen Frauen Sex haben. Grundsätzlich geht es darum, dass diese Menschen vor jeder Art von innerer Entwicklung flüchten. Sie wollen sich innerlich nicht verändern. Man kann das als Feigheit vor dem Leben und vor sich selbst bezeichnen.

23. negative Eigenschaft

Das Thema der 23. *negativen Eigenschaft* ist die krankhafte Fixierung einer Person auf sexuelle Themen. Diese Fixierung ist ein Zeichen für eine psychische Erkrankung und muss in den meisten Fällen klinisch behandelt werden. Häufig tritt diese *Eigenschaft* in Verbindung mit anderen psychischen Erkrankungen auf.

24. negative Eigenschaft

Diese *negative Eigenschaft* wirkt, wenn Sex in größeren Gruppen praktiziert wird. Durch den gemeinsamen Sexualverkehr entsteht eine dichte geistige Substanz, die dieser *Eigenschaft* entspricht und sie gewissermaßen nährt. In dieser dichten Empfindung sind die Menschen gleichgeschaltet und gleichen mentalen Opfern, denen die Kraft entzogen wird. Bildlich gesprochen kann man dies als mentalen Vampirismus bezeichnen.

25. negative Eigenschaft

Auch das nächste negative Merkmal zeigt sich in einer Form des pathologischen Umgangs mit Sex und Lust. Hier geht es um Sex mit Familienmitgliedern. Diese Menschen überschreiten natürliche innere Schranken und verlieren zunehmend die Kontrolle über ihre Gefühle und Gedanken. Inzest gleicht der Fixierung eines Menschen in der Dunkelheit.

26. negative Eigenschaft

Diese *negative Eigenschaft* betrifft all jene Menschen, die verschiedenste Formen sexueller Praktiken als alltäglichen und natürlichen Lebensbereich in der Gesellschaft etablieren wollen. Dazu gehören alle Fetische, bei denen es weniger um gemeinsam erlebte Sexualität geht, sondern um das sexuelle Ausleben psychischer Probleme. Die 26. *Eigenschaft* zielt darauf ab, alle sexuellen Praktiken, seien sie auch noch so exzentrisch, als natürlichen Ausdruck des Lebens zu betrachten. Es gibt verschiedene Medien, die regelmäßig Artikel im Sinne dieser *negativen Eigenschaft* veröffentlichen. Dies kommt einer permanenten Manipulation der Gesellschaft durch eine Instanz der Dunkelheit gleich.

27. n*egative Eigenschaft*
Die 27. *negative Eigenschaft* ist der Wunsch, den anderen völlig zu beherrschen. Hier geht es um die absolute Machtausübung in der Sexualität. Die Ursache dieser Neigung findet sich in der bisher nicht überwundenen Animalität des Menschen.

28. *negative Eigenschaft*
Das Thema der 28. *negativen Eigenschaft* ist die Pädophilie. Diese *Eigenschaft* bewirkt, dass vor allem Männer den krankhaften Drang verspüren, Sex mit Kindern haben zu wollen. Menschen, die Sex mit Kindern haben, haben sich selbst aufgegeben und wehren sich nicht mehr dagegen, in der Finsternis zu versinken.

29. *negative Eigenschaft*
Die 29. *negative Eigenschaft* betrifft die Prostitution. Menschen, die ihren Körper verkaufen, geben in gewisser Weise die Kontrolle über sich selbst auf. Sie leben in der Dunkelheit und lassen sich von ihr ergreifen. Wer Sex kauft, begibt sich ebenfalls in diese Dunkelheit. Er wird zum Handlanger der Dunkelheit.

30. *negative Eigenschaft*

Die 30. *negative Eigenschaft* ist die ständige gedankliche Beschäftigung mit dem Thema Sexualität. Dies betrifft vor allem die sexuellen Fantasien in den Köpfen der Menschen. Wenn sie z. B. abends zu Bett gehen, beginnen sie automatisch, sich alle möglichen sexuellen Vorstellungen auszumalen. Diese Fantasien werden immer realer.

31. *negative Eigenschaft*

Die 31. *negative Eigenschaft* bezieht sich auf Gewalt in der Sexualität. Dazu gehören Sadismus und die Neigung, sexuelle Lust zu empfinden, indem man anderen Menschen Schmerzen zufügt. Viele dieser Menschen empfinden insgeheim Verachtung für sich selbst und ihre Mitmenschen. Aus diesem Grund binden sich die Menschen gegenseitig durch Gewalt in der Dunkelheit. Auch hier werden sie zu Handlangern der Dunkelheit.

32. *negative Eigenschaft*

Die 32. *negative Eigenschaft* betrifft Menschen, die sich ausschließlich über ihre Sexualität identifizieren. Alle anderen Lebensbereiche sind zweitrangig. Man könnte diese Menschen als Verkörperung der Dunkelheit der Sexualität bezeichnen. Ein schlechtes Gefühl in Bezug auf sexuelle Praktiken ist ihnen unbekannt. Alles dient ihrer Sexualität. Kennzeichnend ist, dass sie sich dabei wohlfühlen. Ihr ganzes Selbstwertgefühl baut darauf auf.

Die Ordnung der 5. *verwaltenden Eigenschaft*

5. verwaltende Eigenschaft

Der Einflussbereich der 5. *verwaltenden Eigenschaft* ist sehr groß. Sie bestimmt u. a. das Rechtsverständnis und die Rechtssysteme der Dunkelheit. Dabei geht es vor allem um das eigene, subjektive Verständnis von Recht und Unrecht.

Es gibt keinen Staat auf der Erde, in dem nicht zumindest Teilbereiche der Rechtsprechung von der 5. *verwaltenden Eigenschaft* beeinflusst werden. Die Gesetze eines Staates orientieren sich an den Zielen, denen er sich verschrieben hat. Dabei kann es sich um eine Gesellschaftsform handeln, die durch ein monarchistisches oder diktatorisches System unterdrückt wird, oder um eine Gesellschaft, die ausschließlich auf die Vermehrung materieller Güter ausgerichtet ist. Diese *Eigenschaft* beeinflusst die Legislative und die Exekutive, sodass die Dunkelheit sich auf der Erde durchsetzen kann. Die Versklavung der Menschheit durch die Rechtssysteme der Staaten ist kaum zu beschreiben.

Diese *Eigenschaft* verändert auch das Rechtsverständnis der Menschen. Unter dem Einfluss religiöser oder politischer Fanatiker werden z. B. unmenschliche Strafen als gerecht empfunden. Selbst Folter gegen Andersdenkende oder Andersaussehende plagt das Gewissen nicht.

In den Familien wirkt sie etwa, wenn Eltern Strafen verhängen, die in keinem Verhältnis zum Vergehen stehen. Dasselbe gilt für Schulen und Gemeinschaften, die durch Gesetze geordnet sind.

Die *Eigenschaft* beeinflusst in erster Linie den Körper des individuellen Bewusstseins. Sie herrscht über 24 *negative Eigenschaften*.

Das Thema dieser *Eigenschaft* ist die Dunkelheit eines jeden Menschen selbst. Dieses Thema bleibt dasselbe, wie es gelebt wird, ist von Mensch zu Mensch verschieden. Zum Beispiel bewirkt der Einfluss der 1. *negativen Eigenschaft*, dass die Menschen vor allem auf ihren eigenen Vorteil bedacht sind. Dies gehört für sehr viele Menschen zum normalen Leben. Wie es sich äußert, ist unterschiedlich. Oft zeigt es sich schon in der Kindheit, wenn jemand das größere oder bessere Spielzeug haben will. Wenn ein Konzernchef aus Eigennutz Tausende Mitarbeiter entlässt, hat diese *negative Eigenschaft* ungleich größere Auswirkungen auf seine Mitmenschen.

Auf diese Weise beziehen sich die 24 *negativen Eigenschaften* auf Themen, die sich unterschiedlich ausdrücken. Jeder Mensch muss für sich selbst erkennen, in welcher Form er die *negativen Eigenschaften* gelebt hat. Diese *verwaltende Eigenschaft* gleicht einer dunklen Wesenheit, die den Menschen jederzeit beeinflusst, im Sinne der Dunkelheit zu denken, zu fühlen und zu handeln.

Die 5. *verwaltende Eigenschaft* möchte das Handeln im Sinne der *negativen Eigenschaften* verharmlosen. „Jeder schaut zuerst auf seinen eigenen Vorteil", ist eine der Grundaussagen und gleichzeitig eine Entschuldigung. Sie wirkt auch dahingehend, dass sich die Menschen in erster Linie um das physische Leben kümmern. Je mehr man den *negativen Eigenschaften* folgt, desto mehr vereinigt man sich mit dieser *verwaltenden Eigenschaft* der Dunkelheit, bis es für die Menschen normal wird, in ihrem Sinne zu leben. Dann wird sie zu einer persönlichen Gottheit, die das Leben bestimmt.

Die positive Ausrichtung: Die positive Ausrichtung erfüllt die egozentrierten und dunklen Wünsche und Vorstellungen des Menschen. Diese Menschen stören sich nicht an der Dunkelheit. Sie wollen ihr eigenes Ideal auf Erden verwirklichen.

In Bezug auf die Rechtsprechung verleiht diese *Eigenschaft* den Diktatoren und Unterdrückern der Menschen durch ihre positive Ausrichtung das ihnen bekannte Hochgefühl in ihrer hohen hierarchischen Position innerhalb der Dunkelheit. Sie fühlen sich nicht nur im Recht, sondern sie fühlen sich auch gut dabei, ihre Macht auf eine ganz bestimmte Art und Weise durchzusetzen. In ihrem Selbstverständnis stehen sie über den Menschen und haben jedes Recht, ihr Rechtssystem der Dunkelheit durchzusetzen. Das Hochgefühl verhindert, dass diese Menschen ein schlechtes Gewissen oder Reue fühlen. Sie empfinden ein inneres Hochgefühl bei der Durchsetzung ihrer menschenfeindlichen Rechtsprechung.

Die negative Ausrichtung: Durch ihre negative Ausrichtung ergeben sie sich der Dunkelheit. Sie wird zum selbstverständlichen Teil des Lebens. Wer nicht im Sinne der Dunkelheit lebt, wird ignoriert, verachtet oder als Träumer angesehen.

In der Rechtsprechung verschafft die Unterdrückung der Mitmenschen diesen Menschen innere Freude und Befriedigung. Unzählige Menschen saßen und sitzen in den Gefängnissen der mit der Dunkelheit verbundenen Herrscher und werden gefoltert.

Die 24 negativen Eigenschaften der 5. verwaltenden Eigenschaft

1. negative Eigenschaft
Der Einfluss der 1. *negativen Eigenschaft* bewirkt, dass die Menschen in erster Linie auf ihren eigenen Vorteil bedacht sind. Dies zeigt sich als 1. Impuls in den verschiedenen Lebensbereichen.

2. negative Eigenschaft
Die 2. *negative Eigenschaft* beeinflusst die Menschen, ständig auf der Hut zu sein. Es ist eine negative Grundhaltung, dass man angegriffen, übervorteilt oder auf andere negative Weise daran gehindert wird, sein Leben zu leben. Dies zeigt sich in allen Lebensbereichen.

3. negative Eigenschaft
Durch die 3. *negative Eigenschaft* spüren die Menschen eine ständige negative Anspannung. Gleichzeitig ist die Aufmerksamkeit darauf gerichtet, eine Möglichkeit zu erkennen, im Sinne des persönlichen Erfolges handeln zu können. Dabei spielt es keine Rolle, welchen Preis die Mitmenschen dafür zahlen müssen.

4. negative Eigenschaft
Diese Menschen wollen möglichst wenig Aufwand, Arbeit und Mühe investieren, um ein Ziel zu erreichen. Sie sind unter dem Einfluss der *negativen Eigenschaft* faul, berechnend, hämisch und lügnerisch. Es ist ihnen egal, ob Mitmenschen dafür arbeiten oder sogar leiden müssen.

Obwohl sie kaum etwas dafür getan haben, fühlen sie sich als Schöpfer.

5. *negative Eigenschaft*

Unter dem Einfluss dieser *negativen Eigenschaft* sind die Menschen besitzergreifend. Dies äußert sich materiell und geistig. Sie zwingen anderen Menschen ihre Meinung oder ihr Wissen auf und versuchen, sich ihres Willens zu bemächtigen. Gleichzeitig erweitern sie dadurch ihren geistigen Machtbereich.

6. *negative Eigenschaft*

Diese Menschen sind davon überzeugt, dass sie die größte Kompetenz in ihrem Fachgebiet oder Lebensthema besitzen. Durch die 6. *negative Eigenschaft* sind sie selbstherrlich und haben keinen Zweifel daran, dass sie an der Spitze stehen. Auch hier kann es sich um einen beliebigen weltlichen oder religiösen Lebensbereich handeln, über den sie dadurch Macht ausüben.

7. *negative Eigenschaft*

Unter dem Einfluss der 7. *negativen Eigenschaft* nehmen sich die Menschen in einer höheren Position wahr als ihre Mitmenschen. Gleichzeitig betrachten sie ihre Mitmenschen mit Geringschätzung und bilden sich ein entsprechendes Urteil.

8. *negative Eigenschaft*

Durch die 8. *negative Eigenschaft* gliedert sich der Mensch in die weltliche und religiöse Hierarchie auf der Erde ein. Geld und Macht sowie die eigene Unterwerfung unter eine Gottheit oder einen religiösen Führer sind die Maßstäbe. Wer sich einordnet, wird geehrt und erhält selbst Macht. Diese Menschen halten das Gefängnis aufrecht, indem sie sich selbst befinden. Wer nicht folgt, wird als Verbrecher, Feind oder Verräter verurteilt.

9. *negative Eigenschaft*

Menschen, die unter dem Einfluss der 9. *negativen Eigenschaft* stehen, vertreten diese Inhalte als Wissen und Wahrheit, die ihrem eigenen Vorteil dienen. Dabei spielt es keine Rolle, ob es im Sinne des Universums wirklich wahr ist. Wer so handelt, zieht sich in die Dunkelheit zurück. Das betrifft vor allem auch solche Menschen, die sich selbst belügen und sich etwas vormachen.

10. *negative Eigenschaft*

Unter dem Einfluss dieser *negativen Eigenschaft* nimmt der Mensch immer mehr negative Charakterzüge an, mit denen er sich identifiziert. Das Ergebnis ist eine egozentrierte und zunehmend skrupellose Persönlichkeit. Dieser Einfluss wirkt sich wiederum auf alle Lebensbereiche aus.

11. *negative Eigenschaft*

Der Einfluss der 11. *negativen Eigenschaft* bewirkt, dass die Menschen immer ängstlicher und gebeugter durchs Leben gehen. Sie ordnen sich den irdischen Lebensbereichen immer mehr unter. Auf der anderen Seite werden die Mächtigen immer mächtiger.

12. *negative Eigenschaft*

Diese *negative Eigenschaft* reduziert das Leben der Menschen, auf die sie einwirkt, auf das Notwendigste. Nur die notwendigen Verrichtungen des täglichen Lebens machen das Leben aus. Man kann sagen, diese Menschen vegetieren vor sich hin.

13. *negative Eigenschaft*

Durch diese *negative Eigenschaft* identifizieren sich Menschen über ihre Emotionen mit ihrer Persönlichkeit. Je stärker die Emotionen sind, desto wahrer werden sie wahrgenommen. Diese Emotionen sind immer mit irdischen Themen verbunden. Auf diese Weise bindet die 13. *negative Eigenschaft* die Menschen in der Dunkelheit. Diese Emotionen sind wie Fesseln in der Dunkelheit.

14. *negative Eigenschaft*

Wer unter dem Einfluss dieser *negativen Eigenschaft* steht, versucht, in anderen Menschen Emotionen zu wecken oder sie von den eigenen Emotionen zu überzeugen. Auch hier handelt es sich um irdische Emotionen. Diese Leute erleben das als einen aufbauenden Gefühlszustand. In Wirklichkeit werden die Mitmenschen in die Dunkelheit getrieben. Die Emotionen binden die Menschen.

15. *negative Eigenschaft*

Durch diese *negative Eigenschaft* haben die Menschen Wünsche, Vorstellungen und Ziele, die alle im Irdischen und in der Dunkelheit liegen. Dadurch binden sich die Menschen. Ein zukünftiger Zustand wird in die Gegenwart geholt und aus dem Entwicklungsstand der Gegenwart definiert. Dadurch wird eine mögliche Entwicklung verhindert.

16. *negative Eigenschaft*

Menschen, die unter dem Einfluss der 16. *negativen Eigenschaft* stehen, agieren im Verborgenen, in der Dunkelheit. Sie haben Geheimnisse, die nicht an die Oberfläche kommen sollen. Manchmal führt dies zu einem 2. Leben in der Dunkelheit. Wenn z. B. Geschäftsleute mit negativen Wesenszügen agieren, die sie vor ihrer Familie verbergen, dann wird auch die Familie davon beeinflusst.

17. negative Eigenschaft

Diese Menschen lassen unter dem Einfluss der 17. *negativen Eigenschaft* andere für sich arbeiten. Sie selbst sind die Nutznießer, obwohl sie viel weniger dafür gearbeitet haben. Gleichzeitig präsentieren sie sich in einer hierarchisch höheren Position. Auch wollen sie alles von sich fernhalten.

18. negative Eigenschaft

Der Einfluss der 18. *negativen Eigenschaft* bewirkt, dass diese Menschen ein wohlwollendes und liebevolles Zentrum in einer Gemeinschaft bilden. Das Problem ist, dass sie mit Liebesentzug, Ablehnung und Kälte reagieren, wenn andere ihre Wünsche und Anweisungen nicht erfüllen.

19. negative Eigenschaft

Menschen, die unter dem Einfluss dieser *negativen Eigenschaft* stehen, haben psychische und geistige Probleme. Das beginnt z. B. damit, dass sich jemand nicht geerdet fühlt, und endet mit schweren Krankheiten.

20. negative Eigenschaft

Der Einfluss dieser *negativen Eigenschaft* macht die Menschen feige. Diese Feigheit kann sich in allen Lebensbereichen und zu jeder Zeit zeigen. Diese Menschen verstecken sich oder fliehen.

21. negative Eigenschaft

Diese Menschen sind Getriebene. Sie hetzen atemlos durch ihr Leben. Alles muss schnell gehen, und sie wissen genau, was sie tun. Nur in kurzen Momenten, wenn sie innerlich Luft holen, wird dies unterbrochen. Auch können sie sich Dinge merken, mit denen sie sich gerade beschäftigen.

22. *negative Eigenschaft*

Diese *negative Eigenschaft* führt dazu, dass sich diese Person unreflektiert von anderen beeinflussen lässt. Innerlich folgt sie den Menschen, öffnet sich und ordnet sich unter. In ihren Gefühlen gleicht sie einer Marionette. Diese Person verwirklicht in sich die Inhalte eines oder mehrerer Mitmenschen und handelt dann in den entsprechenden Wesenszügen.

23. *negative Eigenschaft*

Durch diese *negative Eigenschaft* beeinflussen Menschen ihre Mitmenschen, indem sie in deren inneren Bereich eindringen. Diese Menschen agieren als Manipulatoren oder Verführer. Sie ziehen ihre Mitmenschen in die Dunkelheit oder nehmen sie im Sinne der Dunkelheit in Besitz. Das kommt einer geistigen Vergewaltigung gleich. Diese und die vorhergehende *negative Eigenschaft* ergänzen sich gegenseitig.

24. *negative Eigenschaft*

Diese *negative Eigenschaft* führt dazu, dass Menschen sich selbst Schaden zufügen, sei es körperlich, psychisch oder geistig. Obwohl sie sich davon befreien wollen, verletzen sie sich selbst. Durch diese Handlungen binden sie sich selbst an die Dunkelheit. Ebenso beeinflussen sie ihre Mitmenschen.

Die Ordnung der 3 *unsichtbaren Eigenschaften* der 2. Dimension

Die Ordnung der 1. *unsichtbaren Eigenschaft*

1. *unsichtbare Eigenschaft*

Das Grundthema dieser *Eigenschaft* der 2. Dimension ist es, die Menschen vom Licht und von höheren Erkenntnissen zu lösen. Bei allen 15 *verwaltenden Eigenschaften* geht es weniger darum, Verbrechen zu begehen, anderen Menschen zu schaden oder auf andere Weise die Dunkelheit auszuleben. Sie wollen die Menschen mit den verschiedensten Methoden ablenken und beeinflussen, damit sie sich nicht auf den Weg in die höheren Dimensionen begeben. Wenn jemand über die höheren Dimensionen meditiert, versuchen diese *Eigenschaften* ihn davon abzuhalten, sich weiter damit zu beschäftigen.

Die 1. Gruppe der *verwaltenden Eigenschaften*, das sind die 1. bis 10. *Eigenschaft*, betrifft im Allgemeinen die Lösung vom Licht und von guten Qualitäten des Charakters. Diese 10 *verwaltenden Eigenschaften* beeinflussen alle Menschen.

Die 2. Gruppe von 5 *verwaltenden Eigenschaften* wirkt besonders auf Menschen, die sich für den Weg in die höheren Dimensionen entschieden haben und sich bewusst selbst erkennen wollen.

Diese *unsichtbare Eigenschaft* liegt tief im Unterbewusstsein des Menschen. Ihr Einfluss, wie auch der Einfluss der 15 *verwaltenden Eigenschaften* erscheint sanft und leicht. Diese scheinbare Leichtigkeit berührt die Menschen tief in ihrem Inneren. Viele wissen nicht, woher dieser Einfluss kommt. Er ist einerseits offensichtlich und andererseits unsichtbar. So leicht der Einfluss erscheint, so mächtig ist er. Immer wieder gaukelt er Veränderungen vor, die gar keine sind. Viele wähnen sich durch diesen Einfluss in Freiheit, verwechseln aber Freiheit mit dem Erleben von Leichtigkeit durch Oberflächlichkeit.

Die positive Ausrichtung: Die Menschen führen ein positives Leben auf der physischen Ebene und erleben sich frei. Sie haben kein Interesse, sich mit höheren Erkenntnissen zu beschäftigen.

Die negative Ausrichtung: Diese Menschen verhalten sich aggressiv gegenüber allen Mitmenschen, die sich um Selbsterkenntnis bemühen. Manche sind auch arrogant und reagieren abfällig.

Die 15 *verwaltenden Eigenschaften* der 1. *unsichtbaren Eigenschaft*

1. verwaltende Eigenschaft

Die 1. *verwaltende Eigenschaft* zerstört das Gute im Menschen. Das betrifft sowohl seine Umgebung als auch ihn selbst. Menschen wenden sich plötzlich ab, Beziehungen werden beendet, Freunde verabschieden sich. Unter dem Einfluss dieser *verwaltenden Eigenschaft* hören die Menschen auf, an das Positive in sich zu glauben und werden dazu gedrängt, sich immer mehr mit negativen Inhalten zu beschäftigen. Auf diese Weise entfernen sie sich vom Licht.

Die Menschen verhalten sich selbstzerstörerisch gegen sich selbst und gegen das Gute in ihrem Leben. Sie schafft eine Distanz zum Positiven. Die Menschen werden haltloser und fühlen sich gelähmt.

2. verwaltende Eigenschaft

Die 2. *verwaltende Eigenschaft* entfernt den Menschen vom Positiven. Sie manipuliert ihn mit negativen Einflüsterungen über positive Themen und Menschen und bringt ihn dazu, immer negativer über seine Mitmenschen zu denken und zu fühlen. Er wird immer misstrauischer und macht sich ständig Sorgen. Manchmal kommt es auch zu emotionalen Ausbrüchen.

Diese Menschen beginnen, sich mit spirituellen Themen zu beschäftigen, die nicht real sind und der Dunkelheit angehören. Auf diese Weise entfernen sie sich immer weiter vom Licht und bewegen sich in Richtung Dunkelheit. Man kann sich das so vorstellen, dass diese *verwaltende Eigenschaft* die Menschen auf sanfte Weise anzieht und vom Licht wegzieht.

3. *verwaltende Eigenschaft*

Menschen, die unter dem Einfluss der 3. *verwaltenden Eigenschaft* stehen, werden dem Licht gegenüber aggressiv. Sie richten diese Aggression gegen sich selbst und gegen ihre Mitmenschen. Die aggressiven Gedanken und Gefühle richten sich vor allem gegen jene Menschen, die sich mit positiven Dingen beschäftigen. Durch diese *Eigenschaft* entfernen sie sich von positiven Inhalten und wenden sich der Dunkelheit zu. Wenn die Manipulation stärker wird, beginnen sie nach und nach ihre Umgebung zu zerstören. Sie glauben, dass sie ihren Mitmenschen nicht guttun.

Diese Aggressivität findet sich in allen Lebensbereichen und Lebensthemen. Vor allem reagieren sie auf Selbstlosigkeit, die ihnen zuwider ist. Man kann sich den Einfluss als eine ständige Belästigung vorstellen, die Aggressionen hinterlässt. Diese Menschen verschließen sich in ihrer kleinen dunklen Welt.

4. *verwaltende Eigenschaft*

Diese Menschen sind davon überzeugt, dass es keine höheren Gesetze und Ordnungen gibt. Es gibt nur die physikalische Realität mit ihren naturwissenschaftlichen Gesetzen. Unter dem Einfluss dieser *verwaltenden Eigenschaft* nehmen sie ihre Mitmenschen, die von der Existenz höherer Gesetze überzeugt sind, nicht ernst. Sie glauben auch, dass es nach dem physischen Tod nichts mehr gibt.

Sie wollen ihr Leben und das Leben anderer auf das Körperliche beschränken. Das geht so weit, dass sie andere Überzeugungen verbieten wollen. Es gibt für sie auch keinen Einfluss des Denkens. Nur die Gesetze der Naturwissenschaften, die alles über die physische Erde und das Universum erklären, regeln das Leben. Auf diese Weise halten sie die Menschen von höheren Erkenntnissen und vom Licht fern.

5. *verwaltende Eigenschaft*

Der Einfluss der 5. *verwaltenden Eigenschaft* führt dazu, dass die Menschen ständig unter Stress stehen. Diese gleichzeitige innere Anspannung hat weniger damit zu tun, dass sie viel Arbeit haben, obwohl das auch der Fall sein kann, sondern mit einer grundsätzlichen inneren Einstellung. Der Stress hat die Folge, dass sie vor möglichen höheren Erkenntnissen zurückschrecken.

Diese *verwaltende Eigenschaft* führt auch dazu, dass Menschen zu Alkohol oder anderen Methoden greifen, um sich nicht mit sich selbst zu beschäftigen. Das sind verschiedene Methoden der Ablenkung. Wer unter dem Einfluss steht, wirkt unruhig und manchmal oberflächlich.

6. *verwaltende Eigenschaft*

Die Methode, mit der diese *verwaltende Eigenschaft* den Menschen vom Licht und von möglichen höheren Erkenntnissen fernhält, ist die Emotion. Meist sind es negative Emotionen wie Verzweiflung oder Hoffnungslosigkeit. Sie berühren den Menschen so stark, dass er sich kaum dagegen wehren kann.

Es gibt auch eine typische Emotion, die Menschen empfinden, wenn sie sich dem physischen Leben ergeben. Sie geben auf und das Gefühl kommt von der Erleichterung, sich nicht mehr anstrengen zu müssen.

Eine andere Emotion ist die emotionale Selbstzufriedenheit. Es ist ein Aufgehen im gegenwärtigen Zustand.

7. *verwaltende Eigenschaft*

Die Menschen, die unter dem Einfluss dieser *verwaltenden Eigenschaft* stehen, zeichnen sich durch eine übertriebene Strenge in der Einhaltung der gesetzlichen Ordnung aus. Sie stützen sich mit ihrem ganzen Wesen auf die Gesetze des Staates und verlangen diese Strenge auch von ihren Mitmenschen. Gleichzeitig erheben sie sich über diese Menschen, die eine andere Lebensweise haben.

Alles muss seine Ordnung haben und jede Abweichung gilt als illegal. Es darf keine Veränderung geben. Es geht nicht darum, ob die Gesetze diktatorisch oder demokratisch beschlossen wurden. Es geht nur darum, dass die Menschen an sie gefesselt sind und das Licht vergessen.

8. *verwaltende Eigenschaft*

Der Charakterzug, der den Menschen von der Selbsterkenntnis abhält, ist eine oberflächliche Form der Liebenswürdigkeit. Im Umgang mit den Mitmenschen zeigt sich diese *verwaltende Eigenschaft* in unterschiedlicher Ausprägung.

Innerlich sind diese Menschen eher neutral, manchmal auch distanziert. Typisch ist, dass sie ihren Mitmenschen gegenüber liebenswürdig sind und wenn sie allein sind, fällt diese Maske. Ebenso typisch ist der Charakterzug, sich aus Situationen herauszuwinden, wenn sie mit sich selbst konfrontiert werden.

Durch ihre Liebenswürdigkeit sind sie überzeugt, positiv zu handeln. Sie sehen einfach nicht die Notwendigkeit, sich selbst besser kennenzulernen, da sie sich als positive Menschen sehen. Diese Selbsteinschätzung ist auch eine Form des Schutzes. Einige haben unter dem Einfluss der *verwaltenden Eigenschaft* Angst, sich mit sich selbst näher zu beschäftigen. Ein weiteres Merkmal ist, dass sie eine reale Einschätzung der Gesellschaft vermeiden wollen.

9. *verwaltende Eigenschaft*

Diese *verwaltende Eigenschaft* weckt im Menschen das Interesse an oberflächlichen Dingen und Informationen. Man kann sich jemanden vorstellen, der stundenlang auf seinem Handy Kurzvideos beliebiger Art anschaut und dem die Zeit zwischen den Fingern zerrinnt.

Wenn sich jemand nur über gänzlich belanglose Dinge unterhält, dann wirkt sich diese *Eigenschaft* ebenfalls aus.

Es gibt viele Beispiele für Menschen, die oberflächlich denken und handeln. Ein Merkmal ist, dass sie sich vehement wehren, wenn jemand diese Oberflächlichkeit anspricht. Sie wollen sie nicht wahrhaben. Sie halten ihre Lebensweise für positiv und fühlen sich durch diese *verwaltende Eigenschaft* bestätigt.

Ein Charakterzug ist eine latente Aggressivität, die unter der Oberfläche lauert und immer wieder zum Ausbruch kommt. Vor allem wird Oberflächlichkeit mit Freiheit verwechselt. Die Möglichkeit höherer Erkenntnis wird ignoriert.

10. *verwaltende Eigenschaft*

Eine typische Charaktereigenschaft kann als eine Art magnetisches Innehalten beschrieben werden. Von außen betrachtet sieht es so aus, als würden sie über etwas nachdenken. In Wirklichkeit denken sie nicht nach, sie fühlen etwas, ohne zu wissen, was es ist. In diesen Momenten wenden sie sich in einem kleinen, begrenzten Raum nach innen.

Wenn sie aus diesem vorübergehenden Zustand erwachen, wirken sie erfüllt, fast erfrischt. Dieses Gefühl suggeriert ihnen, dass sie sich selbst tiefer wahrgenommen haben. Sie haben dann nicht mehr das Bedürfnis, sich näher kennenzulernen, weil sie überzeugt sind, sich tiefer zu kennen. Auf diese Weise hält die *Eigenschaft* die Menschen von tieferer Erkenntnis und vom Licht fern.

11. verwaltende Eigenschaft

Der Einfluss dieser *verwaltenden Eigenschaft* bezieht sich auf den Ausschluss aller Themen, die mit dem Wissen der höheren Dimensionen zusammenhängen. Wenn Menschen beginnen, sich dafür zu interessieren oder sich damit zu beschäftigen, zeigt sich ihr Einfluss als Anstrengung, die sich sowohl körperlich als auch geistig äußern kann. Auf diese Weise versucht sie, die Menschen davon abzuhalten, sich weiter damit zu beschäftigen.

12. verwaltende Eigenschaft

Diese *verwaltende Eigenschaft* manipuliert, wie auch die 11. *verwaltende Eigenschaft*, Menschen, die sich mit höheren Themen beschäftigen oder sich dafür interessieren. Den Menschen wird suggeriert, dass das Leben so schwer und oft leidvoll ist. Meist bezieht sich dies auf einzelne Ereignisse im Alltag. Die Folge ist, dass diese Themen im Alltag einen viel zu großen Raum einnehmen. Auch hier geht es darum, die Menschen von höheren Erkenntnissen abzuhalten.

13. verwaltende Eigenschaft

Die Art und Weise, wie die 13. *verwaltende Eigenschaft* die Menschen von den Inhalten der höheren Dimensionen abhält, ist die Ablenkung. Meistens tritt sie im Alltag auf. Manchmal kann sie auch als Ablenkung während der Arbeit auftreten. Eine Methode ist ein innerer Impuls, der die Aufmerksamkeit woanders hinlenkt. Man ist dann wie ein Spielball unter dem Einfluss der *verwaltenden Eigenschaft*. Diese Beeinflussung betrifft auch die Menschen, die den Weg gehen.

14. verwaltende Eigenschaft

Unter dem Einfluss dieser *verwaltenden Eigenschaft* sind die Menschen innerlich nervös. Aufgrund ihrer Nervosität entscheiden sie zu früh, ob eine Erkenntnis einer höheren Wahrheit entspricht oder einer zu schnellen und oberflächlichen Analyse. Deshalb entsprechen sie oft nicht einem höheren Wissen. Manche erkennen diesen Zustand nicht als Nervosität. Das ist die Art von Ablenkung, die diese *verwaltende Eigenschaft* mit sich bringt.

15. *verwaltende Eigenschaft*

Die Ablenkung durch diese *verwaltende Eigenschaft* betrifft die Persönlichkeit, die ein Mensch seit der Geburt des physischen Körpers entwickelt hat. Unter ihrem Einfluss wollen sie sich nicht davon lösen und ignorieren, dass diese Persönlichkeit mit ihren Charakterzügen von den *Eigenschaften* und den Raum-Bewusstseinen der niederen Dimensionen abstammt. Sie wehren sich gegen innere Veränderungen und erleben diese Weigerung, sich weiterhin mit höheren Themen zu beschäftigen, als ständigen Druck. Sie bleiben in der Vergangenheit. Bildlich gesprochen kann man sich einen Menschen vorstellen, der in der Vergangenheit feststeckt, weil er seine Persönlichkeit um jeden Preis bewahren will. Dies betrifft vor allem Menschen, die sich bereits mit höheren Erkenntnissen beschäftigen.

Die Ordnung der 2. *unsichtbaren Eigenschaft*

Die 2. *unsichtbare Eigenschaft*
Durch die 2. der 3 *unsichtbaren Eigenschaften* der 2. Dimension glauben die Menschen, die Wahrheit in der Dunkelheit zu finden. Dies können wissenschaftliche oder religiöse Überzeugungen sein, die als Wahrheit definiert werden. Der Einfluss dieser *unsichtbaren Eigenschaft* und ihrer 11 *verwaltenden Eigenschaften* ist in jedem Moment sichtbar, wenn man die Art des Einflusses kennt. Gleichzeitig geschieht dies so unbewusst, dass kaum jemand diese Manipulationen erkennt.
Die positive Ausrichtung: Die Menschen haben mit ihrer Art der Wahrheitsfindung durch die 11 *verwaltenden Eigenschaften* Erfolg in ihrem Leben.
Die negative Ausrichtung: Durch die negative Ausrichtung begeben sich die Menschen immer tiefer in die Dunkelheit. Was sie als Wahrheit zu erkennen glauben, wird zu einer immer größeren Lüge.

Die 11 *verwaltenden Eigenschaften* der 2. *unsichtbaren Eigenschaft*

1. *verwaltende Eigenschaft*

Diese *verwaltende Eigenschaft* bewirkt durch ihren Einfluss, dass die Menschen im Universum nach höherem Wissen suchen und glauben, es dort zu finden. Dies gilt besonders für Wissenschaftler und Priester. Ausgangspunkt ist nicht das Bewusstsein des Menschen, das die Gegebenheiten von Raum und Zeit definiert, und darauf aufbauend der Geist und die herrschenden naturwissenschaftlichen Gesetze, sondern die physische Erde und damit ein Teil des Universums. In den Religionen ist es eine Gottheit, die den Menschen in das Universum einbindet. Auf diese Weise definieren Wissenschaft und Religionen die Dunkelheit der Erde als Zentrum des menschlichen Lebens. Diese Art der Wahrheitssuche entspricht dieser *Eigenschaft* und bindet den Menschen im Universum. Die Dunkelheit dieser *Eigenschaft* durchdringt die Erde und die große Mehrheit der Menschen steht unter ihrem Einfluss.

2. *verwaltende Eigenschaft*

Der Einfluss dieser *verwaltenden Eigenschaft* bezieht sich auf die Beweisbarkeit einer Gegebenheit als Wahrheit. In den Wissenschaften gilt nur das als wahr, was in der physikalischen Wirklichkeit der Erde durch die naturwissenschaftlichen Gesetze beweisbar ist. In den Religionen ist es das sogenannte Wunder, das als Beweis für eine Wahrheit dient. Beide Formen sind mit der Dunkelheit verbunden. Im Zentrum der Beschäftigung mit dieser Form der Beweisbarkeit steht das Kleine. Entweder geht es um immer kleinere Teile in den Naturwissenschaften oder um Wunder, die sich auf einen kleinen Raum beschränken.

3. *verwaltende Eigenschaft*

Unter dem Einfluss dieser *verwaltenden Eigenschaft* akzeptieren Menschen nur das als Wahrheit, was sie mit ihren Sinnen zu erkennen glauben. Jede andere mögliche Wirklichkeit wird als Wahrheit ausgeschlossen. Dies gilt auch für den wissenschaftlichen und religiösen Umgang mit dem Leben auf der Erde. Es geht diesen Menschen nicht um Wahrheitsfindung, sondern um die traditionellen und etablierten Institutionen, um Wissenschaftler und Priester. An diese glauben sie und halten sie für die Wahrheit. Eine Folge davon ist, dass sie sich selbst einengen.

4. *verwaltende Eigenschaft*

Die Art der Wahrheitsfindung der Menschen unter dem Einfluss dieser *verwaltenden Eigenschaft* ist die physische Evolution. Dabei werden nicht nur alle geistigen Einflüsse geleugnet, sondern auch die Existenz von Gesetzen und Ordnungen anderer Dimensionen. Der Parameter ist die Bindung des Menschen an die Zeit auf der Erde. In den Wissenschaften ist es diese Form der Evolutionstheorie, die alles auf das Physische bezieht. In den Religionen ist es der Zeitablauf eines physischen Lebens von vielleicht 80 Jahren, der, so glauben zumindest sehr viele Menschen, die Ewigkeit bestimmt.

5. *verwaltende Eigenschaft*

Diese Form der Wahrheitsfindung bezieht sich auf den Menschen selbst. Menschen sind davon überzeugt, dass ihre eigenen Gefühle, Gedanken, Vorstellungen und persönlichen Überzeugungen der Wahrheit entsprechen. Diese persönliche Einschätzung findet sich auch bei wissenschaftsgläubigen und religiösen Menschen. Die Welt dieser Menschen ist sehr klein und eng, da alles im Sinne der persönlichen Wahrheit bewertet wird.

6. *verwaltende Eigenschaft*

Die 6. *verwaltende Eigenschaft* definiert die vergleichende und analoge Form der Wahrheitsfindung. Dabei werden Umstände innerhalb des Universums als Referenz angenommen und die daraus resultierenden Schlussfolgerungen als Wahrheit definiert. Der Bezug kann ein Ereignis oder eine Gesetzmäßigkeit innerhalb des Universums sein. Nimmt man als Maßstab der Wahrheitsfindung eine Gegebenheit der Dunkelheit, dann definiert sich jede daraus resultierende Schlussfolgerung über diese Dunkelheit. Damit wird zugleich die Dunkelheit bestätigt. Diese Form der Wahrheitsfindung findet sich auch in den Naturwissenschaften und in den Religionen.

Durch die analoge Erkenntnis wird der subjektive Wahrheitsraum erweitert. Diese Erweiterung wird von vielen Menschen als Licht erfahren. Dabei handelt es sich jedoch nicht um höhere Erkenntnisse, sondern um Bestätigungen des Bestehenden. Es gleicht einem Pingpongspiel.

7. *verwaltende Eigenschaft*

Unter dem Einfluss der 7. *verwaltenden Eigenschaft* verwechseln Menschen Wissen mit Wahrheit. Beispielsweise geht eine hohe Allgemeinbildung mit der selbstverständlichen Überzeugung einher, im Besitz der Wahrheit zu sein. Für viele akademisch gebildete Menschen ist diese Überzeugung eine Selbstverständlichkeit. Einerseits gibt es naturwissenschaftlich fundiertes Wissen, andererseits geisteswissenschaftliches Wissen. Meistens handelt es sich um theoretisches Wissen. Erfahrungswissen ist etwas anderes. Letztlich kann sich nur derjenige einer höheren Wahrheit nähern, der die Inhalte erfährt. Ein physikalisches Gesetz kann man theoretisch wissen, aber man kann es auch innerlich erfahren. Wer die Dinge nur theoretisch kennt, bleibt oberflächlich und nimmt eine separierte Position im Universum ein.

8. *verwaltende Eigenschaft*

Der Einfluss der 8. *verwaltenden Eigenschaft* bewirkt, dass die Menschen ihre Lüge zur Wahrheit erklären. Diese Art der Wahrheitsfindung, wenn man sie so nennen will, hat mit den Gesetzen und Ordnungen des Universums nichts mehr zu tun. Es ist die willkürliche Erklärung einer offensichtlichen Lüge zur Wahrheit. Das findet man in den etablierten Wissenschaften genauso wie in den Religionen. Diese Lügen sind Konstrukte der Dunkelheit. Menschen, die auf diese Weise Lügen verbreiten, sind Verführer der Dunkelheit.

9. *verwaltende Eigenschaft*

Die 9. *verwaltende Eigenschaft* kennzeichnet die intuitive Wahrheitssuche der Menschen im Universum. Diese beginnt mit dem bekannten Bauchgefühl, wenn Menschen meinen, dadurch eine Wahrheit erfahren zu können. Gefühle und Emotionen folgen der größten Anziehung und nicht der Wahrheit. Vor allem in Religionen und esoterischen Lehren zeigt sich der Einfluss dieser *verwaltenden Eigenschaft*, wenn Menschen mit Göttern oder anderen geistigen Wesenheiten kommunizieren. Die intuitive Vermittlung von Inhalten ist oft real. Viele Medien stehen mit Wesenheiten in Verbindung. Problematisch wird es, wenn Menschen glauben, die Wahrheit zu erfahren. Nur weil sich der Kontakt als höhere Wesenheit ausgibt, heißt das nicht, dass sie es auch ist. Die meisten handeln einfach aus Eigennutz, da sie durch die Verbindung mit einem Menschen an Macht gewinnen. Der Mensch sieht sich als eine Art Prophet und stellt sich selbst in den Mittelpunkt.

Die Voraussetzung, um intuitiv eine Wahrheit der höheren Dimensionen zu erkennen, ist die *höhere Eigenschaft* der Nüchternheit der 9. Dimension.

10. *verwaltende Eigenschaft*

Menschen, die unter dem Einfluss dieser *verwaltenden Eigenschaft* stehen, machen sich keine Gedanken darüber, ob etwas der Wahrheit entspricht oder nicht. Wahrheit ist für sie, versucht man es zu beschreiben, der nächste Moment im täglichen Leben. Das sind z. B. die notwendigen Besorgungen, das tägliche Essen, der Beruf, die Beziehungen, die Familie und so weiter. Die 10. *verwaltende Eigenschaft* verhindert, dass die Gedanken der Menschen darüber hinausgehen. Diese Menschen leben sehr unbewusst und ihr Blick ist in die Dunkelheit gerichtet.

11. *verwaltende Eigenschaft*

Diese Menschen definieren das als Wahrheit, was ihnen in der Zukunft nützt. Durch den Einfluss der 11. *verwaltenden Eigenschaft* bedienen sie sich aller 10 Formen der Wahrheitsfindung durch die anderen *verwaltenden Eigenschaften*. Mal ist es das Bauchgefühl, mal ist es die Lüge, dann ist es das Wissen, was als Wahrheit deklariert wird und so weiter. Wahrheit ist für diese Menschen das, was ihnen einen Vorteil im irdischen Leben bringt.

Die Ordnung der 3. *unsichtbaren Eigenschaft*

3. unsichtbare Eigenschaft

Die 3. *unsichtbare Eigenschaft* der 2. Dimension bildet die Struktur für 10 *verwaltende Eigenschaften* des Menschseins, wie es die Menschen auf der Erde definieren. Je normaler das irdische Leben erscheint, desto schwieriger ist es, den Einfluss zu erkennen. Die Menschen befinden sich in einer Blase und nichts liegt ihnen ferner, als diese Normalität des Menschseins infrage zu stellen. Man kann diese 3. *unsichtbare Eigenschaft* als eine der ältesten Eigenschaften der niederen Dimensionen bezeichnen. Sie bildet zusammen mit den 10 *verwaltenden Eigenschaften* das Urbild des Menschen auf Erden.

Diese 10 *verwaltenden Eigenschaften* beeinflussen den Menschen im Unterbewusstsein so grundlegend, dass alle *Eigenschaften* der niederen Dimensionen den Menschen beeinflussen können und der Mensch dies als normal empfindet. Sie bewirken eine völlige Umkehr in der Selbsterfahrung des Menschen, was es wirklich bedeutet, Mensch zu sein.

Die *Eigenschaften* liegen in der tiefsten Dunkelheit der 2. Dimension. Diese Dunkelheit wird jedoch überdeckt. Die Inhalte der *verwaltenden Eigenschaften* nehmen den Platz der Dunkelheit ein und suggerieren den Menschen Licht. Man könnte es bildhaft so beschreiben, dass die *Eigenschaften* die Dunkelheit tarnen. Indem die Menschen ihnen folgen, wähnen sie sich im Licht. In Wirklichkeit befinden sie sich in der Dunkelheit der 2. Dimension.

Die positive Ausrichtung: Der Mensch fügt sich ein und die *Eigenschaften* bilden die 1. Grundlage für das Leben im Sinne des Lebens in der Dunkelheit. Man kann dies als die Grundlage des weltlichen Lebens bezeichnen.

Die negative Ausrichtung: Die Menschen beschäftigen sich intensiv mit den jeweiligen Themen der *verwaltenden Eigenschaften* und geraten immer tiefer unter ihren Einfluss. Im Gegensatz zur positiven Ausrichtung findet sich hier die Grundlage für ein religiöses Leben auf Erden. Dabei gerät der Mensch immer tiefer in den Einflussbereich der *Eigenschaften* und gleichzeitig in die Dunkelheit.

Die 10 *verwaltenden Eigenschaften* der
3. *unsichtbaren Eigenschaft*

1. verwaltende Eigenschaft
Der Mensch sieht sich als Teil einer universellen Einheit, sei es als Teil der Erde, des Universums, des Bewusstseins des Universums oder als Produkt der Schöpfung eines Gottes. Dieses grundlegende Selbstverständnis, sei es religiös oder naturwissenschaftlich, wird durch die erste *verwaltende Eigenschaft* dieser Ordnung definiert und aufrechterhalten. Jeder Einfluss, der dies infrage stellt oder verhindern will, wird vom Menschen ferngehalten.

2. verwaltende Eigenschaft
Durch die 2. *verwaltende Eigenschaft* wird die Dualität im Menschsein gebildet. Aktion und Reaktion mit einem Umfeld, das durch die gleichen Gesetze definiert wird, ist das Merkmal. Diese Gesetze sind unter anderem die Elemente des Periodensystems. Die 2. *verwaltende Eigenschaft* beschreibt die Wechselwirkung zweier Individuen innerhalb der Einheit der 1. *verwaltenden Eigenschaft*. Dabei geht es nicht nur um die Dualität zwischen den Menschen, sondern um das grundlegende duale Weltbild.

3. verwaltende Eigenschaft
Durch diese *verwaltende Eigenschaft* erkennt sich der Mensch in einem regulierenden System. Hier liegt im Unterbewusstsein der Grund, warum Menschen auf der Erde in regulierenden Systemen leben und

sich diese selbst schaffen. Die Grundlage von Religionen und Staaten ist die Regulierung des Menschen. Auch der Glaube an Karma als regulierendes System einer höheren Instanz hat seine Ursache in dieser *verwaltenden Eigenschaft*. Sie gibt den Menschen die Überzeugung, dass die regulierenden Systeme, die Gebote und Verbote, das Normale im Leben sind.

4. *verwaltende Eigenschaft*

Durch die 4. *verwaltende Eigenschaft* erkennen sich die Menschen in einem physischen Universum, das alle Grundlagen des Lebens enthält. Sie sehen es nicht nur als die Welt des Lebens, sondern als die einzige reale Welt, welche die Gesetze des Lebens bestimmt. Hier findet sich die Selbstverständlichkeit der Lebensbedingungen. Das beginnt bei den physikalischen Gesetzen und reicht bis zur Natürlichkeit der Nahrungsaufnahme. Diese *verwaltende Eigenschaft* beeinflusst die Menschen dahingehend, dass sie alle diese Gegebenheiten als das Normale zu erkennen glauben.

5. *verwaltende Eigenschaft*

Die 5. *verwaltende Eigenschaft* betrifft das natürliche Selbstverständnis des Menschen als Mensch im Universum. Dies betrifft den Körper, die Gefühle, die Gedanken und alle Qualitäten, die von den Menschen auf der Erde als menschlich definiert werden. Die Normalität des Selbstverständnisses der Menschen auf der Erde ist die Grundlage für den Einfluss der *Eigenschaften* der niederen Dimensionen. Für die Menschen ist es ein natürlicher und normaler Zustand, von ihnen beeinflusst zu werden, ohne dass sie sich dessen bewusst sind.

6. *verwaltende Eigenschaft*

Diese 6. *verwaltende Eigenschaft* definiert die grundlegende Sicht und Wahrnehmung des Raumes. Sie bildet z. B. die Grundlage dafür, dass der Mensch *Eigenschaften* als geistige Wesenheiten im Raum des Universums verortet. Dadurch erhält er eine gänzlich gegensätzliche Wahrnehmung der Beziehung zwischen sich und den *Eigenschaften* des inneren Alls und erlebt diese als Götter und geistige Wesenheiten außerhalb seiner selbst. Es ist für den Menschen normal, sie hierarchisch über sich selbst zu stellen. Diese Sichtweise verhindert unter anderem die Selbsterkenntnis.

7. *verwaltende Eigenschaft*

Aufgrund dieser *verwaltenden Eigenschaft* ist es für den Menschen selbstverständlich, dass die *Eigenschaften* der niederen Dimensionen ihn nicht nur prägen und beeinflussen, sondern ihn definieren. Die 5 Körper eines auf der Erde lebenden Menschen, der sich mit dem Leben identifiziert, definieren sich durch die *Eigenschaften* der niederen Dimensionen. Die äußere Hülle des Menschen gleicht einer nach beiden Seiten durchlässigen Membran. Die Selbstwahrnehmung des Menschen in diesem Zustand wird als normal definiert. Diese 7. *verwaltende Eigenschaft* suggeriert dem Menschen diese Normalität und verhindert eine tiefere Selbstbeobachtung. Mit jedem Schritt der Befreiung erkennt der Mensch jedoch, dass sein bisheriger Zustand begrenzt und unfrei war. Befreiung bedeutet auch, sich als Mensch immer natürlicher zu fühlen.

8. *verwaltende Eigenschaft*

Diese v*erwaltende Eigenschaft* verhindert die Erkenntnis, dass Gedanken, Gefühle ebenso wie Wille, Glaube, Liebe und viele andere Qualitäten nicht selbst gewählt, sondern von verschiedenen *Eigenschaften* beeinflusst werden. Der Mensch nimmt sich an der Oberfläche wahr und erkennt nicht, dass er gelenkt wird. Das betrifft alle Menschen, die sich mit dem Leben auf der Erde identifizieren.

Der menschliche Geist ist nicht frei, sondern gebunden. Diese 8. *verwaltende Eigenschaft* suggeriert den Menschen, dass der Geist grundsätzlich frei ist. Sie suggeriert den Menschen außerdem, dass der Geist Teil einer menschlichen Trinität von Geist, Seele und Körper ist. Auch diese Definition des Menschen entspricht nicht der Wahrheit.

9. *verwaltende Eigenschaft*

Die Manipulation dieser *verwaltenden Eigenschaft* betrifft alles, was der Mensch selbst erschafft. Dies betrifft vor allem seine Imaginationen und Emotionen. Die Stärke der Emotion und der Inhalt der Imagination sind der Maßstab dafür, ob jemand z. B. eine mystische Erfahrung gemacht hat, eine Einweihung erhalten hat oder einer Gottheit näher gekommen ist. Durch diese Formen der Ekstase nähern sich die Menschen immer mehr den Merkmalen der Religionen und esoterischen Lehren. Auch bei Imaginationen bewegt sich der Mensch nicht in Richtung der höheren Dimensionen, sondern zu den entsprechenden *Eigenschaften*. Dasselbe gilt für Emotionen, die mit Musik, Städten usw. verbunden sind.

Diese 9. *verwaltende Eigenschaft* schafft innerhalb des Universums die Voraussetzung für die vielfältigen Emotionen beim Gebet, bei den verschiedenen Meditationen, bei Initiationen, beim spirituellen Tanz, beim Praktizieren von Mantras, in Kirchen und Tempeln, an sogenannten heiligen Orten, bei heiligen Erlebnissen und Erscheinungen usw.

Auch der Glaube, dass die Seele zu den 3 Teilen des Menschen gehört, ist auf diese *verwaltende Eigenschaft* zurückzuführen.

10. *verwaltende Eigenschaft*

Unter dem Einfluss dieser *verwaltenden Eigenschaft* bildet der physische Körper das Zentrum des Menschen. Er schafft das Modell oder die

Schablone des Urmenschen auf der Erde. In dieser Rolle erfüllt der Mensch die Vorgaben der *Eigenschaften* der niederen Dimensionen. Diese Erfüllung ist die Umkehrung dessen, was der Mensch wirklich ist.

Würden die Menschen das Menschsein besser verstehen, dann würde das Leben auf der Erde mit allen Lebensbereichen und Themen dem Menschen und der Befreiung des Menschen dienen. Aber das Gegenteil ist der Fall. Die Menschen dienen den Ländern, den Häusern, den Besitztümern, den Berufen, den Tieren, den Vorlieben anderer Menschen usw. Normalerweise müssten die Länder, Häuser usw. den Menschen dienen, damit sie sich im Sinne des Menschseins entwickeln können.

Übersetzt in die heutige Zeit würde das bedeuten, dass der Staat den Menschen dienen sollte und nicht die Menschen dem Staat. Die Reichen müssten den Armen dienen und nicht umgekehrt.

Die 10. *verwaltende Eigenschaft* kehrt die Hierarchie um. Deshalb fühlt sich der Mensch als Diener der Götter, als Untergebener des Staates, als Priester heiliger Stätten, als erfolgreich, wenn er Geld verdient, als Angestellter einer großen Firma oder als Untertan einer Regierung, eines Firmenchefs oder eines Herrschers.

In der Überzeugung des Menschen, er sei Körper, Seele und Geist, bildet diese *verwaltende Eigenschaft* das Urbild des Körpers.

Die 1. Dimension des Bewusstseins

Die äußere Finsternis des Menschen

Die 1. Dimension[39] bildet den äußeren Rand des menschlichen Bewusstseins. Diese *Eigenschaften* sind am weitesten vom Licht im Menschen entfernt. Das wahre Ausmaß der Dunkelheit der Zustände und *Eigenschaften* der 1. Dimension geht weit über das hinaus, was man sich zu Beginn der Erkenntnis der Dunkelheit vorstellen konnte.

Erschreckend ist vor allem, in welch hohem Maße die Zustände dieser Dunkelheit von den Menschen akzeptiert werden. Viele Millionen von Menschen identifizieren sich damit.

Die Zustände beziehen sich auf das niedere Selbst und das höhere und höchste Selbst, die ihren Ursprung in der 6. Dimension haben. Sie definieren ihre tiefste Dunkelheit. 12 *verwaltende Eigenschaften* der 1. Dimension definieren die dunkelsten Zustände des niederen Selbst und des höheren Selbst.

---

[39] In der Pistis Sophia nennt man die 1. Dimension äußere Finsternis und meint damit einen äußersten Raum der Dunkelheit, hinter dem sich nichts mehr befindet. In der Maya-Religion trägt diese Dimension den Namen Xibalba. Das höchste Selbst Hunahpu und das niedere Selbst Ixbalanque sind in die Unterwelt Xibalba hinabgestiegen.

Mord, Lüge, Zerstörung, Sklaverei, Drogen und Pornografie sind Aspekte dieser Dunkelheit. Lebt ein Mensch in dieser Dunkelheit, hat das unvorstellbare Auswirkungen. Vor allem nach dem Tod des physischen Körpers erfährt dieser Mensch, wenn er sich mit sich selbst konfrontiert, welches Leid er anderen Menschen und sich selbst zugefügt hat. Im nächsten Kapitel werde ich darüber sprechen, was nach dem Tod des physischen Körpers geschieht.

Der Weg der Befreiung des Bewusstseins führt auch durch die Finsternis der 1. Dimension. Auch hier bedarf es der Erkenntnis und der damit verbundenen Lösung, damit sich das Bewusstsein befreien kann.

Die *große verwaltende Eigenschaft* der 1. Dimension

Die 1. Dimension ist ein Ort der Dunkelheit. An diesem Ort befinden sich die 12 Zustände der Dunkelheit des niederen und des höheren Selbst. Jeder dieser Zustände wird von einer *verwaltenden Eigenschaft* gehütet[40]. Zudem gibt es mehrere *Eigenschaften*, die in ihrem Sinne wirken.

Auch die gesamte 1. Dimension wird von einer *verwaltenden Eigenschaft* bewacht[41]. Innerhalb dieser *Eigenschaft* befinden sich die 12 Zustände der Finsternis.

Jeweils eine *höhere Eigenschaft* bewahrt in sich die Möglichkeit, sich vom Zustand der Dunkelheit und von der damit verbundenen *verwaltenden Eigenschaft* zu befreien[42].

Die 1. Dimension ist eine Welt, in der viele Menschen leben. Dorthin gelangt man erst nach dem Tod des physischen Körpers. Grundsätzlich ist es ein Ort der Selbsterkenntnis und Selbstreflexion, wie alle Orte des inneren Alls, in die man nach dem physischen Tod und vor der nächsten Inkarnation gelangt.

---

[40] Diese Zustände werden in der Pistis Sophia als Kammern der äußeren Finsternis bezeichnet. 12 Archonten hüten diese Kammern.

[41] Diese *verwaltende Eigenschaft* nennt man in der Pistis Sophia Drache der äußeren Finsternis.

[42] Die *höhere Eigenschaft* beschreibt der Autor der Pistis Sophia als Engel, der die jeweilige Kammer der äußeren Finsternis bewacht.

Gemeinsam ist diesen Menschen, dass sie in sich einen Zustand des niederen oder höheren Selbst verwirklicht haben, der die Grenze zur Selbstzerstörung erreicht hat. Eine noch dunklere Form der Selbstzerstörung wäre nicht mehr möglich. Es sind die dunkelsten Ausdrucksformen des niederen und höheren Selbst und die niedrigsten Stufen des Menschseins.

Diese Menschen befinden sich in einem Zustand der Abgeschlossenheit, der einerseits Schutz ist und andererseits die Möglichkeit birgt, sich daraus befreien zu können. Voraussetzung für die Befreiung aus dem eigenen inneren Gefängnis der Dunkelheit sind Selbsterkenntnis und Selbstreflexion über die gelebte Dunkelheit und Reue. Die Reue ist der Schlüssel für die Befreiung.

Diese Menschen sind sehr weit von der Möglichkeit entfernt, als Mensch zu leben und sich zu entwickeln. Sie haben in sich eine Stufe erreicht, die der größten Selbstverleugnung als Mensch entspricht.

Diese Selbstverleugnung wird dann in den Menschen Wirklichkeit, wenn sie z. B. Mitmenschen ermorden, Verbrechen begehen oder Krankheiten verbreiten.

Solange die Menschen nicht wirklich erkennen, was sie sich und ihren Mitmenschen angetan haben, verhindert die *verwaltende Eigenschaft* der 1. Dimension, dass sie in einem neuen Körper ein neues Leben beginnen können. Zu groß wäre der Schaden, den sie sich selbst antun könnten.

Die 1. Dimension ist ein realer Ort im inneren All des Menschen. Sie ist keine Strafe, sondern die Begegnung mit der eigenen Finsternis. In dieser geschlossenen Welt der Finsternis leben die Menschen so lange, bis sie das Notwendige erkannt haben.

Die 12 *verwaltenden Eigenschaften* des niederen Selbst und des höheren Selbst in der Finsternis

1. *verwaltende Eigenschaft* des niederen Selbst in der Finsternis

Die *verwaltende Eigenschaft* des 1. Zustands[43] des niederen Selbst definiert einen Zustand, sich im Sinne der Dunkelheit durchzusetzen und gleichzeitig Kälte zu verbreiten. Wenn man sich einen Menschen vorstellt, der innerlich von der Dunkelheit getrieben wird und äußerlich Kälte ausstrahlt, bekommt man eine gute Vorstellung vom Zustand dieses Menschen. Es gleicht einem ständigen Aufhetzen.

Diese *verwaltende Eigenschaft* bereitet den Boden dafür, dass jeder Schritt eine weitere Handlung in ihrem Sinne nach sich zieht. Sie bewirkt auch, dass der Mensch ein Gefühl der Freiheit und des Triumphs empfindet, wenn er seine Mitmenschen über die Dunkelheit beherrscht. Gleichzeitig wird jeder Impuls zur Veränderung unterdrückt. Wer keine Reue für seine Taten empfindet, bleibt auch nach dem physischen Tod in der Kälte dieser Finsternis.

In diesen Zustand kommen auch Menschen, die bewusst Krankheiten verbreiten.

Nach dem physischen Tod zeigt sich der 1. Zustand als ein ständiges Ziehen an der geistigen Substanz des Körpers des individuellen Mensch-Bewusstseins. Dadurch wird dem Körper Kraft entzogen und eine geistige Kälte hinterlassen, die Krankheiten eindringen lässt.

---

[43] Der Name dieser 1. *verwaltenden Eigenschaft* als Archon lautet in der Pistis Sophia Enchthonin. Erscheinung: Krokodilsgesicht.

Der Körper wird infiziert und der Mensch erkrankt. All dies gleicht einer kontrollierten Verwesung. Die Kälte ist eine Kälte, die von oben nach unten sinkt.

Wie bei allen 12 *verwaltenden Eigenschaften* bleibt der Zustand der Dunkelheit bis zur Erkenntnis und Reue des Menschen bestehen.

Aus dieser Situation befreit man sich durch die Erkenntnis und durch die Reue, Krankheit und Leid verbreitet zu haben. Die Erkenntnis, dass es anderen Menschen durch das eigene Handeln so schlecht geht, ist wie ein Schock. Man sieht das Leid und es entsteht das tiefe Bedürfnis, sofort aufzuspringen und dem anderen zu helfen.

1. Zustand des niederen Selbst in der Finsternis

Der 1. Zustand des niederen Selbst in der Finsternis definiert sich durch die Durchsetzung des eigenen Willens und der eigenen Idee um jeden Preis. In diesem niederen Selbst befinden sich Diktatoren, die Kriege anzetteln, Wirtschaftsbosse, die Menschen ausbeuten, Mitglieder krimineller Organisationen, die ganze Städte terrorisieren und fanatische Terroristen, die im Namen ihrer Ideologie oder Religion Anschläge verüben. Charakteristisch ist die bedingungslose Durchsetzung des eigenen Willens. Mitleid und Empathie sind ihnen fremd. Je absoluter die Durchsetzung bei gleichzeitiger Abwesenheit jeglicher Empathie, desto dunkler zeigt sich das niedere Selbst. Konsequenzen, die andere aufgrund der Entscheidungen tragen müssen, werden als Teil der Durchsetzung in Kauf genommen. Diese Menschen hinterlassen einen zerstörten Raum, in dem sich geistige und psychische Krankheiten ausbreiten können.

Das Leid, das sie ihren Mitmenschen zufügen, ist ihnen gleichgültig. Sie sind von einer Kälte durchdrungen, die sie gegen jede Form der Empathie immun macht. Ihre Entscheidungen verursachen eine Kälte, in der die betroffenen Mitmenschen um ein wenig Wärme kämpfen müssen. Man kann sich bildhaft vorstellen, dass jemand ein

Dorf überfällt, alle Menschen tötet und dann gut gekleidet zum Abendessen geht. Diese Kälte wird zum Normalzustand.

Alle diese Personen befinden sich auf der Erde in einer hierarchisch höheren Position, die sie entweder durch Gewalt, Geld oder Macht innehaben. Ihre Entscheidungen betreffen in erster Linie Menschen, die sich in untergeordneten Positionen befinden. Die Dunkelheit, die sie verbreiten, ist ihnen egal. Wenn zum Beispiel ein Konzern einen anderen Konzern durch eine feindliche Übernahme übernimmt und das negative Folgen für die Mitarbeiter hat, dann handeln die Manager auch im Sinne dieses niederen Selbst in der Finsternis. Dasselbe gilt für Politiker, Sekten- oder Religionsführer, die eine absolute Idee durchsetzen.

Diese Menschen sind berechnend und kalt in der Anwendung. Manche besitzen eine menschenverachtende Boshaftigkeit, die sie mit Humor verwechseln. Die Enge, in der sich die Menschen befinden, gleicht einer Kammer der Finsternis. In Wirklichkeit nehmen sie die unterste Stufe ein.

Es gibt viele Abstufungen dieses niederen Selbst in der Finsternis. Das autoritäre Elternteil, das keinen Widerspruch duldet und seine Erziehungsvorstellungen z. B. durch körperliche Gewalt oder psychischen Missbrauch durchsetzt, befindet sich ebenfalls in dieser Finsternis.

In den meisten Fällen zeigt sich dieser Zustand nicht in dieser extremen Dunkelheit. Wer seinen Willen gegenüber anderen Menschen durchsetzen will und keine Empathie zeigt, wenn dies negative Auswirkungen hat, handelt in diesem Zustand. Dieses niedere Selbst in der Finsternis kann sich in allen Lebensbereichen und Lebensthemen ausdrücken.

2. *verwaltende Eigenschaft* des niederen Selbst in der Finsternis

Durch diese *verwaltende Eigenschaft*[44] geben sich Menschen der Dunkelheit hin. Sie ist bestrebt, dass sich die Menschen immer mehr mit dem 2. Zustand des niederen Selbst in der Finsternis identifizieren. Wenn sich jemand in dieser Dunkelheit befindet, ist sie wie ein ständiger aktiver Begleiter in der Dunkelheit, der den Menschen von höheren Einflüssen abschirmt. Gleichzeitig ernährt sie sich von den Menschen, indem sie sich in die sich hingebenden Menschen hineinbegibt. Dadurch werden sie zu Marionetten dieser *Eigenschaft*. Wenn sich jemand befreien will oder Tendenzen zeigt, dass er so nicht mehr leben will, wird der Druck stärker. Allen Bemühungen dieser Menschen setzt sie Widerstände entgegen.

Diese Widerstände zu überwinden, ist eine Form der Selbstüberwindung, vor allem dann, wenn man längere Zeit in Verbindung mit dieser *Eigenschaft* gelebt hat.

Nach dem körperlichen Tod sterben in diesem Zustand die inneren geistigen Organe im Brustbereich langsam ab. Vor allem das Herz, drückt man es bildhaft aus, schrumpft, verdunkelt sich und verkümmert zusehends. Im Brustbereich wirkt ein saugender Magnetismus der Dunkelheit, der die Kraft und das Licht aus dem Menschen herauszieht.

Der Weg, sich aus diesem Zustand zu befreien, ist die Erkenntnis und Reue, sich selbst und vielleicht anderen Menschen Teile des Lebens genommen zu haben. Wenn diese Menschen Reue empfinden, wollen sie ein positiveres Leben führen und Wiedergutmachung leisten.

---

[44] Der Name dieser 2. *verwaltenden Eigenschaft* als Archon lautet in der Pistis Sophia Charachar. Erscheinung: Katzengesicht.

2. Zustand des niederen Selbst in der Finsternis

Der 2. Zustand wird durch die Liebe und Hingabe an die Finsternis definiert. Dieser Ausdruck des niederen Selbst in der Dunkelheit zeigt sich zum Beispiel in einer offenen und hingebungsvollen Haltung gegenüber Menschen, die einem nicht wohlgesonnen sind. Dies erlaubt ihnen, mit ihren Gedanken, Gefühlen und Vorstellungen in den inneren Bereich einzudringen. Durch diese Haltung öffnet sich der Mensch für die Dunkelheit seiner Mitmenschen. Dadurch erweitern diese ihren persönlichen Machtbereich. Dieser Zustand ist grundsätzlich problematisch, auch gegenüber Menschen, die einem positiv gegenüberstehen.

So lässt man zu, dass andere einen beeinflussen und schaden. Und nicht nur das, man nimmt durch seine Offenheit das Dunkle in sich auf. Die Folge ist, dass man sehr oft an diese Person denken muss. Es entsteht ein gewisser Zwang. Es ist wie eine Besetzung des Bewusstseins durch einen Mitmenschen.

Durch die Liebe und Hingabe an die Dunkelheit nähern sich diese Menschen allmählich der Dunkelheit in der Sexualität. Es gibt unzählige Ausprägungen dieses Zustands. Wer beispielsweise regelmäßig pornografische Bilder oder Filme konsumiert, Gewalt mit Sex verbindet oder Sex mit Prostituierten hat, gibt sich dieser Dunkelheit hin.

Die Gefahr, z. B. pornosüchtig zu werden, ist sehr groß. Durch die liebende Verbindung mit dieser Dunkelheit entstehen Verbindungen zu *Eigenschaften* der Dunkelheit, die das Bewusstsein der Menschen zum Überleben benötigen. Ebenso erschafft der Mensch mentale Substanzen dieses Themas. Auch diese verlangen nach Kraft.

Wer sich in diesem Zustand befindet, hat den Drang, sich immer tiefer in die Dunkelheit zu vergraben. Die Dunkelheit verlangt nach Macht, und der Mensch wird süchtig, das Gefühl der Erfüllung der

Dunkelheit zu erfahren. Viele sind auch verzweifelt, weil sie spüren, dass sie sich in einer Abwärtsspirale befinden.

Je dunkler die Finsternis ist, der man sich in diesem Bereich hingibt, desto perverser und unnatürlicher sind die sexuellen Wünsche. In diesem Zustand befinden sich auch jene Menschen, die Sex mit Kindern haben. Diese Dunkelheit erfährt durch das Bewusstsein des Pädophilen oder Päderasten einen Machtzuwachs. Je mehr diese Menschen dem Zustand folgen, desto tiefer versinken sie in der Finsternis.

In der dunkelsten Ausprägung dieses 2. Zustands haben die Menschen kein schlechtes Gewissen mehr. Sie identifizieren sich so sehr mit dieser Dunkelheit, dass sie kein Mitleid mehr empfinden.

Die Öffnung zur Dunkelheit ist die Bereitschaft der Menschen, sich der Dunkelheit hinzugeben. Viele gehen bewusst hinein. Der Blick und die Aufmerksamkeit der Menschen werden mehr und mehr von dieser Dunkelheit eingenommen.

3. *verwaltende Eigenschaft* des niederen Selbst in der Finsternis
Durch die 3. *verwaltende Eigenschaft*[45] werden die Menschen daran gehindert, die Dunkelheit als solche zu erkennen. Sie verlieren ihr Unterscheidungsvermögen und übernehmen die Inhalte und Vorstellungen der Finsternis als höhere Wahrheit. Man könnte dies auch als blindes oder unterschiedsloses Vertrauen bezeichnen.

Wenn Menschen unter dem Einfluss einer Irrlehre oder eines spirituellen Lehrers einer Irrlehre stehen, akzeptieren sie Umstände, die sie im täglichen Leben niemals annehmen würden. Die Menschen werden in ein Gespinst eingehüllt, das den Verstand lähmt und jede klare Überlegung verhindert. Auch Veränderungen werden ihnen

---

45 Der Name dieser 3. *verwaltenden Eigenschaft* als Archon lautet in der Pistis Sophia Archaroch. Erscheinung: Hundegesicht.

suggeriert. Dabei handelt es sich nur um Bewegungen in der Dunkelheit. Diese *verwaltende Eigenschaft* fördert vor allem auch die Gemeinschaft der Menschen, die einer falschen Lehre angehören. Sie wird auch zu einer bindenden Kraft, aus der sich die Menschen nur schwer befreien können.

Es kommt oft vor, dass Menschen, die sich von einer Irrlehre oder ihrem Lehrer gelöst haben, nicht begreifen können, wie sie es zugelassen haben, sich von scheinbar positiven Gefühlen manipulieren zu lassen.

Es gibt zwei Formen, in denen sich der 3. Zustand der 1. Dimension nach dem physischen Tod ausdrücken kann. Eine Form ist lähmend. Sie legt sich über den ganzen Körper, jede Bewegung wird erschwert. Diese Dunkelheit wirkt wie ein Korsett, das den Körper einschnürt. Gleichzeitig wird dem Körper Kraft entzogen. In diesem Zustand vergisst sich der Mensch allmählich selbst. Die zweite Dunkelheit lähmt von unten nach oben. Zuerst werden die Füße taub, dann die Beine und so weiter. Gleichzeitig wird der Mensch so getrieben, dass sein Körper in ständiger Bewegung ist und gestikuliert. Es ist, als wolle er etwas mitteilen. Aber da ist nichts, nur Leere. Mit der Zeit erschöpfen sich die Gesten und die Kraft schwindet.

Um sich aus diesem Zustand zu befreien, bedarf es eines tiefen Eingeständnisses, dass die Lehre, die man verbreitet oder der man gefolgt ist, falsch war. Man fällt auf sich selbst zurück und hat das Bedürfnis, eine höhere Wahrheit zu erfahren.

3. Zustand des niederen Selbst in der Finsternis

In diesem Zustand des niederen Selbst in der Dunkelheit erklären diese Menschen einen Teil der Dunkelheit als Lehre. Gleichzeitig sind sie davon überzeugt, dass das Befolgen der Lehre zu einem höheren Zustand des Geistes oder Bewusstseins führt. Je nach Lehre werden die Ziele unterschiedlich benannt.

Eine der am weitesten verbreiteten Lehren in der Finsternis ist das positive Denken, wobei es nicht um positive oder lichte Inhalte geht, sondern um eine naive Form der magischen Wunscherfüllung. Jede Form von Magie ist mit Gesetzmäßigkeiten verbunden, die man *gefallene Eigenschaften* nennt. Der Bereich der *gefallenen Eigenschaften* liegt außerhalb der inneren Ordnungen des Menschen. Grundsätzlich bedeutet dies, dass diese Menschen eine Form der Göttlichkeit innerhalb des Universums anstreben. Man kann diesen Zustand in Verbindung mit der Magie als einen fremden Eingriff in die Ordnungen des Menschen beschreiben.

Eine andere Problematik zeigt sich in den Lehren, die in Verbindung mit den 4 Elementen Feuer, Wasser, Luft und Erde stehen. Sie sind Erscheinungen der Natur. Ordnet man den Menschen im Sinne der 4 Elemente, so schafft man 4 geistige Kräfte, die ihren Ursprung in der physischen Welt haben. Diese Kräfte wirken im Sinne der physischen Welt und binden den Menschen an sie. Ebenso beschränkt analoges Denken in Verbindung mit den 4 Elementen den Intellekt auf das Universum.

Andere Lehren innerhalb der Dunkelheit definieren sich über die 12 Raum-Bewusstseine der 3. Dimension. Wer einen Weg der Selbstverwirklichung in der Annahme der Raum-Bewusstseine lehrt, leitet die Menschen an, sich im Sinne der *verwaltenden* und *negativen Eigenschaften* der 3 Dimensionen selbst zu definieren.

Jede Form von ritualisierter oder magischer Sexualität als Teil einer Lehre bindet die Menschen in der Finsternis.

Es gibt unzählige Lehren, die Befreiung oder Erleuchtung versprechen und die Menschen in die Finsternis führen. Man nennt sie Irrlehren. Das heißt, sie versprechen etwas, was sie nicht halten können. Manche Irrlehren sind so finster, dass ganze Gruppen kollektiv Selbstmord begehen, Einzelne sich im Namen ihres Gottes in die Luft sprengen oder sich ritualisiert selbst foltern.

In jedem Menschen befindet sich das Bewusstsein der höheren Dimensionen, und Menschsein bedeutet, dieses Bewusstsein zu finden. Dies durch eine Religion oder Lehre zu verhindern, indem man den Menschen an Gottheiten bindet, ist, drückt man es religiös aus, eine der größten Sünden überhaupt. Die geistigen Lehrer der Irrlehren binden die Menschen und noch mehr sich selbst an die Finsternis. Sie sind die Agenten der Finsternis, welche die Menschen in die Arme der Finsternis treiben, damit die *Eigenschaften* die Substanz des Bewusstseins der Menschen als Nahrung erhalten können. Sie selbst haben durch ihre Verbindung zur Finsternis mehr Macht und müssen durch verschiedene Methoden dafür sorgen, dass die Anhänger ihrer Lehre in der Finsternis bleiben. Regelmäßige Rituale sind eine Methode der Manipulation, oft verstärkt durch Emotionen und Gefühle. Freiheit bedeutet für sie, in der Dunkelheit anzukommen.

4. *verwaltende Eigenschaft* des niederen Selbst in der Finsternis
Die 4. *verwaltende Eigenschaft*[46] zieht die Menschen immer wieder in die Dunkelheit. Gleichzeitig weckt sie ihr Interesse, sich in die Dunkelheit zu begeben. Wollte man diese Form der Manipulation in kurzen Sätzen beschreiben, so könnten sie lauten: „Es geht nur ums Geld!", „Pass auf dich auf, sonst kümmert sich keiner um dich!", „Wenn du reich bist, dann bist du frei!", „Was soll der Quatsch mit den höheren Wahrheiten!", usw. Es ist wie ein Ratgeber aus dem Unsichtbaren. Jede Form der Entfaltung der eigenen Persönlichkeit wird bestritten. Die anderen Menschen müssen sich anpassen.

Die Einflüsse fördern immer die Abgrenzung von höherem Wissen. Mit allen Argumenten wird geleugnet, dass es dieses Wissen

---

46 Der Name dieser 4. *verwaltenden Eigenschaft* als Archon lautet in der Pistis Sophia Achrochar. Erscheinung: Schlangengesicht.

überhaupt gibt. Diese Beeinflussungen gleichen Verführungen in die Finsternis.

Nach dem physischen Tod gelangt der Mensch durch den 4. Zustand der 1. Dimension in einen Bereich, in dem er sich von den Füßen aufwärts mit Dunkelheit füllt. Die mit Dunkelheit erfüllten Körperteile werden immer lebloser. Allmählich verschwindet die Lebenskraft aus ihnen. Wenn dieser Prozess weitergeht, steigt die Dunkelheit zuletzt bis zum Kopf auf.

Durch die Befreiung erkennt man die Möglichkeit einer höheren Entwicklung. Die Reue bezieht sich darauf, dass man sie ausgeschlossen hat. Diese Erkenntnis ist mit Hoffnung verbunden.

4. Zustand des niederen Selbst in der Finsternis

In diesem Zustand befinden sich jene Menschen, die einerseits offen und empfänglich für die Inhalte der Finsternis sind, andererseits aber jede Form der Selbsterkenntnis oder Persönlichkeitsentwicklung in Richtung eines höheren Bewusstseins ausschließen. Dies gilt nicht nur für die höheren Dimensionen, sondern auch für eine mögliche Entwicklung im Sinne der 4. bis 7. Dimension.

Man kann sich z. B. einen Vertreter irdischer Gesetze vorstellen, dessen Fortschritt darin besteht, immer verhärteter und innerlich kälter zu werden. Seine Wahrnehmung der Wirklichkeit wird immer mehr von den Gesetzen vereinnahmt, bis nur noch die staatlichen Gesetzbücher die Wirklichkeit ausmachen. Es gehört zum Leben, jede mögliche Gesetzeslücke zum eigenen, meist finanziellen Vorteil auszunutzen, egal ob es gerecht oder ungerecht ist. Das physische Gesetz wird zum Ersatz für das Gewissen. Anstelle von zwischenmenschlicher Empathie zieht man sich auf das Gesetz zurück und definiert es als unveränderliche Realität, die durch keine Empathie verändert werden kann. Diese Selbstentschuldigung fördert den weiteren Weg in die Finsternis.

Würde sich z. B. ein Anwalt, der in dieser Weise lebt, auf eine ernsthafte Selbstreflexion oder Bewusstseinsentwicklung einlassen, käme es früher oder später zu einer inneren Veränderung. Dieser 4. Zustand des niederen Selbst verhindert diesen Zugang. Im Gegenteil, diese Menschen nehmen alle diese Formen der Entwicklung nicht ernst.

Es ist der Zustand all jener Menschen, die glauben und überzeugt sind, dass das physische Leben auf der Erde die einzige Realität ist. Ihr Motto lautet: „Jeder ist sich selbst der Nächste!" Für sie gibt es keine geistige Wirklichkeit.

Die innere Orientierung ist die Aufrechterhaltung dieses Weltbildes, das nur die physische Realität des Menschen bestätigt. Gefühle werden dann zu hormonellen Reaktionen und Gedanken zu Folgen von Impulsen im Gehirn.

Es gibt viele Berufe und Lebensbereiche, in denen sich der 4. Zustand der 1. Dimension ausdrücken kann. Das reicht vom zynischen Philosophen, der nur das physische Leben in den Mittelpunkt seiner Betrachtungen stellt, bis zum desillusionierten Arbeiter, der an keine höhere Wirklichkeit glaubt und keinen tieferen Sinn im Leben erkennen kann.

Alle Ereignisse werden automatisch im Sinne der Physik erklärt. Das ist wie eine Regelung, bei der nur physikalische Parameter verwendet werden. Die Ergebnisse stimmen dann wieder mit der physischen Welt überein.

Ihre Vorstellung von Freiheit definiert sich über die Bewegung in der Dunkelheit. Meist ist Geld oder Macht die Voraussetzung dafür. Das ist für sie die einzig mögliche Freiheit. Was sie als Freiheit zu besitzen glauben, ist in Wirklichkeit die Bewegung in der Finsternis.

5. *verwaltende Eigenschaft* des niederen Selbst in der Finsternis

Die Prägung dieser *Eigenschaft*[47] bewirkt, dass die Menschen die Dunkelheit als ihren Lebensraum wählen. Je stärker die Prägung ist und je mehr man sie verinnerlicht, desto skrupelloser, rücksichtsloser und schließlich gewalttätiger wird der Lebensbereich in der Finsternis ausgedehnt. Die Menschen werden zu Herrschern in der Finsternis.

Diese *verwaltende Eigenschaft* will die Menschen davon abhalten, sich mit den positiven Dingen des Lebens zu beschäftigen. Jeder mögliche lichte Einfluss wird abgewehrt. Durch die *Eigenschaft* haben die Menschen im 5. Zustand ein sehr gutes Gespür dafür, mit welchen Mitteln der Einflussbereich in der Finsternis vergrößert werden kann und ob die Gefahr besteht, dass er verkleinert wird.

In diesem Zustand befinden sich jene Menschen, die ständig dem Einfluss der Finsternis nachgeben und immer mehr in dieser Finsternis leben. Das Ergebnis sind böse Menschen.

Nach dem Tod des Körpers, wenn die Menschen in den inneren Bereich dieses Zustands gelangen, dringt bildlich gesprochen schwarzer Rauch in die Lungen ein und befällt von dort aus wie ein Schrei der Finsternis den ganzen Körper. Dadurch werden immer mehr Körperteile von Dunkelheit durchdrungen und die Lebenskraft weicht langsam aus.

Die Reue bezieht sich darauf, negativ und böse gehandelt zu haben. Um einen guten Gedanken zu denken oder eine gute Tat zu tun, müssen sich diese Menschen zunächst überwinden. Voraussetzung für die Befreiung ist der unbedingte Wille, positiv zu denken und zu handeln.

---

[47] Der Name dieser 5. *verwaltenden Eigenschaft* als Archon lautet in der Pistis Sophia Marchur. Erscheinung: schwarzes Stiergesicht.

5. Zustand des niederen Selbst in der Finsternis

Wenn Menschen der Dunkelheit immer mehr nachgeben, sie akzeptieren und als Teil des Lebens ansehen, dann befinden sie sich im 5. Zustand des niederen Selbst in der Dunkelheit. Sie werden selbst zu einem Repräsentanten der Dunkelheit.

Dieser Zustand beschreibt eine Entwicklung, die immer weiter in die Dunkelheit führt. Am Anfang war es vielleicht ein kleines Vergehen. Mit der Zeit wird das schlechte Gewissen immer schwächer und die Mittel, das Gewünschte zu erreichen, immer dunkler. Am Ende steht ein skrupelloser Mensch, der sich mit allen Mitteln nimmt, was er will. Dabei schreckt er vor keinem Verbrechen zurück.

Man muss den Anfang dieses Zustands erkennen. Jeder kennt die Situation, sich über das eigene Gewissen hinwegzusetzen. Eine Handlung, die bis in jüngster Vergangenheit außerhalb der eigenen moralischen Wertmaßstäbe lag, wird plötzlich möglich. Vielleicht ist es für die meisten anderen Menschen nur eine Kleinigkeit. Für sich selbst hat man eine innere Grenze überschritten.

Der bekannte Satz, dass jeder Mensch käuflich ist oder seinen Preis hat, gehört in dieses Dunkel. Wer sich bestechen lässt, verrät sich für Geld und befindet sich im 5. Zustand dieser Dunkelheit.

Dieser Verrat an sich selbst hat viele Gesichter. Es muss nicht Korruption sein, es kann auch die stillschweigende Akzeptanz der Dunkelheit in der eigenen Umgebung sein. Viele können sich an ein Ereignis erinnern, bei dem sie sich selbst verraten haben. Vielleicht war es eine Form der Selbstaufgabe.

Diese Menschen vergrößern ihr Bewusstsein in der Dunkelheit vor allem durch Besitz und Geld. Man kann sich den Boss einer kriminellen Organisation vorstellen, der seinen Einflussbereich Schritt für Schritt vergrößert hat. Gleichzeitig wurden seine Methoden immer skrupelloser und brutaler. Schließlich wurde daraus ein eigener Lebensstil mit selbst definierten Regeln, was gut und was schlecht ist. In diesem verdrehten Wertesystem ist zum Beispiel die Loyalität zu einem Mörder gut und die Weigerung, jemanden anzugreifen, schlecht.

Dieser Zustand ist in allen Lebensbereichen anzutreffen. Es geht um die schrittweise Akzeptanz des Bösen, wobei Gewissen, Empathie und Nächstenliebe immer weiter zurückgedrängt werden. Ein Beispiel ist der Viehzüchter, der mit wenigen Tieren beginnt und seinen Betrieb in Richtung einer grausamen Massentierhaltung entwickelt. Oder der Nahrungsmittelproduzent, der das Getreidesaatgut allmählich gentechnisch so verändert, dass es nicht mehr ausgesät werden kann. Er macht die Kleinbauern immer abhängiger, bis sie zu Sklaven einer rücksichtslosen Industrie werden. In diesem Zustand befindet sich auch eine Jugendgang, die immer rücksichtsloser wird und ihre Mitmenschen mit immer übleren Methoden terrorisiert. Am Anfang war es vielleicht eine Provokation. Am Ende foltern oder töten sie andere Jugendliche.

Vor allem in der Politik werden Entscheidungen getroffen, die mit dem 5. Zustand des niederen Selbst in Verbindung stehen.

Letztlich sind diese Ereignisse erste Schritte in den 5. Zustand der 1. Dimension und damit Schritte in die falsche Richtung. Statt in Richtung der höheren Dimensionen bewegen sie sich in Richtung der Dunkelheit. Es ist ein fortschreitender Selbstverrat. Jeder weitere Schritt führt in eine größere Gefangenschaft.

6. *verwaltende Eigenschaft* des niederen Selbst in der Finsternis
Durch die Prägung der 6. *verwaltenden Eigenschaft*[48] vergiften Menschen das Leben und den Lebensraum ihrer Mitmenschen. Dies kann sich körperlich durch Gifte oder schädliche Substanzen oder geistig durch negative Gedanken und Gefühle äußern. Je stärker die Prägung auf

---

[48] Der Name dieser 6. *verwaltenden Eigenschaft* als Archon lautet in der Pistis Sophia Lamchamor. Erscheinung: Wildschweingesicht.

den Menschen ist, desto mehr Schaden richtet er bei seinen Mitmenschen an.

Diese *Eigenschaft* fördert die Schadenfreude im Menschen. Ebenso verschließt er ihn vor allen Einflüssen, die eine Selbstreflexion ermöglichen könnten. Der Mensch empfindet in dieser inneren Finsternis Freude, wenn er das Leben seiner Mitmenschen zerstört. Gelingt ihm die Zerstörung, blickt er zufrieden auf sein Werk zurück. Er hat auch den inneren Zwang, im Mittelpunkt stehen zu müssen.

Nach dem physischen Tod wirkt die Dunkelheit dieser *Eigenschaft* langsam von innen heraus. Schadet die Substanz einem Organ, gleicht dies einer schrittweisen Verdunklung ausgehend von diesem Organ. Je mehr die Vergiftung um sich greift, desto lebloser werden die Menschen.

Die tiefe Erkenntnis und das Eingeständnis, anderen Menschen massiv geschadet zu haben, ist Teil der Reue. Durch die Erkenntnis möchte man Freude verbreiten.

6. Zustand des niederen Selbst in der Finsternis

Im 6. Zustand der 1. Dimension befinden sich Menschen, die anderen Menschen um des eigenen Vorteils willen schaden. Dies bezieht sich sowohl auf physische Handlungen als auch auf negative Gedanken und Gefühle gegenüber den Mitmenschen.

Ist der 5. Zustand der Verrat an sich selbst, so ist der 6. Zustand der Verrat an den Mitmenschen im Sinne der Finsternis.

Auch hier ist es wichtig, den Anfang zu erkennen. Er besteht z. B. in ungerechtfertigten Schuldzuweisungen. Die Eltern, der Nachbar oder der Vorgesetzte sind schuld an der eigenen schlechten Situation. Durch diese Art der Schuldzuweisung lehnt man es ab, Verantwortung für sich selbst zu übernehmen. Die nächsten Schritte sind negative Gedanken und Gefühle gegenüber anderen. Es besteht die Gefahr, sich an diese Dunkelheit zu gewöhnen. Für viele Menschen ist es bereits ein Normalzustand, negativ über ihre Mitmenschen zu denken. Die nächste Eskalationsstufe ist, ihnen Negatives zu wünschen. Das sind Verwünschungen oder Flüche, die man denkt oder sogar ausspricht. Damit begibt man sich selbst in die tiefste Finsternis.

Schließlich kommt es dazu, dass Menschen im 6. Zustand des niederen Selbst in der Finsternis ihren Mitmenschen durch Handlungen um des eigenen Vorteils willen bewusst schaden. Sie beginnen, das Leben ihrer Mitmenschen bewusst zu vergiften. Es gibt viele Beispiele, wie dies geschehen kann. Gemeinsam ist allen diesen Taten die Heimtücke.

Einem Nachbarn unbemerkt etwas anzutun oder einen Kollegen zu mobben, sind zwei von vielen Beispielen.

Wenn Konzerne bewusst schädliche Lebensmittel oder Medikamente verkaufen oder Trinkwasser verseucht wird, um den Profit zu steigern, zeigt sich diese Finsternis von ihrer dunkelsten Seite. Dann wird der Körper buchstäblich vergiftet. Hinter jedem Konzern stehen Menschen, die die Entscheidungen treffen und die Verantwortung dafür tragen müssen.

Es gibt ein Thema im Zusammenhang mit dem 6. Zustand, das sehr verbreitet ist. Es ist der negative Umgang mit anderen Menschen im Internet, vor allem in Verbindung mit Social Media.

Ein sogenannter Shitstorm wegen einer Bagatelle ist die Entladung der Dunkelheit der Menschen. Sie überschreiten ihre natürliche Schwelle, die sie normalerweise davon abhält, bösartig zu handeln, und breiten ihre eigene Dunkelheit, der sie sich geöffnet haben, im Internet aus.

Sogenannte Internet-Trolle haben sich so sehr in die Finsternis begeben, dass sie das Leben ihrer Mitmenschen vergiften wollen. Dahinter steckt ein Wille zur Dunkelheit. Viele haben die Schwelle ihres Gewissens so oft überschritten, dass sie sich an die Dunkelheit gewöhnt haben. Auch hier muss jeder für sich selbst verantwortlich sein. Die Anonymität im Internet mag der Schutz sein, nicht entdeckt zu werden. Hier geht es jedoch um die Verantwortung für sich selbst. Dem kann man sich vielleicht zeitweilig entziehen. Nach dem Tod des physischen Körpers wird man mit der eigenen Dunkelheit konfrontiert. Man kann sich nicht vor sich selbst verstecken.

Neid auf den Erfolg eines Mitmenschen und daraus resultierendes negatives Denken und Handeln ihm gegenüber sind ebenfalls Ausdruck dieses Zustands.

Charakteristisch für alle Menschen im 6. Zustand ist, dass sie sich von jeder Schuld freisprechen. Sie wollen keine Verantwortung übernehmen. Eine weitere Gemeinsamkeit ist die heimtückische Freude daran, Dunkelheit zu verbreiten. Getrieben von der Dunkelheit handeln sie im Sinne der Dunkelheit, indem sie das Leben und den Lebensraum ihrer Mitmenschen zerstören. Sie haben Angst vor einem möglichen positiven Einfluss.

1. *verwaltende Eigenschaft* des höheren Selbst in der Finsternis
Durch die Prägung dieser *verwaltenden Eigenschaft*[49] versucht der Mensch, sich mit seinem Bewusstsein in ein größeres Bewusstsein einzufügen. Dies kann ein Land, eine Religion oder eine Gemeinschaft sein. Die Suggestion dieser *Eigenschaft* geht dahin, einen scheinbar höheren Zustand in sich selbst zu verwirklichen. Menschen, die dies nicht anstreben, gelten als Außenseiter.

Das gilt auch für kleinere Gemeinschaften wie Schulklassen oder sogar für 2 Personen, die sich über einen gemeinsamen Nenner identifizieren. Diese *Eigenschaft* unterstützt die Bildung von Gemeinschaften, die ein gemeinsames Selbst bilden.

---

[49] Der Name dieser 7. *verwaltenden Eigenschaft* als Archon lautet in der Pistis Sophia Luchar. Erscheinung: Bärengesicht.

In dieser Prägung glauben die Menschen, dass die Institution oder Gemeinschaft, die hinter diesem Zustand des höheren Selbst steht, es gut mit ihnen meint. In Wirklichkeit sind sie an die Dunkelheit gebunden. Diese *Eigenschaft* ist bestrebt, jede mögliche höhere Wahrnehmung zu verhindern.

Wenn Menschen, die sich selbst und die Menschen, die sie lieben, verraten und betrügen, stehen sie mit dieser *Eigenschaft* in Verbindung. Das kann die Ehefrau oder der Ehemann sein, aber auch Menschen, die man als Freunde liebt und dann verrät oder betrügt. Es geht nicht darum, ob man verheiratet ist oder nicht, sondern darum, ob man jemanden liebt oder nicht.

Das verursacht großen Schmerz im Menschen. Es sind Menschen, die sich selbst aufgeben.

Wenn sich der Mensch nach dem Tod in seiner eigenen Dunkelheit befindet, entsteht im Körper durch diese Dunkelheit des höheren Selbst zuerst eine kleine Wolke aus der Mitte des Körpers, die immer größer wird; gleichzeitig verschwindet das Leben nach außen. Scheinbar sanft entsteht die Dunkelheit, wächst und tötet allmählich jede Freude.

Die Erkenntnis und die Reue beziehen sich auf den Verrat und die Täuschung. Die Befreiung birgt in sich die Freude am Leben und die Liebe zu den geliebten Menschen.

1. Zustand des höheren Selbst in der Finsternis

Charakteristisch für den ersten Zustand des höheren Selbst in der Dunkelheit ist die Ausdehnung des Bewusstseins innerhalb der Dunkelheit. In diesem Bewusstseinszustand befindet sich der Mensch in einem abgegrenzten Bereich in der Dunkelheit. In diesem Zustand ist es möglich, die einzelnen Aspekte der Dunkelheit in ihrer Wirkung zu betrachten. Eine Innenschau im Sinne der vorhandenen Ursachen im inneren All des Menschen ist jedoch ausgeschlossen. Die Erkenntnis der Finsternis erfolgt aus einem sich im Raum ausbreitenden Selbst und ist oberflächlich, da diese Menschen die Dimensionen und *Eigenschaften* nicht kennen. Wenn sie darum wissen würden, wäre der Zustand des höheren Selbst nicht das Ziel des Weges.

Das höhere Selbst im 7. Zustand der 1. Dimension ist ein größeres Selbst, das als Bewusstsein einen größeren Raum einnimmt. Dieses Bewusstsein wird von mehreren Personen geteilt.

Grundsätzlich bedeutet dieser 1. Zustand, dass sich diese Person oberflächlich durch die Dunkelheit bewegt und alle Ereignisse von dieser Instanz aus beurteilt.

Dies zeigt sich vor allem im Nationalbewusstsein der Menschen. Dieses durchdringt als scheinbar übergeordnete Instanz den geistigen Raum eines Landes und die Menschen dieses Landes. Durch dieses Bewusstsein treten die Menschen aus ihrer Individualität heraus und identifizieren sich mit einem Bewusstsein, das die individuelle Betrachtung und Bewertung durch eine ganzheitliche Sichtweise ersetzt.

Für die meisten Leute liegt es außerhalb ihrer Vorstellungskraft, z. B. einen Mitmenschen zu foltern, um individuelle Interessen zu wahren. Identifizieren sie sich aber mit einem Nationalbewusstsein, dann gibt es plötzlich viele Menschen, die Folter als Notwendigkeit akzeptieren. Identifizieren sich diese Menschen mit ihrer Nation als Amerikaner, Chinese, Deutscher oder Japaner, um die 4 größten Wirtschaftsnationen zu nennen, und werden in diesen Ländern Menschen gefoltert, dann befindet sich dieser Mensch im 1. Zustand des höheren Selbst in der Dunkelheit.

Gleiches gilt für alle Weltreligionen. Identifiziert sich jemand als Christ, Moslem, Hinduist oder Buddhist, um auch hier die 4 größten Religionen zu nennen, so trägt er in diesem Bewusstsein die Geschehnisse der Religion mit. Die Zugehörigkeit zu einer Religion, die Verbrechen begeht, bedeutet für den bekennenden Gläubigen, dass er sich in diesem Zustand der Dunkelheit befindet.

Dafür gibt es viele Beispiele. Wenn man sich mit dem Unternehmen identifiziert, in dem man arbeitet, mit der Stadt, in der man lebt, mit dem Beruf, den man ausübt, oder mit der Familie, aus der man stammt, dann bedeutet das immer, sich mit einem Selbst zu identifizieren, das von den Menschen als ein höheres Selbst anerkannt wird.

In seiner schlimmsten Form zeigt sich dieses Selbst, wenn eine Nation mit einem einheitlichen Nationalbewusstsein gegen eine andere Nation in den Krieg zieht.

Dieser 1. Zustand des höheren Selbst in der Dunkelheit ist Betrug und Verrat an sich selbst als Mensch. Hier ist es nicht die Selbsterkenntnis, die das Bewusstsein der höheren Dimension im Menschen offenbart, sondern die Annahme eines oberflächlichen Zustands. Diese Finsternis verhindert die Entwicklung, weil der Mensch das Grundgefühl hat, einer höheren Sache zu dienen und meint, angekommen zu sein. Der Blick ist nur noch auf das jeweils höhere Selbst gerichtet. Ein größeres Bewusstsein kann Verbrechen nicht entschuldigen.

2. *verwaltende Eigenschaft* des höheren Selbst in der Finsternis
Diese *verwaltende Eigenschaft*[50] prägt die Menschen, durch dunkle Taten das Leben der Menschen mehr mit der Dunkelheit zu verbinden. Vor allem Mörder tragen diese Prägung in sich. Einen anderen Menschen zu töten hat zur Folge, dass man sich in einem Augenblick verdunkelt und mit Dunkelheit erfüllt. Diese Menschen leiden unbeschreiblich.

Oft zeigt sich der Einfluss im Alltag, wenn Menschen durch einzelne Handlungen eine bestehende Gemeinschaft tiefer an die Finsternis binden wollen. Wenn z. B. ein Schüler von einem anderen Schüler gemobbt wird, wird die ganze Klasse in einen dunkleren Zu-

---

[50] Der Name dieser 8. *verwaltenden Eigenschaft* als Archon lautet in der Pistis Sophia Laraoch. Erscheinung: Geiergesicht.

stand versetzt. Oft werden Außenseiter gemobbt, weil sie bewusst oder unbewusst bestehende Systeme infrage stellen.

Bildhaft kann man sich das so vorstellen, dass die Menschen ständig angestachelt werden, im Sinne der Dunkelheit zu handeln. Der Mensch in dieser Prägung empfindet ein Hochgefühl, wenn ihm dies gelingt.

Nach dem physischen Tod ist der Mensch im Einfluss dieser *Eigenschaft* völlig von Dunkelheit durchdrungen. Wenn der Mensch keine Reue empfindet, wird die Dunkelheit immer dichter und dunkler.

Man befreit sich durch die Erkenntnis und Reue, das Leben der Menschen mit der Dunkelheit verbunden zu haben.

Bei einem Mörder geht es um die Reue, einem anderen Menschen das Leben genommen zu haben. In der tiefen Reue über die Tat liegt auch die Erkenntnis über den Wert des Lebens.

2. Zustand des höheren Selbst in der Finsternis

Der 2. Zustand des höheren Selbst wird durch eine einzelne Handlung definiert, die den gesamten Raum, den das höhere Selbst durchdringt, beeinflusst oder verändert. Jede dieser Handlungen ist ein Auslöser für die Aufrechterhaltung oder Verstärkung der Dunkelheit. Der 2. Zustand hat den 1. Zustand als Grundlage. Oft sind die Ereignisse im 2. Zustand Korrekturen, wenn das vorherrschende Gemeinschaftsbewusstsein z. B. einer Nation oder einer Religion die Menschen nicht mehr daran hindert, sich selbst erkennen zu wollen.

Die vorherrschende Methode in den Ländern ist die Änderung und gleichzeitige Verschärfung von Gesetzen in den verschiedensten Lebensbereichen. Oft ist dies mit Überwachung und Besteuerung verbunden, was die Menschen ständig unter Spannung hält. Je mehr die Gesetzgebung die Menschen einschränkt, desto mehr werden sie eingesperrt und desto dunkler wird das Gemeinschaftsbewusstsein. Wer die wirkliche Macht in einer Nation besitzt, bestimmt auch die

Gesetzgebung. Auf der Erde sind das materieller Besitz und politische Macht. Wenn die Macht des Geldes zu schwinden beginnt, dann werden Steuern erhoben, wenn die politische Macht bröckelt, dann wird die Überwachung verstärkt. Immer sind es punktuelle Aktionen, die das gesamte Bewusstsein tief beeinflussen.

Manche Nationen beginnen Kriege als punktuelle Aktionen zur Stärkung des Nationalbewusstseins, andere Länder veranstalten rituelle Nationalfeiertage und wieder andere Länder konzentrieren sich durch punktuelle Aktionen so sehr auf Wirtschaft, Geld und Besitz, dass in den Köpfen der Menschen nur noch die Erhaltung des Wohlstandes im Vordergrund steht.

Alle Zustände und Ereignisse in einem Land haben eine Ursache und sind kein Zufall. Dahinter steht ein Wille, der von Menschen ausgeführt wird. Es stellt sich immer die Frage, welchem Gott, wenn man es so ausdrücken möchte, die Menschen dienen. Die Realität eines Landes zeigt, welcher Gott das ist.

Gleiches gilt für alle Gruppen, in denen sich Menschen über ein Gemeinschaftsbewusstsein identifizieren.

Dieser 2. Zustand definiert sich über ein Gruppenbewusstsein in der Dunkelheit, das durch die Handlungen der Individuen dort bleibt oder noch verstärkt wird. Wenn z. B. in einer Gesellschaft, die sich rein über den Wettbewerb definiert, jemand dafür sorgen will, dass auch arme Menschen ein menschenwürdiges Leben führen können, entstehen automatisch Widerstände. Die mögliche Hilfsbereitschaft oder Nächstenliebe einer Gesellschaft wird dann durch Gesetze unterbunden.

Es geht darum, die Gesellschaft an der Oberfläche zu halten. Nur an der Oberfläche kann eine Gesellschaft überleben, die sich über materiellen Besitz oder politische Macht definiert. Diese Gemeinschaften dienen nicht der Selbsterkenntnis des Menschen, sondern der Aufrechterhaltung der auf der Erde bestehenden Systeme.

In diesem Zustand erfolgt die Korrektur durch negative und nicht durch positive Qualitäten. In manchen Familien ist die übliche Korrektur physische oder psychische Gewalt und nicht eine Handlung aus Empathie. Das Leben der Kinder wird dadurch dunkler und nicht freier.

Je dunkler der 2. Zustand ist, desto gewalttätiger ist die Handlung. Die dunkelste Form zeigt sich, wenn Menschen ihre Mitmenschen ermorden. Wer z. B. aus Eifersucht oder Habgier mordet, befindet sich in diesem Zustand der tiefsten Dunkelheit. Gleiches gilt, wenn Journalisten oder Systemkritiker von Staaten oder Religionen ermordet werden. Das Motiv ist meist die Aufrechterhaltung eines gemeinschaftlichen oder gesellschaftlichen Systems. Diese Systeme befinden sich dann in der Dunkelheit des 2. Zustands.

3. *verwaltende Eigenschaft* des höheren Selbst in der Finsternis
Durch die Prägung der 3. *verwaltenden Eigenschaft*[51] halten die Menschen ihre Lügen aufrecht. All diese Lügen halten das höhere Selbst in der Dunkelheit als ein größeres Bewusstsein, mit dem sich die Menschen identifizieren. Dieser *Eigenschaft* ist es egal, um welches höhere Bewusstsein es sich handelt. Jedes ist ihm recht, um die Menschen durch Lüge und Verleumdung in der Finsternis zu halten.

Viele Menschen haben den unersättlichen Drang, sich durch die Lüge zu rechtfertigen. Statt der Befreiung wählen sie die Bindung, indem sie sich durch diese Prägung selbst belügen. Dadurch sind die Menschen hämisch und boshaft.

Nach dem physischen Tod verdunkelt sich der Körper allmählich. An der Oberfläche entstehen helle Blasen, die sich ausbreiten wie Wasser, in das man einen Stein wirft. Diese Blasen sind Illusionen.

---

[51] Der Name dieser 9. *verwaltenden Eigenschaft* als Archon lautet in der Pistis Sophia Archeoch. Erscheinung: Basiliskengesicht.

Von den Blasen aus dringt Dunkelheit in den Körper ein und breitet sich aus. Diese Blasen sind die Lügen und das Lügengebäude. Im Inneren aber breitet sich die Dunkelheit aus, bis der Körper bildlich gesprochen in sich zusammenfällt.

Um sich aus diesem Zustand zu befreien, muss man erkennen, wie sehr man anderen Menschen schadet, wenn man über sie lästert. Dadurch verbreitet man Finsternis unter den Menschen. Durch Erkenntnis und Reue erkennt man den Wert der Wahrheit.

3. Zustand des höheren Selbst in der Finsternis

Der 3. Zustand des höheren Selbst in der Finsternis betrifft den Intellekt, der die Realitäten im Sinne der Finsternis darstellt. Das Thema ist die Lüge und die Verleumdung der Mitmenschen. Die Lüge ist die intellektuelle Rechtfertigung für die Aufrechterhaltung des gemeinschaftlichen Selbst. Die Lästerung stellt das konkurrierende Selbst als negativ und schlecht dar. Auf diese Weise stellt man sich als das bessere gemeinschaftliche Selbst dar.

Diese Dunkelheit ist heute so selbstverständlich, dass sie vielleicht als ärgerlich empfunden, aber nur selten als das erkannt wird, was sie wirklich ist. Die Menschen haben sich an Lüge und Verleumdung gewöhnt und damit auch an die Finsternis.

Viele Menschen identifizieren sich über materielle Dinge. Vor allem bei Luxusmarken geht es oft nicht um die Qualität, die den höheren Preis rechtfertigen würde, sondern um die elitäre Gemeinschaft jener Menschen, die das Produkt benutzen. Die Menschen zahlen, um zu dieser Gemeinschaft zu gehören, und sie tragen die Lügen mit. Das zeigt sich, wenn ein Autohersteller über den Benzinverbrauch lügt, wenn viele Unternehmen der Bekleidungsindustrie bei der Produktion das Leid von Menschen in Kauf nehmen oder wenn ein luxuriöses Leben nur möglich ist, weil ganze Menschengruppen durch wirtschaftlichen Zwang versklavt werden. Ein großer Teil des Marketings besteht darin, Unwahrheiten als wahr zu verkaufen oder zumindest so abzuschwächen, dass das Gewissen der Menschen nicht mehr reagiert. Je länger dies praktiziert wird, desto abgestumpfter werden die Menschen.

Es erübrigt sich fast, darüber zu schreiben, wie sehr politische Gruppierungen ihre eigenen Programme als die beste Möglichkeit und Wahrheit verkaufen. Ganze Gruppen von Menschen sind damit beschäftigt, die inhaltlichen Programme zu beschönigen und als hervorragend darzustellen. Wer sich als Teil einer politischen Gruppe definiert und diese Lügen mitträgt oder gar glaubt, befindet sich in diesem dunklen Selbst. Der Begriff Fake News beschreibt sehr gut die gängige Praxis des Lügens und Verleumdens.

Das Internet und vor allem die sozialen Medien sind voll von Fake News. Mittlerweile produzieren künstliche Intelligenzen Geschichten, Fotos und Filme, die schlichtweg Lügen sind. Durch die technischen Möglichkeiten ist es für die meisten Menschen kaum noch möglich, zu unterscheiden, ob ein Foto wahr oder eine Lüge ist. Demokratische Wahlen werden durch Lügen gewonnen, Menschen durch Verleumdungen in den Ruin getrieben und so weiter. Wer das Internet und die Medienlandschaft etwas aufmerksamer beobachtet, dem fällt vieles auf. Diese Welt der Lügen gleicht einem Tummelplatz für Dämonen. Mit jeder Lüge wird ein Keim gelegt, der die Welt ein Stück dunkler macht.

Dieser Zustand der Dunkelheit beginnt immer dann, wenn Menschen sich mit einem größeren Bewusstsein identifizieren und die Mittel, dieses aufrechtzuerhalten, Lüge und Verleumdung sind. Dieses dunkle Selbst kann sich auch in einer Partnerschaft ausdrücken. Wenn jemand seinen Partner schlecht behandelt, dann ist das keine gute Beziehung. Wenn die Lüge aufrechterhalten wird, dass es eine gute Beziehung ist, dann sind beide in diesem Zustand der Dunkelheit. Das Gleiche gilt für die Familie und für Gemeinschaften in allen Lebensbereichen.

4. *verwaltende Eigenschaft* des höheren Selbst in der Finsternis
Diese *verwaltende Eigenschaft*[52] beeinflusst und drängt die Menschen, ihre Mitmenschen zu bestrafen, die nicht im Sinne ihres höheren Selbst in der Finsternis handeln. Diese *Eigenschaft* des höheren Selbst gleicht einem geistigen Gefängnis, das jeden Versuch der Befreiung bestraft. Welche Folgen dies hat, hängt von den jeweiligen Strukturen ab.

Grundsätzlich definiert die *Eigenschaft* über das höhere Selbst eine Gegebenheit, die als absolut gilt. Ebenso absolut ist die Prägung des Menschen. Sie erfolgt analog zu den 7 *umfassenden Eigenschaften* der 2. Dimension und durchdringt so den Geist des Menschen.

Obwohl sich der Mensch in festen Strukturen der Dunkelheit befindet, fühlt er sich frei. Ebenso fühlt er sich einem Größeren zugehörig und gut.

Es können auch andere Bereiche der Dunkelheit sein, mit denen sich das höhere Selbst identifiziert. Ebenso ist es möglich, dass sich das höhere Selbst mit der Welt der *gefallenen Eigenschaften* identifiziert.

In diesem Zustand befinden sich Erpresser, Unterdrücker, Vergewaltiger und Sklavenhalter. Je stärker die Unterdrückung, desto härter die Substanz der Dunkelheit im Inneren der Menschen.

Die nach dem physischen Tod dort lebenden Menschen werden von außen nach innen bedrängt. Die Bereiche der Unterdrückung sind heller. Das sind die Bereiche der Selbstwahrnehmung der Menschen, die unterdrückt werden. Im Inneren entsteht zunächst ein

---

[52] Der Name dieser 10. *verwaltenden Eigenschaft* als Archon lautet in der Pistis Sophia Xarmaroch. Erscheinung: Sieben Drachenköpfe.

kleiner Bereich der Dunkelheit. Diese Dunkelheit ist jedoch sehr hart und leblos und breitet sich langsam wie ein schwarzer Stein aus.

Die Einsicht und die Reue, anderen Menschen so geschadet zu haben, ist die Voraussetzung, um sich aus diesem Zustand zu befreien. Befreiung ist Empathie und zugleich das Bedürfnis, einem Menschen aus seiner bedrückenden Situation zu helfen.

4. Zustand des höheren Selbst in der Finsternis
Mit dem 4. Zustand wird die Lüge des 3. Zustands zur Realität des Menschen, die nur durch Unterdrückung, Erpressung, Sklaverei und andere Verbrechen aufrechterhalten werden kann. Man kann sich das so vorstellen, dass die Menschen in einer Lebenswirklichkeit ankommen, in der die Gesetzgebung die Dunkelheit unterstützt und die Gerechtigkeit unterdrückt. Die Menschen in diesem Zustand identifizieren sich mit diesem höheren Selbst und unterstützen es. Sie identifizieren sich mit dem Gefängnis, das sie einsperrt.

Jetzt geht es nicht mehr darum, Menschen durch Lügen zu überzeugen, sondern Menschen durch verschiedene Formen von Gewalt zu zwingen oder zu bestrafen, wenn sie der Lüge nicht mehr folgen. Daraus entstehen die oben genannten Verbrechen.

Man kann sich als Beispiel vorstellen, wie sich jemand mit einem Land identifiziert. Mit dem Nationalbewusstsein tragen die Menschen alle Gesetze mit sich, die zu dieser Gesellschaft geführt haben. Wenn z. B. die Herrscher des Landes verkünden, dass alle Menschen frei sind, obwohl dies nicht der Wahrheit entspricht, dann kann es passieren, dass die Menschen, die die Unwahrheit aufdecken, bestraft werden. Die Lüge von der Freiheit ist Teil des Nationalbewusstseins und wird von den Menschen wider besseres Wissen mitgetragen. Obwohl die meisten Menschen es wissen, verteidigen sie die Lüge.

Wenn eine unabhängige Organisation einen Armutsbericht über ein Land veröffentlicht – vorausgesetzt, er entspricht der Wahrheit –

und die Machthaber akzeptieren ihn nicht, dann gibt es offiziell keine Armut. Die Menschen verschließen die Augen und nehmen es hin.

Wenn eine Organisation aus eigener Überzeugung Verbrechen an anderen Menschen begeht, dann sind sie auch Teil dieser Dunkelheit.

Vor allem in der organisierten Kriminalität findet sich dieses Selbst der Finsternis. Wer der Finsternis gegenüber illoyal ist, wird bestraft.

Dieses höhere Selbst in der Dunkelheit beginnt in der Partnerschaft oder in der Familie, wenn eine Lüge aufrechterhalten wird und derjenige, der sie aufdeckt, mit Strafe rechnen muss.

Es gäbe unzählige Beispiele. In vielen Ländern werden Menschen jahrelang eingesperrt, wenn sie die Wahrheit sagen.

Vor allem in den Religionen kann man Bestrafungen beobachten, wenn Mitglieder oder Priester der Religion nicht den Dogmen folgen. Noch ausgeprägter ist dies in Ländern, in denen eine Religion die Gesetze beeinflusst oder sogar definiert.

Je nachdem, ob es sich um ein Land, eine Gruppe oder eine Religion handelt, zeigt sich das höhere Selbst auf unterschiedliche Weise. Allen gemeinsam ist die Strafe, wenn jemand die Lüge nicht mehr mitträgt. Diese Strafe wird dann zum Verbrechen.

Die von Menschen gemachten Gesetze auf der Erde dienen in erster Linie den Herrschern und dem Geld, egal ob es sich um eine kriminelle Organisation, einen Konzern, eine Religion oder ein Land handelt. Die Herrscher eines Landes sind nicht nur die Politiker, sondern vor allem die Geldelite. Die Herrscher einer Religion sind die Priesterschaft und die dahinter stehende *umfassende Eigenschaft* der Religion. Die Weltreligionen gehören auch zu den reichsten Organisationen der Erde. Die Gesetze einer Gesellschaft dienen in erster Linie dem Geld.

Alle diese Machtstrukturen erwarten oder verlangen, dass sich die Menschen mit ihnen identifizieren. Sei es als Amerikaner, Chinese, Deutscher oder Japaner oder als Christ, Moslem, Hindu oder Buddhist. Der 4. Zustand des höheren Selbst in der Dunkelheit ist die Identifikation mit einem höheren Selbst in der Dunkelheit mit der gleichzeitigen Annahme aller darin existierenden Gesetze.

5. *verwaltende Eigenschaft* des höheren Selbst in der Finsternis
Diese *verwaltende Eigenschaft*[53] prägt die Menschen, die Dunkelheit zu absorbieren und zu verinnerlichen. Gleichzeitig vermittelt sie die Illusion von Freiheit. Diese entsteht dadurch, dass sich die Menschen innerhalb des jeweiligen höheren Selbst ungehindert bewegen können. Wer z. B. alle Inhalte eines Nationalbewusstseins assimiliert hat, bewegt sich ungehindert durch die physische und geistige Realität eines Landes. Dies wird als Freiheit interpretiert.

Im Grunde geht es darum, dass die Menschen, je mehr sie die Dunkelheit in sich aufnehmen, sich mit der Dunkelheit identifizieren. Wie bei der 4. *Eigenschaft* des höheren Selbst in der Dunkelheit wirkt auch der Einfluss der 5. *Eigenschaft* über die 7 *umfassenden Eigenschaften* der 2. Dimension.

Die Aufnahme der Dunkelheit ohne Unterscheidung ist wie ein unkontrolliertes Verschlingen von Dunkelheit. Jemand ist zum Beispiel in einem schmutzigen, dunklen Raum und nimmt alles in sich auf. Unkontrollierte Völlerei ist ein Ausdruck dieser Dunkelheit.

Diese Menschen stopfen sich ständig mit geistigen Substanzen voll. Jede Zufuhr von Substanzen ist ein helles Aufflammen im Körper. Die Menschen werden bildlich gesprochen immer dicker. Gleichzeitig entsteht im Hintergrund eine Dunkelheit, die immer mehr in den Vordergrund dringt, bis sie ganz sichtbar wird.

---

[53] Der Name dieser 11. *verwaltenden Eigenschaft* als Archon lautet in der Pistis Sophia Rochar. Erscheinung: Sieben Katzenköpfe.

Zur Befreiung gehört die Erkenntnis, dass man unterscheiden muss, welche Substanzen man aufnimmt. Die Befreiung selbst enthält diese Unterscheidung.

5. Zustand des höheren Selbst in der Finsternis

Im 5. Zustand leben diese Menschen in Verbindung mit dem höheren Selbst in Einheit mit der Dunkelheit, die sie umgibt. Die Dunkelheit wird nicht nur ein Teil des Lebens, sondern der Lebensraum selbst. Die Dunkelheit wird unkontrolliert konsumiert. Dies betrifft nicht nur die physische Nahrung, sondern vor allem die Inhalte des höheren Selbst in der Finsternis.

Wenn z. B. in einem Land die Presse zensiert oder konterkariert wird und die Menschen, die sich mit diesem Land identifizieren, diese Nachrichten als Wahrheit akzeptieren, dann konsumieren sie unkontrolliert die vorgegebenen Inhalte. Das höhere Selbst des Landes hat die Menschen bereits so assimiliert, dass ein Denken außerhalb der Vorgaben nicht mehr oder kaum noch möglich ist. Die mit dem 3. Zustand verbundene Lüge wird durch den 4. Zustand durchgesetzt. Im 5. Zustand ignorieren die Menschen die Lügen oder wissen nicht mehr, dass es Lügen sind. Mit der Aufnahme der Inhalte des Nationalbewusstseins wird der Mensch sozusagen zur Zelle eines größeren Raumes.

Nun hat das höhere Selbst in der Dunkelheit mehr oder weniger freie Hand. Die Menschen werden dazu verführt, Dunkelheit zu konsumieren. Sie gleichen einer Herde von Tieren, die zum Futtertrog der Dunkelheit geführt werden. In Wirklichkeit sind sie selbst das Futter, das die Dunkelheit nährt. Die Substanz des menschlichen Bewusstseins ist die Nahrung der Finsternis.

Sie selbst aber fühlen sich, so absurd das klingen mag, frei. Wer als Teil des Bewusstseins eines Landes die Entscheidungen der Finsternis der politischen und wirtschaftlichen Elite mitträgt, nährt nicht nur die Finsternis, sondern ist auch mitverantwortlich für sie. Wenn ein Land einen Krieg beginnt, wenn die Reichen immer reicher und die Armen immer ärmer werden, wenn Ungerechtigkeiten in der Ausübung des Rechts geschehen, dann sind das alles Beispiele der Dunkelheit, die zum Leben vieler Menschen gehören.

Vor allem in den Religionen kann man die Auswirkungen dieses höheren Selbst in der Dunkelheit erkennen. Da ist zum Beispiel die stillschweigende Akzeptanz von Millionen Gläubigen, wenn eine kleine Minderheit im Namen des Gottes der Religion Terroranschläge verübt. Durch diese passive Zustimmung wird nicht nur die Gewalt Teil des größeren Selbst der Religion. Die Menschen tragen sie mit, wenn sie sich mit der Religion identifizieren.

Millionen von Menschen wurden und werden im Namen einer Religion, im Namen der Gottheit einer Religion gefoltert und getötet. Natürlich ist es die Gottheit als *umfassende Eigenschaft*, die die Menschen beeinflusst. Viele dieser *umfassenden Eigenschaften* haben ein großes Bedürfnis – nämlich ihren Machtbereich auszudehnen. Diese Blindheit der Menschen gegenüber der Finsternis einer Religion ist Teil des 5. Zustands. Durch ihn nehmen die Menschen immer dunklere Ereignisse hin. Auch in vielen esoterischen Gruppen wird die Finsternis unterschiedslos akzeptiert.

Auch der 5. Zustand beginnt im Kleinen, wenn sich 2 Menschen oder eine Familie über ein gemeinsames höheres Selbst der Dunkelheit identifizieren.

Im physischen Körper zeigt sich dies als Völlerei, d. h. als unkontrollierte Aufnahme von Nahrung und Genussmitteln.

Die geistige Völlerei ist die unkontrollierte Aufnahme der Lüge und damit der Finsternis. Dadurch gerät der Mensch immer tiefer in die Dunkelheit.

6. *verwaltende Eigenschaft* des höheren Selbst in der Finsternis

Diese *verwaltende Eigenschaft*[54] prägt die Menschen dahingehend, ihre Mitmenschen zu bespitzeln und zu überwachen. Es geht ihr darum, dass das höhere Selbst bestehen bleibt und die Menschen weiterhin Gefangene bleiben. Wenn es notwendig ist, auf andere Menschen einzuwirken, suggeriert die *verwaltende Eigenschaft* den Vertreter des höheren Selbst, ihren Einflussbereich ausdehnen. Auch sie wirkt u.a. über die 7 umfassenden *Eigenschaften* auf den Menschen ein.

Diese *Eigenschaft* bewahrt vor allem die Inhalte des höheren Selbst. Besteht die Gefahr, dass sich jemand abwendet, so initiiert sie Ereignisse, die ihn davon abbringen können. Oft sind es andere Menschen, die sich ebenfalls in diesem höheren Selbst befinden und zum Handeln gedrängt werden. Vor allem die Repräsentanten des jeweiligen höheren Selbst sind dazu angehalten, zunächst mit Argumenten und, wenn nötig, mit Taten zu überzeugen.

Nach dem Tode sind die Menschen unter dem Einfluss dieser *Eigenschaft* bewegungslos, wie tot. Ihr Körper ist von einer hellen Substanz umhüllt und sie befinden sich in einem Zustand der Regungslosigkeit und reuelosen Selbstaufgabe. Später wird der Zustand der Selbstaufgabe normal. Unter der hellen Oberfläche wächst die Dunkelheit, die erst grau, dann schwarz den ganzen Körper durchdringt.

Diese Erkenntnis birgt in sich die tiefste Reue darüber, das Licht nicht finden zu wollen. Gleichzeitig hat man ein leichtes Gefühl der Freude, wenn man sich vorstellt, auf der Suche nach dem Licht zu sein. Das Interesse wächst.

---

[54] Der Name dieser 12. *verwaltenden Eigenschaft* als Archon lautet in der Pistis Sophia Chremaor. Erscheinung: Sieben Hundeköpfe.

6. Zustand des höheren Selbst in der Finsternis

Durch den 6. Zustand nehmen die Menschen eine hierarchisch höhere Position innerhalb des Gruppenbewusstseins ein. Sie sind selbst zu Repräsentanten und Dienern dieses höheren Selbst in der Finsternis geworden. Ihr Bestreben ist es, das höhere Selbst zu schützen und im Sinne der Dunkelheit zu verändern.

In diesem Zustand befinden sich auch jene Menschen, die kein Interesse an Entwicklung haben und keine Reue darüber empfinden. Ihr Blick ist nur auf die physische Welt gerichtet. Auch sie selbst bestehen nur aus Dunkelheit. Sie haben sich entschieden, in der Dunkelheit zu bleiben. Gleichzeitig haben sie aufgegeben.

Wenn zum Beispiel eine Religion das höhere Selbst definiert, dann befinden sich diese Priester, die sich vorbehaltlos damit identifizieren, in diesem Zustand. Sie stellen die Interessen der Religion über die Interessen der Menschen. Wenn es notwendig ist, Menschen durch Lügen, Verbrechen bis zum Mord an eine Religion zu binden, dann handeln diese Priester in dieser Weise.

Im Christentum finden sich in der Geschichte bis heute viele Beispiele. Dazu gehören die Folterungen und Ermordungen von Frauen und Männern, das betrifft die sogenannten Hexenverbrennungen ebenso wie die Unterdrückung der Wissenschaften, die Lüge vom Ablass, wenn Menschen bezahlen, um von ihren Sünden erlöst zu werden, bis hin zur Entwicklung der christlichen Kirchen zu milliardenschweren Konzernen mit schier undurchschaubaren Konstrukten von Banken und Bistümern. In manchen Ländern, in denen der Islam Staatsreligion ist, werden Menschen im Auftrag der Geistlichkeit gefoltert und ermordet, weil sie der Religion widersprechen. Ähnliche Beispiele gibt es in vielen Religionen.

Im 12. Zustand haben die Menschen die Finsternis schon so in sich verinnerlicht, dass ein Zweifel ausgeschlossen ist. Wie sehr die Finsternis in den Menschen wirkt, zeigt sich schon daran, dass die

Priesterschaft wirklich glaubt, im Sinne eines gütigen Gottes zu handeln.

Das gilt natürlich auch für die Politiker und Herrscher der Länder, wenn sie diese Menschen, die nicht dem höheren Selbst in der Finsternis angehören, physisch oder geistig verfolgen. Dabei kann es sich um eine kapitalistische, kommunistische, religiöse oder monarchistische Ideologie handeln. Immer sind die Menschen wie Herdentiere, die sich dorthin bewegen, wohin sie von den Hütern getrieben werden.

Ein weiteres Merkmal des 12. Zustands ist, dass sich die Menschen diffamieren. Sie bestrafen sich gegenseitig, wenn sich jemand nicht an die Regeln des Landes hält. Das fängt an, wenn schon kleine Vergehen von den Mitmenschen denunziert werden, und endet, wenn jemand wegen Verrats im Gefängnis landet oder gar hingerichtet wird.

Dieser Zustand des höheren Selbst hat in der Finsternis das verwirklicht, wohin die Finsternis strebt. Hier findet man diese Gesellschaft, in der die Menschen sich selbst im Sinne der Finsternis überwachen.

Man kann diese Dunkelheit sehr gut in einer Autokratie oder einer Diktatur erkennen, wenn Meinungsfreiheit nicht möglich ist. Diese Dunkelheit wirkt aber auch dort, wo Menschen indirekt mit Konsequenzen rechnen müssen.

Das Internet ist auch zu einer Überwachungsplattform geworden. Natürlich geht es unter anderem um die Überwachung der Menschen von politischer Seite. Das Erschreckende ist, dass die Menschen sich selbst überwachen und sich gegenseitig einschränken. Für viele Menschen hat es private und berufliche Konsequenzen, wenn sie online diffamiert werden.

In jeder Familie gibt es in der Regel eine Person, die als Hüter des Familiengeistes fungiert. Folgt ein Familienmitglied nicht den Vorgaben des Familiengeistes, der das höhere Selbst einer Familie definiert, so entsteht Widerstand bei den anderen Familienmitgliedern, der sich in unterschiedlicher Weise äußern kann.

Diese Dunkelheit des 6. Zustands findet man in allen Lebensbereichen in unterschiedlicher Ausprägung. Es sind immer Gefängnisse der Dunkelheit.

Das Leben im Universum

Im Spannungsfeld zwischen
Zeit und Raum

Mit der Geburt im physischen Körper beginnt das Leben auf der Erde. Über ihn erfährt der Körper des individuellen Mensch-Bewusstseins das Leben im Universum. Zwischen dem Universum und dem physischen Körper besteht eine direkte Verbindung.

Der Raum des Universums definiert sich über die 8. Dimension. Das bedeutet, dass der Raum die Zeit beherrscht. Das Bewusstsein des Menschen ist an die Zeit der 4. Dimension gebunden. Durch diese Bindung ist die Veränderung des Lebens durch die Zeit ein Gesetz. Wäre das Bewusstsein nur an die 8. Dimension gebunden, gäbe es keine Veränderung. Selbsterkenntnis und damit Entwicklung wären unmöglich.

Der physische Körper ist das Ergebnis der Verbindung dieser beiden Dimensionen. Er reagiert auf die physikalischen Gesetze des Universums durch die Zeit der 4. Dimension und den Raum der 8. Dimension. Zum Beispiel bewirkt die Bindung an die Zeit durch die 4. Dimension den Alterungsprozess des physischen Körpers.

Das bekannte Universum ist nicht das einzige Universum, in dem der Mensch inkarniert. Im nächsthöheren Universum ergibt sich die Beschaffenheit des Körpers aus der Verbindung der 8. Dimension, die weiterhin den Raum bildet, mit der 5. Dimension. Die physikalischen Gesetze des Universums sind in ihrer Ursache grundsätzlich identisch. Der Unterschied besteht darin, dass der physische Körper der 5. Dimension vollkommen anders auf das Universum reagiert. Gedanken und Gefühle, um nur ein Beispiel zu nennen, wirken sich viel direkter und schneller auf den Körper aus.

Im nächsten Universum bildet der Geist der 6. Dimension zusammen mit dem Geist der 8. Dimension den physischen Körper des Menschen. Auch hier bleiben die physikalischen Gesetze in ihrer Ursache identisch. Durch den mit der 6. Dimension verbundenen Körper führen die Menschen auch dort ein gänzlich anderes Leben.

Schließlich gibt es in den niederen Dimensionen das Universum der 7. Dimension. Auch dieses Universum basiert auf den Gesetzen des Raumes der 8. Dimension, wobei das Bewusstsein an die 7. Dimension gebunden ist.

In jedem der 4 Universen oder Lebenswelten reagieren die physischen Körper auf unterschiedliche Weise auf die Gesetze des Universums.

Nach dem Tod und vor der Geburt

Nach dem Tod des physischen Körpers geht jeder Mensch nach innen, in sein inneres All. Die Erfahrungen dort sind nicht an Zeit und Raum gebunden. Jeder Mensch konfrontiert sich dort mit sich selbst. Es kommt vor, dass die subjektiv erlebte Dauer durch die Menge und Intensität der Erlebnisse mehreren Jahrzehnten irdischer Zeit entspricht.

Dies ist keine Belohnung oder Bestrafung für ein positives oder negatives Leben, sondern die Konsequenz des eigenen Lebens.

Es ist wie eine Zwischenwelt, in der man sich befindet. In ihr identifiziert sich jeder Mensch mit dem Körper des individuellen Mensch-Bewusstseins.

Die 3 Körper des individuellen Bewusstseins, der individuellen Eigenschaften und der individuellen Korrektur lösen sich vom Mensch-

Bewusstsein und bilden im inneren All den subjektiven Raum. Die *Eigenschaften* in diesem Raum sind genau jene *Eigenschaften*, mit denen man sich im Leben identifiziert hat.

War es das niedere Selbst, so konfrontiert sich der Mensch mit den *Eigenschaften* des niederen Selbst. Dasselbe gilt für das höhere Selbst. Im Mensch-Bewusstsein erfährt man es unmittelbar und ohne Distanz. Durch den subjektiven Raum wird man mit den *Eigenschaften* konfrontiert, die man im Leben gelebt hat.

Der Maßstab für die innere Auseinandersetzung ist ein Bewusstsein in der 9. Dimension. Dabei handelt es sich jedoch nicht um die Vorgabe einer höheren Macht, sondern um eine *höhere Eigenschaft*, die in jedem Menschen vorhanden ist. Umgangssprachlich könnte man sie als innere Richterin bezeichnen. Über diese innere Instanz urteilt der Mensch über sein eigenes Leben. Durch die 9. Dimension erlebt er diese Konfrontation mit den *Eigenschaften* der niederen Dimensionen aus einer völlig anderen Realität.

Im Namen einer religiösen oder nationalen Ideologie fügen Menschen ihren Mitmenschen auf der Erde oft großes Leid zu. Dadurch, dass sie sich ihr unterwerfen, bestimmen sie die Religion oder die Nation als regulierende Instanz. Durch diese Regulierung haben sie kein schlechtes Gewissen. Das Leid, das sie verbreitet haben, belastet sie oft nicht. In der Zwischenwelt gibt es diese regulierenden Instanzen dagegen nicht. Keine Religion, keine Nation rechtfertigen das eigene Handeln. Man erfährt es als das, was es im inneren All ist und was in den einzelnen Körpern gespeichert ist. Die Realität des eigenen Handelns zu erfahren, kann sehr schmerzhaft sein. Man erlebt sie dann als Dunkelheit, Zerstörung und vieles mehr.

Die subjektiv erlebte Dauer hängt von 2 Faktoren ab. Der 1. Faktor ist die eigene Entwicklung. Wer z. B. mit einem hohen Bewusstsein Leid verbreitet hat, erlebt die Konfrontation schmerzhafter, da er schon in seinem Leben wusste, was er anrichtet. Der 2. Faktor ist die innere Erkenntnis des eigenen Handelns, das Eingeständnis und die damit verbundene Reue. Diese Reue ist keine Reue im Sinne einer Religion, sondern folgt automatisch aus der Erkenntnis dessen, was man seinen Mitmenschen und sich selbst angetan hat. Jemandem Leid zuzufügen, ist ein unbeschreiblicher Verrat an sich selbst als Mensch.

Die Orte im inneren All, an denen man sich befindet, sind die jeweiligen Dimensionen. Wer jemanden getötet hat, geht durch die Instanzen der Dimensionen in die Dunkelheit der 1. Dimension. Die Konfrontation dauert so lange, bis der Mensch das Leid, das er verbreitet hat, erkennt und sich dies eingesteht. Das kann im subjektiven Erleben eine Stunde oder aber Jahrzehnte dauern.

Es gibt Menschen, die viele Jahrzehnte in der Dunkelheit verbringen, bevor sie sich die eigene Dunkelheit eingestehen.

Je dunkler die eigenen Taten, desto schmerzhafter die Konfrontation, je positiver das Leben, desto leichter die Konfrontation.

Um es noch einmal zu betonen: Das Eingeständnis erfolgt nicht im Angesicht einer höheren Instanz, sondern vor sich selbst.

Im Gegensatz zu den anderen 3 Körpern löst sich der Körper des individuellen Geistes nach dem Tod vom Menschen. Er wird selbst zu einer *verwaltenden Eigenschaft*, mit der man sich auseinandersetzen muss.

Vor der Inkarnation, in einem neuen Körper in einem Universum, steht der Mensch vor dem oben erwähnten Bewusstsein der 9. Dimension. Diese innere Instanz bestimmt, in welchem Universum und mit welchem Körper der Mensch inkarniert. Wenn er ein durchschnittliches und grundsätzlich positives Leben geführt hat, wird er wahrscheinlich im Universum der 5. Dimension inkarnieren. Wer sein höheres Selbst in seiner positiven Ausprägung verwirklicht hat, wird sich im Universum der 6. Dimension verkörpern.

Hat jemand das Bewusstsein der 9. Dimension verwirklicht, wird die neue Lebenswelt das Universum der 9. Dimension. Gehört sein Bewusstsein der 10. oder 12. Dimension an, dann inkarniert diese Person dort.

Sehr viele Menschen inkarnieren jedoch erneut im Universum der 4. Dimension. Das hängt damit zusammen, dass sie sich ganz einer Religion oder Nation unterworfen haben.

Ein Beispiel: Wer an eine Religion und ihre Autoritäten glaubt und danach lebt, hat sich zugleich der Regulierung durch die Religion unterworfen. Nach dem physischen Tod setzt er sich, wie jeder andere Mensch auch, mit den Qualitäten seines Lebens auseinander. Ist dies geschehen, tritt er vor die innere Instanz der 9. Dimension. Oftmals inkarniert er sich dann erneut in diesem Bereich.

Der Unterschied besteht jedoch darin, dass der Körper des individuellen Mensch-Bewusstseins die Erfahrungen in der Zwischenwelt gemacht hat. So kann es z. B. vorkommen, dass Menschen in einer Kultur, einer Religion oder einem Land aufwachsen, in denen sie sich fremd fühlen und sich im Laufe ihres Lebens davon lösen.

In diesem Kreislauf der Inkarnationen bewegen sich die Menschen so lange, bis sie das Bewusstsein der 9., 10. oder 12. Dimension verwirklicht haben. Dann gelangen sie in die Welt dieser Dimension.

Die Verkörperungen in den Welten der niederen Dimensionen
In jedem der niederen Universen verkörpert sich ein anderer Körper, durch den sich das individuelle Mensch-Bewusstsein erfährt.

In der Lebenswelt der 7. Dimension ist der physische Körper gleichzeitig der Körper des individuellen Bewusstseins, in der Lebenswelt der 6. Dimension folgt der physische Körper dem Körper des individuellen Geistes, in der Lebenswelt der 5. Dimension ist es der Körper der individuellen Eigenschaften und auf der Erde, in der

Lebenswelt der 4. Dimension ist es der Körper der individuellen Korrektur.

Die Ordnungen des bekannten Universums

Auf der Erde und damit im bekannten Universum inkarniert der Mensch in einer Welt mit 12 Raum-Bewusstseinen[55], die das menschliche Zusammenleben im Körper definieren. Diese sind das Individuum selbst, die physische Familie, die Gemeinschaft und die Gesellschaft. Wer sich über eine Nation definiert, erfährt sich als individuelles Wesen z. B. über das 10. Raum-Bewusstsein. Jedes dieser 12 Raum-Bewusstseine ist ein individuelles Bewusstsein, über das sich ein Mensch mit seinem Mensch-Bewusstsein identifiziert. Bei manchen Menschen überwiegt das 1. Raum-Bewusstsein, bei anderen das 2. Raum-Bewusstsein und so weiter. Diese Raum-Bewusstseine definieren die Individualität des menschlichen Selbst im Universum. Es gibt auf der Erde kaum stärkere Bindungen. Grundsätzlich braucht es die Erkenntnis aller 12 Raum-Bewusstseine, um sich davon lösen zu können.

Ein Bereich der Dunkelheit auf der Erde betrifft 12 *verwaltende Eigenschaften* des individuellen Geistes[56]. Diese *Eigenschaften*, die viele Menschen für Licht halten, gehören zur Dunkelheit, angefangen bei den Qualitäten der Natur bis zu den Qualitäten der Dunkelheit und dem vermeintlichen Licht der Religionen und esoterischen Lehren.

Die Vorstellungen der allermeisten Menschen von einem Teufel oder Dämon entsprechen nicht den Gesetzen des inneren Alls. Je nach religiöser oder esoterischer Vorstellung haben diese Figuren un-

---

[55] Die Häuser im astrologischen Horoskop sind ursprünglich die Raum-Bewusstseine des Universums. In der Pistis Sophia werden sie die 12 Äonen der Sphära genannt.

[56] Diese Ordnung trägt in der Pistis Sophia den Namen Amente.

terschiedliche Merkmale. Auch die Vorstellungen von Heiligen, Propheten und spirituellen Meistern der Vergangenheit sind Imaginationen.

Diese Ideen werden durch die 12 *verwaltenden Eigenschaften* zur geistigen Realität. Deshalb ist es wichtig, sie zu erkennen.

Die fehlende Tiefe kompensiert der Geist durch die Dichte des Erlebens. Diese Dichte zeigt sich unter anderem in starken Gefühlen und Emotionen. Es herrscht der Glaube, dass je stärker die Emotion, desto wahrer die Erfahrung. Diese Überzeugung betrifft das ganze Leben. Vor allem in Verbindung mit den Nationen, Religionen und esoterischen Lehren findet sich dieser Mechanismus. Intensive Erlebnisse, die als Licht oder Dunkelheit gedeutet werden, gelten als wahrhaftige oder spirituelle Erfahrungen. Meist wird dies mit Musik oder anderen emotionssteigernden Mitteln verbunden. Man findet dies bei weltlichen Veranstaltungen ebenso wie in den meisten Tempeln der Welt.

Ein weiterer Bereich des Universums wird durch *Eigenschaften* definiert, die zu keiner Dimension des inneren Alls gehören. Sie sind gewissermaßen von innen nach außen gefallen und beeinflussen den Menschen dahingehend, sich vom Menschsein der 5 Körper und 13 Dimensionen zu trennen. Die Trennung ist nicht möglich, da die höchste Instanz des Menschseins das Bewusstsein ist, das seinen Ursprung im Inneren hat.

Die Beeinflussung bewirkt jedoch, dass sich viele Menschen vom Menschsein distanzieren und in den geistigen Bereich der *gefallenen Eigenschaften*[57] begeben.

Der Platz im inneren All, den dieser geistige Bereich im Universum einnimmt, ist der leere Raum zwischen dem Unterbewusstsein und

---

[57] In den abrahamitischen Religionen nennt man die *gefallenen Eigenschaften* gefallene Engel.

dem Bewusstsein der 2. Dimension. Dort befinden sich diese *gefallenen Eigenschaften* und verhindern zugleich die Erkenntnis der im Unterbewusstsein wirkenden *Eigenschaften* der Dunkelheit. Statt der Erkenntnis fördern und suggerieren sie die Beherrschung des Geistes.

Diese Beherrschung erschwert gleichzeitig, dass die *negativen Eigenschaften* der 2. Dimension auf den Menschen einwirken können. Durch die Beherrschung der Gefühle, des Willens und vieler anderer geistiger Qualitäten verhindert man, dass das Bewusstsein die Dunkelheit der 2. Dimension erfährt. Dies ist eine Erfahrung, die viele Menschen in diesem Bereich machen.

Das Problem ist, dass sie sich durch Konzentrationsübungen und geistige Praktiken zunehmend mit dem Körper des individuellen Geistes identifizieren. Dies hat zur Folge, dass sich das Bewusstsein immer mehr an die Oberfläche des Körpers des individuellen Geistes begibt.

Selbsterkenntnis wird so nahezu unmöglich. Auch diese Menschen unterwerfen sich einer Instanz aus diesem geistigen Bereich. Sie liefern sich ihr aus und erleben das Schicksal als bewussten und vorgesehenen Eingriff in ihr Leben.

Das Hauptmerkmal der Menschen in diesem geistigen Bereich ist, dass sie versuchen, eine wie auch immer definierte Form der Vollkommenheit ohne Selbsterkenntnis zu erlangen. Die Definitionen sind von Ideologie zu Ideologie verschieden. Ideen werden als Licht imaginiert, wie es sich der Körper des individuellen Geistes vorstellt.

Strömungen dieser geistigen Praxis finden sich in allen Religionen. Am bekanntesten ist eine Praxis, die den Menschen die Befreiung des Geistes durch die Schulung des Geistes suggeriert. Sie streben folglich eine immer ausschließlichere Identifizierung mit dem Geist an. Dies kommt dem Versuch gleich, sich vom Menschsein zu befreien.

Bei allen diesen Praktiken geht es darum, die *gefallenen Eigenschaften* dieses geistigen Bereichs zu verinnerlichen. Sämtliche Qualitäten dienen grundsätzlich der Steigerung der persönlichen geistigen Stärke, Macht und Kraft. Es ist wichtig, die *gefallenen Eigenschaften* dieses Bereichs zu erkennen. Die ihnen innewohnende Kälte und Glätte sind sehr groß.

Die Schwierigkeit besteht darin, dass es mittlerweile eine unüberschaubare Fülle von Methoden der geistigen Selbstoptimierung gibt, die den Menschen in diesen Bereich führen oder zumindest in seine Nähe bringen.

Am bekanntesten ist die Methode des sogenannten positiven Denkens. Dabei geht es nicht um positive Gedanken, sondern um Gedanken, welche die Verwirklichung persönlicher Wünsche und Vorstellungen fördern. Entwickelt der Mensch über längere Zeit die Macht und Kraft des individuellen Geistes, kann er sogar etliche *gefallene Eigenschaften* dieses Bereiches beherrschen und für seine Wünsche einsetzen.

Viele dieser Menschen arbeiten z. B. als Geistheiler oder versuchen auf andere Weise, Menschen zu helfen. Durch diese positive Arbeit sind sie natürlich überzeugt davon, im Sinne einer höheren Wahrheit zu leben und zu handeln. Es ist nicht leicht, in der Dunkelheit die umfassende Bindung zu erkennen.

Es gibt in diesem Bereich der *gefallenen Eigenschaften* 4 in der Esoterik und in den spirituellen Lehren sehr bekannte *Eigenschaften*: die 4 Elemente Feuer, Wasser, Luft und Erde.

Grundsätzlich handelt es sich um die in der Natur vorkommenden 4 Elemente. Durch die Verwendung dieser Elemente als geistige Parameter, die ihre Existenz in der Natur des Universums haben, verknüpft man den Menschen mit der physischen Lebenswelt des Universums.

Dies hat zur Folge, dass die Inhalte der Körper mit den Elementen verbunden werden. Geistige Qualitäten oder Charaktereigenschaften werden den Elementen analog definiert. Ebenso wird eine innere Harmonie im Sinne eines Gleichgewichts der Elemente angestrebt.

Aus den Elementen, die nur in der Natur vorkommen, werden geistige Qualitäten, die getrennt von der Natur im Bereich der *gefallenen Eigenschaften* ein Eigenleben führen und Parameter der analogen Betrachtungen sind.

Diese Art der geistigen Beschäftigung hat tiefere Ursachen, die mehr als 13.000 Jahre zurückliegen. Damals kam es zu einer Zeitenwende, durch welche die Regulierung durch die 7. Dimension begann.

Auch bei den Elementen begann eine Form der freiwilligen Unterwerfung. Als geistige Größen im Bereich der *gefallenen Eigenschaften* schränkten sie das Menschsein immer mehr ein. Durch die Elemente geriet der Mensch immer mehr in die Oberflächlichkeit. Daraus entstanden jene geistigen Lehren, die heute der Magie zugeordnet werden.[58]

Einen Höhepunkt dieser geistigen Beschäftigung erlebten die Menschen im alten Ägypten. Dort und parallel dazu in anderen Kulturen begann man, die 4 Elemente als Ursubstanzen des Lebens zu definieren. Eigentlich sind es nur Erscheinungen in der Natur, die im Bereich der *gefallenen Eigenschaften* zu geistigen Kräften erhoben wurden. Die 4 *gefallenen Eigenschaften* der 1. Hierarchie[59] agieren unter anderem mit den Kräften der 4 Elemente.

---

[58] Schreibe ich über Magier, meine ich immer zugleich auch Kabbalisten und Tantriker. Ein Kabbalist agiert ebenso wie ein Tantriker schöpferisch durch das Wort.

[59] In der magischen Tradition tragen diese 4 gefallenen Engel die Namen Luzifer, Satan, Leviathan und Belial.

Die Bindungen des Lebens

Ein weiterer wichtiger Bereich auf der Erde sind die unzähligen Themen des Lebens auf der Erde. Dazu gehören sämtliche Berufe mit den entsprechenden Gegenständen oder Dienstleistungen, alle Möglichkeiten sozialer Kontakte von der Partnerschaft bis zu gesellschaftlichen Gruppen, alle Religionen und Nationen, sämtliche Bereiche der Medizin, der Kunst, der Ernährung, der Natur, der Tierwelt und vieles mehr. Jede Tätigkeit definiert eine *verwaltende Eigenschaft* im Universum, die den Menschen bindet. Sie allmählich zu erkennen und sich von ihnen zu lösen, ist Teil der Befreiung des Bewusstseins.

Die Gesetze der Physik und der Chemie prägen das Leben auf der Erde. Die Gravitation, der alle festen Körper im Universum und damit auch der physische Körper unterliegen, wirkt auch auf den Geist des Menschen. Die Elemente des Periodensystems entstehen in den Sternen und der Mensch besteht aus den Elementen Wasserstoff, Helium und so weiter. Dass z. B. der physische Körper den Gesetzen der Mechanik folgt und der Sehsinn den Gesetzen der Optik, braucht nicht eigens erwähnt zu werden. Dies gilt für alle physikalischen Gesetze, die den Körper betreffen.

Die Komplexität der Einwirkungen physikalischer und chemischer Gesetze auf den Geist ist nahezu unendlich. Es ist kaum möglich, jede einzelne Kraftwirkung des Universums, des Sonnensystems und der Erde auf den Menschen zu analysieren und zu definieren.

Es ist jedoch möglich, die grundsätzliche Wirkung der physikalischen Gesetze auf den Geist des Menschen zu erkennen. Hier geht es um die Verbindung des Menschen mit geistigen Qualitäten, die wie vorgegebene Bahnen den Gesetzen der Physik folgen.

Im inneren All gibt es 2 *verwaltende Eigenschaften*, die diese Verbindung zur Physik und zur Chemie definieren. Es sind dies die verwaltende Eigenschaft der Sonne und die *verwaltende Eigenschaft* des Mondes.

Die Bindung der Familie

Mit der physischen Geburt auf der Erde beginnt sich im inneren All des Menschen eine *umfassende Eigenschaft* zu bilden. Die Körper des individuellen Geistes aller Familienmitglieder, die nach der Geburt dem Kind nahe sind, bilden gemeinsam die *umfassende Eigenschaft* der Familie.

Alle Gedanken und Gefühle binden das Kind in den geistigen Verband der Familie ein. Dies beruht auf der Blutsverwandtschaft, da sich die Menschen mit dem Körper identifizieren.

Diese *umfassende Eigenschaft* besitzt ein Bewusstsein und ihr erstes Bestreben ist es, alle Familienmitglieder innerhalb der Familie zu binden. Dabei geht es nicht darum, ob die Menschen einander mögen oder ob es jemandem durch diese Bindung gut geht. Die *umfassende Eigenschaft* im inneren All der einzelnen Familienmitglieder benötigt die Substanz des Bewusstseins aller Familienmitglieder, um in der gewohnten Weise überleben zu können.

Wenn sich jemand von der Familie trennen möchte oder trennt, reagieren z. B. die Eltern oder Geschwister, indem sie die Position der *umfassenden Eigenschaft* einnehmen. Oft versuchen sie, die Person wieder in den Familienverband einzugliedern. Ist dies nicht mehr möglich, kommt es meist zu einer schwierigen Trennung.

Auch die Großeltern und Eltern spielen eine wesentliche Rolle im inneren All des Menschen. Sie bilden das geistige Fundament des physischen Körpers. Die Verbindung, die man in der DNA erkennen kann, zeigt sich in einer geistigen Verbindung. Die Großeltern und die Eltern sind Personifizierungen der Kraft eines Bewusstseins der 7. Dimension. Die zweite *umfassende Eigenschaft* der 7. Dimension definiert das Bewusstsein, den Intellekt, das Gefühl und den Willen im bekannten Universum. Dementsprechend ist der Einfluss, wenn auch unterbewusst, sehr mächtig. Es braucht die klare Entscheidung, sich davon lösen und befreien zu wollen. Voraussetzung ist ebenso, eine gewisse Stufe der Nüchternheit in sich verwirklicht zu haben.

Es geht nicht darum, dass z. B. der Wille des Vaters der Mutter den Willen des nachgeborenen Menschen prägt. Vielmehr bildet die gesamte Persönlichkeit die Grundlage für den Willen des Enkels. Es hat auch nichts damit zu tun, ob die Großeltern oder Eltern ein positives oder negatives Leben geführt haben. Hinter dem Charakter steht eine grundsätzliche Prägung des Menschen. Das ist die beschriebene geistige Plattform.

Der Einfluss dieser Verwandten auf den Körper und das Leben ist sehr groß. Auch hier geht es nicht darum, sich von den Menschen zu trennen, sondern die Prägung und damit die Bindung zu erkennen und sich davon zu lösen.

Ist man selbst Elternteil, Großvater oder Großmutter, so nimmt man bei den Kindern und Enkelkindern die jeweilige Position ein und bildet mit seiner ganzen Persönlichkeit die jeweilige geistige Plattform.

Nicht nur Familienmitglieder nehmen einen Platz im inneren All ein. Dies tun alle Menschen, je nachdem, wie nah und wichtig sie einem im Leben sind.

Meistens nehmen sie die Position einer sogenannten *aufbereitenden Eigenschaft* ein. Das bedeutet, dass sie im Sinne ihrer eigenen Persönlichkeit auf den Menschen einwirken und ihn entsprechend beeinflussen.

Verlässt z. B. jemand eine Gemeinschaft, der er lange angehört hat, versuchen viele Personen der Gemeinschaft, ihn im Sinne der Gemeinschaft zu beeinflussen. Womöglich kehrt die Person zurück; gelingt dies nicht, wird der Grund für den Austritt in der Person und nicht in der Gemeinschaft gesucht. Ausnahmen sind schwerwiegende Gründe, wie etwa gesundheitliche Probleme. Die *Eigenschaft* wird deshalb als aufbereitend bezeichnet, weil die Gedanken und Gefühle der ausscheidenden Person von den Mitgliedern im Sinne des übergeordneten Bewusstseins der Gemeinschaft aufbereitet werden. Alle diese Bindungsmechanismen wirken im inneren All eines jeden Menschen.

Für die Befreiung ist es wichtig, sie zu erkennen, um sich von den Bindungen lösen zu können. Wofür sich ein Mensch auch entscheidet, es ist und bleibt seine innerste Freiheit.

Die Bindung des Menschen an die Naturwissenschaften

Die *verwaltende Eigenschaft* der Sonne

Die *verwaltende Eigenschaft* der Sonne[60] definiert die Grundgesetze, auf deren Basis die *Eigenschaften* das Leben der Menschen bestimmen und gleichzeitig auf sie Einfluss nehmen können. Diese Gesetze sind die Gesetze der Naturwissenschaften, insbesondere der Physik und der Chemie.

Man kann sich das bildhaft so vorstellen, dass der Mensch bei jeder körperlichen und geistigen Bewegung in einen offenen Raum tritt, in dem die Gesetze der Physik die Ordnung bilden.

Sie bindet den Menschen unmittelbar an diese Ordnung. Gleichzeitig wirken die Gravitation, der Magnetismus, die mechanischen Gesetze, die Zentrifugalkraft, die Gesetze der Optik, die Elemente der Periodentafel und alle anderen Gesetze und bestimmen das geistige Wirken des Menschen in vorgegebenen Bahnen. Für den Menschen ist dies normal und so selbstverständlich, dass jeder Zweifel daran au-

---

[60] Die *verwaltende Eigenschaft* wird in der Pistis Sophia Archon der Sonnenscheibe genannt. Er wurde als Drache beschrieben, der seinen Schwanz in seinem Mund hält und damit einen Kreis bildet. Vier Kräfte ziehen ihn in Gestalt von weißen Pferden. Dieses kreisförmige Symbol bezieht sich auf die Gefangenschaft des Menschen. Symbolisch bewegt er sich im Kreis und bleibt innerhalb der Archonten gefangen. Durch die Jahreszeiten gelangt man in diese Bindung hinein. Der Drache, der sich selbst in den Schwanz beißt, ist auch ein Symbol der Vervollkommnung in eins mit den Archonten.

ßerhalb seiner Vorstellungskraft liegt. Dies gilt für alle Menschen, ganz gleich, ob sie die Gesetze der Physik und Chemie kennen oder nicht.

Das Agieren in eins mit diesen Gesetzen geschieht ohne Vorsatz. Die Menschen handeln körperlich und geistig unschuldig. Die *verwaltende Eigenschaft* verhindert die Möglichkeit der Unterscheidung.

Sie bewirkt auch, dass die *Eigenschaften* auf den Menschen unmittelbar Zugriff erhalten.

In ihr befinden sich darüber hinaus mehrere *Eigenschaften* der Dunkelheit. Diese kommen aus der 8. Dimension. Im Prinzip ist damit gemeint, dass sich der Mensch im Einklang mit den physikalischen und chemischen Gesetzen als geschlossene Einheit entwickeln kann. Diese Form der Entwicklung betrifft die gesamte Persönlichkeit und bedeutet, dass sich die Menschen z. B. in Richtung einer *umfassenden Eigenschaft* verändern, der sie sich unterwerfen.

Die positive Ausrichtung: Der Mensch erfährt durch die positive Ausrichtung einen inneren Halt in seinem Leben. Alle Charakter- und Persönlichkeitsmerkmale wirken im Einklang mit den Naturgesetzen. Dadurch erleben sie die irdischen Lebensbereiche als positiv.

Die negative Ausrichtung: Durch die negative Ausrichtung fehlt den Menschen der innere Halt. Sie können das Leben nicht oder nur schwer bewältigen.

Die *verwaltende Eigenschaft* des Mondes

Die *verwaltende Eigenschaft* des Mondes[61] führt dazu, dass sich die Menschen den *Eigenschaften* des inneren Alls hingeben. Dabei verhalten sie sich naiv wie kleine Kinder, die im Garten spielen. Ihre Naivität ver-

---

[61] Diese *verwaltende Eigenschaft* nennt man in der Pistis Sophia Archon der Mondscheibe. Auch hier wird die Bedeutung in einer symbolhaften Weise beschrieben.

hindert, dass sie erkennen, dass hinter ihrer kindlichen Art, das Leben zu leben, *Eigenschaften* stehen, die jeden Moment des Lebens beeinflussen und lenken. Durch die Aufrechterhaltung der Naivität bleiben die Menschen in der Oberflächlichkeit gefangen.

Magnetisch werden Menschen, ohne es zu wissen, in Richtung verschiedener *Eigenschaften* geführt. Scheinbar nahtlos wechseln sie ihre Gefühle, Gedanken, Qualitäten, Lebensbereiche und Lebensthemen. Ihr Zugang zur Lebenswelt des Universums ist auf unschuldige Weise hingebend. Da sie ihr Leben an der Oberfläche der physischen Welt gestalten, können sie die tieferen Ursachen in den *Eigenschaften* nicht erkennen. Das Wesentliche der Wirkung ist die Aufrechterhaltung der Bindung der Menschen an die *Eigenschaften* durch den Lauf der Zeit. Auf diese Weise organisiert sie die Bindung der Menschen. Gleichzeitig blickt sie über die Zeit des physischen Lebens hinaus.

Diese *Eigenschaft* wirkt zwischen der Naivität in der willentlichen und bewussten Lebensgestaltung und der Hingabe an die physische Realität. Dies betrifft alle männlichen und weiblichen Aspekte des Lebens. Sie handelt sehr direkt und ohne Zögern. Der Mensch wird im Laufe seines Lebens von Lebensthema zu Lebensthema geführt und bindet sich entsprechend an verschiedene *Eigenschaften* der niederen Dimension.

Die positive Ausrichtung: Das Leben verläuft in geraden Bahnen. Die jeweiligen Lebensthemen kommen vermittelt durch die Tradition der Kultur, in der die Menschen leben, an die Oberfläche.

Die negative Ausrichtung: Die negative Ausrichtung bewirkt eine selbstverständliche Bindung der Menschen an die Oberflächlichkeit des Lebens. Das gesamte weltliche und religiös-spirituelle Leben spielt sich auf dieser Oberfläche ab und alle Ereignisse werden als Wille einer höheren Macht erklärt. Diese höhere Macht kann sowohl eine *umfassende Eigenschaft* als auch ein naturwissenschaftliches Gesetz sein.

Die *7 regulierenden Eigenschaften*
der 7. Dimension

Die Prägung des Bewusstseins
Die Persönlichkeit des Vaters des Vaters bildet die Plattform für das Bewusstsein, das aus der 7. Dimension den Menschen prägt.

Die Prägung des Willens
Der Wille des Menschen wird durch die Persönlichkeit des Vaters der Mutter geprägt. Es geht nicht darum, ob der Wille des Vaters der Mutter stark oder schwach ist, sondern um die grundsätzliche Funktion des Willens.

Die Prägung des Intellekts
Die Mutter der Mutter prägt den Intellekt des Menschen. Es geht auch hier nicht darum, wie intelligent oder scharfsinnig die Mutter der Mutter ist oder (sofern sie bereits verstorben ist) war, sondern um die Prägung des Intellekts durch die 7. Dimension.

Die Prägung des Gefühls
Das Gefühl wird durch die Mutter des Vaters geprägt. Auch diese Prägung stammt von der zweiten *umfassenden Eigenschaft* der 7. Dimension und wird im Leben eines Menschen durch die Mutter des Vaters verkörpert.

Die Prägung des Geistes

Die Persönlichkeit des Vaters ist die Plattform für den Geist des Universums, wie er sich in einem Menschen ausdrückt.

Die Prägung der Zeit und des Raums

Die Persönlichkeit der Mutter ist die Plattform für die Ordnung von Zeit und Raum im Universum. Auch die Prägungen der Eltern müssen erkannt werden, um sich davon zu lösen und zu befreien.

Die Selbstregulierung

Jeder Mensch ist in seiner Persönlichkeit von der zweiten *umfassenden Eigenschaft* der 7. Dimension geprägt. Gleichzeitig finden sich die 6 Prägungen der Großeltern und Eltern in einer Person wieder.

Um diese Regulierungen zu erkennen, braucht es die Praxis der 10. Dimension. Dort habe ich die Meditationen genau beschrieben.

Die Ordnung der 12 Raum-Bewusstseine des Universums

1. Raum-Bewusstsein

Das 1. Raum-Bewusstsein definiert die Individualität des Menschen im Universum. Die Individualität, die ein Mensch während seines Lebens auf der Erde als natürlichen Bewusstseinszustand erfährt, wird durch das 1. Raum-Bewusstsein bestimmt.

Wer mit diesem Raum-Bewusstsein verbunden ist, identifiziert sich als Individuum über seine körperliche Existenz.

2. Raum-Bewusstsein

Das 2. Raum-Bewusstsein bildet die Grundlage für das Erleben des unmittelbaren Umfeldes und den direkten Austausch zwischen dem Individuum und anderen Menschen, der Natur sowie des gesamten Universums. Das Erleben des Umfeldes geschieht über Gefühle und die Sinne und betrifft die Partnerschaft, den Beruf und alle Lebensbereiche und Themen des Universums.

Durch das 2. Raum-Bewusstsein erfährt sich der Mensch als Individuum durch sein Handeln.

3. Raum-Bewusstsein

Durch das 3. Raum-Bewusstsein erfährt der Mensch den erweiterten umgebenden Raum bis zum gesamten Universum. Diese Erfahrungen betreffen vor allem das Wissen. Für die meisten Menschen umfasst das 3. Raum-Bewusstsein die physische Welt und damit die einzige Lebenswelt.

Die Individualität des Menschen wird durch das 3. Raum-Bewusstsein über das Wissen und das Erleben durch die Sinne definiert.

4. Raum-Bewusstsein

Das 4. Raum-Bewusstsein definiert die Gruppe von Menschen auf der Erde, die am engsten miteinander verbunden sind. Diese Gruppe ist die physische Familie. Das 4. Raum-Bewusstsein bildet diese Gemeinschaft.

Als Individuum identifiziert sich der Mensch durch dieses Raum-Bewusstsein mit der *umfassenden Eigenschaft* der Familie.

5. Raum-Bewusstsein

Das 5. Raum-Bewusstsein bezieht sich auf die Art und Weise, wie die Familie mit dem sie umgebenden Raum umgeht. Es geht z. B. darum, dass ein Familienmitglied in diesem Raum für Nahrung und Schutz sorgt. Daraus ergeben sich unterschiedliche hierarchische Positionen innerhalb der Familie. Durch das 5. Raum-Bewusstsein kommt es auch zu Kontakten mit anderen Menschen im nahen Umraum.

Die Individualität definiert sich durch das Handeln im Sinne der Interessen der *umfassenden Eigenschaft* der Familie.

6. Raum-Bewusstsein

Das 6. Raum-Bewusstsein definiert das erweiterte Umfeld der einzelnen Familienmitglieder. Es sind vor allem Themen und Bereiche aus dem beruflichen und privaten Umfeld, durch die das Raum-Bewusstsein den Umraum bildet. Schulfreunde und Arbeitskollegen bilden die erweiterte Familie. Es ist nicht mehr nur das Band der Verwandtschaft oder des Familiensinns, sondern zusätzlich das der Freundschaft.

Die Individualität durch die Prägung dieses 6. Raum-Bewusstseins bildet sich z. B. durch den Beruf.

7. Raum-Bewusstsein

Die nächste größere Gruppe von Menschen ist die Gemeinschaft. Durch das 7. Raum-Bewusstsein bilden sich Gemeinschaften, die als Grundlage ein Lebensthema oder einen Lebensbereich haben. Oft bilden sich Gemeinschaften über religiöse Ideologien oder unterschiedliche Arten des Zusammenlebens. Nun ist es eine Idee, welche die Gruppe zusammenhält.

Wenn Menschen sich ganz einer Religion oder Weltanschauung verbunden fühlen, definiert sich ihre Individualität über die Idee der Gemeinschaft.

8. Raum-Bewusstsein

Über das 8. Raum-Bewusstsein geschieht eine unmittelbare Erweiterung der gemeinschaftlichen Gruppe durch die Vertiefung der Idee. Bestand die Idee z. B. in der Selbstversorgung einer Menschengruppe durch vegetarische Lebensmittel, dann erweitert sich das ursprüngliche Vorhaben vielleicht durch zuvor noch unbekannte Lebensmittel oder andere Methoden des Anbaus. Steht eine Ideologie im Zentrum der Gemeinschaft, kommen neue und tiefere Inhalte hinzu.

Die Individualität des 8. Raum-Bewusstseins besitzt derjenige, der die Idee einer Gemeinschaft vertiefen will.

9. Raum-Bewusstsein

Nun kommt es zu einer Erweiterung der Gemeinschaft durch das 9. Raum-Bewusstsein. Eine Ideologie wird beginnen, die Idee nach außen zu tragen. Handelt es sich z. B. um eine Gemeinschaft von Selbstversorgern, beginnen diese Menschen durch das 9. Raum-Bewusstsein, andere Menschen außerhalb der Gruppe von ihrer Idee des Zusammenlebens zu überzeugen. Die Erweiterung der Gemeinschaft birgt auch Grundlagen der grundsätzlichen Art des Zusammenlebens.

Wer die Idee einer Gemeinschaft nach außen tragen will, besitzt die Individualität des 9. Raum-Bewusstseins.

10. Raum-Bewusstsein

Durch die Idee der Gemeinschaft entsteht schließlich die Ordnung einer Gesellschaft. Diese Ordnung bezieht sich das 10. Raum-Bewusstsein betreffend vor allem auf die Regulierung der Gemeinschaft durch Regeln, Gesetze, Gebote und Verbote. Bildet eine religiöse Gemeinschaft eine Gesellschaft, werden aus den religiösen Inhalten plötzlich gesellschaftliche Gesetze. Die Gesellschaft ist die nächste Gruppe von Menschen, welche durch das 10. Raum-Bewusstsein definiert wird.

Die Individualität des Menschen wird z. B. durch das Nationalbewusstsein definiert.

11. Raum-Bewusstsein

Durch das 11. Raum-Bewusstsein kommt es zur Erweiterung des unmittelbaren Umraums einer Gesellschaft. Nicht die Regulierungen stehen im Zentrum, sondern die Möglichkeiten, welche diese Gesellschaftsform in sich trägt. Gesetze können anders ausgelegt, Verbote können umgangen werden, ohne die Ideologie zu gefährden und so weiter. In gewisser Weise findet man hier die mögliche Freiheit innerhalb einer Gesellschaftsform.

Auch diese Individualität bildet sich durch die Einordnung in eine Gesellschaft. Im Unterschied zum 10. Raum-Bewusstsein geht es hier um Funktionen innerhalb einer Gesellschaft, mit denen man sich identifiziert.

12. Raum-Bewusstsein

Das 12. Raum-Bewusstsein bildet den erweiterten Umraum einer Gesellschaft. Was mit Gesetzen begonnen hat, welche aufgrund einer

Ideologie entstanden sind, erweitert sich nun derart, dass Gesetze anderer Gesellschaftsformen Einzug halten können. Diese Gesellschaft wird immer größer und allgemeiner. Eine religiöse oder kommunistische Gesellschaftsform nimmt plötzlich Ideen einer kapitalistischen Gesellschaftsform auf oder eine zuerst diktatorische Gesellschaft wandelt sich langsam zu einer demokratischen Gesellschaft.

Die Individualität geht über eine Gesellschaft hinaus. Diese Menschen besitzen als individuelle Prägung die Menschheit als eine Gesellschaft.

Die Ordnung der 12 *verwaltenden Eigenschaften* des individuellen Geistes im Universum

1. *verwaltende Eigenschaft*

Die 1. *verwaltende Eigenschaft* definiert die grundlegende Persönlichkeit der Dunkelheit auf der Erde. Nach oben gibt es eine Grenze und der Mensch glaubt sich positiv. Er strahlt eine gewisse Souveränität und Ruhe aus, wobei er aktiv in Verbindung mit dieser Ruhe agiert. Diesem Menschen öffnen sich die Ebenen der Dunkelheit nach unten, wenn er nach unten geht. Er gleicht einem „positiven Vertreter" der Dunkelheit. Ihm sind keine Verbrechen und Sünden unbekannt, auch wenn er sie selbst nicht verübt. Normalerweise befinden sich diese Menschen im oberen Bereich der Dunkelheit. Bildhaft kann man sich vorstellen, dass dieser Bereich grau ist und nach unten hin immer schwärzer wird. Deshalb empfinden sich diese Menschen auch in Verbindung mit höheren Weisheiten. Identifizieren sie sich stärker mit der Dunkelheit, sinken sie immer tiefer und die zuvor unbekannten Verbrechen und Sünden werden Teil des Lebens.

2. *verwaltende Eigenschaft*

Die 2. *verwaltende Eigenschaft* beeinflusst die Selbstempfindung in der Dunkelheit. Gefühle und Emotionen, die der Dunkelheit entsprechen, werden als real und gleichzeitig als höhere Empfindung erfahren. Gemeint sind die Liebe zur Dunkelheit, zu den Wesenheiten der Dunkelheit und vor allem die Selbstempfindung innerhalb der Dunkelheit. Diese *Eigenschaft* beeinflusst zahlreiche Formen der sogenannten „sakralen Dunkelheit", wie man sie in den Krypten und Orten der Dunkelheit der Religionen und esoterischen Lehren findet. Die Dichtigkeit der Gefühle wird als Ausdruck der Tiefe verstanden. Wer im Einfluss dieser *verwaltenden Eigenschaft* Musik hört, empfindet dies als tiefe emotionale Erfahrung. Das gilt vor allem für sakrale Musik. Auch die emotionale Liebe zum Beispiel zu einer Stadt entspricht dieser Dunkelheit. Sie fördert die Hingabe an die eigene innere Dunkelheit. Diese Anziehung führt immer tiefer in die Dunkelheit hinein.

3. *verwaltende Eigenschaft*

Das analoge Denken, welches sich durch Gefühle bestätigt, wird durch die 3. *verwaltende Eigenschaft* definiert. Diese Form der intelligenzhaften Überlegung bewirkt, dass keine Gedanken zugelassen werden, die ein unharmonisches Gefühl hervorrufen könnten. Jeder neue Gedanke fügt sich gefühlshaft in die vorhandenen Gegebenheiten des irreführenden Geistes ein. Folgt man dieser *verwaltenden Eigenschaft*, führen die Überlegungen immer weiter in die Dunkelheit. In Verbindung mit ihr empfinden sich die Menschen durch den Inhalt der Überlegung und vor allem durch die gefühlshafte Bestätigung als in sich ruhende und selbstbewusste Persönlichkeit. Wesenheiten der Dunkelheit ordnen sich in diese Struktur der Gedanken ein. Auch sie führt den Menschen immer weiter in die Dunkelheit.

4. *verwaltende Eigenschaft*

Die 4. *verwaltende Eigenschaft* bewirkt, dass sich die Menschen jenen Substanzen innerhalb dieser Ebene zuwenden, die sie als Licht erfahren. Dieses Licht ist die subjektive Idee und Vorstellung von einer Wesenheit einer Religion oder esoterischen Lehre. Darunter fallen Vorstellungen von Göttern, Meistern, Engeln usw. Durch die 4. *Eigenschaft* entsprechen die Wahrnehmungen nicht der Wahrheit. Es sind mentale Fantasiegestalten, die als Licht erfahren werden. In Wahrheit sind alle diese Gestalten Wesenheiten der Dunkelheit. Sie werden als

Licht nur deshalb wahrgenommen, weil die Menschen dahingehend manipuliert werden.

5. *verwaltende Eigenschaft*

Diese *verwaltende Eigenschaft* suggeriert den Menschen eine Stufe der spirituellen oder philosophischen Meisterschaft. Ähnlich wie die 4. *Eigenschaft* manipuliert sie die Menschen dazu, eine mentale Substanz der Dunkelheit als Licht zu definieren. Nun betrifft es den Menschen selbst in seiner Identifizierung mit dem Körper des individuellen Geistes. Ist der Einfluss sehr stark, strahlen sie eine Form der Güte aus. Dies ist abhängig davon, ob das Gegenüber innerhalb der Suggestionen des Geistes agiert und reagiert. Weicht jemand von den Vorstellungen ab, wird aus der Güte zunächst Distanz und dann Abneigung. Die Beziehung kann sich bis zur bitteren Feindschaft entwickeln.

6. *verwaltende Eigenschaft*

Die 6. *verwaltende Eigenschaft* definiert die Erfüllung der scheinbaren Meisterschaft des individuellen Geistes durch die meditative Überlegung. Die einzelnen religiösen und esoterischen Vorstellungen werden als Aspekte eines größeren Ganzen interpretiert und in dieses gedankliche Gebäude eingefügt. So entstehen religiöse und esoterische Inhalte, Religionen oder esoterische Lehren, die mit den Gesetzen des inneren Alls nichts zu tun haben. Es sind Inhalte, die nur in Verbindung mit dem Geist existieren. Bei den Menschen zeigt sich dies in Form von aufgesetzten Gefühlen und Gedanken. Agiert jemand zum Beispiel salbungsvoll, dann identifiziert er sich mit geistigen Substanzen der *Eigenschaften* des Geistes. Viele Menschen erfahren eine Irrlehre durch die Intensität der Gefühle als höhere Wahrheit. Durch die meditative Praxis identifizieren sie sich immer mehr mit der Irreführung des Geistes und der Dunkelheit.

7. *verwaltende Eigenschaft*

Die Wahrheitsfindung innerhalb des Geistes ist das Thema der 7. *verwaltenden Eigenschaft*. Dieses Finden einer Wahrheit des Geistes erfüllt sich in der Dunkelheit. Jede scheinbar weiterführende Wahrheit zeigt sich auf der nächsten Stufe der Dunkelheit. In dieser Weise führt die Suche immer tiefer in das Dunkel. Die Zustimmung erfahren die Menschen als bestätigendes harmonisches Gefühl. Dadurch entfernen sie sich immer weiter vom Menschsein. In dieser Bestätigung erkennen sich die Menschen auch untereinander. Treffen sich zwei Anhänger einer Irrlehre, erfahren sie dies als gegenseitige harmonische Bestätigung. Je tiefer jemand damit verbunden ist, desto dunkler und dichter sind die Substanzen. Je dunkler die Substanzen, desto dichter ist die Ausstrahlung eines solchen Menschen. Es ist dies die fortgeschrittene Identifizierung mit der Dunkelheit.

8. *verwaltende Eigenschaft*

Diese *verwaltende Eigenschaft* definiert die Transzendenz des Geistes. Die Menschen bekommen eine visionäre Sicht im Sinne des Geistes. Mit der Zeit empfinden sie eine Nahtstelle zwischen der eigenen Irrlehre und den Irrlehren anderer Menschen. Sie verbinden dies als großes Ganzes. Die 8. *Eigenschaft* suggeriert den Menschen eine sehr große Weite. In dieser Ausbreitung des Raums erfahren sie Licht und gleichzeitig mit dem Licht die Ahnung, dass dieser Weg in ein noch weiter entferntes Licht führen kann. Die 8. *verwaltende Eigenschaft* verbindet die Menschen mit Gefühlen transzendenter Erfahrungen.

9. *verwaltende Eigenschaft*

Unter dem Einfluss der 9. *verwaltenden Eigenschaft* wird die Irrlehre oder die persönliche Vorstellung von Wahrheit verbreitet. Missionare einer Irrlehre handeln in Verbindung mit dieser *Eigenschaft*. Hier findet man auch die Glaubenskraft der Menschen, die innerhalb der

Dunkelheit an die Dunkelheit glauben. Die *verwaltenden Eigenschaften* des Geistes sind bestrebt, die Menschen den Wesenheiten der Irrlehren zuzuführen. Beschreibt man dies bildhaft, gleicht dies einem Zug von Menschen, der einer Schlachtbank zugeführt wird. In diesem Einfluss erhalten die Missionare ihre Überzeugungskraft. Das gilt auch dann, wenn jemand nur einen einzigen Menschen von einer Irrlehre überzeugt. Lässt sich jemand nicht überzeugen, wird er fallen gelassen. Durch die 9. *Eigenschaft* befassen sich die Menschen immer weiter mit der Dunkelheit, um dort die nächste Bestätigung ihrer Überzeugung zu finden. Vor allem werden auch jene Menschen manipuliert, die missioniert werden sollen.

10. *verwaltende Eigenschaft*

Die 10. *verwaltende Eigenschaft* beeinflusst die Menschen im Sinne einer souveränen und ruhigen Abgeklärtheit in der Identifizierung mit dem Geist. Gleichzeitig erfahren sich diese Menschen in einer erhöhten Position gegenüber anderen Leuten und empfinden diese Erhöhung als gerecht und ihrer geistigen Entwicklungsstufe geschuldet. Diese *verwaltende Eigenschaft* vermittelt, es ginge nicht um die einzelnen Lehren, sondern um die Identifizierung mit dem Geist selbst. Die Menschen wähnen sich universaler, wobei sie sich immer weiter vom Menschsein entfernen und mit dem Geist identifizieren. Diese *Eigenschaft* bewirkt eine gewisse Distanzierung zu anderen Menschen. Dadurch kommen die Menschen immer tiefer mit dem Geist in Verbindung.

11. *verwaltende Eigenschaft*

Durch diese *verwaltende Eigenschaft* fühlen sich die Menschen durch den Geist einer höheren Form der geistigen Entwicklung nahe, wobei sie diese Entwicklungsstufe als Befreiung, Erleuchtung oder Erwachen definieren. Je nachdem, in welcher Weise und Intensität sie sich ausdrückt, kann sich dies als Gewissheit einer Form der Entrückung oder als höhere Stufe der Erleuchtung zeigen. Manche Menschen, die stark an mystische Themen gebunden sind, erfahren diese *Eigenschaft* als tiefste Einbindung in die spirituellen Inhalte. Angehörige von esoterischen Lehren, die sich über Ungebundenheit, persönliche Entwicklung oder positive Einbindung in das Leben definieren, erkennen eine höhere Form der Befreiung als unmittelbares Ziel vor sich. Letztendlich bewirkt dies eine fortschreitende innere Trennung vom Menschsein. Nicht mehr das Bewusstsein wird als Zentrum des Menschseins erfahren, sondern der Geist.

12. *verwaltende Eigenschaft*

Die 12. *verwaltende Eigenschaft* definiert die höchste mögliche Entwicklung des Körpers des individuellen Geistes. Alle geistigen Vorstellungen von Licht werden im Geist zur Realität. Hier findet das Ziel einer Irrlehre seine Vollendung und wird zur Realität. Die 12. *Eigenschaft* vermittelt den Menschen, das geistige Ziel erreicht zu haben. Ob die Irrlehre eine Religion, eine esoterische Lehre, eine Philosophie oder eine grundsätzliche Lebensphilosophie in Nahtstelle zu einer politischen Orientierung ist, spielt im Blick auf die grundsätzliche Einflussnahme dieser *Eigenschaft* keine Rolle. Ihr geht es, wie allen anderen 11 *Eigenschaften* auch, nicht um die Idee oder Ideologie, sondern um die Bindung des Menschen an den Geist. Um welche Ideologie oder Lehre es sich dabei handelt, ist für sie völlig nebensächlich. Letztendlich ist es die Bindung des Menschen durch den Geist an die Dunkelheit.

Die Welt der *gefallenen Eigenschaften*

Die Welt der *gefallenen Eigenschaften* ist ein geistiger Raum, aus dem heraus die Menschen, die im Sinne der *gefallenen Eigenschaften* leben und handeln, ihre subjektive Wirklichkeit erschaffen. Dieser Raum ist der leere Raum der 2. Dimension.

Magier sind auf diesen Raum beschränkt Schöpfer ihrer eigenen Realität. In dieser Welt ist es ihr Ziel, selbst den Status einer personifizierten *umfassenden Eigenschaft* zu erlangen. Im Grunde besitzen sie diesen Status bereits, wenn sie sich von der Selbsterkenntnis als Mensch distanzieren und sich in diesen Bereich begeben. Sie selbst sind die Ursache der neuen Wirklichkeit und die *gefallenen Eigenschaften* werden zu Wesensbestandteilen der eigenen Persönlichkeit.

Diese *Eigenschaften* streben danach, den Menschen zu einer personifizierten Gottheit in ihrer Welt zu machen. Es geht nicht darum, sich zu befreien, sondern darum, eine Gottheit innerhalb der Finsternis zu werden.

Diese geistige Welt ist innerhalb des Universums und doch von ihm getrennt. Es ist eine Welt der Selbstoptimierung jenseits des Menschseins.

In dieser Welt gibt es die Astralebene und die Mentalebene. In der Vorstellung der Magier sind dies die jenseitigen Welten des Menschen. Stirbt er hier auf Erden, gelangt er jedoch in das innere All. Die *gefallenen Eigenschaften* existieren dort nicht. Unabhängig davon müssen sich diese Menschen, wie jeder andere auch, vor sich selbst verantworten. Schließlich gelangen auch sie vor die innere Instanz der 9. Dimension. Magier müssen sich wieder im Universum inkarnieren.

Gefallene Eigenschaften sind Persönlichkeitsaspekte und *Eigenschaften* eines Menschen, der auf der Ebene der oberflächlichen Selbsterkenntnis des Universums selbst Schöpfer seines Menschseins sein will. Das gleicht einer Zementierung des Geistes an der Oberfläche.

Er will unter anderem seine Vorstellung vom Menschsein auf der Erde schöpferisch verwirklichen. Dabei geht es nicht um die Erkenntnis, was ein Mensch wirklich ist, sondern um die Verwirklichung seiner Vorstellung durch seine Macht und Kraft. Es geht darum, eine Gottheit in dieser Welt zu werden.

Die höchste Instanz in der Welt der *gefallenen Eigenschaften*

In der Welt der *gefallenen Eigenschaften* gibt es eine *gefallene Eigenschaft* als höchste Instanz[62]. Sie ist das in das Universum gefallene Bewusstsein der 12. Dimension, das im leeren Raum der 2. Dimension und im Sinne der 2. Dimension existiert. Sie nimmt innerhalb dieses leeren Raums dieselbe Stellung ein, wie das Bewusstsein der 12. Dimension innerhalb der 12. Dimension. Das bedeutet, dass diese *Eigenschaft* den Raum unabhängig von der Zeit gestalten kann. Es ist ein geistiger Raum und damit kann das Denken und Fühlen der Menschen unter ihrem Einfluss stehen.

Gleichzeitig ist diese höchste Instanz an das ursächliche Prinzip des Universums gebunden. Dieses Prinzip wirkt regulierend und dementsprechend reguliert diese Instanz das Leben der Menschen, die sich ihr durch die Art ihres magischen Lebens unterwerfen. Sie wirkt auf die Menschen durch die 2. Dimension des Bewusstseins.

Es ist der leere Raum zwischen dem Unterbewusstsein und dem Bewusstsein, den diese höchste Instanz besetzt und von dort aus den Menschen beeinflusst.

In gewisser Weise verhindert sie damit, dass der Mensch aus dem Unbewussten heraus beeinflusst wird. Was auf den ersten Blick als Möglichkeit der Selbstmeisterung gesehen werden kann, entpuppt sich auf den zweiten Blick als Täuschung, die in ihrem Ausmaß alles übersteigt, was man sich möglicherweise vorgestellt hat.

---

[62] Diese Instanz wird als Vorsehung oder göttliche Vorsehung bezeichnet.

Über die 2. Dimension werden alle Menschen unbewusst beeinflusst. Das Problem ist Folgendes: Wenn man die *Eigenschaften*, die über das Unterbewusstsein der 2. Dimension auf den Menschen einwirken, nicht erkennt, kann man sich nicht befreien. Der Zugang ist durch die *gefallene Eigenschaft* verstellt.

Die *Eigenschaft* suggeriert den Menschen, sie könnten sich befreien. Diese Grundidee stammt aus der 12. Dimension, aus der sie herausgefallen ist. Der Unterschied besteht jedoch darin, dass sich die Menschen nicht in der 12. Dimension befinden, sondern in einem geistigen Bereich des Universums. Diese Menschen wollen sich auf der Erde eine Welt erschaffen, die der Freiheit der 12. Dimension entspricht. Durch die Prägung sind sie absolut überzeugt davon, in Verbindung damit die höchste Stufe des Menschseins in sich verwirklichen zu können. Unter ihrem Einfluss entwickelt der Mensch eine Form der Göttlichkeit. Diese Entwicklungsstufe nennt man in der Magie die Verwirklichung des persönlichen Gottes. Der Mensch selbst wird in der Welt der *gefallenen Eigenschaften* zu dieser *umfassenden Eigenschaft*.

Die höchste *gefallene Eigenschaft* will die Befreiung des Menschen verhindern. Sie herrscht über einen geistigen Parallelraum, der die Illusion der Befreiung in sich birgt. Die Methode, mit der sie die Befreiung verhindert, bezieht sich auf die Selbsterkenntnis als Mensch.

Menschsein bedeutet, dass das Bewusstsein in Verbindung mit den 13 Dimensionen *Eigenschaften* besitzt, die es zu erkennen gilt.

Die *gefallene Eigenschaft* trennt den Menschen von der Selbsterkenntnis. Diese Menschen wollen sich nicht befreien, sie wollen Herren über die Gesetze der Welt der *gefallenen Eigenschaften* werden. Das ist es, was diese Instanz erreichen möchte.

Die Menschen weigern sich, sich als Menschen anzuerkennen. Es geht ihnen nicht um das, was Menschsein bedeutet, sondern um Macht, Kraft und Stärke, um als Schöpfer der eigenen Wirklichkeit das Leben auf der Erde zu gestalten. In ihrer stärksten Ausprägung sind dies Magier. Sie wollen die Göttlichkeit auf Erden verwirklichen und zu Göttern in der Dunkelheit werden. Auf diesem Weg ist die *gefallene Eigenschaft* die höchste Instanz.

Sie ist in diesem Sinne kein Teil des Menschseins, sondern ein Bewusstsein, in das sich der Mensch hineinbewegen kann, wenn er das Menschsein in sich verleugnet. Bewegt sich jemand in diese Richtung, indem er magisch handelt (und sei es nur durch positives Denken), fügt er sich allmählich in das System ein und gibt damit sein Einverständnis, zumindest teilweise reguliert zu werden.

Betrachtet man die Welt der *gefallenen Eigenschaften* z. B. aus der 5. oder 6. Dimension, so kann man einen geistigen Raum erkennen, der getrennt von den *Eigenschaften* des Menschseins als abgetrennter Raum im Universum existiert.

Die 1. Hierarchie der *gefallenen Eigenschaften*

Die *gefallenen Eigenschaften* der 1. Hierarchie sind die Persönlichkeitsaspekte eines Magiers. Man kann sagen, dass alle 4 Aspekte zusammen die Persönlichkeit bilden. Je vollständiger jemand diese Aspekte integriert hat, desto weiter hat er sich vom Menschsein entfernt und desto mehr hat er sich als Gottheit in die Welt der gefallenen Eigenschaften integriert. Diese Aspekte repräsentieren Prinzipien. Die Namen können je nach Kultur oder Religion unterschiedlich sein; die Bedeutung bleibt im Grunde die gleiche.

1. *gefallene Eigenschaft*
Das Bewusstsein – Das Bewusstsein eines Magiers ist das Bewusstsein der 1. *gefallenen Eigenschaft*[63].

Es ist die absolute Überzeugung dieses Menschen, dass er die höchste Stufe der geistigen Hierarchie erreicht hat und niemand, kein Mensch und keine geistige Instanz, hierarchisch über ihm steht. Einzig die unpersonifizierte höchste *gefallene Eigenschaft* wird als höhere Instanz anerkannt. Gleichzeitig steht der Mensch in direkter Verbindung mit dieser *gefallenen Eigenschaft* und kann das Schicksal bis zu einer gewissen Stufe nach seinem Willen beeinflussen.

Ebenso steht für diesen Menschen außer Frage, dass er die höchste menschlich mögliche Entwicklungsstufe erreicht hat. Eine innere Entwicklungsstufe, die höher sein könnte, wird nicht einfach nur ab-

---

[63] Das ist die ursprüngliche Bedeutung von Luzifer, er ist die Personifizierung dieses Bewusstseins.

gelehnt – schon der Gedanke, es könnte eine solche geben, liegt außerhalb des Vorstellbaren.

Der Mensch ist in seiner Welt die verwirklichte Gottheit und nimmt die Position des Schöpfers ein. Dieses Bewusstsein wird ihm nicht nur durch die erste *gefallene Eigenschaft* eingegeben. Der Magier der höchsten Stufe ist zu dieser *Eigenschaft* geworden, weil er sie verinnerlicht hat. Zugleich hat er sich dort eingeschlossen. In diesem Zustand kann er ausschließlich dort existieren.

Dies gilt für alle Magier und Menschen, die sich aufgrund ihrer magischen Fähigkeiten einen sogenannten Lichtkörper geschaffen haben.

Mit diesem Bewusstsein hat sich der Mensch eine Persönlichkeit außerhalb der Ordnungen des Menschseins geschaffen. Die 1. *gefallene Eigenschaft* existiert nicht als *Eigenschaft* des Menschseins in den Dimensionen.

Die höheren Dimensionen gibt es für ihn nicht. Er ist so von diesem Bewusstsein eingenommen, dass selbst die Möglichkeit ihrer Existenz außerhalb seines Denkvermögens liegt. Die Vorstellung, dass das eigene Bewusstsein nichts anderes ist als ein auf der Basis der 2. Dimension in Verbindung mit der 1. *gefallenen Eigenschaft* selbst aufgebautes schöpferisches Konstrukt, ist unvorstellbar. Diese Menschen haben nicht das höchste Bewusstsein des Menschseins verwirklicht, sondern sind zu einer, drückt man es mystisch aus, personifizierten dämonischen Gottheit in der Finsternis geworden.

Ein Magier erscheint einem irdischen Menschen als außerordentlich mächtig. Er gleicht der Vorstellung eines geistigen Meisters, der zahlreiche geistige Wesenheiten beherrscht und sie nach seinem Gutdünken einsetzen kann. Betrachtet man dieses Bewusstsein aus der 5. und 6. Dimension, wird es immer kleiner. Der Mensch gleicht dann einem Herrscher in einem sehr kleinen Raum, in den er sich selbst eingeschlossen hat.

In der irrigen Annahme, ein höheres Bewusstsein erlangt zu haben, durchdringt sein Bewusstsein jedoch lediglich die Welt der *gefallenen Eigenschaften*. Man könnte dies als eine Illusion auf engstem Raum bezeichnen.

2. gefallene Eigenschaft

Die Durchsetzung – Die 2. *gefallene Eigenschaft* ist die Durchsetzungskraft des Magiers.[64] Wer zu dieser *gefallenen Eigenschaft* geworden ist, beherrscht die Wesenheiten der Welt der *gefallenen Eigenschaften* und die Schöpferkraft innerhalb der Welt der gefallenen Eigenschaften.

Auch hier handelt es sich um einen Aspekt der Persönlichkeit, wobei es nicht um das Bewusstsein geht, sondern um die Durchsetzung der eigenen Vorstellung als Magier.

Um diesen Persönlichkeitsaspekt voll integrieren zu können, bedarf es einer jahrelangen Schulung des Willens, der Glaubenskraft, der Macht, der Kraft und der Stärke. In den Religionen und in der Esoterik gibt es viele magische Wege zur Schulung der Konzentrationskraft und zur Entwicklung der entsprechenden geistigen Fähigkeiten.

Die Durchsetzung betrifft jedoch nicht die *Eigenschaften* der 13 Dimensionen des Bewusstseins im inneren All des Menschseins, sondern die Wesenheiten der Welt der *gefallenen Eigenschaften*. Dort gibt es Hunderte dieser *gefallenen Eigenschaften*.

Sie sind gewissermaßen Spiegelbilder der *verwaltenden Eigenschaften* und beinhalten die Möglichkeit, die von diesen *Eigenschaften* verwalteten Lebensbereiche und Lebensthemen zu meistern. Dies können Geld, Liebe, Gesundheit, Erfolg, magische Fähigkeiten, außerkörperliche Erfahrungen, Familie, Gemeinschaft, Religion, Politik und viele andere Bereiche sein. Die Voraussetzung dafür, dass dies überhaupt

---

[64] Diese *gefallene Eigenschaft* ist die Bedeutung von Satan.

möglich ist, ist die Aufrechterhaltung der Oberflächlichkeit. Damit verhindern die *gefallenen Eigenschaften* gleichzeitig eine tiefere Erkenntnis.

Es gibt heute Millionen von Menschen, die daran arbeiten, diese 2. *gefallene Eigenschaft* zu werden. Die Verlockungen des Geldes, des Erfolges und der Möglichkeiten, das Leben zumindest ein wenig magisch zu gestalten, sind für die Menschen oft zu verführerisch. Eine milliardenschwere Esoterikindustrie profitiert von den Verbindungen der Menschen zur Welt der *gefallenen Eigenschaften*.

Es ist nicht einfach, den Persönlichkeitsaspekt der 2. *gefallenen Eigenschaft* durch magische Schulung vollständig in sich zu integrieren. Gleichwohl beginnt die Annäherung mit einfachen magischen Übungen. Wer jahrelang versucht, mithilfe positiver Gedanken etwas zu erreichen, nähert sich ihr allmählich an. Diese Art der esoterischen Beschäftigung hat nichts mit positiver Spiritualität zu tun, wie oft vermittelt wird, sondern ist die schrittweise Integration der Finsternis.

Wer es auf Erden durch diese magische Praxis geschafft hat, wirklich mächtig und erfolgreich zu sein, hat, was die materielle Welt betrifft, diesen Persönlichkeitsaspekt der 2. *gefallenen Eigenschaft* bis zu einem gewissen Grad integriert.

3. *gefallene Eigenschaft*
Die Unberührbarkeit – Die 3. *gefallene Eigenschaft* ist der Persönlichkeitsaspekt der Unberührbarkeit eines Magiers.[65] Je intensiver sich jemand mit diesen Themen beschäftigt und Übungen praktiziert, desto mehr identifiziert er sich mit der Welt der *gefallenen Eigenschaften*.

Diese Unberührbarkeit hat die Oberflächlichkeit zur Grundlage. Es ist die Distanzierung vom Menschsein und die Verhärtung der

---

[65] Der Name in der magischen Tradition ist Leviathan.

oberflächlichen geistigen Substanzen durch die magische Praxis. Die Aufgabe ist nicht die Selbsterkenntnis des Bewusstseins in seiner Identifizierung mit den Dimensionen. Die Aufgabe, die mit diesem Aspekt verbunden ist, besteht darin, einen Zustand der Unberührbarkeit und Unbeeinflussbarkeit zu erreichen.

Je mehr ein Mensch die 3. *gefallene Eigenschaft* in sich verwirklicht, desto weiter entfernt er sich vom Menschsein. Gleichzeitig identifiziert er sich immer weiter mit der Welt der *gefallenen Eigenschaften*. Die Unantastbarkeit bleibt an der Oberfläche. Tiefere Erkenntnisse, z. B. von *Eigenschaften* der 2. oder 3. Dimension, sind auf diese Weise nicht möglich. Wenn diese Menschen jedoch mit *Eigenschaften* des inneren Alls in Berührung kommen, werden sie nicht als solche erkannt.

Diese Menschen schneiden sich schrittweise vom Menschsein ab. In der Identifizierung mit diesem Körper sind sie davon überzeugt, die höchste Stufe der spirituellen Entwicklung erreicht zu haben. Die magischen Fähigkeiten, bei denen es sich z. B. um die Fähigkeit zur geistigen Heilung handeln kann, werden als Beweis für die eigene Entwicklungsstufe angesehen.

Diese Praxis, sich einen geistigen Körper zu erschaffen, der meist Lichtkörper oder Lichtleib genannt wird, findet sich vor allem in der Praxis der Kabbala und des Tantra. Dabei werden Buchstaben oder Silben kabbalistisch oder tantrisch ausgesprochen und das so erzeugte Licht in den eigenen Körper geleitet. Auch Licht- und Farbvorstellungen gehören dazu.

Auch die 3. *gefallene Eigenschaft* verwirklicht sich Schritt für Schritt, wenn Menschen einfache magische Übungen praktizieren.

4. *gefallene Eigenschaft*

Die Identifizierung – Die 4. *gefallene Eigenschaft* definiert das Selbstverständnis eines Magiers[66]. Es sind die Qualitäten und Fähigkeiten, mit denen er sich identifiziert.

Meist sind es positive Qualitäten, mit denen sich diese Menschen identifizieren. Sie sind oft willensstark, haben das Bedürfnis, anderen zu helfen, und empfinden sich in ihrer Persönlichkeit als sehr stabil. Einige besitzen auch eine große Weisheit und ein umfassendes okkultes Wissen. Gleichzeitig beschränkt sich dies auf das Universum, da alle Überlegungen einer Analogie folgen, die von der Welt der *gefallenen Eigenschaften* ausgeht. Zahlreiche Fähigkeiten haben sich automatisch durch die lange Praxis der Übungen und Meditationen entwickelt. Für viele Menschen, vor allem in der esoterischen Tradition, ist dieser Persönlichkeitsaspekt der 4. *gefallenen Eigenschaft* der Inbegriff eines weisen und gütigen spirituellen Meisters.

Durch die 4. *gefallene Eigenschaft* füllt sich der geistige Körper – der Lichtkörper – mit Qualitäten des Charakters und der Persönlichkeit. Wer diesen Persönlichkeitsaspekt in sich integriert hat, ist allein durch die positiven Wesenszüge davon überzeugt, auf dem richtigen Weg zu sein. In Wirklichkeit stellt er sich diese Frage gar nicht. Es ist für ihn ein normaler Zustand, von sich selbst überzeugt zu sein.

Die genannten Qualitäten beruhen auf den Grundgesetzen des Universums. Auch hier geht es darum, die inneren Wesenszüge dem eigenen Willen zu unterwerfen. Die Persönlichkeit wird analog zu den 4 Elementen gebildet.

Die Distanzierung, die mit der 3. *gefallenen Eigenschaft* ihren Höhepunkt erreicht hat, ist mit der 4. *gefallenen Eigenschaft* abgeschlossen.

Die Persönlichkeit und der Charakter basieren nicht mehr auf den *Eigenschaften* der Dimensionen, sondern auf der Welt der *gefallenen Ei-*

---

[66] Der Name des gefallenen Engels in der okkulten Tradition ist Belial.

genschaften. Eine Folge davon ist, dass sich diese Menschen selbst in ein Gefängnis einsperren. Dies gleicht einer engen Struktur, die Gedanken und Gefühle anderer Dimensionen entweder verhindert oder im Sinne dieser Welt analog verändert. Die Selbstwahrnehmung wird durch die gefallenen *Eigenschaften* eingeschränkt und definiert.

Durch die 4. *gefallene Eigenschaft* identifizieren sich Magier mit oberflächlichen Wirkungen innerhalb des Universums und fügen sie in ihre Welt ein.

Die 2. Hierarchie der *gefallenen Eigenschaften*

Bei der 2. Hierarchie der 8 *gefallenen Eigenschaften*[67] handelt es sich um Eigenschaften eines Magiers. Bildlich gesprochen nehmen diese *gefallenen Eigenschaften* den Platz im Raum der 2. Dimension ein, durch den die Menschen normalerweise aus dem Unterbewusstsein beeinflusst werden. Sie blockieren die Selbsterkenntnis. Statt über die Erkenntnis definieren sie sich über 8 *Eigenschaften*.

1. gefallene Eigenschaft
Die 1. *gefallene Eigenschaft* verhindert den Einfluss der höheren Ebenen auf die 1. Dimension des Bewusstseins. Wenn sie Reue empfinden, werden diese Menschen nicht vom Licht der höheren Ebenen berührt. Ihre Reue stammt aus der Welt der *gefallenen Eigenschaften*. Zu dieser Trennung vom höheren Licht kommt es während des irdischen Lebens.

2. gefallene Eigenschaft
Durch die 2. *gefallene Eigenschaft* werden alle Erkenntnisse aus dem inneren Raum der 2. Dimension unterdrückt. Die Menschen glauben, dass sie sich entwickeln, wenn sie die Einflüsse des Unterbewusstseins unterdrücken, indem sie ihren Willen trainieren und sich davon distanzieren. Auf diese Weise können sie sich zwar distanzieren, aber

---

[67] Als gefallene Engel tragen sie in der magischen Tradition die Namen Astaroth, Magot, Asmodeus, Beelzebub, Oriens, Paimon, Ariton und Amaymon.

gleichzeitig verhindern sie eine tiefere Erkenntnis. Es geht bei dieser *Eigenschaft* nicht um die tiefere Erkenntnis des Menschseins, sondern um die Abkehr vom inneren All.

3. *gefallene Eigenschaft*

Die 3. *gefallene Eigenschaft* will die Erkenntnis verhindern, dass das magische Streben nach Wunscherfüllung ein Aspekt der Finsternis ist. Auch hier geht es um positives Denken. Gleichzeitig fördert diese *Eigenschaft* die Erfüllung der Macht, indem sie die Menschen davon abhält, das Streben nach Macht als Dunkelheit zu identifizieren. Sie hält Menschen, die sich ihr durch ihr Handeln nähern, von der Erkenntnis der 3. Dimension fern.

4. *gefallene Eigenschaft*

Wie die anderen *gefallenen Eigenschaften* will auch die 4. *gefallene Eigenschaft* eine tiefere Erkenntnis der Gesetze, in diesem Fall der 4. Dimension, verhindern. Sie lässt alle *Eigenschaften*, welche die magische Macht fördern, kanalisiert Einfluss nehmen. Sie unterdrückt Veränderungen in Richtung Nächstenliebe und Dienst am Menschen. Vor allem will sie eine tiefere Erkenntnis der 4. Dimension verhindern. Denn diese würde offenbaren, dass alle Gesetze des Lebens auf der Erde den Menschen binden. Dies gilt für sämtliche Lebensbereiche und Lebensthemen. Ebenso würde man erkennen, dass nicht der magische Umgang mit den personifizierten Wesenheiten der Welt der *gefallenen Eigenschaften* den Menschen befreit, sondern die Erkenntnis der *Eigenschaften* des inneren Alls. Diese *gefallene Eigenschaft* strebt nach der Herrschaft des Menschen über die Gesetze der Erde.

5. *gefallene Eigenschaft*

Durch die 5. *gefallene Eigenschaft* werden die Menschen so beeinflusst, dass sie die Ursache ihrer Charakter- und Persönlichkeitsmerkmale nicht erkennen können. Sie werden dazu gedrängt, an der Oberfläche zu bleiben und ihre Persönlichkeit mit den Lebensbereichen der Erde in Verbindung zu bringen. Dadurch kann man vielleicht die Ausrichtung einer *verwaltenden Eigenschaft* der 5. Dimension verändern, aber eine Befreiung ist auf diese Weise nicht möglich. Durch diese *gefallene Eigenschaft* gehen die Menschen in die Oberflächlichkeit und versuchen, sich vom Einfluss zu distanzieren.

6. *gefallene Eigenschaft*

Durch den Einfluss der 6. *gefallenen Eigenschaft* konzentrieren sich die Menschen in erster Linie auf die Steigerung der geistigen Macht und Kraft. Vor allem aber verhindert diese *Eigenschaft* die Erkenntnis der Ursache des Geistes. Die Frage nach der Erkenntnis und darauf aufbauend nach der Befreiung vom niederen oder höheren Selbst stellt sich nicht. Der Weg der Befreiung wird mit der Steigerung der geistigen Macht und Kraft gleichgesetzt. Damit wird eine mögliche Erkenntnis der 6. Dimension verhindert.

7. *gefallene Eigenschaft*

Die 7. *gefallene Eigenschaft* suggeriert den Menschen, dass es nur um die Beherrschung der Wesenheiten ihrer Welt geht und um die schöpferische Kraft, die ein Mensch in sich erreichen kann. Die größte Macht als Magier besitzt ein sogenannter Sphärenmagier, wobei sich die Wesenheiten nicht im Universum, sondern in der Welt der *gefallenen Eigenschaften* befinden. Durch diese 7. *gefallene Eigenschaft* gibt es in der Magie die Beschwörung und Beherrschung dieser Wesenheiten. Der Mensch glaubt, durch seine Fähigkeiten einen göttlichen Zustand erreicht zu haben. Eine tiefere Erkenntnis der 7. Dimension und des dort existierenden Bewusstseins, welches das höchste Bewusstsein innerhalb der 7 niederen Dimensionen ist, wird verhindert. Dies gilt auch für die Gesetze der 7. Dimension.

8. *gefallene Eigenschaft*

Der Einfluss der 8. *gefallenen Eigenschaft* verhindert die Erkenntnis der Dunkelheit der 8. Dimension. Das dort existierende individuelle Bewusstsein der Dunkelheit, das eine in sich geschlossene Persönlichkeit suggeriert, ist das Modell der *umfassenden Eigenschaft* in Gestalt des Lichtkörpers. Magier streben in ihrer spirituellen Entwicklung die Erschaffung dieser umfassenden Eigenschaft an, zu der sie selbst werden. Die 8. *gefallene Eigenschaft* ist dafür das Vorbild. Diese Menschen leben dann in dieser Welt und haben sich vom Menschsein so weit distanziert, dass sie als einzige höhere Instanz die höchste *gefallene Eigenschaft* anerkennen. In dieser Welt sehen sie die Welt der Menschen, und in dieser Welt identifizieren sie sich als Mensch, der zu einer personifizierten *umfassenden Eigenschaft* geworden ist.

Die 9. Dimension des Bewusstseins

Die Selbsterkenntnis für die Befreiung des Bewusstseins

Das 1. Ziel auf dem Weg der Befreiung des Bewusstseins ist die Verwirklichung des Bewusstseins der 9. Dimension.

In der 9. Dimension[68] beherrscht die Zeit den Raum. Das bedeutet, dass die Veränderung die Aufrechterhaltung beherrscht. Durch die *höheren Eigenschaften* dieser Dimension ist es möglich, alle *Eigenschaften* der niederen Dimensionen zu erkennen und sich von ihnen zu lösen.

Die Praxis besteht darin, über die *Eigenschaften* der niederen Dimensionen zu meditieren. Aufgabe ist es, sie einerseits als *Eigenschaften* des Menschseins zu erkennen und sie andererseits, wenn dies der Fall ist, in sich selbst zu erkennen. Durch die Praxis der 9. Dimension kann man sich von ihnen lösen und gleichzeitig eine Basis für die Befreiung schaffen. Diese Übung der Selbsterkenntnis ist die wichtigste Grundlage für die Befreiung.

Die große Herausforderung besteht darin, sie als *Eigenschaften* der jeweiligen Dimension und, wenn dies zutrifft, als *Eigenschaften* in sich selbst zu erkennen.

---

[68] In der Pistis Sophia nennt man die 9. Dimension Ort derer der Mitte.

Die Art der Meditation entspricht der Nüchternheit. Diese Form der Nüchternheit stammt von der 9. Dimension. Man braucht sie nicht nur für diese Praxis, sondern für den ganzen Weg. Die Nüchternheit ist die Voraussetzung dafür, eine *Eigenschaft* als das zu erkennen, was sie wirklich ist. Gleichzeitig verhindert sie, dass man sich den *Eigenschaften* magnetisch nähert.

Ein anderer Teil ist das Wachsein des Bewusstseins. Durch das Wachsein, das eine *höhere Eigenschaft* des individuellen Mensch-Bewusstseins ist, wird die Praxis der Erkenntnis zu einem bewussten Vorgang des Mensch-Bewusstseins. Dieses Wachsein ist für die Lösung notwendig.

Schließlich ist es notwendig, einen 4-poligen Schlüssel des Bewusstseins aufzubauen. Durch diesen speziellen Schlüssel nähert man sich dem Ursprung des Bewusstseins in sich selbst.

Der 4. Teil besteht schließlich darin, sich seiner selbst bewusst zu sein.

Im Folgenden werde ich die Praxis aller 4 Teile im Detail beschreiben.

Diese Praxis kann auf alle *Eigenschaften* und Raum-Bewusstseine der niederen Dimensionen angewendet werden.

Innerhalb der 9. Dimension gibt es eine Instanz, die darüber entscheidet, ob jemand in einem der Universen der höheren Dimensionen inkarniert. Diese Instanz ist eine *höhere Eigenschaft*, die sich im inneren All des Menschen befindet[69].

Man darf nicht glauben, dass eine geistige Instanz außerhalb des Menschen über sein Schicksal entscheidet. Es ist immer der Mensch selbst, durch den der Zugang zu den höheren Welten geöffnet oder geschlossen ist.

---

[69] Diese *höhere Eigenschaft* trägt in der Gnosis den alten Namen Lichtjungfrau. Sie wurde als die Richterin im Ort derer der Mitte bezeichnet.

Menschsein bedeutet, von der tiefsten Dunkelheit bis zum höchsten Licht alle *Eigenschaften* als grundsätzliche Möglichkeiten in sich zu tragen. Ob man sich damit identifiziert, ist die Entscheidung jedes einzelnen Menschen selbst.

Es gibt keinen guten oder bösen Gott, der die Menschen in den Himmel lässt oder in die Hölle schickt. Das sind kindliche Vorstellungen, die den Menschen davon abhalten, Verantwortung für sich selbst zu übernehmen.

Wenn man das Bewusstsein einer höheren Dimension nicht in sich verwirklicht hat, kann man sich nicht in der Lebenswelt dieser höheren Dimension inkarnieren. Es funktioniert einfach nicht, da man in sich nicht die notwendigen Voraussetzungen geschaffen hat. Das eigene Selbst gleicht in diesem Fall einem Schlüssel, der nicht in das Schloss der höheren Dimensionen passt, aber Tore zu den Universen der niederen Dimensionen öffnet.

Man kann sich das innere All als eine umfassende Matrix der Bewusstseine aller 13 Dimensionen vorstellen. Jedes mögliche individuelle Bewusstsein und jedes individuelle Mensch-Bewusstsein finden in dieser Matrix ihre Entsprechung. Dort klinkt man sich bildlich gesprochen ein und verkörpert sich im entsprechenden Universum.

Die erwähnte Instanz der 9. Dimension ist eine *höhere Eigenschaft* der Gerechtigkeit im inneren All des Menschen. Sie bestimmt den Ort der nächsten Inkarnation, je nachdem, welches Bewusstsein man besitzt und was man in sich erkannt hat.

Der 1. Teil der Praxis der 9. Dimension

Die *höhere Eigenschaft* der Nüchternheit

Die 1. *höhere Eigenschaft* der 9. Dimension für die Praxis der Selbsterkenntnis ist die Nüchternheit, verbunden mit einer bestimmten Form der Weisheit und des Denkens[70].

Das größte Hindernis auf dem Weg zur Befreiung des Bewusstseins ist der Mangel an Nüchternheit. Ohne diese Nüchternheit ist es nicht möglich, die Bindungen der niederen Dimensionen zu erkennen.

Die Nüchternheit ist eine Grundhaltung auf dem gesamten Weg der Befreiung.

In dieser Nüchternheit liegt keine Kälte, wie man meinen könnte. Betrachtet man eine *Eigenschaft* der niederen Dimensionen mit dieser Grundhaltung, dann identifiziert man den Inhalt aus der Instanz der 9. Dimension. Deshalb erkennt man früher oder später jede *Eigenschaft* der niederen Dimensionen als Dunkelheit.

Die meisten Menschen, die auf der Suche nach einer höheren Wahrheit sind, glauben mit der Zeit, in einer Religion, einer esoterischen Lehre, einer Naturwissenschaft, einer Lebensphilosophie, einer Heilungsarbeit oder einer spirituellen Bewegung eine innere Heimat gefunden zu haben. Hätten sie die Nüchternheit, dann käme es zu einer inneren Lösung. Nüchternheit bewirkt, dass man nach einiger

---

[70] In der Pistis Sophia wird von einem Becher der Nüchternheit erzählt, der von einer Wesenheit mit dem Namen Sabaoth, der kleine, der Gute stammt.

Zeit die inneren Grenzen erkennt, die man sich selbst gesetzt hat. Was vorher Richtung und Ziel des Lebens waren, entpuppt sich als Zwischenstation auf dem Weg.

Auch wenn man es intellektuell nicht verstehen kann, drängt eine innere Unruhe dazu, sich zu trennen und weiterzugehen. Diese Unruhe ist kein Zeichen von Unausgeglichenheit, sondern der innere Drang, nach der nächsten höheren Wahrheit zu suchen.

Wenn die Nüchternheit fehlt, glauben die Menschen, dass die *Eigenschaften* der niederen Dimensionen Erlösung, Befreiung, einen tieferen Sinn des Lebens oder Erfüllung im Leben bringen. Alle Bereiche des religiösen und weltlichen Lebens auf der Erde gehören zu den niederen Dimensionen.

Was die Menschen in den niederen Dimensionen als Gott verehren, sind *umfassende Eigenschaften* der niederen Dimensionen, die die ganze Persönlichkeit besetzen und lenken. In den höheren Dimensionen gibt es keine Götter. Dies gilt auch für die Götter der monotheistischen Religionen.

Die Nüchternheit bewahrt den Menschen davor, eine *umfassende Eigenschaft* als Gott zu definieren, ihn mit seinem Glauben im inneren All zu manifestieren und sich mit seiner Liebe an ihn zu binden.

Ebenso wirkt die Nüchternheit in Verbindung mit allen *Eigenschaften* der niederen Dimensionen, die als höchste Ideale geachtet, verehrt oder angebetet werden.

Sieht man z. B. das höhere oder höchste Selbst aus der Instanz der niederen Dimensionen, so erscheint es als Licht. Es ist nachvollziehbar, warum die Menschen danach streben und jene Mitmenschen verehren, die diese *Eigenschaften* in sich verwirklicht haben. Durch die Nüchternheit erkennt man, dass es sich um Raum-Bewusstseine und die damit verbundenen *Eigenschaften* der 6. Dimension handelt.

Der Weg der Befreiung des Bewusstseins ist gleichzeitig ein Weg der Erkenntnis, an welche *Eigenschaften* man sich im Laufe des Lebens gebunden hat. Es ist erschütternd, wenn man feststellt, dass Inhalte, die man lange für die höchsten gehalten hat, *Eigenschaften* der niederen Dimensionen sind.

Die Art der Weisheit und die Art des Denkens dieser *höheren Eigenschaft* ergänzen einander. Im Denken schreitet man aktiv voran und lässt neue Gedanken zu. Man gleicht einem Forscher, der den ganzen Horizont überblickt und alles in Betracht zieht. Durch die Weisheit betrachtet und erkennt man den Inhalt der Gedanken und lässt das hinter sich oder löst es auf, was nicht der Weisheit entspricht, die man selbst besitzt. Das Wesentliche ist, dass man gleichzeitig mit seinen Gedanken voranschreitet.

Die Nüchternheit ermöglicht es, alle Inhalte der niederen Dimensionen mit innerer Distanz zu betrachten. Nüchternheit ist nicht nur in den Übungen notwendig, sondern auch im Alltag. Es ist wichtig, dass man keine negative und ablehnende Grundhaltung entwickelt. Diese Grundhaltung wäre mit der Dunkelheit verbunden.

Die Nüchternheit, das Denken und die Weisheit entwickeln sich auf natürliche Art und Weise. Es ist wichtig, sich dieser Nüchternheit der 9. Dimension während der gesamten Praxis bewusst zu sein.

Man muss unterscheiden lernen, welche Inhalte man sich während der Praxis selbst imaginiert und welche Inhalte im Sinne der 9. Dimension der Wahrheit entsprechen.

Die *höhere Eigenschaft* des Wachseins

Die 2. *höhere Eigenschaft* der 9. Dimension ist das Wachsein[71].

Wachsein ist eine *Eigenschaft* des Körpers des individuellen Mensch-Bewusstseins. Der Zustand des Wachseins bedeutet, dass man sich im Bewusstsein als wach empfindet.

Indem man sich selbst den Impuls „Ich bin wach!" gibt und dieses Wachsein im individuellen Bewusstsein spürt, nähert man sich der *Eigenschaft* der 9. Dimension.

Das Wachsein auf der Erde entspricht dem Mensch-Bewusstsein auf der Erde, das Wachsein im Universum der 5. Dimension entspricht dem Wachsein des dortigen Mensch-Bewusstseins. Das Wachsein ist ein Zustand, der sich mit jeder Dimension verändert, bis er ein erstes Ziel in der 9. Dimension erreicht hat.

Im Alltag lebt der Mensch meist unbewusst. Durch die Praxis des Wachseins gelangt man von einem Moment auf den anderen in einen Zustand des erwachten Mensch-Bewusstseins.

Wachsein ist keine *Eigenschaft* des Geistes. Es geht auch nicht darum, sich von einem Gedanken oder einem Gefühl zu distanzieren. Das Problem und die innere Unordnung, die sich aus dieser Sichtweise ergeben, haben mit der Verdrehung von Geist und Bewusstsein zu tun.

Das Bewusstsein gebiert Zeit und Raum. Die Inhalte, die der Geist bildet, hängen davon ab, wie Zeit und Raum das Bewusstsein binden.

---

[71] Das Wachsein trägt in der Pistis Sophia den Namen Jao, der kleine, der Gute. Johannes der Täufer wurde als eine Verkörperung von Jao, dem kleinen, dem Guten betrachtet.

Wenn man Wachsein als eine *Eigenschaft* des Geistes definiert, bleibt man automatisch an der Oberfläche.

Die Praxis des Wachseins kann zu jeder Tageszeit geübt werden, genauso wie Nüchternheit. Es braucht nur einen kurzen Moment.

Die 4-polige Praxis

Die 4-Poligkeit der Bewusstseine der 13 Dimensionen

Ein Teil der 4-poligen Praxis besteht darin, über die Bewusstseine der 13 Dimensionen zu meditieren. Jedes Bewusstsein einer Dimension kann man durch einen 4-poligen Schlüssel erfahren. Die Praxis besteht darin, zuerst die Substanz des Bewusstseins zu erschaffen und sich dann in das Bewusstsein zu begeben. Wenn man sich im Bewusstsein einer Dimension befindet, kann man darüber meditieren. Dadurch erhält man einen Eindruck von den Dimensionen und vom menschlichen Bewusstsein im Allgemeinen.

Das Bewusstsein der 1. Dimension
Das Bewusstsein der 1. Dimension bildet die äußere Grenze des Bewusstseins der Dimensionen. Wenn man sich selbst im Zentrum einer Kugel vorstellt und die Kugel den Raum des Bewusstseins darstellt, dann definiert die 1. Dimension den Rand. Die dort enthaltenen *Eigenschaften* sind am weitesten vom Zentrum des menschlichen Bewusstseins entfernt. Das bedeutet, dass sie das niedere Selbst und das höhere Selbst des Menschen in ihrer dunkelsten Ausprägung bilden. Wenn sich ein Mensch davon gelöst und befreit hat, dann kann diese Dimension des Bewusstseins aufsteigen.

Die 4-Poligkeit des Bewusstseins der 1. Dimension:

Das Verschwinden
des Raums

Bewusstsein   Zentrum   Bewusstsein

Gefühl

Wie jedes Bewusstsein hat auch die Substanz des Bewusstseins der ersten Dimension vier Pole. Vor sich imaginiert man sich die Idee, wie ein Raum verschwindet. Ein Gedanke mit dieser Idee genügt. Rechts von sich stellt man sich die Idee von Bewusstsein vor, hinter sich die Idee von Gefühl und links von sich wieder die Idee von Bewusstsein. Das Bewusstsein ist an das Verschwinden des Raumes gebunden.

Wie bei allen 4-poligen Übungen ist es hilfreich, sich die Qualität der einzelnen Pole unabhängig voneinander vorzustellen und wahrzunehmen. Ähnlich 4 Säulen besteht jede Säule nur aus Zeit, Raum, Gefühl oder Bewusstsein. Sie dürfen sich nicht vermischen.

Hat man die 4 Pole aufgebaut, spürt man in sich eine Kraft, die Substanz des Bewusstseins der 1. Dimension. Mit einem einfachen Impuls geht man von der Substanz des Bewusstseins in das Bewusstsein selbst über. Dann befindet man sich über den 4 Polen. In diesem

Bewusstsein ist es leichter, sich auf die 4 Pole gleichzeitig zu konzentrieren.

Das Bewusstsein der 2. Dimension
Im Bewusstsein der 2. Dimension erlebt man einen leeren Raum, in den die *Eigenschaften* scheinbar aus dem Unsichtbaren einströmen. Zwischen dem leeren Raum und dem Hintergrund erkennt man eine Grenze. Hinter dieser Grenze befinden sich die Ordnungen und *Eigenschaften* der 2. Dimension. Die 7 *umfassenden Eigenschaften* der 2. Dimension gehören z. B. zu den weitreichendsten Einflüssen auf den Geist des Menschen. Die 3. *unsichtbare Eigenschaft* mit den ihr zugeordneten 10 *verwaltenden Eigenschaften* ist die verborgenste Beeinflussung innerhalb der niederen Dimensionen aus dem Unterbewusstsein.

Die 4-Poligkeit des Bewusstseins der 2. Dimension:

Leerer Raum

Bewusstsein   Zentrum   Bewusstsein

Gefühl

Die 2. Dimension des Bewusstseins ist an den leeren Raum gebunden. Hinter dem leeren Raum liegen unerkannt die Ordnungen und

Eigenschaften der 2. Dimension. Strömen sie in den leeren Raum, dann werden sie vom Bewusstsein gedacht, gefühlt und wahrgenommen.

Vor sich stellt man sich den leeren Raum vor, hinter sich das Gefühl und rechts und links von sich das Bewusstsein. Manchmal ist es hilfreich, die Reihenfolge zu wechseln, da man leicht in eine Routine verfallen kann. Immer wieder sollte man sich der Nüchternheit bewusst werden.

Das Bewusstsein der 3. Dimension
Das Merkmal dieses Raumes ist die Aufrechterhaltung seiner Inhalte. Folglich definieren alle *Eigenschaften* der 3. Dimension unveränderliche Merkmale der Persönlichkeit. Sie definieren Zustände und Ideale, die sich als Gegebenheiten im geistigen und physischen Raum befinden. Identifiziert man sich damit, so glaubt man, natürliche oder höchste Qualitäten des Menschseins zu erkennen. Alle *Eigenschaften* der 3. Dimension entsprechen der Dunkelheit. Man kann sich bildlich vorstellen, wie sie von unterhalb des Universums auf das Leben der Menschen im Universum einwirken.

Die 4-Poligkeit des Bewusstseins der 3. Dimension:

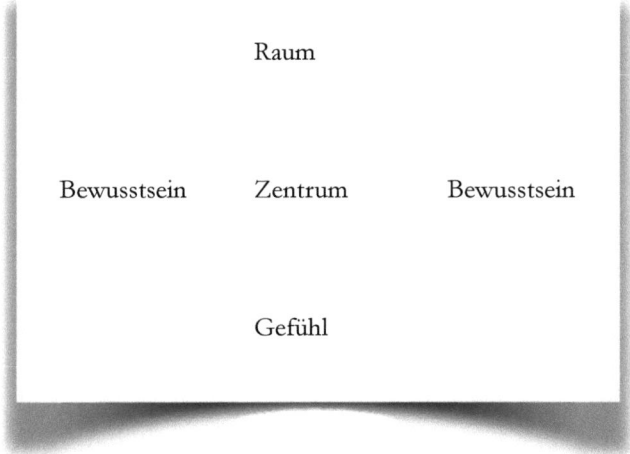

Raum

Bewusstsein   Zentrum   Bewusstsein

Gefühl

Die 3. Dimension ist die Dimension des Raumes, an den das Bewusstsein gebunden ist. Denkt man an die 4 Pole Raum, Bewusstsein, Gefühl und Bewusstsein, so kann man über die Substanz des Bewusstseins zum Bewusstsein der 3. Dimension gelangen.

Das Bewusstsein der 4. Dimension
Sich im Bewusstsein der 4. Dimension zu befinden und eine *Eigenschaft* der Zeit zu erkennen, ist für die Denkweise der Menschen auf der Erde sehr ungewöhnlich. Meistens werden *Eigenschaften* als Teil des Raumes erkannt. Durch die Bindung des Bewusstseins an die Zeit ist der Mensch einer ständigen Veränderung unterworfen. Die 20 *Eigenschaften* der 4. Dimension beziehen sich auf die Veränderung des Mensch-Bewusstseins und die 64 *Eigenschaften* auf die korrigierenden Veränderungen durch das Leben selbst.

Die 4-Poligkeit des Bewusstseins der 4. Dimension:

Zeit

Bewusstsein   Zentrum   Bewusstsein

Gefühl

Die 4. Dimension ist die Dimension der Zeit und damit gehören ihre *Eigenschaften* der Zeit an. Vor sich denkt man die Zeit. Das Bewusstsein ist an die Zeit gebunden. Obwohl es eine abstrakte Vorstellung ist, erfüllt es seine Funktion als einer der 4 Pole. Rechts, hinter und links von sich befinden sich die Pole Bewusstsein, Gefühl und Bewusstsein.

Die 4. Dimension ist für die Menschen auf der Erde deshalb so wichtig, weil ihr Bewusstsein an die Zeit gebunden ist.

Das Bewusstsein der 5. Dimension

Bewegt man sich in der Raumzeit vorwärts, kommen einem die *Eigenschaften* entgegen. Jeder Gedanke und jedes Gefühl bewirken eine Reaktion in der 5. Dimension. Denkt man z. B. einen Inhalt der 1. der 360 *Eigenschaften* der 5. Dimension, dann vermehrt sich die geistige Substanz in den 5 Körpern. Jede *Eigenschaft* der 5. Dimension reagiert durch die Raumzeit auf den Menschen.

Wenn jemand z. B. an einen Mitmenschen denkt, dann reagieren bestimmte *Eigenschaften* der 5. Dimension und kommen ihm näher. Wenn man diese unmittelbare Reaktion kennt, kann man das Wesen der *Eigenschaften* dieser Dimension besser erkennen.

Die 4-Poligkeit des Bewusstseins der 5. Dimension:

Raumzeit

Bewusstsein   Zentrum   Bewusstsein

Gefühl

Die Raumzeit ist eine Verschmelzung von Raum und Zeit. Sie wirkt als Einheit. Auf der Erde ist dies nicht leicht vorstellbar, da Raum und Zeit getrennt wirken.

In der Raumzeit bewirkt jede Bewegung im Raum eine Veränderung in der Zeit. Wenn man träumt, erlebt man manchmal diesen Zustand, wenn sich der Raum durch eine Bewegung plötzlich verändert. Auf der Erde wirkt die Raumzeit als Dimension des Bewusstseins.

Im Universum der Raumzeit, es ist das Universum der 5. Dimension, herrschen grundsätzlich die gleichen physikalischen Gesetze durch die Verbindung mit der 8. Dimension. Der Unterschied besteht darin, dass der menschliche Körper anders aufgebaut ist und in anderer Weise auf das Universum reagiert.

Das Bewusstsein der 5. Dimension ist an die Raumzeit gebunden. Vor sich sieht man die Raumzeit, rechts von sich das Bewusstsein, hinter sich das Gefühl und links von sich das Bewusstsein. Je besser es gelingt, sich die einzelnen Pole getrennt und möglichst klar vorzustellen, desto klarer erfährt man das Bewusstsein.

Das Bewusstsein der 6. Dimension
Die Wahrnehmung der 6. Dimension vermittelt den Eindruck von Zeitlosigkeit. Unabhängigkeit bedeutet, dass das Bewusstsein keiner Veränderung unterliegt. Es bildet eine statische Größe, mit der sich der Mensch identifiziert. Es handelt sich entweder um das niedere Selbst oder das höhere Selbst. Beide beruhen auf dieser Unabhängigkeit und bleiben in ihrer Struktur bestehen. Unterschiedlich sind die *Eigenschaften*, mit denen sich das jeweilige Selbst verbindet.

Die 4-Poligkeit des Bewusstseins der 6. Dimension:

In der 6. Dimension ist das Bewusstsein an die Unabhängigkeit von der Zeit gebunden.

```
                    Die Unabhängigkeit
                    von der Zeit


    Bewusstsein       Zentrum         Bewusstsein



                    Gefühl
```

Vor sich stellt man sich die Idee der Unabhängigkeit von der Zeit vor und rechts, hinter sich und links von sich, wie in allen niederen Dimensionen, das Bewusstsein, das Gefühl und wieder das Bewusstsein.

Das Bewusstsein der 7. Dimension

Die Beherrschung der Zeit bedeutet die Beherrschung der Veränderung. Dies ist ein Merkmal aller *Eigenschaften*, die in der 7. Dimension vorkommen. Wenn man sich dieser Besonderheit nicht bewusst ist, ist es schwierig, die weitreichenden Einflüsse zu erkennen, die der Mensch durch diese Dimension erfährt. Vor allem die 1. und 2. *umfassende Eigenschaft* beeinflussen das Leben durch Regulierungen wie keine andere *Eigenschaft* innerhalb der niederen Dimensionen. Die 7. Dimension ist die höchste der Dimensionen, die nur durch Raum oder Zeit definiert sind. Die 4. bis 7. Dimension sind Dimensionen der Veränderung und existieren deshalb, damit Veränderung durch Selbsterkenntnis und die Entwicklung des Bewusstseins möglich ist.

Die 4-Poligkeit des Bewusstseins der 7. Dimension:

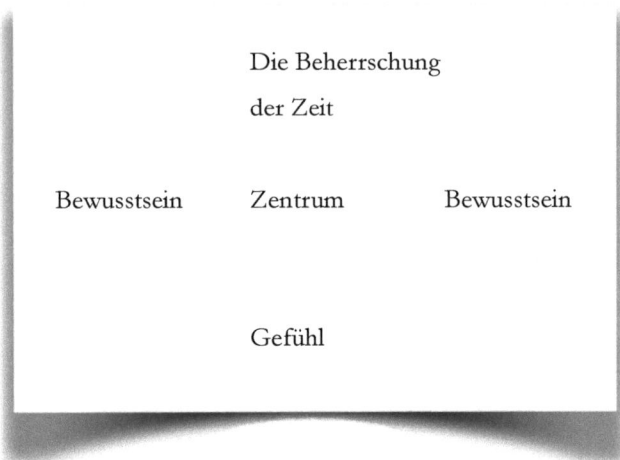

Die 7. Dimension ist die Dimension der Beherrschung der Zeit. An diese Beherrschung ist das Bewusstsein gebunden. Der 4-polige Schlüssel hat diese Beherrschung als Ausrichtung.

Das Vergehen der Zeit kann man sich als einen Strom vorstellen, der durch den Körper fließt. Hält man diesen Strom an, so befindet sich das Bewusstsein in einem Zustand der Zeitlosigkeit. Im Universum der 7. Dimension gibt es viele Menschen, die glauben, dass dieser Zustand eine höhere Stufe des Bewusstseins ist. Damit bleiben sie aber innerhalb der 7. Dimension und können nicht in die höheren Dimensionen gelangen.

Das Bewusstsein der 8. Dimension
Im Bewusstsein der 8. Dimension identifiziert sich der Mensch mit einem Gedanken, einer Idee oder einem Gefühl. Diese Identifikation ist so vollständig, dass sie das gesamte Mensch-Bewusstsein umfasst und keinen Spielraum für Veränderungen lässt. Handelt es sich um

eine religiöse oder nationale Idee, so ist der Mensch die Personifizierung dieser Idee. Dadurch erfährt er auch das Selbstbewusstsein der 8. Dimension, das keinen Zweifel an der Richtigkeit der eigenen Überzeugung oder des eigenen Glaubens zulässt. Da die Entwicklung des Bewusstseins dem Bewusstsein innewohnt, muss sich das Bewusstsein der 8. Dimension im Menschen verändern.

Die 4-Poligkeit des Bewusstseins der 8. Dimension:

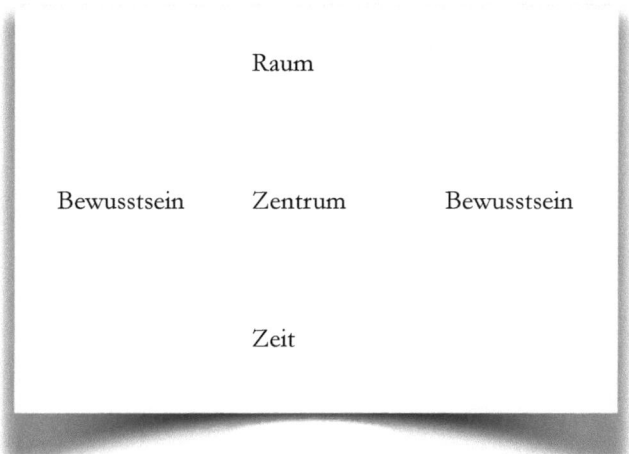

Die 8. Dimension ist die 1. Dimension mit 2 Merkmalen von Raum und Zeit, die sich gegenüberstehen. Dabei beherrscht der Raum die Zeit. Daran ist das Bewusstsein gebunden. Die Aufrechterhaltung beherrscht die Veränderung.

Das Universum einer Dimension kann nur existieren, wenn es 2 Merkmale gibt. Der Raum beherrscht die Zeit, die Zeit beherrscht den Raum und so weiter. Die Besonderheit der 8. Dimension ist, dass eine Entwicklung des Bewusstseins nicht möglich ist, da die Aufrechterhaltung keine Veränderung zulässt.

Da dem Bewusstsein die Entwicklung innewohnt, sind die niederen Dimensionen entstanden. Die 4 Zeit-Dimensionen von der 4. bis zur 7. Dimension beinhalten die Formen der Veränderung durch die Zeit.

Im Universum der 4. Dimension entwickelt sich das Bewusstsein der 8. Dimension durch die Bindung an die Zeit, im Universum der 5. Dimension durch die Bindung an die Raumzeit und so weiter.

Das Bewusstsein der 9. Dimension

Wenn man sich im Bewusstsein der 9. Dimension befindet und der Zeit folgt, dann erfährt man gleichzeitig die Orientierung im Sinne der höheren Dimensionen. Man kann es auch so beschreiben, dass die Orientierung über die Zeit automatisch wirkt. Dadurch wird die Kraft der Veränderung auf den Raum ausgeübt. Im Bewusstsein der 9. Dimension bedarf es eines Willensimpulses, damit sich die Veränderung durchsetzen kann.

Alle *Eigenschaften* der 9. Dimension bewirken eine Veränderung. Da es keinen Zwang durch die Korrektur gibt, erfordert es die Entscheidung des Menschen. Jeder muss selbst entscheiden, ob er der Orientierung folgen will. Würden sich die Menschen schicksalhaft entwickeln, wäre es keine Orientierung, sondern eine Korrektur.

Die 4-Poligkeit des Bewusstseins der 9. Dimension:

Für das Bewusstsein der 9. Dimension denkt man vor sich die Zeit, hinter sich die Idee des Raumes und rechts und links von sich das Bewusstsein. Sie definiert sich dadurch, dass die Zeit den Raum beherrscht.

Wenn man es geschafft hat, sich die 4 Pole getrennt voneinander vorzustellen und gleichzeitig zu denken, dann spürt man eine Kraft in sich. Diese Kraft ist die Substanz des Bewusstseins. Es kann sein, dass man sie gerade am Anfang sehr stark fühlt.

Wenn man die Substanz des Bewusstseins spürt, dann begibt man sich ins Bewusstsein. Wenn das gelungen ist, dann wird man auch hier merken, dass die Konzentration auf die 4 Pole keine große Anstrengung mehr ist. Man befindet sich über der Ebene der 4 Pole.

Nun kann man über das Bewusstsein der 9. Dimension meditieren.

Das Bewusstsein der 10. Dimension

Das Bewusstsein ist an die Beherrschung der Raumzeit durch den Raum gebunden. In der 10. Dimension wirkt der Raum in seiner Aufrechterhaltung nicht regulierend, sondern orientierend. Das bedeutet, dass es keine Korrektur des Lebens z. B. durch das Schicksal oder Gesetze gibt. Die Entscheidungen liegen beim Menschen selbst. Im Bewusstsein der 10. Dimension hat man alle notwendigen *Eigenschaften* der niederen Dimensionen erkannt. Die Substanzen des Bewusstseins der Dimensionen sind von ihnen gelöst.

Innerhalb der 10. Dimension gibt es 5 *höhere Eigenschaften*, welche die höchste Entwicklungsstufe der 5 Körper definieren. Eine höhere Stufe des Menschseins in eins mit den 5 Körpern ist nicht möglich. Diese 5 *Eigenschaften* bilden die höchste Orientierung.

Die 4-Poligkeit des Bewusstseins der 10. Dimension:

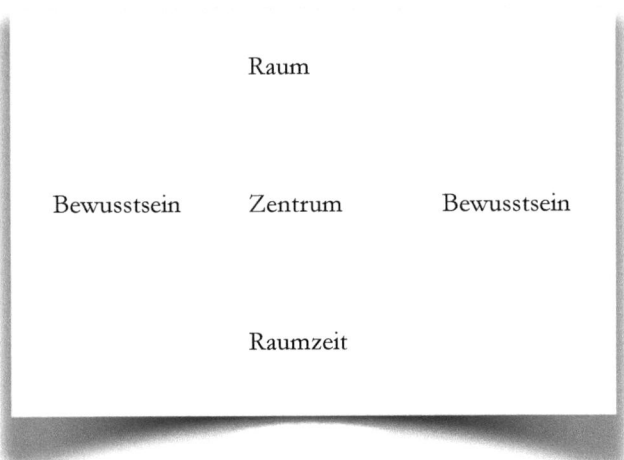

Raum

Bewusstsein   Zentrum   Bewusstsein

Raumzeit

In der 10. Dimension ist das Bewusstsein daran gebunden, dass der Raum die Raumzeit beherrscht.

Auch diese 4 Pole stellt man sich als Ideen um sich herum vor. In diesem Fall sollte man mit dem Raum vor sich beginnen. Ob man dann die Raumzeit hinter sich oder das Bewusstsein rechts oder links von sich denkt, ist nicht wesentlich.

Nachdem man sich mit dem Bewusstsein der 10. Dimension verbunden hat, kann man darüber meditieren.

Das Bewusstsein der 11. Dimension
Im Bewusstsein der 11. Dimension gibt es eine direkte Verbindung zwischen der Zeit und der Raum-Zeit. Das bedeutet, dass jede Veränderung in der Zeit sich automatisch auf die Raumzeit auswirkt. Bestehende Realitäten werden durch diese Verbindung verändert.

In der 11. Dimension gibt es viele *höhere Eigenschaften* der Veränderung, die für die Befreiung des Bewusstseins und den Aufstieg des inneren Alls notwendig sind.

Durch die Verbindung von Zeit und Raumzeit ist es möglich, in das Zentrum der 11. Dimension zu schauen. Dort besteht eine Verbindung zum Bewusstsein der 13. Dimension.

Jede *Eigenschaft* der niederen Dimensionen löst sich auf, wenn sie mit dem Bewusstsein dieser Dimension konfrontiert wird.

Die 4-Poligkeit des Bewusstseins der 11. Dimension:

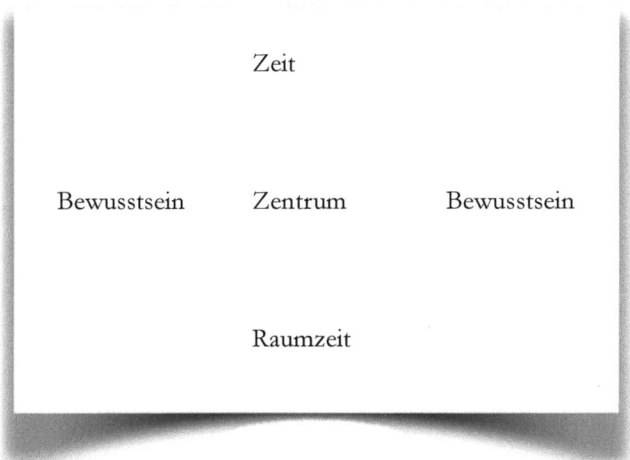

Die 11. Dimension ist eine Dimension des Übergangs von der 10. zur 12. Dimension.

In der Praxis stellt man sich die vier Pole vor und geht, nachdem man die Kraft in der Mitte gespürt hat, ins Bewusstsein. Ähnlich wie bei den anderen 4-poligen Übungen gelingt es nun viel leichter, sich gleichzeitig auf die 4 Pole zu konzentrieren.

Das Bewusstsein der 12. Dimension

Dieses Bewusstsein ist unabhängig von der Zeit und beherrscht den Raum. Das bedeutet unter anderem, dass jede Veränderung ohne Bindung an die Zeit verwirklicht werden kann. Wenn man sich in das Bewusstsein der 12. Dimension begibt, kann man eine Ahnung von dieser Freiheit bekommen, die für dieses Bewusstsein ganz selbstverständlich ist.

Wenn man im Universum der 10. Dimension lebt und sich durch die 11. Dimension in das Universum der 12. Dimension bewegt, gelangt man in eine vollkommen neue Welt. Der physische Körper für das Leben in der 12. Dimension wird durch den Geist der 11. Dimension gebildet. Die Menschen, die im Universum der 12. Dimension leben, bestehen nicht mehr aus 5 Körpern. Es gibt keinen Körper der individuellen Korrektur.

Der Körper des individuellen Bewusstseins ist mit der 13. Dimension und der Körper des individuellen Mensch-Bewusstseins mit der 12. Dimension verbunden. Der Körper der individuellen Eigenschaften definiert sich durch die 12 Dimensionen, die alle frei sind. Ebenso agiert der Geist des Menschen frei, ohne Einschränkung durch die Korrektur und ohne Ausrichtung durch die Orientierung. Alle Körper sind direkt mit dem individuellen Mensch-Bewusstsein verbunden. Die Freiheit, die sich daraus für das Leben im Universum der 12. Dimension ergibt, ist auf der Erde kaum vorstellbar.

Die 4-Poligkeit des Bewusstseins der 12. Dimension:

Das Bewusstsein der 12. Dimension ist daran gebunden, dass die Unabhängigkeit von der Zeit den Raum beherrscht.

In der Meditation konzentriert man sich auf die 4 Pole. Je weniger sich die Pole in ihren Qualitäten vermischen, desto klarer erfährt man in sich die Substanz des Bewusstseins. Wenn man von der Substanz

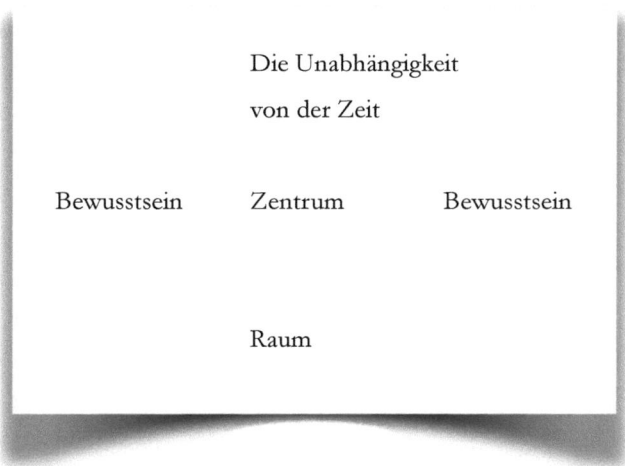

in das Bewusstsein übergeht, befindet man sich im Bewusstsein der 12. Dimension.

Das Bewusstsein der 13. Dimension
Das Bewusstsein der 13. Dimension hat eine andere Beschaffenheit, die mit keiner anderen Dimension vergleichbar ist. Man könnte es als einen Zustand der Fülle beschreiben. Gleichzeitig nimmt das Bewusstsein eine höchste Position innerhalb der Matrix des Bewusstseins ein, die klar und deutlich zu erkennen ist. Diese Instanz steht gleichzeitig über allen Dimensionen. Um das Bewusstsein erkennen zu können, bedarf es einiger Übung, da es sehr ungewohnt ist.

Die Praxis des Bewusstseins der 13. Dimension:
Die Unabhängigkeit von der Zeit beherrscht die Zeit. Durch diese Verbindung definiert sich das Bewusstsein der 13. Dimension. In der Praxis geht es wieder darum, sich die 4 Pole getrennt voneinander vorzustellen und sich über die Substanz des Bewusstseins in das Bewusstsein selbst zu begeben.

Dieses Bewusstsein ist das höchste Bewusstsein aller 13 Dimensionen und gleichzeitig die 1. Dimension einer höheren Matrix. Diese höhere Matrix wird für den Menschen erst dann zum Thema, wenn das Bewusstsein befreit und aufgestiegen ist.

Die Unabhängigkeit
von der Zeit

Bewusstsein   Zentrum   Bewusstsein

Zeit

Der Ursprung des Bewusstseins

Je nachdem, welche Dimension des Bewusstseins jemand in sich verwirklicht hat, verändert sich der Zugang zum Ursprung des Bewusstseins im Menschen. Es gibt einen 4-poligen Schlüssel, um sich diesem Ursprung schrittweise zu nähern. Er besteht darin, die 5 Körper in einer bestimmten 4-poligen Anordnung um sich herum zu positionieren und sich darauf zu konzentrieren.

Körper des
individuellen
Bewusstseins

Körper des   Körper des   Körper der
individuellen   individuellen   individuellen
Geistes   Mensch-Bewusstseins   Eigenschaften

Körper der
individuellen
Korrektur

Das Bewusstsein, in dem man sich im Alltag befindet, wird durch den Körper des individuellen Mensch-Bewusstseins im Zentrum definiert. Die Vorstellungen der anderen 4 Körper sind in gewisser Weise abstrakt.

Vor sich denkt man den Körper des individuellen Bewusstseins, indem man sich das höchste Bewusstsein vorstellt, zu dem man Zugang hat. Man muss nicht wissen, welches Bewusstsein das ist. Der Gedanke genügt.

Rechts von sich denkt man sich die Merkmale der Persönlichkeit als einen Körper.

Hinter sich denkt man den Körper der Korrektur. Dazu braucht man nicht zu wissen, durch welche *Eigenschaften* man reguliert wird. Wer sich im Bewusstsein einer höheren Dimension befindet, braucht auch nicht zu wissen, durch welche *Eigenschaften* er eine Orientierung erhält.

Den Körper des individuellen Geistes denkt man sich links von sich.

Im Laufe der Praxis werden die Vorstellungen immer konkreter.

Denkt man sich die 4 Pole und gelingt es, sich gleichzeitig auf zuerst 2 und später auf alle 4 Pole zu konzentrieren, dann wird man eine Kraft in sich empfinden. Diese Kraft ist die Substanz des Bewusstseins. Spürt man die Kraft, dann begibt man sich mit einem einfachen Willensimpuls von der Kraft in das Bewusstsein selbst. Befindet man sich in diesem Bewusstsein, dann wird man bemerken, dass man sich ohne größere Anstrengung gleichzeitig auf alle 4 Pole um sich konzentrieren kann.

Die Praxis des „Ich bin das Ich bin"

Die Praxis des „Ich bin, das ich bin" verbindet den Körper des individuellen Mensch-Bewusstseins mit dem Körper des individuellen Bewusstseins.

Der Körper des individuellen Bewusstseins ist der 5. Körper und gleichzeitig der höchste Körper eines jeden Menschen, unabhängig davon, auf welcher Entwicklungsstufe er sich befindet. Wenn jemand auf der Erde geboren wird, definiert sich der 5. Körper über die 1. *umfassende Eigenschaft* der 7. Dimension.

Wenn jemand das Bewusstsein der 9. Dimension verwirklicht hat, definiert sich der Körper des individuellen Bewusstseins mit dem Bewusstsein der 9. Dimension.

Der Körper des individuellen Mensch-Bewusstseins bildet das Bewusstsein in Verbindung mit dem physischen Körper auf der Erde. Es ist das Alltagsbewusstsein, mit dem sich der Mensch jeden Tag identifiziert.

ICH bin	das	ICH BIN
individuelles Mensch-Bewusstsein		individuelles Bewusstsein

Die Praxis des „Ich bin das ich bin" stellt eine Verbindung zwischen dem Alltagsbewusstsein und dem höchstmöglichen Bewusstsein her.

Wenn man sich seiner selbst bewusst wird, indem man sagt: „Ich bin das ich bin", verbindet man automatisch sein alltägliches Bewusstsein mit dem höchsten Bewusstsein, zu dem man Zugang hat.

Mit dem 1. „Ich" wird man sich seiner selbst bewusst. Man muss erkennen, dass man selbst derjenige ist, um den es in dieser Übung geht. Deshalb wird das 1. „Ich" hervorgehoben. Mit der Erkenntnis „ICH bin das ICH BIN" erkennt man sich selbst als „ICH BIN".

Wer dies zu Beginn des Weges praktiziert, kann sich vorstellen, dass er sich mit dem Bewusstsein der 9. Dimension verbindet. Diese Praxis hilft, die 9. Dimension in sich zu verwirklichen.

ICH bin	das	ICH BIN
Alltägliches		individuelles
Mensch-Bewusstsein		Bewusstsein der
im Universum		9. Dimension

Wenn jemand das Mensch-Bewusstsein der 9. Dimension realisiert hat, dann bildet die 10. Dimension das ICH BIN.

ICH bin	das	ICH BIN
Bewusstsein der 9. Dimension		Bewusstsein der 10. Dimension

Wenn sich jemand im Mensch-Bewusstsein mit der 10. Dimension identifiziert, dann kann man sich mit der 11, 12. oder 13. Dimension als höchstes mögliches Bewusstsein verbinden. Der Meditierende kann selbst entscheiden, welche Praxis ihm am meisten hilft.

ICH bin	das	ICH BIN
Bewusstsein der 10. Dimension		Bewusstsein der 11., 12. oder 13. Dimension

Das höchste mögliche Mensch-Bewusstsein innerhalb der 13 Dimensionen ist das Bewusstsein der 12. Dimension. Dann gilt folgende Praxis:

ICH bin   das   ICH BIN

Bewusstsein der   Bewusstsein der

12. Dimension   13. Dimension

Hat dies jemand wirklich in sich realisiert, dann gelangt er mit seinem Körper des individuellen Mensch-Bewusstseins nach dem physischen Tod durch alle Dimensionen hindurch in das Universum der 12. Dimension.

Der 2. Teil der Praxis der 9. Dimension

Die Praxis der Selbsterkenntnis

Für den 2. Teil der Praxis ist es die Voraussetzung, die Nüchternheit, das Wachsein, die 4-Poligkeit und das „Ich bin das Ich bin" zu studieren und zu üben, damit man sich während der Praxis gut daran erinnern kann. Alle 4 *Eigenschaften* sind Grundlagen für die gesamte Praxis der Befreiung des Bewusstseins. Die Nüchternheit, das Wachsein und das „Ich bin das Ich bin" entwickeln sich mit der Bewusstheit.

Parallel zu den Meditationen sollten Sie mit den vorbereitenden Übungen für die Praxis der 10. Dimension beginnen. Diese Übungen helfen nicht nur bei der Verwirklichung der 10. Dimension, sondern auch bei den Meditationen der Selbsterkenntnis.

Der 2. Teil besteht darin, die *Eigenschaften* der niederen Dimensionen zu erkennen.

Die Aufgabe in diesem Beispiel besteht darin, die 199. *verwaltende Eigenschaft* der 360 *verwaltenden Eigenschaften* der 5. Dimension zu erkennen. Ich werde jeden Schritt genau erklären. Es ist hilfreich, sich zuerst jeden Abschnitt durchzulesen.

1. Abschnitt
Der 1. Abschnitt besteht darin, die Beschreibung zu lesen, zu studieren und darüber nachzudenken. Oft kann man schon hier erkennen, ob man sich damit identifiziert. Schon durch das Lesen kommen Sie in Verbindung mit dieser *Eigenschaft*.

199. *verwaltende Eigenschaft*

19° Waage – 199° Geborene handeln aktiv beeinflussend und wissen in den meisten Fällen gar nicht, warum. Es geht ihnen meist nicht darum, etwas zu verbessern. Die Veränderung im Außen dient vielmehr der Anpassung. Es geht darum, dass der äußere Zustand an die eigene innere harmonische Befindlichkeit angepasst wird. Im Grunde ist es eine Form der Machtausübung. Für andere Menschen ist es oft nicht leicht, sich gegen diese Beeinflussung zu wehren. Die Problematik zeigt sich nämlich darin, dass auch sie die Machtausübung häufig nicht als negativ erkennen. Meist unbewusst spüren sie den Drang der harmonischen Erfüllung und fügen sich automatisch. In diesem Nachgeben reagieren viele Menschen sehr instinktiv. Durch die Ausbreitung der eigenen Harmonie vergrößert der 199° Geborene seinen persönlichen Umraum.

Die positive Ausrichtung: Der 199° Geborene möchte eine subjektive Harmonie verwirklichen. Diese Harmonie bezieht sich immer auf das, womit er sich gerade beschäftigt. Der Unterschied zu anderen Formen des Erlangens einer inneren Harmonie ist die Art der Verwirklichung. Eine innere Wertschätzung gegenüber sich selbst beschützt 199° Geborene davor, aufzugeben oder zusammenzubrechen.

Die negative Ausrichtung: Durch die negative Ausrichtung findet der 199° Geborene keine Ruhe. Diese innere Unruhe bewirkt Zerstörung. Die Art der Zerstörung zeigt sich in regelmäßigen Abständen. Im Grunde strebt auch dieser 199° Geborene nach Harmonie; sie wird jedoch niemals erreicht. Kurz bevor er sich womöglich auf einer persönlichen harmonischen Empfindung ausruhen könnte, unterbricht er den Prozess und zerstört alle Vorbereitungen. Dadurch zerstören diese Menschen viele, möglicherweise erfolgreiche eigene Vorhaben, bevor sie umgesetzt werden konnten. Viele 199° Geborene mit diesen negativen Persönlichkeitsmerkmalen bedauern sich selbst oder verspüren Selbstmitleid. Das ist oft begleitet von einem unterdrückten Zorn.

2. Abschnitt

Im 2. Abschnitt geht es darum, sich die *Eigenschaft* in personifizierter Form vorzustellen. Dazu denkt man sich eine menschliche Silhouette. Nun liest man die Beschreibung und stellt sich vor, dass der Inhalt die Form ausfüllt.

Durch die Personifizierung steht man der *Eigenschaft* als Gesamtheit gegenüber. Versucht man über eine *Eigenschaft* nachzudenken, ohne sie sich in ihrer individuellen Form vorzustellen, so ist die innere Lösung nur teilweise möglich.

Um über die *Eigenschaft* nachzudenken, bedarf es nun der Nüchternheit.

Hier ist es hilfreich, sich selbst Fragen zu stellen, die damit zusammenhängen. Man kann sich auch eine fiktive Person vorstellen, die diese *Eigenschaft* besitzt und entsprechend handelt. Wie verhält sie sich im Gespräch? Wie geht sie auf Menschen zu? Dazu kann man sich alle möglichen alltäglichen Begebenheiten ausdenken. Es gibt noch viele Merkmale einer *Eigenschaft*, die ich nicht aufgeschrieben habe.

Auf diese Weise setzt man sich mit der allgemeinen Beschreibung, der positiven und der negativen Ausrichtung auseinander.

Wichtig ist, sich immer wieder der Nüchternheit bewusst zu werden!

Es ist ganz normal, dass man Familienmitglieder, Freunde und Bekannte in den *Eigenschaften* wieder erkennt. Auch bekannte Persönlichkeiten können einem in den Sinn kommen.

Hat man die *Eigenschaft* als allgemeines Charakter- und Persönlichkeitsmerkmal erkannt, ist Selbstreflexion gefragt. Hat man sie selbst gelebt?

Die Erkenntnis ist zugleich das Eingeständnis, mit einer *Eigenschaft* der niederen Dimensionen gelebt zu haben.

Wie lange die Meditation dauert, ist von Mensch zu Mensch verschieden. Es gibt kein allgemeingültiges Rezept.

3. Abschnitt

Nun ist es die Aufgabe, sich in den Zustand des Wachseins zu begeben.

Der Einfluss der *Eigenschaften* der niederen Dimensionen ist dem Menschen nicht bewusst. Man kann es sich als einen ständigen Einfluss des Unterbewusstseins vorstellen, dem der Mensch automatisch folgt.

Durch das Wachsein wird man sich des Mensch-Bewusstseins bewusst. Die unbewusste Beeinflussung einer *Eigenschaft* wird durch das Wachsein unterbrochen.

4. Abschnitt

Im 4. Abschnitt geht es um die Praxis der 4-Poligkeit.

Diese Praxis erfordert einige Übung. Es braucht dafür den 1. Teil der Praxis der 4-Poligkeit der 9. Dimension. Mit zunehmender Übung wird es Ihnen immer besser gelingen, bis Sie sich über einen längeren Zeitraum ohne Unterbrechung auf alle 4 Pole gleichzeitig konzentrieren können.

A. Vor sich stellt man sich den Körper des individuellen Bewusstseins vor. Es genügt, sich vorzustellen, wie die Idee den Platz einnimmt.

B. Nun denkt man sich hinter sich den Körper der individuellen Korrektur. Er ist wie der 1. Pol eine abstrakte Idee.

C. Die Kunst besteht darin, sich den 3. Pol hinter sich zu denken und den 1. Pol vor sich nicht zu vergessen. Man muss beides gleichzeitig denken. Wenn man es schafft, beide Ideen gleichzeitig zu denken, dann spürt man in sich eine Kraft, die frei wird.

D. Nun stellt man sich rechts von sich den Körper der individuellen Eigenschaften vor.

E. Als 4. Pol denkt man sich den Körper des individuellen Geistes links von sich selbst.

F. Es ist ganz normal, dass diese Konzentration am Anfang nur für Momente möglich ist. Auch wenn die 4-Poligkeit nur für kurze Zeit funktioniert, war die Übung erfolgreich.

G. Wenn 4 Pole im Menschen zusammenwirken, entsteht eine Kraft, die man spürt. Sogar ekstatische Gefühle sind möglich. Für die Übung selbst sind die Gefühle nicht wesentlich. Das Empfundene ist die Substanz des Bewusstseins.

H. Aus der Substanz des Bewusstseins kann man sich nun in das Bewusstsein selbst begeben. Dazu genügt ein Gedanke.

5. Abschnitt

Nach der 4-Poligkeit braucht es als noch die Praxis des „Ich bin das Ich bin".

Nun verbindet man sich mit dem Körper des individuellen Bewusstseins und damit mit der höchsten inneren Instanz.

Mit dem letzten Schritt hat sich die Substanz des Bewusstseins der 5. Dimension von der 199. *verwaltenden Eigenschaft* der 5. Dimension gelöst.

6. Abschnitt

Die letzte Aufgabe dieser Praxis besteht darin, die Vorstellung der personifizierten *Eigenschaft* vor sich aufzulösen. Dazu stellt man sich einfach vor, wie sie sich in die Grundsubstanz auflöst.

Die Grundsubstanz[72] ist eine existierende Substanz, die die Grundlage aller Substanzen des Bewusstseins ist. Man kann sagen, dass alles Seiende aus dieser Grundsubstanz besteht. Auch hier genügt der Gedanke der Auflösung der *Eigenschaft* in die Grundsubstanz.

Diesen letzten Schritt darf man nicht vernachlässigen. Sonst kann es sein, dass man noch eine Weile von der *Eigenschaft* belästigt wird, bevor sie sich automatisch zurückzieht.

---

[72] Diese Grundsubstanz wird in der Pistis Sophia Mischung genannt.

Eine mögliche Reihenfolge der Praxis der 9. Dimension

Der Beginn

Dieser 1. Schritt besteht darin, über eine der *verwaltenden Eigenschaften* der 5. Dimension zu meditieren. Die 360 *Eigenschaften* definieren ausgehend von der 5. Dimension den Charakter und viele Merkmale der Persönlichkeit. Hat man eine *Eigenschaft* so gut wie möglich erkannt, geht man weiter. Oft hatte ich nach einer Meditation das Gefühl, von einer langen, intensiven und lebensverändernden Reise zurückgekehrt zu sein.

Es ist nicht wesentlich, mit welcher *Eigenschaft* man beginnt. Es bedarf Zeit, sich an die Grundschwingung dieser *Eigenschaften* zu gewöhnen. Vor allem ist es Ihre Aufgabe, über diese *Eigenschaften* zu meditieren, die in Ihrem Horoskop hervorgehoben sind. Im Kapitel „Die 5. Dimension des Bewusstseins" habe ich darüber geschrieben. Grundsätzlich ist es auch notwendig, über alle *Eigenschaften* zu meditieren, die im Horoskop Ihrer Eltern oder Stiefeltern und aller Menschen, die Ihnen nahe stehen, betont sind. Sie werden verstehen, warum die Menschen so sind, wie sie sind. Nach ca. 70 Meditationen haben Sie in sich eine gute Basis geschaffen, um über die nächste Ordnung meditieren zu können. Dies bedeutet jedoch nicht, dass Sie die Meditationen über die 360 *Eigenschaften* der 5. Dimension abgeschlossen haben. Diese Meditationen werden Sie über die Jahre begleiten. Sie werden feststellen, dass eine Meditation über die gleiche *Eigenschaft* ein Jahr später nicht nur tiefere, sondern auch andere Erkenntnisse bringt.

Wer bereits Erfahrungen gesammelt hat, kann die Meditationen der Selbsterkenntnis in Verbindung mit den Schlüsseln der 10. Dimension praktizieren. Bei manchen *Eigenschaften* gibt es geistige Schlüssel, durch welche man ihnen näher kommen kann. Die Voraussetzung für diese Form der Meditation ist die Praxis der vorbereitenden Übungen der 10. Dimension.

Der 2. Schritt

Wer durch die vorangegangenen Meditationen eine Basis für tiefere Einsichten geschaffen hat, kann mit den Meditationen über die *großen verwaltenden Eigenschaften* der 5. Dimension beginnen. Hier geht es nicht mehr nur um einzelne Charakter- oder Persönlichkeitsmerkmale, sondern um die Persönlichkeit selbst.

Es ist relativ einfach, wenn auch schmerzhaft, eine *Eigenschaft* in ihrer negativen Ausrichtung als Bindung zu erkennen. Schwieriger ist es, sich von den Bindungen der *Eigenschaften* in ihrer positiven Ausrichtung zu lösen. Es kann auch vorkommen, dass man sich bemüht hat, sie in sich zu fördern. Plötzlich erkennen zu müssen, dass es sich um Bindungen innerhalb der niederen Dimensionen handelt, kann erschütternd sein.

Meditationen über das Mensch-Bewusstsein

Der nächste Schritt führt zu den 20 *verwaltenden Eigenschaften* der 3. Dimension. Das Besondere an ihnen ist, dass sie für den Menschen so selbstverständlich sind. Es sind die *Eigenschaften* des individuellen Mensch-Bewusstseins, wie es von den meisten Menschen gelebt wird. Deshalb kann es sein, dass eine differenzierte Erkenntnis nicht so einfach ist. Es ist bestürzend zu erkennen, dass die gewohnte Identifikation mit sich selbst als Mensch in Wirklichkeit eine Bindung ist, die den Menschen daran hindert, sich von den niederen Dimensionen zu lösen.

Die Raum-Bewusstseine der 3. und 4. Dimension
Wesentlich sind die Erkenntnisse der 12 Raum-Bewusstseine der 3. und 4. Dimension. Darüber zu meditieren und zu erkennen, wie sehr der Mensch daran gebunden ist, verändert vieles in der Betrachtung des Lebens auf der Erde.

Die Ordnung der 20 *höheren Eigenschaften* des individuellen Mensch-Bewusstseins
Bevor Sie beginnen, über die Dunkelheit zu meditieren, können Sie über die 20 *höheren Eigenschaften* der 9. Dimension meditieren. Die Beschreibungen finden Sie im nächsten Kapitel. Diese Praxis hilft Ihnen, eine Vorstellung vom Mensch-Bewusstsein der höheren Dimensionen zu bekommen. Wesentlich ist, dass Sie keine Vorstellungen von Licht damit verbinden. Je nüchterner Sie sind, desto näher kommen Sie dem Bewusstsein.

Meditationen über die Dunkelheit
Früher oder später muss man anfangen, über die *Eigenschaften* der Dunkelheit zu meditieren. Das ist sehr anstrengend und erschütternd. Allmählich begreift man, wie sehr sich die Menschen in die Dunkelheit begeben haben. Im Laufe der Jahre habe ich zu jeder *Eigenschaft* ihre Bedeutung aufgeschrieben. Jede Meditation war eine Reise durch die Dunkelheit. Beginnen Sie erst dann mit den Meditationen über die *Eigenschaften* der 1. und 2. Dimension und über die *Eigenschaften* des Universums, wenn Sie über 180 *Eigenschaften* der 5. Dimension meditiert haben.
Dieser Schritt führt in die Dunkelheit und zugleich in die Abgründe des Menschseins. Es braucht Mut, diesen Schritt zu tun. In den Ordnungen der 5 *verwaltenden Eigenschaften* der 2. Dimension können Sie diese *Eigenschaften* erkennen, durch welche sich die Menschen in die Dunkelheit begeben. Beginnen Sie mit der 1. Ordnung und versu-

chen Sie, die negativen Persönlichkeitstypen zu erkennen. Dann fahren Sie mit der 2. Ordnung fort und so weiter. Wenn Sie sich selbst erkennen, auch wenn es nur leichte Tendenzen sind, gestehen Sie sich diese *Eigenschaft* ein, damit Sie sich davon lösen können. Es ist normal, sich in vielen *Eigenschaften* zu erkennen. Sie sind als Möglichkeit in jedem Menschen enthalten.

Manchmal reagiert der Körper auf die Anstrengung der Meditation. Die Konfrontation mit den *Eigenschaften* der Dunkelheit ist nicht einfach. Zum Beispiel kann man sich während oder nach der Meditation überdurchschnittlich erschöpft fühlen. Es braucht Erfahrung, um die eigenen Reaktionen auf die Meditationen einschätzen zu können.

Weitere Meditationen

Entscheiden Sie nun selbst, mit welcher der angeführten Meditationen Sie fortfahren wollen. Vielleicht möchten Sie sich mit den *Eigenschaften* der 6. Dimension auseinandersetzen, weil Sie sich intensiver mit dem niederen Selbst oder dem höheren Selbst beschäftigt haben. Eventuell sind es die 64 *verwaltenden Eigenschaften* der 4. Dimension. Die Wertvorstellungen, die darüber transportiert werden, sind für viele Menschen eine wichtige Grundlage für ein positives Leben. Umso erschütternder ist es zu erfahren, wie sehr sie den Menschen binden. Auch die 20 *verwaltenden Eigenschaften* der 4. Dimension regulieren das Leben der Menschen innerhalb des Universums.

Voraussetzung für die Meditationen über die *Eigenschaften* der 1. Dimension ist, dass man vorher intensiv über die Raum-Bewusstseine der 6. Dimension meditiert hat. Es ist auch wichtig, die 36 *Eigenschaften* des niederen Selbst und die 36 *Eigenschaften* des höheren Selbst zu erkennen. Wer einen esoterischen Hintergrund hat, wird sich in vielen Aspekten wiedererkennen.

Wer über die *Eigenschaften* der 8. Dimension meditiert, wird unter anderem darüber erschüttert sein, wie sehr sich diese Dunkelheit im Leben der Menschen etabliert hat.

Eine wesentliche Aufgabe auf dem Weg der Selbsterkenntnis möchte ich hervorheben. Es ist die Erkenntnis des Körpers des individuellen Geistes. Es gibt wenige *Eigenschaften*, die sich so sehr als Licht tarnen und in Wirklichkeit Dunkelheit sind.

Die 7 *umfassenden Eigenschaften* der 2. Dimension bilden eine Struktur des Geistes. Die 12 *verwaltenden Eigenschaften* des Universums zeigen die Bindung an die tiefste Dunkelheit, die in den Religionen und esoterischen Lehren zu finden ist. Es sind vor allem die 49 *negativen Eigenschaften* der 3. Dimension, die scheinbare Ideale definieren und der Dunkelheit angehören.

Schließlich gehören die Meditationen über die *gefallenen Eigenschaften* zu den dunkelsten Erfahrungen, die man machen kann.

Am Ende der Reise durch die niederen Dimensionen kann man über die Ordnungen der *unsichtbaren Eigenschaften* der 2. Dimension und über die *Eigenschaften* der 7. Dimension meditieren.

Der 3. Teil der Praxis der 9. Dimension

Die Ordnung der 20 *höheren Eigenschaften* des individuellen Mensch-Bewusstseins

Der Körper des individuellen Mensch-Bewusstseins in der 9. und 10. Dimension hat 20 *Eigenschaften*[73]. Es ist hilfreich, darüber nachzudenken und zu meditieren. So kommt man diesem Mensch-Bewusstsein näher.

Die 20 *Eigenschaften* entwickeln sich parallel zur Entwicklung des Menschen. Ich habe einige ihrer Merkmale aufgeschrieben, die eine

---

[73] Der Körper des individuellen Mensch-Bewusstseins der 9. Dimension heißt in der Pistis Sophia Jao, der große, der Gute. Das Mensch-Bewusstsein von Jao, dem großen, dem Guten ist das Mensch-Bewusstsein, welches Jesus verwirklicht hat. Die Verbindung von Jao, dem kleinen, dem Guten zu Jao, dem großen, dem Guten, ist die Entwicklung von Johannes dem Täufer zu Jesus. Das verwirklicht sich in einer Person. Jeder Mensch muss das Bewusstsein der 9. Dimension verwirklichen. Die Lehre von Jesus in der Pistis Sophia ist eine mystische Beschreibung der Dimensionen, ohne auf die Inhalte einzugehen. Diese Inhalte werden Mysterien genannt, die nicht enthüllt sind. Verspricht eine Religion Erlösung durch einen Gott oder durch Jesus, dann bindet sie die Menschen in der Dunkelheit der niederen Dimensionen. Das hat mit dem Menschen, der vielleicht mit dem Namen Jesus gelebt hat, nichts zu tun. Die christlichen Religionen sind Religionen im Sinne der Deutungen von Paulus.

Annäherung an das individuelle Mensch-Bewusstsein[74] dieser Dimensionen ermöglichen.

Die Praxis der Meditation

Man stellt sich die Gestalt eines Menschen vor. Dann liest man eine *Eigenschaft* und stellt sich vor, wie sich die Gestalt mit dieser *Eigenschaft* füllt. Danach kann man darüber meditieren. Zum Schluss der Meditation begibt man sich in den Zustand des „Ich bin das Ich bin".

1. *höhere Eigenschaft*

Die 1. *höhere Eigenschaft* definiert das individuelle Bewusstsein der Persönlichkeit des Menschen. Charakteristisch sind seine Individualität und seine Freiheit von räumlicher und zeitlicher Gebundenheit. Das All ist im Menschen und je nach seiner Persönlichkeit und seinem Charakter drückt sich dies im individuellen Mensch-Bewusstsein aus.

Diese *Eigenschaft* entwickelt das Selbst des Menschen. Die Orientierung für diese Entwicklung ist das Bewusstsein der 13. Dimension. Das individuelle menschliche Bewusstsein besitzt durch diese Qualität das Bestreben, Inhalte der höheren Dimension zu verwirklichen.

Die 1. *Eigenschaft* drückt auch sein Selbstbewusstsein aus. Ein stärkeres Selbstbewusstsein zeichnet sich durch die Verwirklichung von *Eigenschaften* der höheren Dimensionen aus. Es zeigt sich nicht als aktives Durchsetzungsvermögen, sondern ist die Folge der Verwirklichung eines höheren Bewusstseins. Je mehr sich dieses Bewusstsein der 13. Dimension nähert, desto mehr nähert sich der Mensch dem

---

74 Der gleiche Körper, identifiziert sich jemand mit der 3. Dimension, wird Jaldabaoth genannt. Je nach Dimension verändern sich in der Pistis Sophia die Namen. In der Maya-Religion blieb der Name Kukulcan auch als Mensch-Bewusstsein der 9. Dimension bestehen.

Grundprinzip des Bewusstseins und desto natürlicher wird das Selbstbewusstsein.

2. höhere Eigenschaft

Die 2. *höhere Eigenschaft* definiert die Bewegungen des Menschen im Außen. Das Handeln und der Umgang mit anderen Menschen sind klar, geradlinig und gleichzeitig von der Verbindung mit dem höheren Bewusstsein geprägt.

Ein Merkmal ist die Ausstrahlung und Wirkung dieser Persönlichkeit. Bezieht sich die 1. *Eigenschaft* auf das natürliche Selbstbewusstsein im inneren Sein, so zeigt sich die 2. *Eigenschaft* als Selbstbewusstsein in der Wirkung auf andere Menschen. Allgemein kann man sagen, dass diese Menschen eine starke Ausstrahlung haben. Man kann sich vorstellen, wie ein Mensch mit dem Bewusstsein der 4. Dimension oder ein Mensch mit dem Bewusstsein der 9. Dimension einen Vorschlag macht. Obwohl beide die gleichen Worte verwenden, wird die Wirkung unterschiedlich sein. Man darf aber nicht denken, dass das Bewusstsein der 9. Dimension sich durchsetzen will. Die Wirkung kann sehr sanft sein und das Gegenüber nur innerlich berühren.

Auch die Bewegungen und Handlungen mit Gegenständen oder physischen Gegebenheiten sind unterschiedlich. Die Reaktionen des Raumes mit seinen geistigen Wirkungen sind verschieden. Man kann sich z. B. vorstellen, dass die geistige Wirkung einer Religion oder eines Landes den Menschen nicht unterwerfen kann. Dasselbe gilt für alle *Eigenschaften* der niederen Dimensionen. Die hierarchisch höhere Stellung, die dieser Mensch durch sein Bewusstsein einnimmt, ist für alle *Eigenschaften* Ausdruck einer natürlichen Ordnung.

3. höhere Eigenschaft

Die 3. *höhere Eigenschaft* ist die Erkenntnis aller Inhalte aller Dimensionen. Dies gilt insbesondere für alle Einsichten[75], die das eigene Bewusstsein betreffen.

Wenn jemand, der die 3. *Eigenschaft* weiter verwirklicht hat, z. B. die Raum-Bewusstseine der 6. Dimension betrachtet, dann ist er in der Lage, die Inhalte der Räume gut zu erkennen. Dieses Erkennen erfordert keine große Anstrengung, es gleicht eher einem Sehen der Inhalte. Das Erkennen beinhaltet gleichzeitig das Wissen, wie der Mensch davon beeinflusst wird.

Die 3. *Eigenschaft* baut auf der 1. und 2. *Eigenschaft* auf, sie ist die Konsequenz daraus. Zur Erkenntnis bedarf es der Bewegung und gleichzeitig verändert die Erkenntnis das innere All.

Höhere Einsicht zu erlangen bedeutet, sich dem Bewusstsein der 12. Dimension zu nähern. Einsicht ist die gleichzeitige Verinnerlichung dieses Aspekts des höheren Bewusstseins. Eine Erkenntnis innerhalb der niederen Dimensionen bedeutet, dass der Inhalt nicht Teil des höheren Bewusstseins ist. Dies führt zu einer Lösung oder Befreiung, je nachdem, ob der Körper des individuellen Mensch-Bewusstseins der 9., 10. oder 12. Dimension angehört.

4. höhere Eigenschaft

Bezieht sich die 3. *höhere Eigenschaft* auf die Erkenntnis, so betrifft die 4. *höhere Eigenschaft* deren Beherrschung. Dabei geht es um alle *Eigenschaften* und Raum-Bewusstseine aller Dimensionen des inneren Alls.

Auf der Erde sind es z. B. die 12 *verwaltenden Eigenschaften* des individuellen Geistes, die sich jeder Veränderung widersetzen. Gleiches gilt für die geistigen Substanzen der 5. Dimension, welche den Körper der individuellen Eigenschaften definieren. Daraus entstehen die

---

[75] Eine Einsicht ist die Erkenntnis eines Mysteriums.

Persönlichkeit und der Charakter eines Menschen. Durch diese 4. *höhere Eigenschaft* ist der Mensch in der Lage, alle *Eigenschaften* des inneren Alls zu beherrschen.

Das heißt, das Bewusstsein gibt sich nicht mehr unreflektiert allen möglichen Inhalten hin. Charakter und Persönlichkeit sind nicht mehr starre Vorgaben.

In diesen Dimensionen wird derjenige, der die 4. *höhere Eigenschaft* bis zu einem gewissen Grad verinnerlicht hat, als Herrscher über alle *Eigenschaften* angesehen[76].

5. höhere Eigenschaft
Durch die 5. *höhere Eigenschaft* ist es möglich, auf alle Ordnungen und Gruppen innerhalb der Dimension einzuwirken. Bevor ein Mensch in dieser Weise handeln kann, muss er die Bedeutung der Ordnungen der 12 Dimensionen aus einer höheren Perspektive kennen. Er braucht Antworten auf die Fragen, warum die Ordnungen innerhalb der Dimensionen existieren.

Ordnungen sind zum Beispiel die 360 *verwaltenden Eigenschaften* der 5. Dimension, die 12 Raum-Bewusstseine der 3. Dimension, die 6 Raum-Bewusstseine des niederen Selbst der 6. Dimension oder die 7 *umfassenden Eigenschaften* der 2. Dimension.

Jeder dieser Ordnungen wohnt eine Bedeutung inne, warum es sie gibt. Durch diese 5. *Eigenschaft* ist es möglich, sie zu erkennen und entsprechend ihrer Bedeutung zu behandeln. Wenn z. B. die Ordnung der 6 Raum-Bewusstseine des niederen Selbst zu viel Kraft besitzt, dann ist es möglich, sie zu reduzieren.

---

[76] Das ist der Grund, warum Jao, der große, der Gute, der große Anführer genannt wird.

Die 5. *Eigenschaft* ist die übergeordnete Instanz, die alle *Eigenschaften* und Ordnungen beeinflussen kann. Gleichzeitig kann man verstehen, warum sie so existieren und wirken.

6. höhere Eigenschaft

Die 6. *höhere Eigenschaft* zeigt sich in der Erkenntnis der unmittelbaren Umwelt. Durch sie erkennt man die Umgebung als Wirkung einer Ursache, die der Mensch selbst ist.

Der Mensch ist nicht Teil oder bildlich gesprochen Zelle eines Universums, das durch seine Gesetze das Leben des Menschen bestimmt. Es ist umgekehrt. Die Ursache der Dimensionen und damit der Universen ist das Bewusstsein, das der Mensch selbst ist. Das Bewusstsein ist, wenn man so will, der Schöpfer der Dimensionen und damit der Universen.

Durch die 6. *Eigenschaft* erkennt der Mensch, dass die Lebensthemen, die Lebensbereiche und alle physikalischen oder geistigen Gesetze ihre Ursprünge im Menschen haben.

Mit der 6. *Eigenschaft* beginnt die Erkenntnis, dass sich alles im Menschen befindet. Er selbst ist die Ursache seines Lebens.

7. höhere Eigenschaft

Die 7. *höhere Eigenschaft* definiert die hierarchische Stellung des Menschen. Sie ist die Folge der 6. *Eigenschaft*. Durch die 7. *Eigenschaft* nimmt die physische und geistige Materie in Raum und Zeit den untergeordneten Platz ein und wird vom Menschen selbstverständlich so betrachtet. Der Mensch beherrscht den ihn umgebenden Raum und nicht umgekehrt.

Die Normalität vieler Menschen in der 4. Dimension ist, sich mit der Materie zu identifizieren und sich ihr zu unterwerfen. Das beginnt bei den physischen Dingen und zeigt sich auch dort, wo der Lebensinhalt darin besteht, sich einer physischen Gegebenheit unterzuordnen. Das Bewusstsein im Menschen ist die Ursache aller Dinge und Gegebenheiten und daraus ergibt sich eine hierarchische Ordnung.

Diese Ordnung gilt auch für den geistigen Raum. Religiöse, politische oder allgemein ideologische Ideen des Universums haben ihren Ursprung immer in *Eigenschaften* der niederen Dimensionen. Eine Gottheit einer Religion ist eine mächtige *umfassende Eigenschaft*, von der sich die Menschen bestimmen lassen. Sie lassen sich also von einer Idee beherrschen, die sie selbst geschaffen haben.

Wer die 7. *Eigenschaft* in sich verwirklicht hat, weiß um die hierarchische Ordnung zwischen dem Menschen und seiner physischen und geistigen Umwelt. Daraus folgt, dass er sich der Materie und den geistigen Gegebenheiten nicht unterordnet.

8. höhere Eigenschaft

Durch die 8. *höhere Eigenschaft* besitzt der Mensch einen Überblick über das gesamte innere All, also von der 1. bis zur 13. Dimension. Es ist auch die Erfahrung, dass sich alle Dimensionen in ihm selbst befinden und dort ihre Ursache im Bewusstsein haben.

Damit verbunden ist die Fähigkeit, sich überall hinbewegen zu können. Es handelt sich nicht um eine Bewegung im äußeren Raum, sondern im inneren All. Dort befinden sich die niederen und die höheren Dimensionen. Gelangt man an diesen Ort, so ist man durch die 8. *Eigenschaft* in der Lage, alle geistigen Substanzen, *Eigenschaften* und Ordnungen der jeweiligen Dimension gefühlsmäßig und verstandesmäßig zu erkennen und zu erfahren.

Diese Erkenntnis und Erfahrung durch das Bewusstsein wird wiederum durch das Bewusstsein klassifiziert. Vereinfacht kann man sagen, wenn sich ein Mensch innerhalb des Universums mit dem Bewusstsein einer höheren Dimension identifiziert, dann erfährt er die höheren Dimensionen als Licht und die niederen Dimensionen als Dunkelheit.

9. *höhere Eigenschaft*

Die 9. *höhere Eigenschaft* bestimmt die völlige Unabhängigkeit dieses Menschen von äußeren Umständen. Der Wille kann durch die Inhalte der niederen Dimensionen nicht beeinflusst werden. Dieser Mensch besitzt unter anderem die Fähigkeit, seine Gefühle und Emotionen jederzeit zu ändern.

Dies ist die 4. von 5 *höheren Eigenschaften* der Verwirklichung der Erkenntnis, dass alles im Menschen ist.

Der Wille ist eine Qualität der Zeit. Die Zeit wiederum wird durch das Bewusstsein geboren und definiert als solche die Veränderung des Bewusstseins. Der Raum stammt ebenfalls vom Bewusstsein und erklärt die Aufrechterhaltung des Bewusstseins.

Lebt ein Mensch im Universum, so ist sein Wille von der 1. bis zur 8. Dimension durch die Zeit gebunden und durch den Raum bewusst oder unbewusst beeinflusst. Es gibt keinen Bereich und kein Thema im Leben auf der Erde, das nicht von den *Eigenschaften* oder von Raum-Bewusstseinen beeinflusst wird.

Dies gilt für alle 5 Körper des Menschen. Die Unabhängigkeit des Menschen und ein unbeeinflussbarer Wille sind in den niederen Dimensionen eine Illusion.

Die 9. *Eigenschaft* des Körpers des individuellen Mensch-Bewusstseins der 9. Dimension birgt diese Freiheit innerhalb der 13 Dimensionen.

10. *höhere Eigenschaft*

Die 10. *höhere Eigenschaft* ermöglicht einen ungehinderten Blick nach oben in die 13. Dimension und gibt dem Menschen eine Vorstellung davon, wie der Weg des Menschen oberhalb dieser Dimension weitergeht.

Zwischen den Dimensionen gibt es Verbindungen, deren Ursprung wiederum der Mensch ist. Wenn ein Mensch den Entwicklungszyklus der 13 Dimensionen in sich verwirklicht hat, lebt er mit einem physischen Körper im Universum der 12. Dimension. Die 13. Dimension entspricht dem Teil des individualisierten Bewusstseins und die Substanzen des Bewusstseins aller 12 Dimensionen entsprechen dem Körper der individuellen Eigenschaften.

Alles ist im Menschen, alle Dimensionen, alle Ordnungen und *Eigenschaften*. Es gibt keine höhere Instanz im Außen. Nur der Blick in die 13. Dimension offenbart den Weg der weiteren Entwicklung. Diese Menschen haben eine freie und unabhängige Position und Stellung innerhalb der 13 Dimensionen.

11. *höhere Eigenschaft*

Um die 11. *höhere Eigenschaft* zu verstehen, muss man zuerst die vorhergehenden *Eigenschaften* kennen. Diese besagen, dass alles im inneren Raum existiert und die äußere Wirklichkeit, die sich in den Dimensionen manifestiert, ihren Ursprung im inneren All hat. Daraus ergibt sich eine hierarchische Stellung des Menschen.

Die 11. *Eigenschaft* setzt diese voraus, baut auf ihnen auf und führt sie weiter. Ein Beispiel: Jemand lebt auf der Erde und verbringt seine Zeit mit seiner Familie. Alle Handlungen in diesem Lebensbereich haben als Grundlage ein Bewusstsein in Verbindung mit den niederen Dimensionen. Besitzt diese Person z. B. ein Bewusstsein der 9. Dimension, dann kann sie z. B. ursächliche Gesetzmäßigkeiten dieses Lebensbereiches erkennen.

Durch die 11. *Eigenschaft* handelt der Mensch aus einem Bewusstsein heraus, das hierarchisch über den beschriebenen Gesetzen steht. Dies ist der Fall, wenn er ein Bewusstsein einer der höheren Dimensionen besitzt. Durch seine hierarchische Position steht er über diesen Gesetzen, die sich alle nach ihm richten müssen.

Dieses Gesetz besagt, dass die Ursache im inneren All mit der daraus resultierenden äußeren Realität korrespondiert und den willentlich wählbaren inneren Vorgaben folgt. Dies gilt je nach Bewusstsein für alle Dimensionen.

12. *höhere Eigenschaft*

Wiederum baut die 12. *höhere Eigenschaft* auf der 11. *Eigenschaft* auf. Es geht nicht mehr nur um das eigene Handeln in Verbindung und im Wissen um die innere Ursache, sondern um die Bewertung und Einordnung der äußeren Realität. Dies können z. B. andere Menschen oder die Natur sein.

In der Familie würde jemand das Handeln aller Familienmitglieder im Sinne der zugrunde liegenden Gesetze und Ordnungen wahrheitsgemäß beurteilen können.

Damit verbunden ist ein tiefes Verständnis für das Leben und für andere Menschen. Diese Menschen berühren ihre Mitmenschen. Dies geschieht unbewusst und automatisch. Vereinfacht kann man sich das so vorstellen, dass eine Saite, die in einer Frequenz schwingt, das Gegenüber ebenfalls zum Schwingen anregt. In diesem Beispiel wäre die schwingende Saite ein ursächliches Gesetz.

Innerhalb der niederen Dimensionen ist diese Wahrheit immer subjektiv und hängt vom Bewusstseinszustand des Einzelnen ab. Aus der Instanz des Bewusstseins der 6. Dimension wird er die kausalen Gesetze der 5. Dimension als Maßstab seiner Wahrheit definieren. Besitzt jemand ein höheres Bewusstsein, dann ändert sich natürlich auch der Bezug der eigenen Wahrheit. Die Bewertung erfolgt immer durch den Vergleich mit den Gegebenheiten im eigenen Inneren.

13. *höhere Eigenschaft*

Die 13. *höhere Eigenschaft* ist die kurzzeitige Identifikation mit den *Eigenschaften* eines Menschen, der in der 12. Dimension lebt. Solange ein Mensch diese *Eigenschaften* nicht besitzt, strebt er danach, sie zu verwirklichen. Man kann sich das so vorstellen, dass tief und verborgen im Menschen diese *Eigenschaften* als Möglichkeit in Verbindung mit der 12. Dimension existieren und wie eine unsichtbare Kraft auf den Menschen einwirken.

Folgendes Beispiel: Jeder Mensch, der im Universum lebt, weiß oder glaubt zu wissen, was es bedeutet, aktiv oder ruhig zu sein. Diese Charakterzüge haben jedoch ihren Ursprung in der 5. Dimension. Die Merkmale aktiv oder ruhig mit dem Bewusstsein der 12. Dimension zu fühlen, zu erleben und zu leben, sind, obwohl es sich um die gleichen Worte handelt, etwas vollkommen anderes.

14. *höhere Eigenschaft*

Je weiter das Bewusstsein von seinem Ursprung entfernt ist, desto negativer werden, vereinfacht gesagt, die *Eigenschaften*, mit denen es sich identifiziert. Der Ursprung des Bewusstseins eines Menschen ist das Bewusstsein der 13. Dimension.

Die 14. *höhere Eigenschaft* beinhaltet die notwendige Erkenntnis der *Eigenschaften* und Ordnungen der Dunkelheit der niederen Dimensionen.

Bewusstsein verbindet sich mit allen Inhalten der 13 Dimensionen. Es besitzt eine Substanz und diese Substanz ist Licht. Zum Beispiel ist das Sonnenlicht des Universums eine Substanz des Bewusstseins. Diese Substanz ist lebensnotwendig.

Verbindet sich diese Substanz und damit das Bewusstsein selbst mit Inhalten der 3. Dimension, so wird die Substanz von den Inhalten durchdrungen. Diese Substanz besitzt nicht mehr ihr ursprüngliches Licht.

Voraussetzung dafür, diese Substanz von den Inhalten der niederen Dimensionen zu lösen, sie gewissermaßen zu reinigen, ist unter anderem die Erkenntnis, warum es sie gibt und welche Wirkungen sie haben. Die 14. *Eigenschaft* umfasst diese Fähigkeiten.

15. *höhere Eigenschaft*

Auch die 15. *höhere Eigenschaft* wird durch die Erkenntnis der Dunkelheit definiert. Durch sie befreit man das Bewusstsein von den Inhalten der niederen Dimensionen.

Die Substanz des Bewusstseins, die z. B. eine *Eigenschaft* der 3. Dimension durchdringt und die Voraussetzung dafür ist, dass sie überhaupt existieren kann, löst sich von ihr. Gleichzeitig bewirkt die 15. *Eigenschaft* eine Art Reinigung der Substanz, d. h. die *Eigenschaft* der 3. Dimension wird vollständig von der Substanz des Bewusstseins getrennt. Dadurch wird das Bewusstsein frei.

Durch die 15. *Eigenschaft* wird das Bewusstsein von den Bindungen der niederen Dimensionen befreit. Mit jeder Erkenntnis nähert sich das Bewusstsein der 12. und 13. Dimension. Die *Eigenschaften* der niederen Dimensionen lösen sich auf.

16. *höhere Eigenschaft*

Die 16. *höhere Eigenschaft* betrifft den Aufstieg des Bewusstseins. Dieser Aufstieg ist der nächste Schritt nach der Erkenntnis der Dunkelheit durch die 15. *höhere Eigenschaft*.

Der Aufstieg bedeutet, dass sich das Bewusstsein beginnend mit der 1., 2. und 3. Dimension zurückzieht. Der Erkenntnis, dass man sich nicht mit einem Inhalt identifiziert, folgt die Praxis des Rückzugs der Dimensionen des Bewusstseins.

Die 16. *höhere Eigenschaft* ist die Folge der 1., 6. und 11. *höheren Eigenschaft*. Die 1. definiert das Selbstbewusstsein der Persönlichkeit. Die Erkenntnis, dass in der Persönlichkeit die Ursache allen äußeren

Seins bereits vorhanden ist, wird durch die 6. möglich. Durch die 11. *Eigenschaft* erkennt man den Zusammenhang zwischen innerer Ursache und äußerer Wirkung, wobei das Bewusstsein hierarchisch über der äußeren Wirkung steht. Die 16. *Eigenschaft* birgt die Lösung und bewirkt den Beginn des Rückzugs des Bewusstseins in die höheren Dimensionen.

Durch die 16. *Eigenschaft* ist es überhaupt erst möglich, dass sich das Bewusstsein von den Eigenschaften und den Raum-Bewusstseinen zurückziehen kann.

17. *höhere Eigenschaft*

In der 6. Dimension gibt es *Eigenschaften* des höheren Selbst, die zu den höchsten *Eigenschaften* der niederen Dimensionen gehören. Die 17. *Eigenschaft* wird durch die Praxis definiert, die Bindung daran zu erkennen und sich davon zu befreien.

Auf der Erde ist es nicht einfach, das höhere Selbst als Bindung in der Dunkelheit zu erkennen. Da das alltägliche und natürliche Bewusstsein der Menschen auf der Erde das niedere Selbst ist, wird das höhere Selbst vor allem in den Religionen und Philosophien als hohes Licht definiert.

In Verbindung mit der 17. *höheren Eigenschaft* denkt man über das höhere Selbst nach und erkennt die Bindung. Diese Erkenntnis bewirkt die Befreiung.

18. *höhere Eigenschaft*

Wenn ein Mensch die Übungen der 9. Dimension praktiziert hat, und er das Bewusstsein der 9. Dimension verwirklicht hat, dann besteht die weitere Aufgabe darin, alle für den Aufstieg des Bewusstseins notwendigen *Eigenschaften*, Raum-Bewusstseine und Ordnungen von der 1. bis zur 8. Dimension zu erkennen. Grundsätzlich geht es darum, dass kein Aspekt der niederen Dimensionen im Menschen unerkannt wirkt.

Hat man dies praktiziert, dann verwirklicht sich im Menschen die Verbindung zum Bewusstsein der 13. Dimension. Damit einher geht die tiefe Erkenntnis, dass man selbst das höchste Bewusstsein ist. Man ist noch nicht dieses Bewusstsein, aber man hat die Verbindung in sich.

Diese 18. *höhere Eigenschaft* definiert den Moment der Verwirklichung der Verbindung mit dem Bewusstsein der 13. Dimension. Es ist gleichzeitig die Loslösung von der 9. Dimension und der Aufstieg in die 10. Dimension.

19. *höhere Eigenschaft*

In der 11. Dimension gibt es zahlreiche Gesetze der Befreiung von den Inhalten der niederen Dimensionen. Es sind Gesetze, die verschiedene Methoden von Übungen definieren. Durch das Praktizieren dieser Übungen befreit man sich von den niederen Dimensionen.

Diese Befreiung geht über die Erkenntnis im Sinne der 18. *Eigenschaft* hinaus. Durch die Praxis der 19. *Eigenschaft* beginnt sich das Bewusstsein vollständig zu lösen und steigt mit den Dimensionen in die 12. Dimension auf. Dieses Universum der 12. Dimension ist die höchste Lebenswelt der Menschen aller Dimensionen. Dorthin strebt das Bewusstsein.

Für die Inhalte der niederen Dimensionen bedeutet dies, dass sich zunächst das Bewusstsein löst und die Inhalte sich aufzulösen beginnen. Schließlich beginnen sie im inneren All des Menschen zu sterben. Die verschiedenen Gesetze der 11. Dimension beziehen sich alle auf diesen Aufstieg des Bewusstseins in die 12. Dimension. Darin besteht die Praxis all jener Menschen, in denen die Verbindung zum Bewusstsein der 13. Dimension durch die 18. *Eigenschaft* realisiert worden ist.

20. *höhere Eigenschaft*

Die 20. *höhere Eigenschaft* definiert den Körper des individuellen Mensch-Bewusstseins im Aufstieg in die 12. Dimension. Wenn jemand dies erreicht hat, hat er den Sinn des Lebens, der in jedem Menschen enthalten ist, verwirklicht.

Im Aufstieg durch die 11. Dimension sterben alle *Eigenschaften* der niederen Dimensionen. Übrig bleiben die Dimensionen und mit ihnen die jeweiligen Substanzen des Bewusstseins. Diese Dimensionen steigen ebenso in die 12. Dimension auf und bilden dort den Körper der individuellen Eigenschaften.

Der Geist der 11. Dimension bildet den physischen Körper eines Menschen im Universum der 12. Dimension.

Die Verwirklichung des Bewusstseins der 9. Dimension

Über einen Zeitraum von ca. 4 Jahren habe ich eine kleine Gruppe von 25 Personen auf ihrem Weg begleitet. So unterschiedlich die Menschen sind, so verschieden sind ihre Erfahrungen und Erkenntnisse. Manch einer benötigt für eine Meditation 30 Minuten, ein anderer über 2 Stunden. Das eine ist nicht besser als das andere. Man kann nicht sagen, wie lange jemand braucht, um eine *Eigenschaft* zu erkennen. Es hängt auch davon ab, um welche *Eigenschaften* in welcher Dimension es sich handelt.

Ich halte es für hilfreich, sich auf eine Ordnung zu konzentrieren und alle *Eigenschaften* dieser Ordnung nacheinander zu meditieren. Eine Ausnahme bilden die 360 *verwaltenden Eigenschaften* der 5. Dimension.

Wie viele Meditationen notwendig sind, um das Bewusstsein der 9. Dimension zu realisieren, ist von Person zu Person verschieden. Mehrere Leute der Gruppe haben das Bewusstsein der 9. Dimension verwirklicht. Manch einer befindet sich im Bewusstsein der 10. Dimension. Mit den Aufzeichnungen der *Eigenschaften*, Ordnungen und Dimensionen habe ich begonnen, als ich selbst das Bewusstsein der 10. Dimension verwirklicht habe. Das war auch der Zeitpunkt des Beginns meiner Forschungen.

Ich habe einige Beispiele aufgeführt, wie sich die Realisierung des Bewusstseins der 9. Dimension umgesetzt hat:

- Eine junge Frau von 26 Jahren war die erste in der Gruppe, welche die 9. Dimension verwirklichte, nachdem sie tiefe Einsichten über die Bindungen des Menschseins erfuhr und gleichzeitig eine tiefe Reue darüber empfand. Für sie bildete die Reue über die grundsätzliche und persönliche Bindung als Mensch innerhalb der niederen Dimensionen das Zentrum ihrer persönlichen Meditationen. Sie hatte sich schon vorher mit spirituellen Themen beschäftigt. Die Verwirklichung selbst nahm sie sehr intensiv wahr.

- Eine junge Frau im Alter von 34 Jahren erlangte ebenfalls nach kurzer Zeit das Bewusstsein der 9. Dimension. Sie hatte sich in ihrer Vergangenheit nicht mit spirituellen Themen beschäftigt. Die Verwirklichung war ein schrittweiser Prozess der Erkenntnis. Sie erlebte keinen einzelnen Moment der Einweihung, der als großes Ereignis hervorstach. Es gab viele Momente tiefer Einsichten und nach einer gewissen Zeit auf ihrer Reise realisierte sie mit einer Erkenntnis das Bewusstsein der 9. Dimension.

- Ein 45-jähriger Mann verwirklichte anschließend das Bewusstsein der 9. Dimension. Seit vielen Jahren widmete er sein Leben der Spiritualität. Er unternahm spirituelle Reisen und war Mitglied einer großen esoterischen Gruppe. Eine seiner größten Herausforderungen war es, die Bindungen seiner eigenen spirituellen Vergangenheit zu erkennen. Es war für ihn erschütternd zu sehen, wie sehr die gelebte Spiritualität die Menschen auf der Erde in der Dunkelheit bindet. Seine Verwirklichung hing auch mit dem Erkennen seiner eigenen Bindungen zusammen.

- Eine 55-jährige Frau beschäftigte sich ihr Leben lang mit östlicher Spiritualität. Auch ihre Verwirklichung der 9. Dimension geschah schrittweise. Sie musste erkennen, wie sehr sie sich an spirituelle und esoterische Themen band. Gleichzeitig sammelte sie viele Erfahrungen und konnte einiges davon in ihren Meditationen umsetzen.

- Ein Mann im Alter von 57 Jahren war der nächste, der die 9. Dimension verwirklichte. In seiner Vergangenheit war Spiritualität oder Religion kein wesentliches Thema und er hat sich daher auch nicht damit beschäftigt. Seiner Erfahrung der Verwirklichung der 9. Dimension gingen mehrere intensive Momente der Erkenntnis voraus. Seine Verwirklichung hing mit der Erkenntnis der Dunkelheit zusammen, die mit der Verkörperung als Mensch im Universum verbunden ist.

- Eine junge Frau von 18 Jahren verwirklichte ebenfalls das Bewusstsein der 9. Dimension. Alles geschah sehr einfach und ohne dass sie einen Moment der Einweihung erlebt hätte. Mit Spiritualität hat sie sich wenig bis gar nicht beschäftigt. Sie hat viele Erkenntnisse in dieses Leben mitgenommen und geht nun ihren Weg weiter.

- Auch eine 56-jährige Frau beschäftigte sich nicht mit Religion oder Spiritualität. Sie interessierte sich für Physik und Naturwissenschaften. Sie ist erst später zur Gruppe gestoßen und hat das Bewusstsein der 9. Dimension bereits nach wenigen Monaten des Studiums realisiert.

Es gibt noch mehr Menschen, die dieses Ziel erreicht haben. Mir geht es bei diesen Beispielen vor allem darum zu zeigen, dass es völlig unabhängig ist, welches Alter und Geschlecht man hat, welchen Beruf man ausübt und ob man sich mit Spiritualität beschäftigt hat oder nicht. Grundsätzlich sind alle auf der Suche nach Antworten, die das Menschsein betreffen.

Allen gemeinsam ist die tiefe Erkenntnis der Bindungen als Mensch auf der Erde.

Eines ist mir noch wichtig zu erwähnen. Alle führen ein ganz normales Leben. Die einen sind angestellt, die anderen selbstständig. Manche leben in einer Familie, andere als Single. Ich lebe zum Beispiel seit 18 Jahren mit meiner Lebenspartnerin Susanne zusammen. Niemand lebt zurückgezogen.

Es ist auch wichtig zu wissen, dass man sich nicht in eine Form der Heiligkeit entwickelt. Wenn sich jemand mit einem heiligen, aufgesetzten oder salbungsvollen Licht identifizieren würde, dann wäre das eine Bindung in der Dunkelheit.

Es gibt keine Gesetzmäßigkeit, wann und wie sich die Verwirklichung des Bewusstseins der 9. Dimension bei einem Menschen zeigt. Es gibt jedoch eine Gemeinsamkeit auf dem Weg. Es ist die Tiefe der persönlichen Veränderung im Sinne der höheren Dimensionen des Bewusstseins.

Die vorbereitenden Übungen für die Praxis der 10. Dimension

Übung 1: Das Wahrnehmen und Fühlen von Charaktereigenschaften

Bei dieser Übung geht es darum, verschiedene Charaktereigenschaften wahrzunehmen und zu fühlen. Sie müssen in der Lage sein, jede der 48 Qualitäten (Charaktereigenschaften) willentlich zu empfinden.

Abschnitt 1
Denken Sie an die Qualität aktiv. Versuchen Sie nun, sie wahrzunehmen und schließlich zu fühlen. Die Herausforderung ist, dass Sie sich wirklich aktiv fühlen.
Sie können diese Übung mit allen 48 Qualitäten praktizieren.

Abschnitt 2
Die Aufgabe besteht nun darin, das eigene Gefühl zu verändern. Wenn Sie sich z. B. im Sinne von Abschnitt 1 aktiv fühlen, dann besteht die Übung darin, Ihr Gefühl zu verändern. Statt aktiv fühlen Sie sich jetzt impulsiv.
Sie sollten in der Lage sein, jede der 48 Qualitäten mit einer anderen auszutauschen und zu empfinden. Die Beherrschung der Übung ist Voraussetzung für die nächste Übung.

48 Qualitäten

aktiv, impulsiv, vorwärtsdrängend, triebhaft, bedächtig, erdverbunden, hingebungsvoll, liebend, neutral, beweglich, lebhaft,
wechselhaft, gefühlsbetont, einfühlsam, bestimmend, nachfolgend, warmherzig, selbstbewusst, machtbedürftig, beherrschend,
analytisch, einfach, systematisch, ordnungsliebend, harmonisch,
beeinflussbar, verbindend, ausgleichend, schweigsam, reizbar,
leidenschaftlich, empfindsam, zielgerichtet, drängend, unternehmungslustig, optimistisch, traditionell, sachlich, ehrgeizig,
ordentlich, freiheitsliebend, zukunftsorientiert, unabhängig, veränderlich, vertraut, medial, fantasiebegabt und sensibel

Übung 2: Das Fühlen von Qualitäten der 12 Raum-Bewusstseine der 3. Dimension

Ihre Aufgabe in dieser Übung ist es, jeweils 4 Qualitäten als eine Qualität zu empfinden. Damit sind Sie in der Lage, ein Raum-Bewusstsein der 3. Dimension zu fühlen. Diese Fähigkeit benötigen Sie, um im Sinne der 10. Dimension forschen zu können.

Als Beispiel beschreibe ich die Praxis für die Empfindung des 1. Raum-Bewusstseins der 3. Dimension im Sinne der Charaktereigenschaften.

Abschnitt 1

Fühlen Sie die Qualität aktiv in dieser Weise, wie Sie es in der vorhergehenden Übung praktiziert haben.

1. Raum-Bewusstsein

aktiv, impulsiv, vorwärtsdrängend, triebhaft

2. Raum-Bewusstsein

bedächtig, erdverbunden, hingebungsvoll, liebend

3. Raum-Bewusstsein

neutral, beweglich, lebhaft, wechselhaft

4. Raum-Bewusstsein

gefühlsbetont, einfühlsam, bestimmend, nachfolgend

5. Raum-Bewusstsein

warmherzig, selbstbewusst, machtbedürftig, beherrschend

6. Raum-Bewusstsein

analytisch, einfach, systematisch, ordnungsliebend

Abschnitt 2

Bleiben Sie in diesem Gefühl und fügen Sie die Qualität impulsiv hinzu. Sie fühlen sich nun nicht aktiv *oder* impulsiv, sondern aktiv *und* impulsiv. Diese Empfindung gleicht einer beweglichen Aktivität, die in sich das Merkmal trägt, jederzeit impulsiv handeln zu können.

Abschnitt 3

In der gleichen Weise geben Sie nun die Qualität vorwärtsdrängend dazu. Es entsteht nun eine Empfindung, die zusätzlich zu den Qualitäten aktiv und impulsiv die Qualität vorwärtsdrängend in sich trägt. Das Aktive verändert sich durch das Drängen. Es wird unruhiger. Gleichzeitig wirkt das Impulsive als ständige Möglichkeit.

7. Raum-Bewusstsein

harmonisch, beeinflussbar, verbindend, ausgleichend

8. Raum-Bewusstsein

schweigsam, reizbar, leidenschaftlich, empfindsam

9. Raum-Bewusstsein

zielgerichtet, drängend, unternehmungslustig, optimistisch

10. Raum-Bewusstsein

traditionell, sachlich, ehrgeizig, ordentlich

11. Raum-Bewusstsein

freiheitsliebend, zukunftsorientiert, unabhängig, veränderlich

12. Raum-Bewusstsein

vertraut, medial, fantasiebegabt, sensibel

Abschnitt 4

Der letzte Schritt besteht darin, die Qualität triebhaft dazuzugeben. Wesentlich ist, dass Sie eine Qualität fühlen, die sich aus den Merkmalen aktiv, impulsiv, vorwärtsdrängend und triebhaft zusammensetzt. Verbindet sich das Triebhafte mit den anderen 3 Merkmalen, dann bekommt diese Qualität einen neuen Charakter. Die Freiheit der Aktivität ist durch das Triebhafte nicht mehr gegeben. Auch das Vorwärtsdrängende bekommt eine andere Bedeutung. Es ist nicht mehr der Wille, der die Bewegung initiiert, sondern eine innere Gegebenheit als Ursache des Triebhaften. Sie fühlen nun das 1. Raum-Bewusstsein im Sinne der dort wirkenden Charaktereigenschaften.

Abschnitt 5

Sie sollten nach der Übung alle Imaginationen in umgekehrter Reihenfolge wieder auflösen. Lösen Sie die Qualität triebhaft, dann die Qualität vorwärtsdrängend, dann impulsiv und zuletzt aktiv auf.

Auf die gleiche Weise können Sie die anderen 11 Raum-Bewusstseine üben. Die jeweils 4 Qualitäten habe ich in der Grafik aufgeführt. Für die Praxis der 10. Dimension müssen Sie in der Lage sein, jedes der 12 Raum-Bewusstseine der 3. Dimension empfinden zu können.

Übung 3: Das weibliche Prinzip und das männliche Prinzip

In der dritten Übung geht es darum, sich das männliche und das weibliche Prinzip vorzustellen und sie zu vereinen.

Das weibliche Prinzip

Abschnitt 1

Denken Sie sich eine Kugel. In dieser Kugel befindet sich das Gefühl. Es ist jedoch kein bestimmtes Gefühl, sondern die Funktion Gefühl. Damit man etwas fühlen kann, braucht es zuvor die Funktion des Gefühls. Sie definiert sich über die ständige Bereitschaft, eine geistige Substanz aufzunehmen.

Abschnitt 2

Eine weitere Qualität des weiblichen Prinzips ist der Inhalt. Stellt man sich bildhaft einen Raum vor, in dem sich geistige Informationen befinden, so gehören diese Informationen zum weiblichen Prinzip.

Abschnitt 3

Das weibliche Prinzip setzt sich aus diesen beiden Qualitäten zusammen. Versuchen Sie nun, sich das weibliche Prinzip als eine Qualität vorzustellen.

Die Praxis der 10. Dimension besteht vorwiegend darin, selbst zu forschen. Um während der Meditationen eine geistige Orientierung zu haben, kann man sich geistige Schlüssel imaginieren, die sich über einen bestimmten Inhalt definieren. Dieser Inhalt wird Ausgangspunkt der Meditation. Um diese geistigen Schlüssel bilden zu können, braucht es die Praxis des männlichen und des weiblichen Prinzips. Praktizieren Sie zuerst das weibliche Prinzip.
Anschließend üben Sie das männliche Prinzip einmal in seiner expansiven Kraft und einmal in seiner magnetischen Kraft.

Die Vereinigung der beiden Prinzipien

Das männliche Prinzip

Abschnitt 1

Stellen Sie sich das männliche Prinzip als Kugel vor. In dieser Kugel befindet sich Bewusstsein.

Abschnitt 2a

Ebenso wirkt in dieser Kugel eine expansive Kraft, die sich nach außen oder nach innen ausbreiten möchte.

Abschnitt 2b

Ebenso wirkt in dieser Kugel eine magnetische Kraft, die sich nach außen oder nach innen ausbreiten möchte.

Abschnitt 3

Verbinden Sie das Bewusstsein und die expansive oder magnetische Kraft miteinander und empfinden Sie das männliche Prinzip.

Das männliche Prinzip der 360 *verwaltenden Eigenschaften* der 5. Dimension

Widder – expansiv	1°
Widder – magnetisch	2°
Widder/Stier – expansiv	3°
Stier – magnetisch	4°
Stier – expansiv	5°
Zwilling – magnetisch	6°
Zwilling – expansiv	7°
Zwilling/Krebs – magnetisch	8°
Krebs – expansiv	9°
Krebs – magnetisch	10°
Löwe – expansiv	11°
Löwe – magnetisch	12°
Löwe/Jungfrau – expansiv	13°
Jungfrau – magnetisch	14°
Jungfrau – expansiv	15°
Waage – magnetisch	16°
Waage – expansiv	17°
Waage/Skorpion – magnetisch	18°
Skorpion – expansiv	19°
Skorpion – magnetisch	20°
Schütze – expansiv	21°
Schütze – magnetisch	22°
Schütze/Steinbock – expansiv	23°
Steinbock – magnetisch	24°
Steinbock – expansiv	25°
Wassermann – magnetisch	26°
Wassermann – expansiv	27°
Wassermann/Fische – magnetisch	28°
Fische – expansiv	29°
Fische – magnetisch	30°

Das männliche Prinzip möchte sich mit dem weiblichen Prinzip vereinen. Deshalb breitet sich das Bewusstsein in einem Raum aus. Dieses Bewusstsein besitzt diese Qualität. Es möchte den Raum mit dem Bewusstsein befruchten.

Obwohl die Ausbreitung expansiv geschieht, kann das männliche Prinzip sowohl expansiv als auch magnetisch nach innen gerichtet wirken. Das Merkmal des männlichen Prinzips ist das Bewusstsein, welches sich aktiv mit dem Raum vereinigt.

Das weibliche Prinzip möchte sich mit dem männlichen Prinzip vereinigen. Deshalb wirken das Gefühl und der Magnetismus, um das Bewusstsein in sich aufzunehmen. Gleichzeitig wird das Bewusstsein vom Inhalt des Raums durchdrungen.

Weibliches Prinzip

Gefühl, Inhalt usw.

Männliches Prinzip

Bewusstsein, expansiv oder magnetisch usw.

Das 3. Prinzip

Dieses 3. Prinzip ist durch die Vereinigung der beiden Prinzipien entstanden.

Das männliche Prinzip wirkt expansiv oder magnetisch.

Die Vereinigung des weiblichen Prinzips mit dem männlichen Prinzip in seiner expansiven Kraft

Abschnitt 1

Imaginieren Sie sich links vor sich das weibliche Prinzip und rechts vor sich das männliche Prinzip in seiner expansiven Ausrichtung.

Abschnitt 2

Nun stellen Sie sich bildhaft vor, wie sich die beiden Prinzipien einander nähern und durchdringen. Die beiden Kugeln überschneiden sich. Obwohl sie den gleichen Platz einnehmen, vereinigen Sie sich noch nicht.

Abschnitt 3

Ihre Aufgabe ist es nun, die beiden Prinzipien miteinander vereinigen zu lassen. Dazu braucht es einen kurzen Willensimpuls. In diesem Moment breitet sich das männliche Prinzip im Raum aus und durchdringt den Inhalt des Raums mit dem Bewusstsein. Das weibliche Prinzip agiert umgekehrt und das Gefühl in Verbindung mit dem Inhalt nimmt das Bewusstsein auf.

Es entsteht eine 3. Substanz, welche sich über beide Prinzipien definiert. Man könnte es als das Kind des weiblichen und männlichen Prinzips beschreiben.

Innerhalb dieses 3. Prinzips wirkt das männliche Prinzip expansiv und deshalb nach außen gerichtet.

Die Vereinigung des weiblichen Prinzips mit dem männlichen Prinzip in seiner magnetischen Kraft

Abschnitt 1
Wiederum denken Sie sich das weibliche Prinzip links vor sich, und das männliche Prinzip rechts vor sich. In diesem Fall stellen Sie sich vor, wie innerhalb des männlichen Prinzips eine magnetische Kraft nach innen wirkt.

Abschnitt 2
Bewegen Sie beide Kugeln aufeinander zu, bis sie sich räumlich überschneiden.

Abschnitt 3
Geben Sie nun beiden Prinzipien den Impuls, sich zu vereinigen. Das männliche Prinzip breitet sich, obwohl es magnetisch wirkt, im weiblichen Prinzip aus.
Das 3. Prinzip birgt in sich das weibliche Prinzip in Verbindung mit dem Inhalt und gleichzeitig das männliche Prinzip, welches nach innen magnetisch wirkt.

Normalerweise fällt es den Übenden leichter, sich das männliche Prinzip in seiner expansiven Ausrichtung vorzustellen. Mit der Zeit und etwas Übung werden Sie beide männlichen Prinzipien gut beherrschen.

Es gibt verschiedene Methoden, sich beide Prinzipien vorzustellen. Es besteht auch die Möglichkeit, sich das weibliche Prinzip als Raum und das männliche Prinzip als Punkt vorzustellen. Es braucht etwas Erfahrung, um herauszufinden, welche Imaginationen die Übung am besten unterstützen.

Die Kunst der Vereinigung besteht darin, dies vor sich geschehen zu lassen. Das sich ausbreitende Bewusstsein des männlichen Prinzips und das Gefühl des weiblichen Prinzips sind in den Imaginationen als Kraft enthalten. Es hilft, sich gleichzeitig mit dem Impuls der Vereinigung innerlich zurückzuziehen, damit sich die beiden Prinzipien aus sich selbst vereinigen.

Manchmal gelingt es und manchmal gelingt es nicht. Man muss Geduld mit sich haben.

In der Praxis der 10. Dimension, wenn ich etwas vorgreifen darf, agiert das weibliche Prinzip z. B. durch das 1. Raum-Bewusstsein der 3. Dimension und das männliche Prinzip z. B. durch das 4. Raum-Bewusstsein der 3. Dimension.

Bevor man die beiden Prinzipien jedoch über Raum-Bewusstseine oder *Eigenschaften* definiert, muss man diese Übung der Vereinigung praktizieren.

Übung 4: Die Raum-Bewusstseine der 3. Dimension als weibliches Prinzip

Diese Übung besteht darin, jedes der 12 Raum-Bewusstseine der 3. Dimension mit dem weiblichen Prinzip zu verbinden. Mittlerweile ist es Ihnen vielleicht möglich, die Raum-Bewusstseine in einer Vorstellung zu fühlen, ohne die 4 Qualitäten nacheinander zu imaginieren. Es ist später sehr hilfreich, wenn man diese Übungen gut beherrscht.

Abschnitt 1
Imaginieren Sie das 1. Raum-Bewusstsein links vor sich in einer Kugel. Die Qualität aktiv, die gleichzeitig drängend und triebhaft wirkt und die Tendenz hat, impulshaft zu agieren, füllt die linke Kugel aus.

Abschnitt 2
Verbinden Sie es mit dem weiblichen Prinzip. Nun stellen Sie sich vor, dass die Qualitäten aktiv, impulshaft, vorwärtsdrängend und triebhaft den Inhalt des weiblichen Prinzips definieren. Gleichzeitig wirken alle Qualitäten magnetisch nach innen. Durchdrungen ist die Kugel vom Gefühl. Wie erwähnt, es handelt sich um die Funktion des Gefühls. Die Kugel trägt in sich die Kraft, magnetisch das männliche Prinzip in sich aufzunehmen. Die Übung ist gelungen, wenn Sie das 1. Raum-Bewusstsein als weibliches Prinzip denken, wahrnehmen und fühlen können.

Abschnitt 3
Lösen Sie am Ende der Übung alle Imaginationen wieder auf.

Übung 5: Die Raum-Bewusstseine der 3. Dimension als männliches Prinzip

Ähnlich wie bei der letzten Übung mit dem weiblichen Prinzip geht es bei dieser Übung darum, die Raum-Bewusstseine dieses Mal mit dem männlichen Prinzip zu verbinden. Es gibt jedoch einen Unterschied. Das männliche Prinzip kann sich, wie ich es weiter oben erwähnt habe, auf 2 verschiedene Arten ausdrücken. Praktizieren Sie diese Übung mit allen 12 Raum-Bewusstseinen. Einmal mit dem Abschnitt 2a und einmal mit dem Abschnitt 2b.

Abschnitt 1
Imaginieren Sie sich rechts vor sich eine Kugel und geben Sie in die Kugel die Qualitäten des 1. Raum-Bewusstseins der 3. Dimension.

Abschnitt 2a
Verbinden Sie nun das 1. Raum-Bewusstsein mit dem männlichen Prinzip in seiner expansiven Ausrichtung. Das Bewusstsein handelt expansiv über die Qualitäten aktiv, impulshaft, vorwärtsdrängend und triebhaft. Es möchte sich mit dem weiblichen Prinzip vereinigen. Dieses männliche Prinzip agiert in gewisser Weise extrovertiert.

Abschnitt 2b
Nun verbinden Sie das 1. Raum Bewusstsein mit dem männlichen Prinzip in seiner magnetischen Wirkung. Die Aktivität geht nach innen und das gleiche gilt für das Triebhafte und das Impulshafte. Das Vorwärtsdrängende drückt sich als Kraft aus, die nach innen drängt

und etwas erreichen möchte. Hier könnte man die Ausrichtung als Introvertiertheit beschreiben, wobei dies nicht bedeutet, dass weniger Kraft zum Einsatz kommt.

Abschnitt 3
Vergessen Sie nicht, alle Imaginationen nach der Übung wieder aufzulösen. Dazu kann man sich vorstellen, wie es sich in die Grundsubstanz auflöst.

Übung 6: Das männliche Prinzip der 360 *verwaltenden Eigenschaften* der 5. Dimension

Die vorbereitende Übung 6 betrifft das männliche Prinzip der 360 *verwaltenden Eigenschaften* der 5. Dimension. Die Zahl 360 sind die 360 Grade der Ekliptik. Man kann sich das als Kreis um die Erde vorstellen, der in 360 Grade eingeteilt ist. Um einen Ort im Kreis feststellen zu können, gibt es die Einteilung des Tierkreises. In jedem der 12 Tierkreiszeichen befinden sich 30 Grade. Zusammen ergibt das 360 Grad.

Die 12 Tierkreiszeichen sind ursprünglich die 12 Raum-Bewusstseine der 3. Dimension. Sie bilden das weibliche Prinzip. Die 30 Grade definieren das männliche Prinzip. Jedes der 12 Raum-Bewusstseine als weibliches Prinzip vereinigt sich mit jedem der 30 Grade als männliches Prinzip. Daraus ergeben sich 360 geistige Substanzen, die man durch die Gradeinteilung zuordnen kann.

Das weibliche Prinzip	Das männliche Prinzip
Widder	1°
usw. bis	
Widder	30°
Stier	1°
usw. bis	
Stier	30°
Zwilling	1°
usw. bis	
Zwilling	30°
Krebs	1°
usw. bis	
Krebs	30°
usw.	

Nun geht es darum, festzustellen, welche *Eigenschaften* das männliche Prinzip bilden. In der vorhergehenden Übung „Die Raum-Bewusstseine der 3. Dimension als männliches Prinzip" haben sie 24 der 30 Grade praktiziert. Die Tabelle zeigt, um welche Grade es sich handelt.

Es gibt jedoch 6 der 30 Grade, die nicht durch ein Raum-Bewusstsein, sondern durch 2 Raum-Bewusstseine gebildet werden.

Das 1. und 2. Raum-Bewusstsein bilden 3° als männliches Prinzip.

Das 3. und 4. Raum-Bewusstsein bilden 8° als männliches Prinzip.

Das 5. und 6. Raum-Bewusstsein bilden 13° als männliches Prinzip.

Das 7. und 8. Raum-Bewusstsein bilden 18° als männliches Prinzip.

Das 9. und 10. Raum-Bewusstsein bilden 23° als männliches Prinzip.

Das 11. und 12. Raum-Bewusstsein bilden 28° als männliches Prinzip.

In dieser Übung geht es um die Praxis dieser 6 männlichen Prinzipien, die in der Ekliptik folgende Grade bzw. Orte einnehmen: 3°, 8°, 13°, 18°, 23° und 28°.

Die Übung mit dem männlichen Prinzip von 3°

Abschnitt 1
Imaginieren Sie rechts vor sich eine Kugel und geben Sie die 4 Qualitäten des 1. Raum-Bewusstseins hinein. Es sind dies die Qualitäten aktiv, impulsiv, vorwärtsdrängend und triebhaft.

Abschnitt 2

Ihre Aufgabe besteht nun darin, nacheinander die 4 Qualitäten des 2. Raum-Bewusstseins zu imaginieren. Diese Qualitäten sind bedächtig, erdverbunden, hingebungsvoll und liebevoll.

Beginnen Sie mit der Qualität bedächtig. Die Folge ist, dass sie die Bewegung verlangsamt. Ebenso können Sie empfinden, wie sich das Impulsive nicht mehr so plötzlich ausdrücken kann.

Geben Sie nun die Qualität erdverbunden dazu. Man kann nun erkennen, dass Veränderungen geschehen können. Das Vorwärtsdrängende und das Aktive sind mit der Realität der Erde und der Materie verbunden. Einerseits verlangsamt sich die Bewegung, andererseits wird sie realer und dichter. Durch die Qualitäten hingebend und liebend kann man schließlich erkennen, dass sich die *Eigenschaft*, die nun entstanden ist, der Veränderung zusätzlich hingibt.

Abschnitt 3

Verbinden Sie diese Substanz mit dem männlichen Prinzip in seiner expansiven Ausrichtung.

Sie empfinden nun die Substanz von 3°.

Abschnitt 4

Am Ende der Übung ist es wichtig, alle Imaginationen wieder aufzulösen, indem man sich vorstellt, dass sie wieder zur Grundsubstanz werden, aus der alles besteht.

Mit der gleichen Praxis können Sie nun die restlichen 5 Grade, 8°, 13°, 18°, 23° und 28° praktizieren. Vergessen Sie nicht, dass sich das männliche Prinzip von 8°, 18° und 28° magnetisch ausdrückt und nicht expansiv, wie 3°, 13° und 23°.

Übung 7: Die 12 Raum-Bewusstseine des Universums

Die nächste vorbereitende Übung besteht darin, die 12 Raum-Bewusstseine des Universums zu empfinden und sie mit dem weiblichen Prinzip zu verbinden.

Jedes dieser 12 Raum-Bewusstseine definiert eine Form der Individualität der Menschen auf der Erde. Diese Individualität gilt es zu imaginieren und zu fühlen. Praktizieren Sie diese Übung mit allen 12 Raum-Bewusstseinen.

Abschnitt 1
Stellen Sie sich links vor sich eine menschliche Silhouette vor. Lesen Sie die Beschreibung des 1. Raum-Bewusstseins des Universums und denken Sie sich, dass der Inhalt die Gestalt ausfüllt und definiert. Empfinden Sie das Raum-Bewusstsein und die damit verbundene Individualität.

1. Raum-Bewusstsein
Das 1. Raum-Bewusstsein definiert die Individualität des Menschen im Universum. Die Individualität, die ein Mensch während seines Lebens auf der Erde als natürlichen Bewusstseinszustand erfährt, wird durch das 1. Raum-Bewusstsein bestimmt.

Wer mit diesem Raum-Bewusstsein verbunden ist, identifiziert sich als Individuum über seine körperliche Existenz.

Abschnitt 2

Verbinden Sie nun Ihre Imagination mit dem weiblichen Prinzip. Empfinden Sie das Raum-Bewusstsein und die damit verbundene Individualität als weibliches Prinzip.

Abschnitt 3

Der letzte Teil besteht wie üblich aus der Auflösung aller Imaginationen.

Übung 8: Das männliche Prinzip der *großen verwaltenden Eigenschaften* der 5. Dimension

Diese Vorbereitung besteht darin, die Kräfte der Planeten, der Sonne und des Mondes fühlen zu lernen. Ich habe den Planeten einige Qualitäten zugeordnet, die für ihre Wirkung typisch sind. Es geht darum, ihr grundlegendes Wesen zu erfassen. Im inneren All bilden die Planeten das männliche Prinzip der *großen verwaltenden Eigenschaften*, die an die 5. Dimension gebunden sind.

Das männliche Prinzip wirkt aus sich selbst heraus. Wenn die Qualität des männlichen Prinzips Magnetismus ist, wie es beim Mond der Fall ist, dann ist die Ausrichtung magnetisch. Bei Merkur ist sie eher neutral, mit einer Tendenz zur Expansion, Mars ist typisch expansiv und so weiter. Die Ausrichtung wird durch die Qualitäten definiert, aus denen sie sich zusammensetzt. Dies wäre die neutrale Ausrichtung des männlichen Prinzips.

Das männliche Prinzip des Mondes

Abschnitt 1
Stellen Sie sich eine Gestalt vor, die den Platz rechts vor Ihnen einnimmt.

Abschnitt 2
Geben sie nun die Qualität Magnetismus hinein und empfinden Sie diese. Nun geben Sie Emotion dazu. Man kann nachvollziehen, wie jemand magnetisch mit Emotionen verbunden wird. Schließlich ge-

ben Sie noch das Gefühl dazu. Alle 3 Qualitäten gemeinsam geben Ihnen eine gute Vorstellung, wie das männliche Prinzip wirkt.

Abschnitt 3
Wenn Sie diese Qualität empfinden, dann verbinden Sie sie mit dem männlichen Prinzip (neutral).
Abschnitt 4
Lösen Sie alle Imaginationen wieder auf.

In dieser Weise können Sie alle Qualitäten üben. Sie werden mit der Zeit eine gute Vorstellung bekommen, wie die männlichen Prinzipien wirken.

Das männliche Prinzip der *großen verwaltenden Eigenschaften* der 5. Dimension

Mond – Magnetismus, Emotion, Gefühl

Merkur – Intellekt, Wissen, Kommunikation

Venus – Liebe, Hingabe, Schönheit

Sonne – Persönlichkeit, Bewusstheit

Mars – Wille, Energie, Aktion

Jupiter – Entwicklung, Erfolg, Gerechtigkeit

Saturn – Regulierung, Struktur, Disziplin

Uranus – Veränderung, Wandel, Eigenwille

Neptun – Einfühlung, Täuschung, Inspiration

Pluto – Zerstörung, Gewalt, Macht

Chiron – Heilung, Verwundung, Schwäche

Übung 9: Die Dimensionen als männliches Prinzip und als weibliches Prinzip

In dieser Übung haben Sie die Aufgabe, die Bewusstseine der 4., 5., 6. und 7. Dimension jeweils mit dem männlichen Prinzip (neutral) und dem weiblichen Prinzip zu verbinden.

Abschnitt 1
Bilden Sie die 4 Pole des Bewusstseins der 4. Dimension. Wenn Sie die Kraft in sich spüren, dann wechseln Sie mit einem kurzen Impuls in das Bewusstsein der 4. Dimension. Sie kennen diese Übung vom vorherigen Kapitel.

Abschnitt 2a
Platzieren Sie das Bewusstsein der 4. Dimension rechts vor sich und verbinden Sie es mit dem männlichen Prinzip.

Abschnitt 2b
Jetzt weisen Sie dem Bewusstsein den Ort links vor sich zu. Verbinden Sie es mit dem weiblichen Prinzip.

Abschnitt 3
Lösen Sie Ihre Imaginationen wieder auf.

Übung 10: Das Denken und Fühlen von *physikalischen Eigenschaften*

Diese Übung besteht darin, physikalische Eigenschaften zuerst zu denken, wahrzunehmen und zu fühlen. Für die weitere Praxis der 10. Dimension braucht es die Vorbereitung von 5 in der Natur vorkommenden Eigenschaften.

Abschnitt 1

Denken Sie vor sich die Eigenschaft Gravitation. Versuchen Sie nun, diese abstrakte Vorstellung wahrzunehmen und zu fühlen. Wenn Ihnen das gelingt, können Sie Ihre Imagination wieder auflösen.

> Gravitation
>
> Expansion
>
> Ausgleich
>
> Erstarrung
>
> Ursachenprinzip

In gleicher Weise wiederholen Sie die Übungen zu den Eigenschaften Expansion und Ausgleich. Beim Ausgleich geht es um die ausgleichende Kraft in der Natur, z. B. wenn warmes Wasser auf kalte Luft trifft, ein heißer Gegenstand ins Wasser fällt oder Eis in der Luft schmilzt. Wärme und Kälte gleichen sich aus.

Bei der Vorstellung des Ursachenprinzips geht es z. B. darum, dass jeder Gegenstand und jedes Lebewesen eine Geschichte hat. Ein Haus hat als Ursache die Materialien, den Architekten, den Maurer usw. Eine Pflanze hat als Ursache ihre Herkunft, ihre Evolution und vieles mehr. Auch dieser abstrakte Gedanke kann gedacht und gefühlt werden.

Die 10. Dimension des Bewusstseins

Die Vervollständigung der Selbsterkenntnis und das Forschen im inneren All

Durch Selbsterkenntnis löst man sich schrittweise von den *Eigenschaften* der niederen Dimensionen. Die Folge ist die Verwirklichung des Bewusstseins der 9. Dimension. Wann und wie dies geschieht, ist von Mensch zu Mensch verschieden. Es kann nicht vorhergesagt werden, da sehr viele Faktoren dafür verantwortlich sind.

Der nächste Schritt auf dem Weg führt in das Bewusstsein der 10. Dimension[77]. Voraussetzung dafür ist die Erkenntnis aller *Eigenschaften* und Ordnungen, die die Substanz des Bewusstseins noch binden. Es ist die Beendigung dessen, was mit der 9. Dimension begonnen hat.

Manchmal kann sich die Verwirklichung des Bewusstseins der 9. Dimension rasch umsetzen. Das heißt aber nicht, dass man sich mit den anderen *Eigenschaften* nicht beschäftigen muss. Es bedarf der Erkenntnis, wenn man das Bewusstsein der 12. Dimension realisieren will.

---

[77] Diese Dimension wird in der Pistis Sophia, Ort derer der Rechten genannt.

Der Aufstieg von der 9. in die 10. Dimension findet statt, wenn ein Großteil der *Eigenschaften* der niederen Dimensionen durch die Erkenntnis von der Substanz des Bewusstseins gelöst worden ist.

In der 10. Dimension erfährt man eine relative Freiheit. Die Freiheit ist deshalb relativ, weil man sich zwar gelöst hat, aber das Bewusstsein noch nicht aufgestiegen ist.

Verkörpert man sich nach dem physischen Tod im Universum dieser Dimension, so findet man sich in einer Lebenswelt wieder, die jede bekannte Vorstellung von Schönheit oder Freiheit weit übersteigt. Es gibt keine *Eigenschaften* mehr, die das Unterbewusstsein unerkannt beeinflussen. Gleichzeitig erfährt man eine höhere Form der Orientierung; höher deshalb, weil sie als *höhere Eigenschaften* innerhalb der 10. Dimension existieren und für die dort lebenden Menschen präsent und erfahrbar sind.

Für einen Menschen, der während seines Erdenlebens das Bewusstsein der 10. Dimension verwirklicht hat, besteht die Tendenz, sich ausruhen zu wollen. Die innere Unruhe, die einen vielleicht jahrelang dazu getrieben hat, sich selbst erkennen zu wollen, tritt im Bewusstsein der 10. Dimension stark zurück. Man empfindet jedoch keine Ruhe, es ist eher ein Zustand des Rastens. Oft hat man das Gefühl, sich aufraffen zu müssen, um weitergehen zu können.

In der 10. Dimension gibt es 6 *höhere Eigenschaften*, die Personifizierungen der höchsten Entwicklungsstufe der 5 Körper sind. Diese *höheren Eigenschaften* definieren die Orientierung für den Menschen im Bewusstsein der 10. Dimension.

Die 1. Personifizierung des Körpers des individuellen Mensch-Bewusstseins

Dieses Mensch-Bewusstsein[78] ist die Vorgabe im inneren All eines jeden Menschen auf seinem Weg zur Befreiung des Bewusstseins. Ob man sich dessen bewusst ist oder nicht, man nähert sich diesem Mensch-Bewusstsein allmählich an.

Die 20 *höheren Eigenschaften* des Mensch-Bewusstseins der 9. Dimension führen, wenn man die notwendigen *Eigenschaften* der niederen Dimensionen erkannt hat, zunächst in dieses Mensch-Bewusstsein.

Die 2. Personifizierung des Körpers des individuellen Mensch-Bewusstseins

Diese *höhere Eigenschaft* ist das 1. existierende Mensch-Bewusstsein[79]. Innerhalb der 10. Dimension, die eine Einheit bildet, verkörpert diese Eigenschaft die höchstmögliche Entwicklungsstufe. Hat jemand die Eigenschaften der Dimensionen erkannt und sich von ihnen gelöst, steht hinter allen *Eigenschaften* dieses höchste Mensch-Bewusstsein. Es ist deshalb erkennbar, weil es bildlich gesprochen freigelegt wurde.

Diese *höhere Eigenschaft* der 10. Dimension hütet alle verwaltenden und *umfassenden Eigenschaften* der niederen Dimensionen. Man kann sich das bildlich so vorstellen, dass ein Stück dieses Mensch-Bewusstseins frei wird, wenn man eine *Eigenschaft* der niederen Dimensionen erkennt. Hat man sich von allen Stücken befreit, die es verdeckt haben, kann man es erkennen. Das 2. Mensch-Bewusstsein der 10. Dimension hält diese Ordnung aufrecht.

Die Personifizierung des Körpers des individuellen Geistes
Die Personifizierung des Körpers der individuellen Korrektur

---

[78] Der Name in der Pistis Sophia lautet Sabaoth, der große, der Gute.

[79] Dieses Mensch-Bewusstsein wird in der Pistis Sophia Jeu genannt.

Diese beiden *höheren Eigenschaften*[80] der 10. Dimension bedingen einander. Der Körper der Korrektur wirkt nicht mehr regulierend, sondern orientierend und bildet die Ausgangslage für den Geist. Der Körper des individuellen Geistes der 10. Dimension ist der höchstmögliche Geist, den ein Mensch in Verbindung mit den 5 Körpern besitzen kann.

Die Personifizierung des Körpers der individuellen Eigenschaften
Man kann sich diese *höhere Eigenschaft*[81] wie einen Wächter vorstellen, der den Aufstieg des Bewusstseins erst dann ermöglicht, wenn alle bindenden *Eigenschaften* erkannt worden sind. Ist dies nicht der Fall, so ist der Aufstieg durch die 11. Dimension in die 12. Dimension nicht möglich.

Die Personifizierung des Körpers des individuellen Bewusstseins
Diese *höhere Eigenschaft*[82] ist bis zur 10. Dimension die höchste Orientierung für die Entwicklung des Körpers des individuellen Bewusstseins.

Die 6 *höheren Eigenschaften* wirken im Menschen als Orientierung. Dies geschieht von selbst, ohne dass es einer Aktivierung bedarf.

Der Aufstieg durch die 11. Dimension bedeutet auch, sich von den 5 Körpern zu lösen. Das Menschsein, wie es in den 10 Dimensionen selbstverständlich ist, verändert sich grundlegend. Deshalb liegen diese *Eigenschaften* in der 10. Dimension.

---

[80] Diese *höheren Eigenschaften* nennt man die beiden Anführer im Ort derer der Rechten.

[81] Der Name in der Pistis Sophia lautet Wächter.

[82] Diese *höhere Eigenschaft* trägt in der Pistis Sophia den Namen Melchizedek.

Ein wesentlicher Teil der Praxis der 10. Dimension ist das persönliche Forschen. Es ist nun die Aufgabe auf dem Weg, sich selbst auf die Suche nach den *Eigenschaften* und Ordnungen der niederen Dimensionen zu begeben.

In diesem Kapitel beschreibe ich mehrere Schlüssel der Forschung in den niederen Dimensionen. Um mit diesen Schlüsseln meditieren zu können, bedarf es vorbereitender Übungen.

Ebenso habe ich 12 Schlüssel für das Forschen über die 12 Raum-Bewusstseine der 6. Dimension angeführt. Über das niedere Selbst und das höhere Selbst zu meditieren und sich von ihnen zu befreien, ist wesentlich auf dem Weg der Befreiung des Bewusstseins.

Sich ohne geistigen Schlüssel innerlich mit einer Dimension des Bewusstseins zu verbinden und dort zu forschen, ist nicht einfach. Es braucht ein hohes Maß an Nüchternheit, um unterscheiden zu können, ob die geistige Vorstellung einer *Eigenschaft* entspricht oder ein Fantasiegebilde ist.

Jedes Forschen in den höheren Dimensionen stößt auf eine große Schwierigkeit, die jeder überwinden muss. Der Glaube, dass Lichtvorstellungen, die mit einer Religion oder einer esoterischen Lehre verbunden sind, ein höheres Licht darstellen, ist ein großes Hindernis auf dem Weg.

Es kann sein, dass man einige der *Eigenschaften* der niederen Dimensionen, die man selbst erforscht, in abgewandelter Form bereits in einer Religion, Philosophie oder esoterischen Lehre in der Vergangenheit angetroffen hat. Die Aufgabe besteht dann darin, zu erkennen, um welche *Eigenschaften* es sich tatsächlich handelt.

Die Entscheidung, ob eine Erkenntnis und Beschreibung der Wahrheit entspricht oder nicht, ist ein längerer Prozess. Er erfordert ein hohes Maß an Nüchternheit. Wenn die Beschreibungen der Wahrheit entsprechen, sind sie allgemeingültig und betreffen jeden Menschen.

Durch das selbstständige Arbeiten gewinnt man mehr und mehr Selbstvertrauen. Die Selbstständigkeit beginnt zu wachsen. Nach einiger Zeit des Forschens kann man mit der Praxis der 11. Dimension beginnen.

Mein Anliegen war es, die *Eigenschaften* zu beschreiben, die für die Befreiung des Bewusstseins notwendig sind. Wer über die in meinen Büchern „Befreites Bewusstsein" beschriebenen *Eigenschaften* meditiert und mit den Schlüsseln in diesem Kapitel selbst forscht, besitzt die Voraussetzung, um sich zu lösen und zu befreien.

Es ist auch möglich, dass jemand die Befreiung erlangt, ohne über alle *Eigenschaften* meditiert zu haben. Vieles hängt davon ab, mit welchen Voraussetzungen man auf der Erde inkarniert ist. Es gibt kein allgemeingültiges Gesetz für den Zeitpunkt der Verwirklichung eines höheren Bewusstseins im Menschen.

In den beiden Büchern habe ich nicht sämtliche *Eigenschaften* beschrieben. Es gibt noch viel mehr *Eigenschaften* in den 13 Dimensionen und auf der Erde. Man findet z. B. 260 *Eigenschaften* des niederen Selbst, *höhere Eigenschaften* in der 9. Dimension, Raum-Bewusstseine der höheren Dimensionen, Lichttäuschungen in der 3. Dimension, *verwaltende Eigenschaften* in der 1. Dimension, 260 *höhere Eigenschaften* des befreiten Bewusstseins in der 12. Dimension und viele mehr. Ein Menschenleben reicht nicht aus, um alle beschreiben zu können. Ob man sich mit einem Thema intensiver auseinandersetzen möchte, bleibt jedem selbst überlassen.

Der 1. Teil der Praxis der 10. Dimension

Das Forschen über die 360 *verwaltenden Eigenschaften* der 5. Dimension

Der Schlüssel für die 360 *verwaltenden Eigenschaften* der 5. Dimension besteht darin, die 30 geistigen Substanzen des männlichen Prinzips mit den 12 geistigen Substanzen des weiblichen Prinzips zu vereinigen.

Für die 199. *verwaltende Eigenschaft* muss man demnach folgende Prinzipien miteinander zusammenführen

Weibliches Prinzip

7. Raum-Bewusstsein
der 3. Dimension
expansiv

Männliches Prinzip

19° − 8. Raum-Bewusstsein
der 3. Dimension

Substanz der 199. *verwaltenden Eigenschaft* der 5. Dimension

Diese 3. Substanz ist der Schlüssel, um selbst über die 199. *verwaltende Eigenschaft* meditieren und forschen zu können.

Die Praxis der 199. *verwaltenden Eigenschaft*

Abschnitt 1
Imaginieren Sie sich links vor sich das 7. Raum-Bewusstsein der 3. Dimension und verbinden Sie es mit dem weiblichen Prinzip.

Abschnitt 2
Rechts vor sich imaginieren Sie sich das 8. Raum Bewusstsein und stellen sich vor, wie es expansiv wirkt. Dann verbinden Sie es mit dem männlichen Prinzip.

Abschnitt 3
Nun führen Sie beide Prinzipien vor sich zusammen. Sie können sich dies als 2 Kreise vorstellen, die ineinander gehen. Eine andere Möglichkeit ist auch, sich das weibliche Prinzip als größeren runden Raum vorzustellen, in welchen sich das männliche Prinzip als kleinere Kugel hineinbegibt. Sie müssen selbst herausfinden, welche Methode Ihnen besser liegt. Vielleicht probieren Sie noch eine andere Methode.

Abschnitt 4
Nun ist es Ihre Aufgabe, die beiden geistigen Substanzen miteinander zu vereinigen. Das männliche Prinzip will sich mit dem weiblichen und das weibliche Prinzip will sich mit dem männlichen vereinigen. Diese Kräfte wirken in beiden Prinzipien. Geben Sie nun den Impuls, dass sich beide Prinzipien miteinander vereinigen.

Abschnitt 5

Die Kunst ist, diese Vereinigung neutral geschehen zu lassen. Verbinden Sie sich mit der Nüchternheit und beobachten Sie, welche geistige Substanz nun entstanden ist.

Abschnitt 6

Wenn Sie die 199. Beschreibung durchlesen, dann werden Sie die Substanz darin erkennen können. Es ist vor allem am Beginn hilfreich, mit den Beschreibungen zu arbeiten.

Abschnitt 7

Jetzt können Sie meditieren und erforschen, ob Sie bei sich selbst Wesenszüge erkennen können. Mit der Zeit und Übung werden Sie immer selbstständiger arbeiten und forschen können. Es braucht Monate und Jahre der Übung, um die Substanzen gut wahrnehmen zu können. Wesentlich bei der Meditation ist die Nüchternheit.

Abschnitt 8

Haben Sie die *Eigenschaften* erkannt und sich eingestanden, begeben Sie sich in das Wachsein.
Nun braucht es den 4-poligen Schlüssel der Körper. Im Kapitel über die Praxis der 9. Dimension habe ich ihn beschrieben.
Anschließend begeben Sie sich in den Zustand des „Ich bin das Ich bin".

Abschnitt 11

Am Ende der Meditationen ist es wichtig, das männliche und das weibliche Prinzip voneinander zu trennen und alle Imaginationen in umgekehrter Reihenfolge wieder aufzulösen.

Die Auswahl der *verwaltenden Eigenschaften* der 5. Dimension

Wenn Sie Ihr persönliches Online-Horoskop betrachten, können Sie sehen, welche der 360 *Eigenschaften* bei Ihnen am stärksten ausgeprägt sind. Sie können sich ihr Horoskop im Internet ausdrucken.

Wenn Sie beispielsweise am 1. Januar 2020 in London geboren sind, stehen Sonne und Mond auf 10° Steinbock und 20° Fische. Alle Betonungen im Horoskop durch die Planeten und die Häuserspitzen kennzeichnen *verwaltende Eigenschaften.*

Die Sonne steht auf 10° Steinbock

Weibliches Prinzip	Männliches Prinzip
10. Raum-Bewusstsein der 3. Dimension	10° – 4. Raum-Bewusstsein der 3. Dimension magnetisch

Substanz der 280. *verwaltenden Eigenschaft* der 5. Dimension

Der Mond steht auf 11° Skorpion

Weibliches Prinzip

8. Raum-Bewusstsein
der 3. Dimension

Männliches Prinzip

11° − 5. Raum-Bewusstsein
der 3. Dimension expansiv

Substanz der 221. *verwaltenden*
Eigenschaft der 5. Dimension

Geburtsdaten: 1. Januar 2020 in London
um 9:00 Uhr vormittags:

Merkur	1° Steinbock	271. *verwaltende Eigenschaft*
Venus	1° Schütze	241. *verwaltende Eigenschaft*
Mars	27° Wassermann	327. *verwaltende Eigenschaft*
Jupiter	25° Widder	25. *verwaltende Eigenschaft*
Saturn	10° Stier	40. *verwaltende Eigenschaft*
Uranus	14° Wassermann	314. *verwaltende Eigenschaft*
Neptun	3° Wassermann	303. *verwaltende Eigenschaft*
Pluto	11° Schütze	251. *verwaltende Eigenschaft*
Aszendent	23° Steinbock	293. *verwaltende Eigenschaft*
2. Haus	20° Fische	350. *verwaltende Eigenschaft*

usw.

Sie können über alle *Eigenschaften* meditieren, die auf einem betonten Grad des Tierkreises stehen. Im Kapitel über die 5. Dimension habe ich einige Zeilen über das persönliche Horoskop geschrieben. Dort finden Sie auch allgemeine Informationen über die 5. Dimension.

Sehr hilfreich ist es, über die *Eigenschaften* von Familienmitgliedern zu meditieren. Es ist wahrscheinlich, dass Sie zumindest einige *Eigenschaften* Ihrer Eltern in sich selbst erkennen können. Auch die Prägungen von Menschen, die Sie näher kennen oder mit denen Sie zusammenleben, können Sie in sich spüren.

Je mehr *Eigenschaften* Sie meditieren, desto besser werden Sie sich selbst und die grundsätzlichen Gesetzmäßigkeiten der 5. Dimension erkennen. Immer wieder kommt es vor, dass man sich in *Eigenschaften* erkennen kann, die im eigenen Horoskop und im Horoskop der Eltern nicht betont sind.

Der 2. Teil der Praxis der 10. Dimension

Das Forschen über die *großen verwaltenden Eigenschaften* der 5. Dimension
Möglichkeit 1

Der 2. Teil besteht darin, über die *großen verwaltenden Eigenschaften* der 5. Dimension zu forschen und zu meditieren. Diese *Eigenschaften* definieren Archetypen des Menschseins, denen man durch die Verkörperung auf der Erde automatisch folgt.

In meinen Beschreibungen habe ich die grundlegenden Archetypen der 5. Dimension beschrieben. Dazu zählen die 15 Persönlichkeitstypen und 15 Menschentypen.

Die *großen verwaltenden Eigenschaften* dieser Praxis der 10. Dimension sind archetypische Prägungen.

Beispiel: Im Horoskop findet man den Mond in der Jungfrau und im 8. Haus.

Das bedeutet, dass die *große verwaltende Eigenschaft* Mond über das 6. Raum-Bewusstsein der 3. Dimension wirkt. Diese Prägung drückt sich durch die Individualität des 8. Raum-Bewusstseins der 4. Dimension aus.

Um die archetypische Prägung wahrnehmen, empfinden und erkennen zu können, braucht es folgende Praxis. Ich habe einige Anmerkungen dazugeschrieben, die man in dieser Praxis wahrnehmen kann.

Abschnitt 1

Imaginieren Sie rechts vor sich die *Eigenschaft* Mond. Verbinden Sie diese mit dem männlichen Prinzip.

Haben sie dies imaginiert, dann spüren Sie den Magnetismus und eine auf einen Bereich begrenzte Kraft, welche drängend wirkt. Gleichzeitig können sie das Gefühl und die Emotion als Möglichkeit wahrnehmen. Durch die Verbindung mit dem männlichen Prinzip möchte sich diese *Eigenschaft* expansiv ausbreiten und mit seinem Bewusstsein den umgebenden Raum vereinnahmen.

Abschnitt 2

Denken Sie sich links von sich das 6. Raum-Bewusstsein der 3. Dimension. Die 4 Charaktereigenschaften analytisch, einfach, systematisch und ordnungsliebend helfen Ihnen dabei.

Verbinden Sie es mit dem weiblichen Prinzip.

Abschnitt 3

Vereinigen Sie das männliche Prinzip Mond mit dem weiblichen Prinzip 6. Raum-Bewusstsein der 3. Dimension.

Man kann nun einen Charakter empfinden, welcher sich davon angezogen fühlt, die Dinge genauer zu erkennen. In diesem Menschen wirkt ein Magnetismus, sich mit den Einzelheiten beschäftigen zu wollen. Gleichzeitig durchdringt ihn eine gewisse Unruhe, da jede Erkenntnis eine Tür für eine nächste Erkenntnis öffnet.

Abschnitt 4

Platzieren sie diese *Eigenschaft*, die aus der Zusammenführung entstanden ist, auf den Platz rechts vor sich.

Verbinden Sie diese geistige Substanz mit dem männlichen Prinzip.

Abschnitt 5

Stellen Sie sich links vor sich das 8. Raum-Bewusstsein des Universums vor.

Vereinigen Sie das männliche Prinzip (Mond und 6. Raum-Bewusstsein der 3. Dimension) mit dem weiblichen Prinzip (8. Raum-Bewusstsein des Universums.)

Die *große verwaltende Eigenschaft* Mond in der Jungfrau und im 8. Haus. Menschen mit dieser *Eigenschaft* sind Getriebene ihrer Idee oder Ideologie. In ihnen wirkt eine Kraft, die sie drängt, die Inhalte immer tiefer erkennen und vor allem verstehen zu wollen. Magnetisch angezogen begeben sie sich in die Tiefe und versuchen, den tieferen Inhalt oder einen tieferen Sinn zu erkennen. Jeder Schritt in die Tiefe ist mit der inneren Hoffnung verbunden, diesen Sinn zu finden.

Die positive Ausrichtung: Diese Menschen sind in ihrem Fachgebiet Perfektionisten. Grundsätzlich sind sie nie zufrieden und suchen danach, etwas zu verbessern. Für sie ist nicht nur der tiefere Inhalt wichtig, sondern auch die Art und Weise, wie der Inhalt präsentiert wird.

Die negative Ausrichtung: Durch die negative Ausrichtung begeben sich diese Menschen ohne Ziel in die Tiefe. Sie vermuten darin eine größere Perfektion, die sie anstreben. Die Schwierigkeit ist, dass durch die fehlende Orientierung ein allgemeiner dunkler Zustand erfahren wird. Nach einiger Zeit erkennen die Menschen, dass sie durch diese Art nichts erreichen können. Nachdem sie jedoch nicht wissen, wie es anders möglich wäre, eine größere Tiefe und Perfektion zu erreichen, handeln sie immer wieder in dieser Weise. Gegenüber ihren Mitmenschen präsentieren sie eine innere Tiefe, obwohl es sich nur um einen allgemeinen dunklen Zustand handelt.

Abschnitt 6

Nach der Meditation begeben Sie sich in das Wachsein, bilden den 4-poligen Schlüssel der 5 Körper und begeben sich in den Zustand des „Ich bin das Ich bin".

Nun ist es wichtig, die *Eigenschaft* zu entlassen und in umgekehrter Reihenfolge alle Imaginationen wieder aufzulösen.

Dies ist die archetypische Prägung eines Menschen mit dem Mond in der Jungfrau und im 8. Haus. Je mehr man sich damit beschäftigt, desto umfangreicher und genauer können die Beschreibungen werden.

Es ist relativ einfach, intellektuell darüber nachzudenken, wie der Mond mit dem 6. Raum-Bewusstsein der 3. Dimension zusammenwirkt. Ebenso ist es gut möglich, dies wiederum intellektuell mit dem Raum-Bewusstsein des Universums in Verbindung zu bringen.

In der Praxis ist es jedoch wichtig, die geistigen Substanzen zu empfinden, die durch die Vereinigungen entstehen. Man muss die *verwaltende Eigenschaft* erfahren. Oft ergeben sich daraus Inhalte, die man sich vorher nicht vorstellen konnte. Erst dann kann man sich durch die Erkenntnis davon lösen. Sonst bleibt es eine intellektuelle Betrachtung und als archetypische Prägung im Unterbewusstsein.

Ich empfehle Ihnen, Ihre Erkenntnisse aufzuschreiben. Das zwingt Sie dazu, intuitive Gefühle, Wahrnehmungen, Geistesblitze und anderes in Worte zu fassen. Die Beschreibung muss nicht lang sein. Es geht darum, die Grundqualität einer *großen verwaltenden Eigenschaft* zu erkennen.

Ist Ihnen das gelungen, dann können Sie mit dem Wachsein, der 4-Poligkeit, dem „Ich bin das Ich bin" fortfahren und anschließend alle Imaginationen wieder auflösen.

Natürlich erfordert diese Praxis viel Übung. Auch die Beschreibungen verändern sich. Wenn man ein Jahr später wieder über die gleiche *Eigenschaft* meditiert, wird man einen tieferen Zugang zu sich selbst finden.

Der 3. Teil der Praxis der 10. Dimension

Das Forschen über die *großen verwaltenden Eigenschaften* der 5. Dimension
Möglichkeit 2

Der 3. Teil besteht ebenfalls in der Meditation über die *großen verwaltenden Eigenschaften* des inneren Raumes. Man kann über sie meditieren, indem man eine der 360 *verwaltenden Eigenschaften* der 5. Dimension als männliches Prinzip mit einem der 12 Raum-Bewusstseine des Universums vereinigt.

Alle Grade der Ekliptik, die durch die Sonne, den Mond, die Mondknoten, die Planeten und die Häuserspitzen betont werden, wirken als *große verwaltende Eigenschaften* im inneren All des Menschen. In dieser Praxis geht es nur um die Betonung des Grades und nicht darum, welcher Planet oder welche Häuserspitze auf dem Grad steht.

Beispiel: Im Horoskop ist 4° Löwe im 7. Haus betont.
Die 124. *Eigenschaft* der 360 *verwaltenden Eigenschaften* prägt über das 7. Raum-Bewusstsein des Universums die Persönlichkeit.

Abschnitt 1
Die Aufgabe besteht darin, das männliche Prinzip von 4° mit dem weiblichen Prinzip des 5. Raum-Bewusstseins der 3. Dimension zu vereinigen.

Diesen Menschen ist es wichtig, dass ihnen ihre Arbeit oder ihre tägliche Beschäftigung Freude macht. Gleichzeitig mögen sie keine Einmischungen. Werden sie gezwungen oder ist es notwendig, Arbeiten zu verrichten, die sie nicht mögen, dann fühlen sie sich nicht gut und möchten ausbrechen.

Abschnitt 2
Diese 124. *Eigenschaft* denken Sie sich rechts vor sich und verbinden sie mit dem männlichen Prinzip.

Abschnitt 3
Links vor sich denken Sie sich das 7. Raum-Bewusstsein des Universums. Dieses Raum-Bewusstsein verbinden Sie mit dem weiblichen Prinzip.
Abschnitt 4

Nun führen Sie beide Prinzipien vor sich zusammen und vereinigen Sie. Die 124. *Eigenschaft* rechts und 7. Raum-Bewusstsein des Universums links

Die *große verwaltende Eigenschaft* 4° Löwe im 7. Haus
Diese Menschen fühlen sich sehr mit einer Ideologie, einer Weltanschauung oder einer Lebensphilosophie verbunden. Sie definieren sich als Christen, Hermetiker, Atheisten, als rechtschaffene Menschen oder als Vegetarier. Es geht nicht darum, um welche Idee oder Ideologie es sich handelt, sondern um die Identifizierung damit.

Ihre individuelle Persönlichkeit ist unmittelbar damit verbunden. Einerseits lieben sie die damit verbundene Lebensweise, andererseits können diese Menschen als Verkörperungen ihrer jeweiligen Ideen angesehen werden. Sie streben danach, eine bedeutende Rolle innerhalb der Gemeinschaft einzunehmen.

Die positive Ausrichtung: Durch die positive Ausrichtung werden sie in der Gemeinschaft geachtet. Sie verkörpern in einer guten Weise die Ideologie und sind ein positives Beispiel einer Person, die der Ideologie angehört.

Die negative Ausrichtung: Diese Menschen befinden sich ebenfalls innerhalb einer Ideologie. Sie sind in ihr gefangen, wobei sie nicht auf die Idee kommen würden, gefangen zu sein. Für sie gibt es keine Alternative zur Zugehörigkeit. Sie wollen ein Mitglied sein. Ihre negative Lebenseinstellung würden sie niemals der Ideologie zuschreiben. In Wirklichkeit ist die negative Ausrichtung der Grund ihrer Negativität.

Abschnitt 5

Haben Sie Ihre Meditation über diese *Eigenschaft* beendet, dann praktizieren Sie das Wachsein, die 4-Poligkeit und das „Ich bin das Ich bin", wie es im Kapitel über die 9. Dimension aufgeschrieben ist.

Anschließend alle Imaginationen wieder in umgekehrter Reihenfolge auflösen.

Im persönlichen Horoskop gibt es ca. 23 Grade, die hervorgehoben sind und als *große verwaltende Eigenschaft* archetypische Persönlichkeitsmerkmale im inneren All des Menschen verkörpern.

Auch hier können Sie, wenn Sie über die Grade Ihrer Verwandten meditieren, Charaktereigenschaften in sich selbst erkennen.

Der 4. Teil der Praxis der 10. Dimension

Das Forschen über die 20 *verwaltenden* *Eigenschaften* der 3. Dimension

Die Schlüssel für die 20 *verwaltenden Eigenschaften* der 3. Dimension sind die 5 in der Natur vorkommenden Kräfte Gravitation, Expansion, Ausgleich, Erstarrung und Ursachenprinzip. Jeweils eine Kraft bildet das männliche und eine das weibliche Prinzip.

In diesem Beispiel ist es Ihre Aufgabe, über die 7. der 20 *Eigenschaften* der 3. Dimension zu meditieren und zu forschen.

Abschnitt 1
Denken Sie sich rechts vor sich die Kraft Gravitation und verbinden Sie sie mit dem männlichen Prinzip. Auch auf der linken Seite stellen Sie sich die Kraft der Gravitation vor und verbinden Sie diese mit dem weiblichen Prinzip.
Abschnitt 2
Stellen Sie sich nun vor, wie sich die beiden Prinzipien in der Mitte vor Ihnen treffen und sich miteinander vereinigen. Sie haben nun den Schlüssel für die 7. *verwaltende Eigenschaft* gebildet.

7. verwaltende Eigenschaft
Die materielle Fülle – Aufgrund dieser *Eigenschaft* ist der Mensch bestrebt, die grobstoffliche Materie zu vermehren. Dies wird von den

Menschen als ganz natürlich empfunden. Es geht darum, etwas zu sehen und es in den eigenen Bereich integrieren zu wollen. Die materiellen Güter und der Einflussbereich vergrößern das Bewusstsein des Körpers. Wenn jemand großen Grundbesitz sein Eigen nennt, erweitert sich das Bewusstsein entsprechend. Dasselbe gilt für politische oder wirtschaftliche Macht. Diese Kraft der Anhäufung von Materie ist für den Menschen absolut selbstverständlich und wird von den meisten Menschen geschätzt. Diese respektvolle innere Haltung gegenüber Reichen wird von anderen Menschen automatisch und meist unreflektiert übernommen.

Die Kräfte, durch die diese *Eigenschaft* wirkt, sind magnetische Kräfte. Es ist wichtig, den Magnetismus zu erfahren, der zwischen dem Körper und der materiellen Umgebung besteht. Ein Aspekt dieses Magnetismus ist, dass das individuelle Mensch-Bewusstsein die Umwelt sein Eigen nennen möchte. Dann kann sich dieses Mensch-Bewusstsein ausbreiten.

Abschnitt 3

Haben Sie über die *Eigenschaft* meditiert und zusätzliche Merkmale erkannt, dann können Sie sich in das Wachsein begeben. Anschließend folgt die 4-Poligkeit und das „Ich bin das Ich bin". Vergessen Sie nicht, Ihre Imaginationen in umgekehrter Reihenfolge aufzulösen.

Die folgende Tabelle enthält die Schlüssel für die 20 *verwaltenden Eigenschaften* der 3. Dimension. Bei der 1. *Eigenschaft* bildet die Erstarrung das männliche und die Expansion das weibliche Prinzip. Bei der 13. *Eigenschaft* sind es z. B. der Ausgleich als männliches Prinzip und die Erstarrung als weibliches Prinzip. Die Beschreibungen der 20 *Eigenschaften* finden Sie im Kapitel über die 3. Dimension.

Die horizontale Aufzählung bildet jeweils das weibliche Prinzip: Ausgleich, Erstarrung, Gravitation und Expansion

Die vertikale Aufzählung bildet jeweils das männliche Prinzip: Ursachenprinzip, Expansion, Ausgleich, Gravitation und Erstarrung

Ausgl.	Ersta.	Grav.	Exp.	
20	15	10	5	Ursachenprinzip
19	14	9	4	Expansion
18	13	8	3	Ausgleich
17	12	7	2	Gravitation
16	11	6	1	Erstarrung

Der 5. Teil der Praxis der 10. Dimension

Das Forschen über die 20 *verwaltenden Eigenschaften* der 4. Dimension

Diese Praxis der 10. Dimension besteht darin, über die 20 *verwaltenden Eigenschaften* der 4. Dimension zu meditieren und darüber zu forschen. Es ist schwieriger, *Eigenschaften* der Zeit als *Eigenschaften* des Raums zu erkennen.

Abschnitt 1
Imaginieren Sie die 4 Pole des Bewusstseins der 4. Dimension.
Wenn Sie die Kraft des Bewusstseins empfinden, dann begeben Sie sich in das Bewusstsein der 4. Dimension. Geben Sie Ihre Imagination an den Ort rechts vor sich. Verbinden Sie es mit dem männlichen Prinzip.

Abschnitt 2

Denken Sie sich vor sich eine Silhouette einer menschlichen Gestalt. Lesen Sie nun die Beschreibung der 1. der 20 *verwaltenden Eigenschaften* der 3. Dimension durch und stellen Sie sich vor, wie der Inhalt der Beschreibung die Gestalt füllt. Sie wird zur Personifizierung des Inhalts.

1. *verwaltende Eigenschaft*

Das Selbstbewusstsein des Mensch-Bewusstseins – Die 1. *Eigenschaft* definiert das Selbstbewusstsein des Körpers des individuellen Mensch-Bewusstseins. Dieses Selbstbewusstsein ist haltgebend, bestimmend und trägt in sich die Kraft der Durchsetzung. Es trägt auch eine große Lebendigkeit in sich.

Diese *Eigenschaft* beinhaltet eine innere bewegliche Kraft, die gleichzeitig expansiv nach außen wirkt. Es kommt jedoch nicht zu einer ausdehnenden Bewegung, da dieser Kraft auch eine feste, man könnte sagen, kristalline Struktur innewohnt. Die Beweglichkeit und Expansion äußert sich nicht als Ausdehnung, sondern durch das strukturgebende Gerüst als innere Spannung, die sich als Lebendigkeit zeigt. Sie gleicht einer vorhandenen Kraft, die sich nicht entladen kann. Das Selbstbewusstsein dieser *Eigenschaft* besitzt die Merkmale dieser Kraft.

Verbinden Sie diese Gestalt mit dem weiblichen Prinzip und platzieren Sie sie links vor sich.

Abschnitt 3

Der 3. Schritt besteht darin, das männliche Prinzip mit dem weiblichen Prinzip zu vereinigen.

Weibliches Prinzip	Männliches Prinzip
1. *Eigenschaft* des Mensch-Bewusstseins der 3. Dimension	4. Dimension

1. der 20 *verwaltenden Eigenschaften*
der 4. Dimension

Abschnitt 4

Ist es Ihnen gelungen, dann empfinden Sie eine neue geistige Substanz, die Sie sich als *Eigenschaft* der Zeit vorstellen können. Lesen Sie nun die Beschreibung der 1. der 20 *verwaltenden Eigenschaften* der 4. Dimension durch und versuchen Sie die Verbindung Ihrer Empfindung mit der Beschreibung zu erkennen.

1. *verwaltende Eigenschaft* der 4. Dimension

Die Illusion von Freiheit – Diese *verwaltende Eigenschaft* definiert den Weg des Menschen als Individuum durch die Zeit, an die er gebunden ist. Grundsätzlich geht es um die Lebenserfahrungen, die der Mensch als Individuum macht. Die Zeit hat die Qualität der Veränderung, und dementsprechend initiiert diese Veränderungen oder lässt sie zu. Diese korrespondieren mit dem Lebenslauf des Menschen im Sinne seines Körpers der individuellen Korrektur. Diese *Eigenschaft* beeinflusst den Menschen auch, sein individuelles Schicksal anzunehmen und sich dem Fluss der Zeit zu überlassen. Es geht nicht um

Selbsterkenntnis, sondern um die Erfüllung und Annahme der Vorgaben der *Eigenschaften* des inneren Alls, denen gegenüber diese 1. *Eigenschaft* eine devote Haltung im Menschen fördert.

Gleichzeitig suggeriert sie dem Menschen, dass er sich entwickelt. Sie gaukelt ihm vor, als Individuum frei entscheiden zu können. In Wirklichkeit ist er an die 4. Dimension und an die Erde gebunden.

Abschnitt 5

In dieser Weise können Sie über alle 20 *verwaltenden Eigenschaften* der 4. Dimension meditieren.

Bei den 20 Schlüsseln ändert sich jeweils das weibliche Prinzip. Das männliche Prinzip bleibt immer die 4. Dimension.
In Verbindung mit der 2. *Eigenschaft* der 3. Dimension entsteht die 2. *Eigenschaft* der 4. Dimension, mit der 3. *Eigenschaft* der 3. Dimension entsteht die 3. *Eigenschaft* der 4. Dimension usw.

Weibliches Prinzip	Männliches Prinzip
2. *Eigenschaft* des	4. Dimension
Mensch-Bewusstseins	
der 3. Dimension	

2. der 20 *verwaltenden Eigenschaften*
der 4. Dimension

Der 6. Teil der Praxis der 10. Dimension

Das Forschen über die 12 Raum-Bewusstseine der 6. Dimension

Wenn Sie die 9. vorbereitende Übung praktiziert haben, dann können Sie mit diesen Meditationen beginnen.

Abschnitt 1
Stellen Sie sich vor sich einen leeren Raum vor. Lesen Sie die Beschreibung des 1. Raum-Bewusstseins der 6. Dimension und stellen Sie sich vor, wie der Inhalt den Raum ausfüllt.

1. Raum-Bewusstsein
Das 1. Raum-Bewusstsein des niederen Selbst bildet die Voraussetzung dafür, dass alle *Eigenschaften* der niederen Dimensionen den Menschen beeinflussen können und der Mensch sich mit ihnen identifiziert. Der Einfluss kommt nicht von außen, sondern aus dem inneren All des Menschen selbst. Das 1. Raum-Bewusstsein schafft die Voraussetzung dafür, dass dies überhaupt möglich ist. Es definiert die Individualität des Menschen, der mit Interesse die äußere Lebenswelt betrachtet.

Abschnitt 2
Imaginieren Sie links vor sich das Bewusstsein der 4. Dimension als weibliches Prinzip und rechts vor sich das Bewusstsein der 5. Dimen-

sion als männliches Prinzip. Führen Sie beide Prinzipien vor sich zusammen und vereinigen Sie.

Weibliches Prinzip   Männliches Prinzip
4. Dimension   5. Dimension

1. Raum-Bewusstsein
der 6. Dimension

Wenn Sie das 1. Raum-Bewusstsein durch den Schlüssel empfinden, dann können Sie sich in den Raum vor sich hineinbegeben. Nun haben Sie die Möglichkeit, über das 1. Raum-Bewusstsein meditieren und darüber forschen können.

Abschnitt 3
Am Ende der Meditation lösen Sie alle Imaginationen in umgekehrter Reihenfolge wieder auf. Beenden Sie die Meditation mit dem Wachsein, der 4-Poligkeit mit den 5 Körpern und dem „Ich bin das Ich bin". Sie können diese Praxis mit allen 12 Raum-Bewusstseinen meditieren.

Die Schlüssel der 12 Raum-Bewusstseine der 6. Dimension

1. Raum-Bewusstsein
Weibliches Prinzip: 4. Dimension – Männliches Prinzip: 5. Dimension
2. Raum-Bewusstsein
Weibliches Prinzip: 4. Dimension – Männliches Prinzip: 6. Dimension
3. Raum-Bewusstsein
Weibliches Prinzip: 4. Dimension – Männliches Prinzip: 7. Dimension
4. Raum-Bewusstsein
Weibliches Prinzip: 5. Dimension – Männliches Prinzip: 5. Dimension
5. Raum-Bewusstsein
Weibliches Prinzip: 5. Dimension – Männliches Prinzip: 6. Dimension
6. Raum-Bewusstsein
Weibliches Prinzip: 5. Dimension – Männliches Prinzip: 7. Dimension
7. Raum-Bewusstsein
Weibliches Prinzip: 6. Dimension – Männliches Prinzip: 5. Dimension
8. Raum-Bewusstsein
Weibliches Prinzip: 6. Dimension – Männliches Prinzip: 6. Dimension
9. Raum-Bewusstsein
Weibliches Prinzip: 6. Dimension – Männliches Prinzip: 7. Dimension
10. Raum-Bewusstsein
Weibliches Prinzip: 7. Dimension – Männliches Prinzip: 5. Dimension
11. Raum-Bewusstsein
Weibliches Prinzip: 7. Dimension – Männliches Prinzip: 6. Dimension
12. Raum-Bewusstsein
Weibliches Prinzip: 7. Dimension – Männliches Prinzip: 7. Dimension

Der 7. Teil der Praxis der 10. Dimension

Das Forschen über die 7 *regulierenden* *Eigenschaften* der 7. Dimension

Die 2. *umfassende Eigenschaft* der 7. Dimension definiert die Selbstregulierung des Menschen. Sieben geistige Plattformen bilden die Grundlage der Selbstregulierung.

Vier dieser *regulierenden Eigenschaften* betreffen in Verbindung mit dem Geist des Universums den Intellekt, den Willen, das Gefühl und das Bewusstsein. Zwei der *regulierenden Eigenschaften* beziehen sich auf die Raum-Zeit-Ordnung des Universums und den Geist des Universums. Die 7. *regulierende Eigenschaft* bildet die Zusammenfassung.

Die Besonderheit von 6 dieser Eigenschaften ist, dass die Großeltern und die Eltern Verkörperungen dieser Regulierungen sind. Die Verkörperung der 7. *Eigenschaft* ist man selbst.

Diese Meditationen gehören zu den anspruchsvollsten. Sie erfordern nicht nur die vorbereitenden Übungen, sondern auch eine längere Praxis.

Die 4 *regulierenden Eigenschaften*
Die Praxis besteht darin, zum Beispiel die Plattform des Intellekts zu erkennen. In diesem Fall ist die Mutter der Mutter die Verkörperung der Plattform, auf der sich der Intellekt des Menschen bewegt. Es ist jedoch nicht der Intellekt der Mutter der Mutter, sondern ihre Grundpersönlichkeit, welche den Intellekt reguliert.

Es ist auch wichtig zu wissen, dass es nicht darauf ankommt, ob ein Großelternteil eine positive oder negative Person ist oder war. Es spielt auch keine Rolle, ob man eine gute oder schlechte Beziehung hat. Die Meditation ist natürlich auch möglich, wenn man die Großeltern nicht gekannt hat, weil sie vielleicht vor der Geburt gestorben sind.

Abschnitt 1

Der 1. Teil des Schlüssels für die Erkenntnis der Regulierung des eigenen Intellekts besteht darin, die *Eigenschaft* des Ausgleichs als männliches Prinzip mit dem Bewusstsein der 7. Dimension als weibliches Prinzip zu vereinigen.

Dazu bildet man den 4-poligen Schlüssel der 7. Dimension.

Beherrschung
der Zeit

Bewusstsein   Zentrum   Bewusstsein

Gefühl

Abschnitt 2

Denken Sie sich das Bewusstsein der 7. Dimension links vor sich und verbinden Sie es mit dem weiblichen Prinzip.

Rechts von sich imaginieren Sie die Kraft des Ausgleichs. Diese verbinden Sie mit dem männlichen Prinzip.

Abschnitt 3
Nun vereinigen Sie die beiden Prinzipien.

Die 1. Vereinigung:

Weibliches Prinzip   Männliches Prinzip
7. Dimension   Ausgleich

        Substanz der 1. Vereinigung

Abschnitt 4

Die 2. Vereinigung:

Weibliches Prinzip   Männliches Prinzip
2. Dimension   Substanz der 1. Vereinigung

        Plattform der Regulierung
        des Intellekts

Ihre Aufgabe besteht nun darin, die Substanz dieser 1. Vereinigung als männliches Prinzip mit der 2. Dimension als weibliches Prinzip zu vereinen.

Abschnitt 5

Wenn Sie das geschafft haben, spüren Sie ein Kraftfeld vor sich. Stellen Sie sich nun vor, wie sich die Mutter der Mutter in dieses Kraftfeld bewegt. Sie werden feststellen, dass dies sehr leicht möglich ist. Oft geschieht es automatisch.

Die Persönlichkeit der Mutter der Mutter ist die Plattform für die Regulierung Ihres Intellekts. Es ist nicht der Intellekt der Großmutter, sondern die grundlegende Persönlichkeit, die als Plattform für Ihren Intellekt dient. Ihre Aufgabe ist es nun, dies zu erkennen, sich davon zu lösen und sich zu befreien.

Um Missverständnissen vorzubeugen, möchte ich betonen, dass es natürlich nicht der Mensch ist, von dem man sich befreien muss. Es geht um die Rolle der Großeltern als geistige Plattformen.

Abschnitt 6

Wenn Sie die Regulierung und die sich daraus ergebende Enge erkennen, haben Sie die Aufgabe erfüllt.

Abschnitt 7

Wie bei den meisten Meditationen folgt nun das Wachsein, die 4-Poligkeit der 5 Körper und das „Ich bin das Ich bin".

Lösen Sie anschließend alle Imaginationen wieder auf.

Auf die gleiche Weise können Sie nun über die geistige Plattform Ihres Willens, Ihres Gefühls und Ihres Bewusstseins innerhalb des Universums meditieren.

Für die geistige Plattform der Regulierung Ihres Willens verwenden Sie statt der *Eigenschaft* Ausgleich die Eigenschaft *Expansion*. Diese Regulierung wird durch den Vater der Mutter personifiziert. Die folgende Tabelle zeigt die Zuordnungen der Großeltern.

Ausgleich	Intellekt	Mutter der Mutter
Expansion	Wille	Vater der Mutter
Gravitation	Gefühl	Mutter des Vaters
Ursachenprinzip	Bewusstsein	Vater des Vaters

Die *regulierende Eigenschaft* des Geistes des Universums

Die grundlegende Persönlichkeit des Vaters ist die Personifizierung des Geistes des Universums für den Menschen. Um darüber zu meditieren und zu forschen, ist die folgende Praxis hilfreich.

Abschnitt 1

Das männliche Prinzip bildet sich durch das Ursachenprinzip und das weibliche Prinzip durch die Gravitation. Nun gilt es, die beiden Prinzipien zu vereinen.

Abschnitt 2

Die aus der Vereinigung der beiden Prinzipien hervorgegangene Substanz bildet nun das männliche Prinzip. Die Idee des Geistes des Universums bildet das weibliche Prinzip.

Die 1. Vereinigung:

Weibliches Prinzip   Männliches Prinzip
Gravitation   Ursachenprinzip

Substanz der 1. Vereinigung

Die 2. Vereinigung:

Weibliches Prinzip   Männliches Prinzip
Geist des Universums   Substanz der 1. Vereinigung

Plattform der Regulierung
des Geistes

Abschnitt 3

Wie bei der vorhergehenden Übung stellen Sie sich nun vor, wie Ihr Vater in diese Substanz eintritt. Sie werden bemerken, wie das Kraftfeld Ihres Vaters und die geistige Substanz Ihrer Meditation einander entsprechen.

In diesem Fall ist der Vater die Personifizierung der Plattform der Regulierung des Geistes des Universums im Menschen.

Abschnitt 4
Praktizieren Sie das Wachsein, die 4-Poligkeit der 5 Körper und das „Ich bin das Ich bin". Dann können Sie alle Imaginationen wieder auflösen.

Die *regulierende Eigenschaft* der Raum-Zeit-Ordnung des Universums
Die Mutter ist die Verkörperung der Raum-Zeit-Ordnung des Universums. Der Schlüssel für die Meditation ist folgender.
Anstelle des Geistes des Universums muss man sich die Raum-Zeit-Ordnung des Universums denken. Es genügt ein Gedanke als abstrakte Vorstellung.

Ansonsten ist die Meditation identisch mit der vorhergehenden Meditation.

Die 1. Vereinigung:

Weibliches Prinzip   Männliches Prinzip
Ausgleich   Expansion

Substanz der 1. Vereinigung

Die 2. Vereinigung:

Weibliches Prinzip	Männliches Prinzip
Raum-Zeit-Ordnung	Substanz der 1. Vereinigung
des Universums	

Plattform der Regulierung
der Raum-Zeit-Ordnung
des Universums

Die *regulierende Eigenschaft* des eigenen Selbst
Das eigene Selbst in Verbindung mit dem Universum ist die Personifizierung der 2. *umfassenden Eigenschaft* der 7. Dimension.

Abschnitt 1
Denken Sie sich links und rechts als weibliches und männliches Prinzip die Raum-Zeit-Ordnung des Universums und den Geist des Universums. Vereinen Sie beide Prinzipien miteinander.

Abschnitt 2
Die so entstandene Substanz bildet nun das männliche Prinzip, das sich mit dem weiblichen Prinzip der Erstarrung vereinigen muss.
Die Substanz, die vor Ihnen entsteht, ist die Plattform der Selbstregulierung. Sie werden feststellen, dass Sie sich selbst gegenüberstehen. Begeben Sie sich in die Substanz hinein.Sie können jetzt über die Plattform der Selbstregulierung meditieren.

Die 1. Vereinigung:

Weibliches Prinzip	Männliches Prinzip
Raum-Zeit-Ordnung des Universums	Geist des Universums

Substanz der 1. Vereinigung

Die 2. Vereinigung:

Weibliches Prinzip	Männliches Prinzip
Erstarrung	Substanz der 1. Vereinigung

Plattform der

Selbstregulierung

Abschnitt 3

Beenden Sie die Meditation mit dem Wachsein, dem 4-poligen Schlüssel mit den 5 Körpern und dem „Ich bin das Ich bin". Lösen Sie danach alle Imaginationen wieder auf.

Die 11. Dimension des Bewusstseins

Die Befreiung des Bewusstseins

Die 11. Dimension[83] ist eine Dimension des Übergangs von der 10. zur 12. Dimension. In dieser Dimension des Bewusstseins beherrscht die Zeit die Raumzeit. Jede Veränderung in der Zeit wirkt sich direkt auf die Raumzeit aus. Der Aufstieg des Bewusstseins in die 12. Dimension ist gleichzeitig die Befreiung des Bewusstseins.

Die Meditationspraxis der 11. Dimension ist umfassend. Letztlich geht es darum, alle *Eigenschaften*, die den Menschen bis zur 10. Dimension definiert und geprägt haben, hinter sich zu lassen. Die *Eigenschaften* der niederen Dimensionen können in der 12. Dimension nicht existieren, sie sind dort nicht vorhanden. Die Praxis besteht darin, sie aufzulösen. Dieses Absterben der *Eigenschaften* und Ordnungen der niederen Dimensionen ist die Praxis der 11. Dimension. Was durch die Praxis der 9. Dimension erkannt wurde, beginnt sich durch die Praxis der 11. Dimension aufzulösen.

Im Zentrum der 11. Dimension befindet sich das Licht der 13. Dimension[84]. Die beiden grundlegenden *Eigenschaften* des Bewusstseins,

---

[83] Die 11. Dimension wird in der Pistis Sophia Lichtland oder Lichtschatz genannt.

[84] Das Licht der 13. Dimension in der 11. Dimension nennt man in der Pistis Sophia das große Licht.

alles zu durchdringen und sich mit allem zu verbinden[85], sind ebenfalls Teil des Zentrums.

Die 11. Dimension verwirklicht die Veränderung des Menschseins im Sinne der 13. Dimension.

Die *höheren Eigenschaften* der 11. Dimension beschreiben kein Wesensmerkmal der Persönlichkeit und damit keine *Eigenschaft*, wie es in den niederen Dimensionen üblich ist. Es sind *Eigenschaften*, die auflösen und befreien. Die Erfahrung einer *höheren Eigenschaft* der 11. Dimension ist gleichzeitig die Erfahrung der Auflösung einer *Eigenschaft* der niederen Dimension.

Die Meditationspraxis der Auflösung beginnt mit einzelnen *Eigenschaften* der niederen Dimensionen. Je nachdem, in welcher Dimension sie sich befinden, ändert sich der Umfang der Meditation. Das Besondere an ihrer Befreiung ist, dass man während der Meditation erkennen kann, welche Bedeutung sie hat. Erst jetzt kann man das Ausmaß der Dunkelheit einer *Eigenschaft* erkennen. Ein Teil der Meditation besteht darin, sie von der Instanz der höheren Dimension aus zu betrachten und zu erkennen.

Im Laufe des Lebens auf der Erde wird man mit unzähligen Lebensbereichen und Lebensthemen konfrontiert und ist durch die entsprechenden *Eigenschaften* an sie gebunden. Aufgabe ist, sich davon zu befreien.

In einer weiteren Meditationspraxis geht es darum, Qualitäten wie freudig, ruhig, aktiv, begeistert oder klar im Sinne der 11. Dimension zu empfinden. Sich auf der Erde aktiv zu fühlen, ist etwas ganz anderes, als sich im Sinne der 11. Dimension aktiv zu fühlen.

---

[85] In der Pistis Sophia werden diese beiden *Eigenschaften* des Bewusstseins als das Feuer und das Wasser im Zentrum des Lichtlands bezeichnet.

Der 1. Teil der Praxis der 11. Dimension

Die Befreiung von den *Eigenschaften* der 1., 2. und 3. Dimension

Diese Praxis der Befreiung besteht darin, über die *Eigenschaften* der 1., 2. und 3. Dimension zu meditieren und sich von ihnen zu befreien[86]. Charakteristisch für diese Praxis ist ihre Erkenntnis aus der Instanz der verschiedenen Dimensionen.

Betrachtet man eine *Eigenschaft* der 3. Dimension aus der 4. Dimension heraus, so ergeben sich andere Erkenntnisse. Dasselbe gilt für die Betrachtung aus der Instanz der anderen Dimensionen. Es ist sehr erhellend, durch diese Art der Meditation innere Beweggründe zu erkennen, die vorher im Unterbewusstsein verborgen waren.

Die Meditation endet mit der Betrachtung der *Eigenschaft* aus der 11. Dimension. Die *Eigenschaften* der 3 Dimensionen müssen sich auflösen, wenn sie mit dem Bewusstsein der 11. Dimension in Berührung kommen.

Diese Meditation sollte mit allen *Eigenschaften* und Raum-Bewusstseinen der 1., 2. und 3. Dimension praktiziert werden.

---

[86] Diese Praxis trägt in der Pistis Sophia den Namen 7 Amen.

Beispiel 1: Die Befreiung vom 1. Persönlichkeitstyp der 1. Ordnung der 2. Dimension

Abschnitt 1

Lesen Sie die Beschreibung durch und versuchen Sie den Persönlichkeitstyp zu erkennen.

1. negative Persönlichkeitstyp

Der Hasserfüllte – Diese Menschen befinden sich in einem grundsätzlich negativen Zustand. Dieser gleicht einer unveränderlichen Starre. Die Grundhaltung ist feindselig gegenüber allen anderen Menschen. Jeder, der in ihre Nähe kommt, wird verbal angegriffen. Meist geht es darum, dass die Person verschwinden soll. Diese Menschen fühlen sich ungerecht behandelt, glauben an nichts Gutes und wünschen ihren Mitmenschen Schlechtes. Ihre Gedanken sind immer auf das Negative gerichtet. Sie wollen die Dunkelheit um jeden Preis festhalten und begegnen allen Einflüssen, die dies ändern könnten, mit unversöhnlichem Hass.

Man stelle sich einen verbitterten Hausbesitzer vor, der auf jedes Betreten seines Grundstücks mit Beschimpfungen und verbalen Angriffen reagiert.

Abschnitt 2

Denken Sie vor sich den Umriss einer Gestalt. Lesen Sie die Beschreibung und stellen Sie sich vor, wie der Inhalt des Textes die Gestalt füllt. Meditieren Sie kurz darüber. Vielleicht entdecken Sie Tendenzen bei sich selbst oder bei Mitmenschen.

Abschnitt 3

Anschließend ist es die Aufgabe, diesen Persönlichkeitstyp aus der Instanz der 4. Dimension zu betrachten und darüber zu meditieren. Haben Sie die Meditation über diesen Typus aus der Instanz der 4. Dimension beendet, dann besteht die Aufgabe darin, mit der 5. Dimension fortzufahren.

In jeder Dimension erhalten Sie einen neuen Blickwinkel auf diesen Persönlichkeitstyp. Es ist möglich, die Beweggründe eines solchen Menschen nachzuvollziehen und auch die Kleinheit und Enge dieses Typs zu erkennen.

Wenn Sie Aspekte dieses Typs bei sich selbst erkennen, ist es wichtig, sich dies einzugestehen. Durch die Betrachtung aus den verschiedenen Blickwinkeln erhalten sie unterschiedliche Erkenntnisse auch über sich selbst. Sie werden viel besser verstehen, warum Sie Aspekte dieses Typs gelebt haben.

Begeben Sie sich nun in das Bewusstsein der 4. Dimension.

Mögliche Erkenntnis aus der 4. Dimension
Aus der 4. Dimension betrachtet, erkennt man, wie klein und eng die Welt dieses Typs ist. Verzweifelt versucht er, seine kleine Welt abzuschotten und sperrt sich selbst immer weiter ein. Seine Welt wird immer kleiner. Auf jede mögliche Berührung von außen reagiert er automatisch mit Angriff. Dass er sich verändern könnte, liegt außerhalb seiner Vorstellungskraft. Das Bild, das sich einem zeigt, ist eine Person, die sich an der Oberfläche gegen jeden Einfluss wehrt. Gleichzeitig wird sie im Untergrund von unzähligen *Eigenschaften* geprägt, beeinflusst und manipuliert.

Abschnitt 4
Wenn Sie nach der Meditation die 4 Pole der 4. Dimension aufgelöst haben, begeben Sie sich in das Bewusstsein der 5. Dimension.

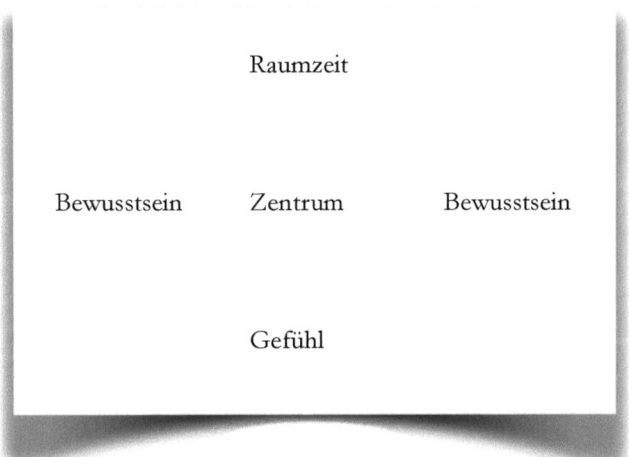

Mögliche Erkenntnisse aus der Sicht der 5. Dimension
Der Blick dieses Menschen ist nur auf die eigene kleine Welt gerichtet. In dieser Enge versucht dieser Mensch eine Struktur zu erschaf-

fen, was ihm jedoch nicht gelingt. Das im Untergrund herrschende Chaos durch seine eigene Dunkelheit lässt sich nicht ordnen. Deshalb geht es ihm psychisch schlecht. Die Schuld an all dem gibt er den anderen Menschen, von denen er annimmt, dass sie in seine Welt eindringen möchten. Der Hass gleicht willenlosen und unkontrollierten Bewegungen, die einzig ihn selbst verletzen.

Abschnitt 5
Begeben Sie sich nun in das Bewusstsein der 6. Dimension.

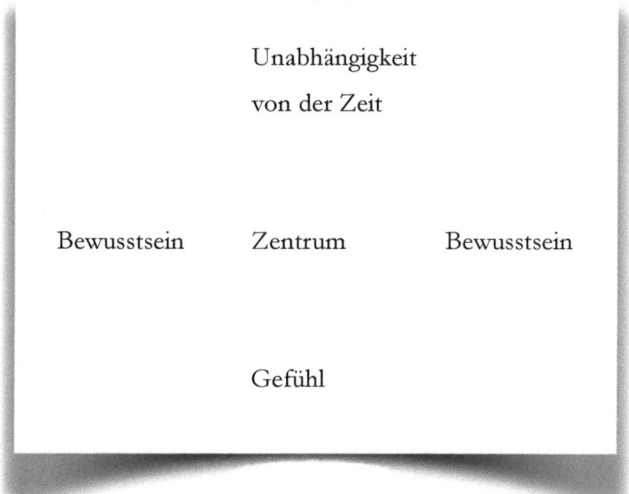

Mögliche Erkenntnisse aus der Sicht der 6. Dimension
Die Welt dieses Menschen wird immer kleiner. Es scheint, als befände er sich in einer kleinen Kugel, durch die er nicht nach außen sehen kann und die in der Dunkelheit versinkt. Diese Menschen haben keine Ahnung, wie sehr sie in der Dunkelheit eingesperrt sind, obwohl sie glauben, frei zu handeln. Die Beeinflussungen aus der Dunkelheit

interpretieren sie als freien Willen und möglichen Berührungen von höheren Ebenen begegnen sie mit Ablehnung, Verachtung und Hass.

Abschnitt 6
Nun geht es darum, den negativen Persönlichkeitstyp der Instanz der 7. Dimension zu erkennen.

Beherrschung
der Zeit

Bewusstsein   Zentrum   Bewusstsein

Gefühl

Mögliche Erkenntnisse aus der Sicht der 7. Dimension
Aus dieser Instanz sieht man in weiter Entfernung einen erstarrten Menschen in der Dunkelheit. Er ist zu keiner Bewegung fähig. Zwischen ihm und der Dunkelheit gibt es einen Austausch. Er gibt der Dunkelheit seine Substanz des Bewusstseins und umgekehrt erhält er Dunkelheit, die ihn immer weiter vom Leben entfernt. Er gleicht einer Batterie in der Finsternis, die einzig dem Erhalt der Dunkelheit dient.

Anmerkung

Aus der Sicht der 8. Dimension dürfen die Eigenschaften der niederen Dimensionen nicht betrachtet werden. Die 8. Dimension ist eine Dimension der Dunkelheit und würde die Dunkelheit verstärken.

Abschnitt 7

Der nächste Schritt führt dazu, den Persönlichkeitstyp aus der Instanz der 9. Dimension zu betrachten.

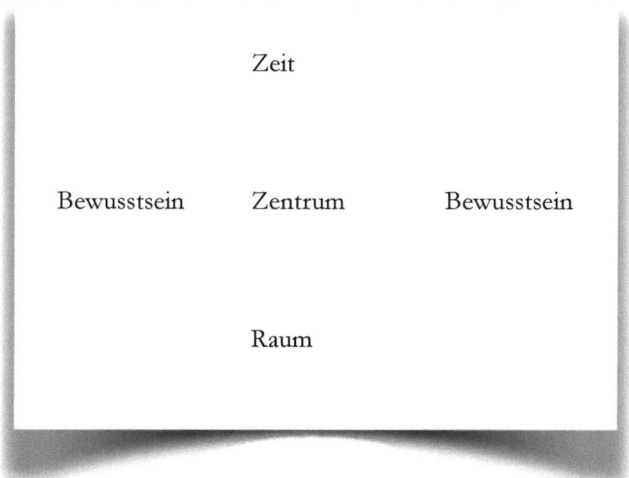

Mögliche Erkenntnisse aus der Sicht der 9. Dimension

Sie werden bemerken, dass sich die Gestalt zu entfernen beginnt. Vor allem durch die Betrachtung aus dieser Dimension kann man Tendenzen bei sich selbst sehr gut erkennen. Die notwendige Reue stellt sich oft automatisch ein, wenn man sich damit konfrontiert.

Abschnitt 8

Der nächste Schritt führt dazu, den Persönlichkeitstyp aus der Instanz der 10. Dimension zu betrachten.

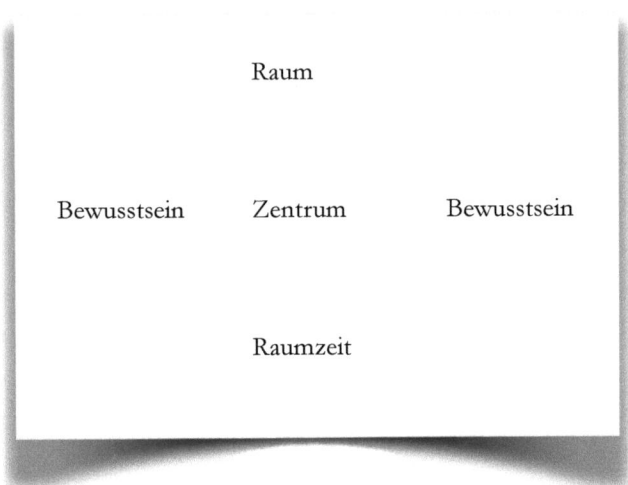

Raum

Bewusstsein   Zentrum   Bewusstsein

Raumzeit

Mögliche Erkenntnisse aus der Sicht der 10. Dimension

Nun stellen Sie sich nach der Auflösung der neunten Dimension die
zehnte Dimension vor. Betrachten Sie den Typus aus dieser Instanz.
Die Substanzen des Typus beginnen sich aufzulösen. Oftmals zeigen
sich auch hier persönliche Prägungen, die man erkennen kann.

Abschnitt 9

Am Ende der Meditation geht es darum, den Persönlichkeitstyp aus
der Instanz der 11. Dimension zu betrachten.

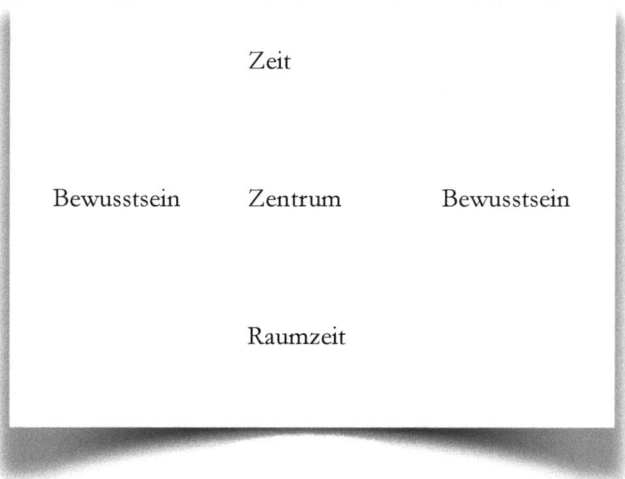

Mögliche Erkenntnisse aus der Sicht der 11. Dimension
Die letzte Meditation ist die Betrachtung des Typus aus der Instanz der 11. Dimension. Wenn man sich im Bewusstsein der 11. Dimension befindet und den Typus betrachtet, löst er sich auf. Er stirbt und verschwindet aus dem inneren All. Ob sie sich langsam, schnell, explosionsartig oder in einer anderen Form auflöst, ist nicht so wichtig. Keine *Eigenschaft* der niederen Dimensionen kann durch die 11. Dimension aufsteigen. Sie muss sich auflösen.

Abschnitt 10
Am Ende der Meditation begeben Sie sich in das Wachsein, bilden die 4-Poligkeit der Körper und praktizieren das „Ich bin das Ich bin".

Abschnitt 11
Anschließend lösen Sie alle Imaginationen auf.

Beispiel 2: Die Befreiung von der 3. *negativen Eigenschaft* der 3. Dimension

Zu den erschütterndsten Erkenntnissen gehören die Meditationen über den Geist. Die Irreführung des Geistes der Menschen auf der Erde ist kaum zu beschreiben und bedarf der Betrachtung der *negativen Eigenschaften* des Geistes aus der Instanz der Dimensionen, um diese Irreführung und damit gleichzeitig die Bindung zu erkennen.

In diesem Beispiel beschreibe ich eine Meditation über die 3. der 49 *negativen Eigenschaften* der 3. Dimension. Ebenso beschreibe ich mögliche Erkenntnisse in der Meditation.

Abschnitt 1

Wie bei allen Meditationen über die *Eigenschaften* der niederen Dimensionen ist es hilfreich, sich diese personifiziert vorzustellen. Dazu stellt man sich die Silhouette eines Menschen vor. Während man die Beschreibung liest, stellt man sich vor, wie der Inhalt die noch leere Form ausfüllt.

3. *negative Eigenschaft*

Die 3. *negative Eigenschaft* ist das Mitgefühl – Durch das Mitgefühl des individuellen Geistes zieht sich der Mensch zurück und verhindert eine tiefere Selbsterkenntnis. Dieses Mitgefühl ist der liebende Rückzug vor den im inneren All existierenden *Eigenschaften*.

Abschnitt 2

Nun begibt man sich in das Bewusstsein der 4. Dimension.

Zeit

Bewusstsein   Zentrum   Bewusstsein

Gefühl

Mögliche Erkenntnisse aus der Sicht der 4. Dimension

Betrachtet man die 3. *negative Eigenschaft* aus der Instanz der 4. Dimension, dann erscheint sie kleiner. Sie gleicht einer Qualität, die im Raum eine feste Größe einnimmt. Die Zeit der 4. Dimension und die damit verbundene Veränderung berührt sie nicht. Sie definiert eine feste Größe im Raum der 3. Dimension. Der Meditierende spürt durch die 4. Dimension eine Distanz zu ihr.

Ebenso kann man bemerken, dass die *Eigenschaft* abgewandt ist. Sie ignoriert die Zeit und bleibt als Größe im Raum.

Ein Mensch in Verbindung mit dieser *Eigenschaft* bleibt freundlich, wendet sich jedoch von den Mitmenschen ab. Durch die Konfrontation mit der 4. Dimension zieht er sich etwas zurück und suggeriert das Bild eines sich im Geiste befindlichen Menschen, der seine Mitmenschen wohlwollend aus einer erhöhten Position betrachtet.

Diese erhöhte Position stellt sich als Merkmal der Persönlichkeit durch die *Eigenschaften* des Geistes automatisch ein. Es ist eine Art wohlwollende Überheblichkeit, die dieser Mensch automatisch in sich trägt.

Der leichte Rückzug, den man erkennen kann, ist ein Rückzug in den Geist. Die *Eigenschaften*, die durch die Zeit entstehen, können in eins mit dieser 3. *Eigenschaft* nicht erkannt werden. Sie bleiben im Unterbewusstsein. Ihre Erkenntnis im inneren All wird dadurch verhindert.

Abschnitt 3

Bevor Sie sich in das Bewusstsein der 5. Dimension begeben, sollten Sie die 4. Dimension wieder auflösen. Nun können Sie fortfahren. Mögliche Erkenntnisse aus der Sicht der 5. Dimension

Die *Eigenschaft* der 3. Dimension tritt weiter in den Hintergrund. Man kann bemerken, dass ein stetiger Rückzug von den Dimensionen des Bewusstseins geschieht.

Eine fiktive Person lehnt die unendliche Vielfalt der 5. Dimension im Charakter und in der Persönlichkeit und die Existenz eines individuellen Körpers der Eigenschaften in einer leicht ungeduldigen Form und gleichzeitig strikt ab. Es geht nicht darum, die *Eigenschaften* des Menschseins zu erkennen, sondern darum, sich mit den *Eigenschaften* des Geistes zu vereinen und sich über sie zu identifizieren.

Man kann gut beobachten, wie man sich durch das Mitgefühl immer weiter an die Oberfläche des Menschseins begibt. Auch irritiert es etwas, dass man darin keine wahrhaftige Teilnahme am Leben der Menschen erkennen kann, sondern eine Form des oberflächlichen und freundlichen Kontakts. Ein Merkmal dieses Mitgefühls ist, dass man sich nach dem Kontakt von den Menschen distanziert. Es ist, als würden diese Menschen unberührbarer.

Abschnitt 4
Begeben Sie sich in das Bewusstsein der 6. Dimension.

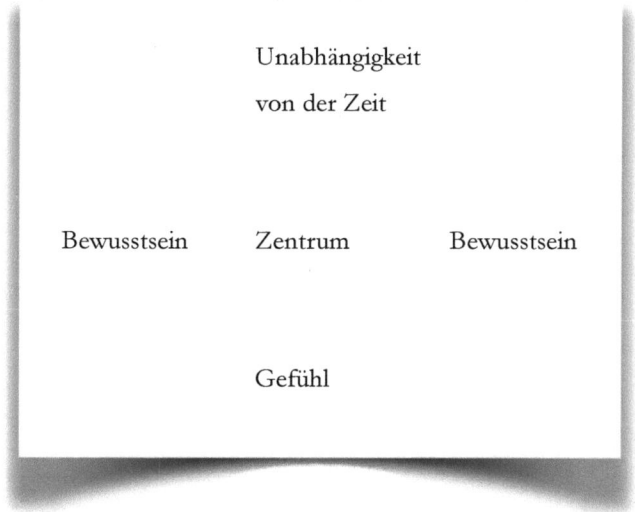

Unabhängigkeit
von der Zeit

Bewusstsein   Zentrum   Bewusstsein

Gefühl

Mögliche Erkenntnisse aus der Sicht der 6. Dimension
Durch die Instanz der 6. Dimension betrachtet, sieht man einen Menschen, der individualisiert und mit sich selbst zufrieden durch die Welt geht. Der Geist wird als höchste Instanz des Körpers angesehen. Die Existenz der anderen Körper des Menschen wird nicht nur geleugnet. Es kommt gar nicht in Betracht, dass es sie überhaupt geben könnte. Man kann erkennen, wie sich die Menschen ausschließlich mit dem Geist identifizieren. Das Mitgefühl wird von ihnen als zwischenmenschliche Instanz definiert.

Der Geist des Menschen, der sich damit identifiziert, ist weit von der 6. Dimension entfernt und sehr klein.

Abschnitt 5
Nun folgt das Bewusstsein der 7. Dimension.

Mögliche Erkenntnisse aus der Sicht der 7. Dimension
Durch das Mitgefühl des Geistes haben sich die Menschen an die Oberfläche des menschlichen Lebens gebunden. Aus der Instanz der

7. Dimension betrachtet, gleicht die Identifizierung mit dieser *negativen Eigenschaft* und damit verbunden mit dem Geist einer Amputation des Menschseins. Es ist ein Rückzug vom Menschsein und gleichzeitig die bewusste Aufgabe jeder Möglichkeit der inneren Veränderung durch die Selbsterkenntnis.

Diese Menschen gleichen einem kleinen zweidimensionalen Bild und blicken nur in die Gegebenheiten der Welt, die ihnen der Geist vorgibt. Es scheint so, als hätten die Menschen aufgegeben, Mensch zu sein. Sie haben sich so sehr der eigenen Regulierung unterworfen, dass der Geist die eigene Unterwerfung als geistige Realität definiert und als einzige Wahrheit anerkennt.

Das Mitgefühl gibt ihnen die Illusion, auf einem guten Weg zu sein. In Wirklichkeit haben sie dadurch die Unterscheidung verloren, weil sie sich damit an die Oberflächlichkeit des Geistes gebunden haben.

Abschnitt 6
Das Bewusstsein der 9. Dimension.

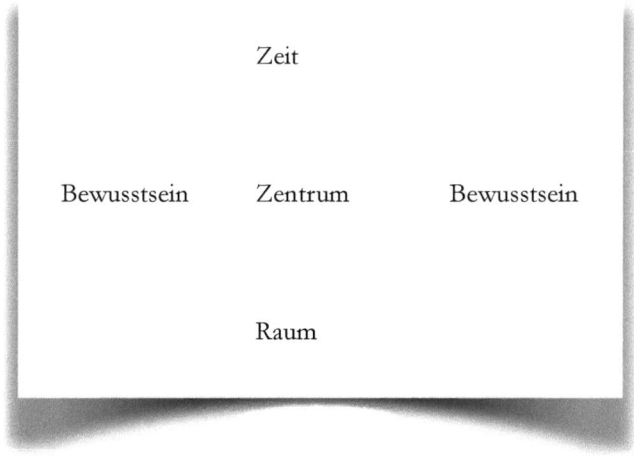

Mögliche Erkenntnisse aus der Sicht der 9. Dimension
Sie können nun darüber meditieren, ob Sie sich damit identifizieren. Erkennen Sie die Oberflächlichkeit? Erkennen Sie auch, ob Sie diese *Eigenschaft* davon abgehalten hat, sich selbst erkennen zu wollen? Waren Sie vielleicht der Überzeugung, in Verbindung mit diesem Mitgefühl ein guter Mensch zu sein und hielten eine weitere Selbsterkenntnis nicht für notwendig?

Es gibt viele Fragen, die man sich selbst stellen kann. Zentral ist die Erkenntnis der Oberflächlichkeit des Geistes und wie sehr dieses Mitgefühl der 3. *Eigenschaft* den Menschen an die Oberflächlichkeit des Geistes bindet.

Abschnitt 7
Das Bewusstsein der 10. Dimension.

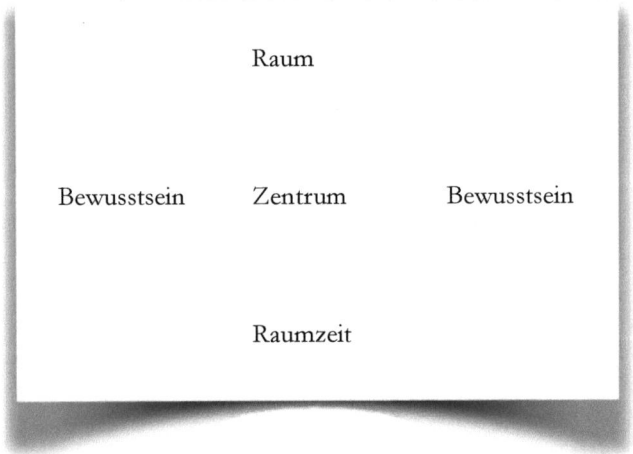

Eine mögliche Erkenntnis aus der Sicht der 10. Dimension
Nun beginnt sich die *Eigenschaft* langsam aufzulösen. Auch von dieser Instanz aus ist es natürlich möglich, Erkenntnisse zu erlangen. Viel-

leicht spüren Sie auch, wie sich die *Eigenschaft* von Ihnen beginnt zu lösen. Wichtig ist, dass Sie nichts forcieren. Sie brauchen sich nichts vorzustellen. Wenn Sie sich im Bewusstsein der 10. Dimension befinden, dann geschieht alles von alleine. Das einzige, was Sie nicht vergessen dürfen, ist die Nüchternheit.

Abschnitt 8
Das Bewusstsein der 11. Dimension.

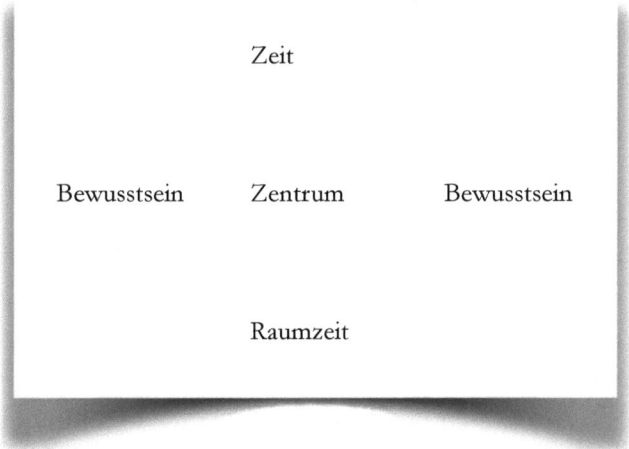

Mögliche Erkenntnisse aus der Sicht der 11. Dimension
Wenn Sie sich im Bewusstsein der 11. Dimension befinden und aus dieser Instanz die *Eigenschaft* betrachten, dann löst sie sich auf. Auch das geschieht von selbst.

Es ist möglich, dass Sie ein starkes Gefühl der Befreiung empfinden. Zu erfahren, dass man nicht mehr an die Oberfläche des Geistes gebunden ist, kann erschütternd sein.

Selbst dann, wenn Sie den Eindruck haben, dass kaum etwas geschehen ist, hat sie sich aufgelöst. Es geht weniger darum, was man glaubt oder was man sich vorstellt, sondern darum, ob man im Bewusstsein der 11. Dimension war.

Damit einher geht ein tiefes Verständnis dessen, was diese Art des Mitgefühls wirklich war. Eine Irreführung des Geistes, durch welche man sich mit scheinbar positiven Wesenszügen identifiziert und sich gleichzeitig von höheren Erkenntnissen abgeschnitten hat. Es ist nicht leicht, sich von *negativen Eigenschaften* zu lösen, die man für Licht hält. Als Licht sieht man es nur, wenn man sich selbst mit der 3. Dimension identifiziert. Schon aus der Instanz der 4. Dimension erkennt man, dass es Dunkelheit ist.

Abschnitt 9

Begeben Sie sich nun in das Wachsein. Dabei können Sie sich vorstellen, wie in Ihnen das Bewusstsein der Dimensionen beginnend von der 1. Dimension erwacht.

Fahren Sie mit der 4-Poligkeit fort. Sie werden auch hier einen Fortschritt bemerken, wenn Sie die Praxis der 11. Dimension meditieren.

Nun folgt das „Ich bin das Ich bin". Vielleicht erfahren Sie es jetzt als natürlich, dass Sie sich durch das „Ich bin das Ich bin" mit der 11. oder mit der 13. Dimension identifizieren.

Schließlich sollten Sie alle Imaginationen wieder auflösen. Damit ist diese Meditation beendet.

Der 2. Teil der Praxis der 11. Dimension

Die Befreiung von den *Eigenschaften* der 4. und 5. Dimension

Diese Meditationen der Befreiung von den *Eigenschaften* der 4. und der 5. Dimension[87] sind identisch mit der vorherigen Meditation mit dem Unterschied, dass sie beginnend mit der 6. Dimension betrachtet werden. Auch für diese Meditation möchte ich ein Beispiel anführen.

Es geht bei diesem Beispiel um das 7. Raum-Bewusstsein des Universums der 4. Dimension.

Abschnitt 1

Stellen Sie sich vor sich einen Raum vor. Dieser Raum ist von Bewusstsein durchdrungen. Stellen Sie sich vor, wie die Information der Beschreibung des 7. Raum-Bewusstseins des Universums den Raum füllt:

7. Raum-Bewusstsein

Die nächste größere Gruppe von Menschen ist die Gemeinschaft. Durch das 7. Raum-Bewusstsein bilden sich Gemeinschaften, die als Grundlage ein Lebensthema oder einen Lebensbereich haben. Oft bilden sich Gemeinschaften über religiöse Ideologien oder unterschiedliche Arten des Zusammenlebens. Nun ist es eine Idee, welche die Gruppe zusammenhält.

---

[87] Das ist die Praxis der 5 Amen.

Wenn Menschen sich ganz einer Religion oder Weltanschauung verbunden fühlen, definiert sich ihre Individualität über die Idee der Gemeinschaft.

Abschnitt 2
Begeben Sie sich durch den 4-poligen Schlüssel in das Bewusstsein der 6. Dimension und meditieren Sie über das 7. Raum-Bewusstsein.

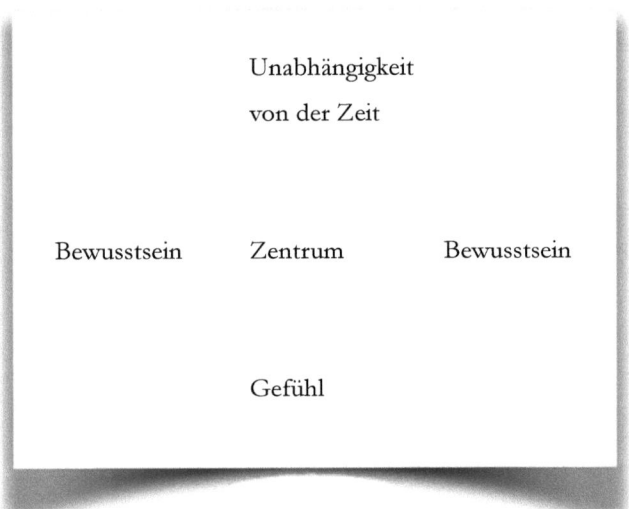

Unabhängigkeit
von der Zeit

Bewusstsein   Zentrum   Bewusstsein

Gefühl

Mögliche Erkenntnisse aus der Sicht der 6. Dimension
Aus der Instanz der 6. Dimension kann man erkennen, wie sich die Menschen, obwohl sie eigentlich frei wären, einer Instanz unterwerfen. Sie begeben sich freiwillig in ein geistiges Gefängnis, in welchem sie reguliert werden. Dadurch wird der Lebensraum sehr klein und eng.

Aus dieser Enge heraus beurteilen und verurteilen sie Menschen, die sich nicht in diesem Gefängnis befinden. Viele streben auch danach, andere Menschen in das eigene Gefängnis zu locken und einzusperren.

Sie können nun darüber meditieren, ob Sie sich selbst in einem Gefängnis der Religion, der Ideologie, des Nationalbewusstseins usw. befinden.

Abschnitt 3
Lösen Sie die 4 Pole der 6. Dimension auf. Nun stellen Sie sich die 4 Pole der 7. Dimension vor und begeben sich von der Substanz des Bewusstseins in das Bewusstsein selbst.

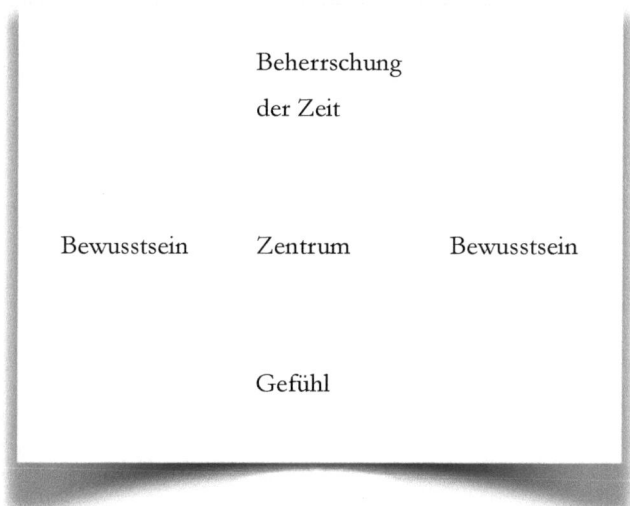

Beherrschung
der Zeit

Bewusstsein   Zentrum   Bewusstsein

Gefühl

Mögliche Erkenntnisse aus der Sicht der 7. Dimension
Wenn man sich dem 7. Raum-Bewusstsein des Universums unterwirft, verhindert man die Möglichkeit, die Größe des Menschseins zu erkennen. Man kann sich die Größe der 7. Dimension nicht vorstellen, wenn man sie nicht selbst erfahren hat. Sich mit dem 7. Raum-Bewusstsein einer religiösen oder weltlichen Ideologie der Erde zu

unterwerfen und sich mit ihr zu identifizieren, ist aus der Sicht der 7. Dimension so, als ob man sich freiwillig in ein Gefängnis begibt. Es ist, als ob jemand in einen kleinen Raum schaut und sich hartnäckig weigert, sich umzudrehen, um das Universum zu sehen.

Abschnitt 4
Begeben Sie sich in das Bewusstsein der 9. Dimension.

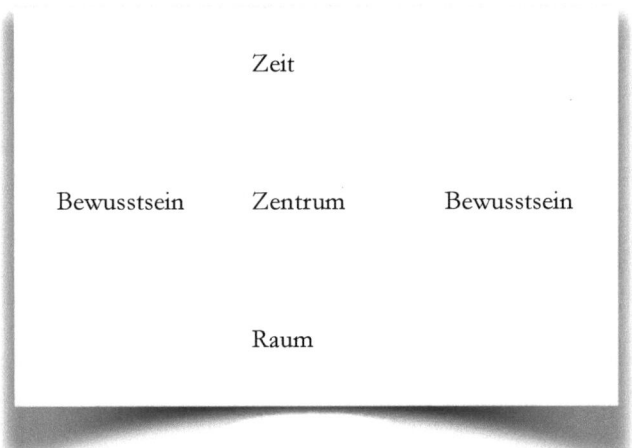

Mögliche Erkenntnisse aus der Sicht der 9. Dimension
Aus der Instanz der 9. Dimension erkennt man sehr gut den kleinen Raum, in welchem sich die Menschen befinden. Wieder stellt sich die Frage, ob man sich selbst einer Religion oder Weltanschauung unterworfen hat. Es braucht Zeit, darüber gründlich zu meditieren.

Wichtig ist, dass man es sich eingesteht, wenn man sich selbst darin erkennt. Durch die Erkenntnis der Enge wird man automatisch eine gewisse Reue empfinden.

Durch die Konfrontation mit der 9. Dimension beginnt sich das 7. Raum-Bewusstsein zu entfernen.

Abschnitt 5

Das Bewusstsein der 10. Dimension.

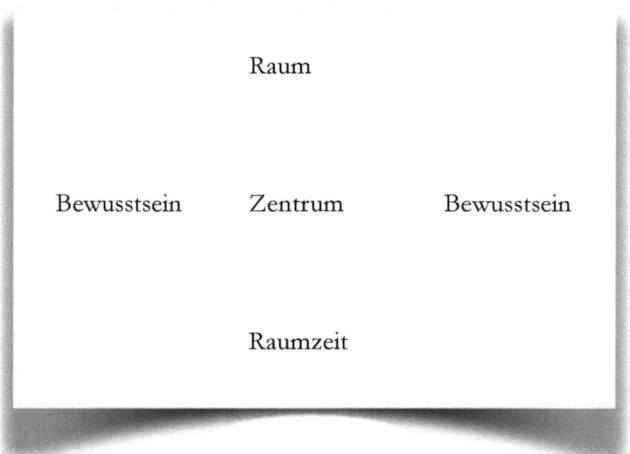

Mögliche Erkenntnisse aus der Sicht der 10. Dimension

Wenn man sich im Bewusstsein der 10. Dimension befindet, erfährt man ein nahezu unendliches Bewusstsein. Es ist kaum zu glauben, wenn man aus dieser Perspektive sieht, wie sehr sich die Menschen durch das 7. Raum-Bewusstsein selbst einschränken. Man ist fassungslos, was der Mensch sich selbst antut.

Das 7. Raum-Bewusstsein beginnt sich aufzulösen.

Abschnitt 6
Das Bewusstsein der 11. Dimension.

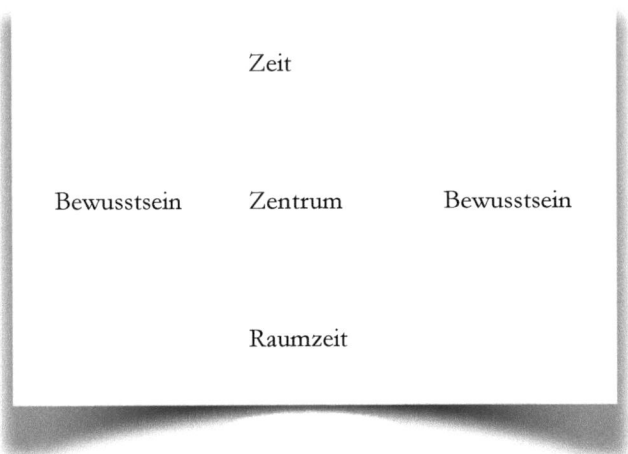

Mögliche Erkenntnisse aus der Sicht der 11. Dimension
Durch das Bewusstsein der 11. Dimension erkennt man die religiösen und weltlichen Ideologien auf der Erde als kurzlebige geistige Räume, die die Menschen als Gefängnisse wählen.

Das 7. Raum-Bewusstsein und damit in Verbindung alle Religionen und Ideologien lösen sich auf und verschwinden aus dem inneren All.

Wie lange diese Meditation dauert,. kommt auf den Meditierenden an. Wichtig ist, sich immer wieder der Nüchternheit bewusst zu werden.

Am Ende der Meditation braucht es wieder das Wachsein, die 4-Poligkeit und das „Ich bin das Ich bin". Ebenso sollten alle Imaginationen aufgelöst werden.

Der 3. Teil der Praxis der 11. Dimension

Die Befreiung von den *Eigenschaften* der 6. und 7. Dimension

Die nächste Meditation gilt der Befreiung von den *Eigenschaften* der 6. und 7. Dimension[88]. In diesem Fall begibt man sich nacheinander in das Bewusstsein der 9., 10. und 11. Dimension. Als Beispiel habe ich eine Meditation über eine *Eigenschaft* des niederen Selbst und eine Meditation über eine *Eigenschaft* des höheren Selbst angeführt.

Für die Befreiung von den Raum-Bewusstseinen der 6. Dimension gibt es eine andere Praxis, die ich später in diesem Kapitel erkläre.

---

[88] Hier handelt es sich um die Praxis der 3 Amen.

Beispiel 1: Die Befreiung von der 3. *verwaltenden Eigenschaft* des niederen Selbst

Abschnitt 1

Stellen Sie sich wieder den Umriss einer menschlichen Gestalt vor sich vor. Lesen Sie die Beschreibung durch und denken sich, wie der Inhalt die noch leere Gestalt füllt.

3. verwaltende Eigenschaft

Die Orientierung in die Dunkelheit – Die 3. *Eigenschaft* beeinflusst die Menschen im Sinne der Dunkelheit. Dadurch orientieren sie sich automatisch immer im Sinne der Dunkelheit. Bei jeder inneren Fragestellung, was in einer Situation zu tun wäre, greift diese *Eigenschaft* ein und beeinflusst die Menschen in dieser Weise. Bei Geld geht es darum, mehr Geld zu verdienen, bei Auseinandersetzungen kommt Gewalt ins Spiel usw. Letztendlich bewirkt jeder Impuls, der von dieser *Eigenschaft* ausgeht, eine weitere Einbindung in das niedere Selbst.

Abschnitt 2

Das Bewusstsein der 9. Dimension.

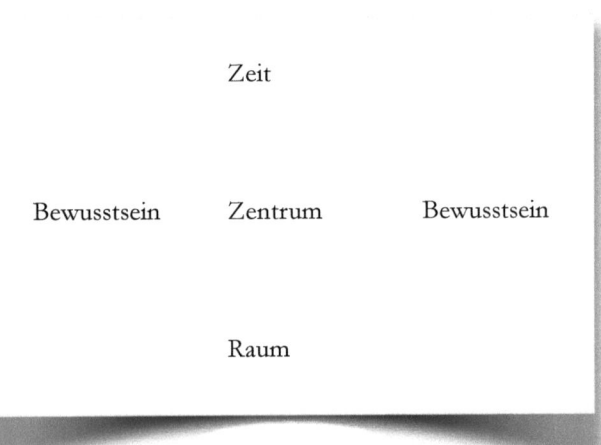

Zeit

Bewusstsein   Zentrum   Bewusstsein

Raum

Mögliche Erkenntnisse aus der Sicht der 9. Dimension

Aus dieser Instanz erkennt man, dass für das niedere Selbst nur Inhalte des niederen Selbst existent sind. Diese Menschen beschäftigen sich einzig mit Lebensthemen, die diesem Selbst entsprechen. Es geht auch um die grundsätzliche Existenz in den Lebensbereichen auf der Erde. Eine mögliche Sicht nach oben wird verhindert. Mehr Geld verdienen, in Auseinandersetzungen und Wettbewerben gewinnen, eine höhere Position innehaben, Erfolg im Beruf durch die Durchsetzung des eigenen Willens sind Beispiele, die einem einfallen können.

Vor allem begrenzt diese *Eigenschaft* den Menschen, indem sie nur Inhalte zulässt, die dem niederen Selbst entsprechen.

Man kann sich selbst die Frage stellen, inwieweit man diesen Einflüssen gefolgt ist.

Abschnitt 3

Das Bewusstsein der 10. Dimension.

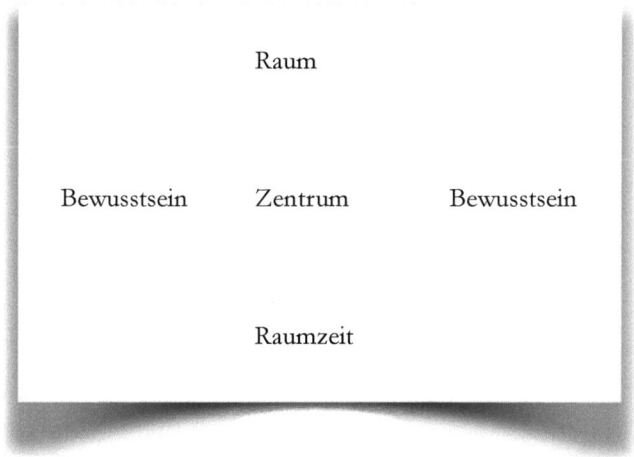

Mögliche Erkenntnisse aus der Sicht der 10. Dimension
Wenn sich diese *Eigenschaft* aufzulösen beginnt, kann man schrittweise erkennen, wie sehr man wie auf Schienen ihren Vorgaben gefolgt ist. Immer wenn der 1. Impuls die Durchsetzung der eigenen Belange durch Macht oder Stärke war, ist man diesen Bahnen gefolgt. So selbstverständlich diese Durchsetzung des Menschen auf der Erde scheint, so sehr sind es *Eigenschaften* der Dunkelheit. Man kann sagen, dass sie jeder Mensch kennt.

Abschnitt 4
Das Bewusstsein der 11. Dimension.

Zeit

Bewusstsein   Zentrum   Bewusstsein

Raumzeit

Mögliche Erkenntnisse aus der Sicht der 11. Dimension
Die *Eigenschaft* beginnt sich aufzulösen, bis sie verschwindet. Gleichzeitig kann man damit auch die Enge erkennen, in der man sich befunden hat. Dass man sich an der Dunkelheit orientieren muss, um im Leben weiterzukommen, ist nur eine Manipulation. Damit suggeriert sie den Menschen, dass das physische Leben im Zentrum der

menschlichen Existenz ist. Je mehr die Menschen im Leben kämpfen müssen, desto ausschließlicher geht es um das niedere Selbst.

Auch in diesem Fall beenden Sie die Meditation mit dem Wachsein und der üblichen Praxis. Vergessen Sie nicht, alle Imaginationen wieder aufzulösen.

Beispiel 2: Die Befreiung von der 4. *verwaltenden Eigenschaft* des höheren Selbst

Es kann sein, dass, je höher innerhalb der niederen Dimensionen die *Eigenschaften* sind, desto schwieriger wird es, die umfassende Bindung zu erkennen. Als Beispiel habe ich mögliche Erkenntnisse während einer Meditation der Befreiung von der 4. *verwaltenden Eigenschaft* des höheren Selbst angeführt.

Abschnitt 1

Denken Sie sich vor sich die Silhouette eines Menschen. Dann lesen Sie die Beschreibung durch und stellen sich vor, wie der Inhalt den Raum füllt. Versuchen Sie während der Meditation zu erkennen, ob Sie im Einfluss dieser *Eigenschaft* sind.

4. *verwaltende Eigenschaft*

Das sichtbare Licht – Durch die 4. *Eigenschaft* tragen die Menschen in sich das Licht des höheren Selbst, welches für die *Eigenschaften* der niederen Dimensionen und die *Eigenschaften* der Dunkelheit sichtbar ist. Diese werden davon geblendet und halten Distanz zu diesen Menschen. Die Art der Distanz hängt damit zusammen, mit welchen *Eigenschaften* des höheren Selbst sich die Menschen identifizieren. Je mehr sie sich über diese *Eigenschaften* erfahren, desto weniger agieren sie im Sinne der Dunkelheit. Es geschieht keine Befreiung von der Dunkelheit, aber die Distanzierung davon.

Abschnitt 2
Bewusstsein der 9. Dimension.

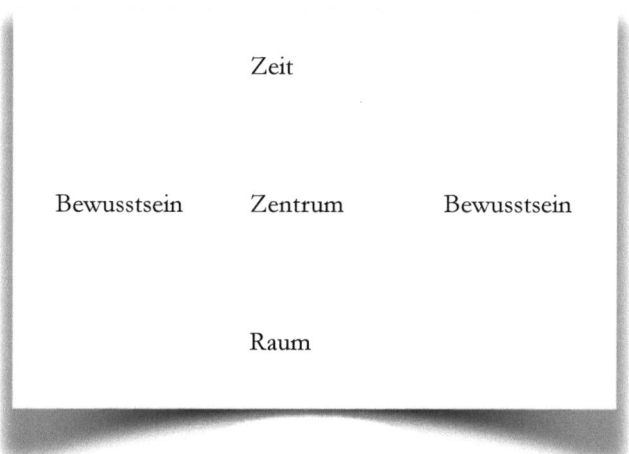

Zeit

Bewusstsein   Zentrum   Bewusstsein

Raum

Mögliche Erkenntnisse aus der Sicht der 9. Dimension
Man kann die geistige Substanz erkennen, die von den Menschen als Licht interpretiert wird. Die Menschen treten in dieses Licht ein, wenn sie sich mit dem höheren Selbst identifizieren. Mit der Zeit distanzieren sie sich von der Dunkelheit, obwohl sie sie in anderen Menschen erkennen können. Sie wähnen sich selbst im Licht und sehen keine Notwendigkeit, die *Eigenschaften* der Dunkelheit in sich selbst zu erkennen.

Sehr viele Menschen sind von dieser *Eigenschaft* betroffen.

Abschnitt 3
Bewusstsein der 10. Dimension.

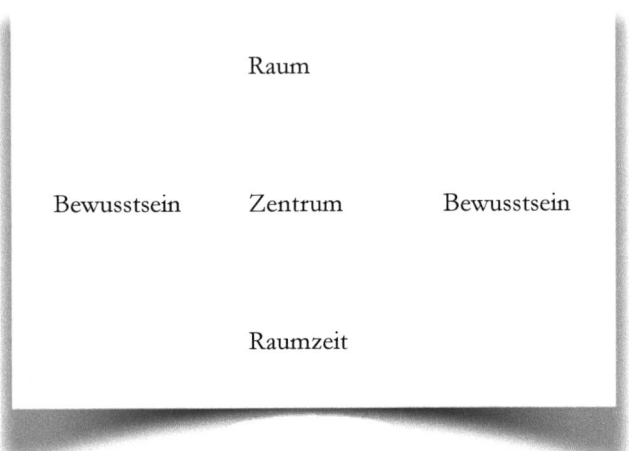

Raum

Bewusstsein   Zentrum   Bewusstsein

Raumzeit

Mögliche Erkenntnisse aus der Sicht der 10. Dimension
Da die Menschen davon überzeugt sind, dass sie die Dunkelheit in sich nicht erkennen müssen, bleibt sie bestehen. Sie sehen nur die Möglichkeit, sich zwischen dem Licht und der Dunkelheit, die sie kennen, zu entscheiden. Man kann sich das bildlich wie eine Waage vorstellen. Auf der einen Seite ist die Dunkelheit und auf der anderen Seite das Licht. Diese beiden Möglichkeiten existieren und bestimmen die Entwicklung. Man würde aber nicht auf die Idee kommen, dass sich die ganze Waage in der Dunkelheit befindet.

Man kann auch eine gewisse Überheblichkeit erkennen, denn diese Menschen sind davon überzeugt, dass sie sich im Licht befinden.

Abschnitt 4
Bewusstsein der 11. Dimension.

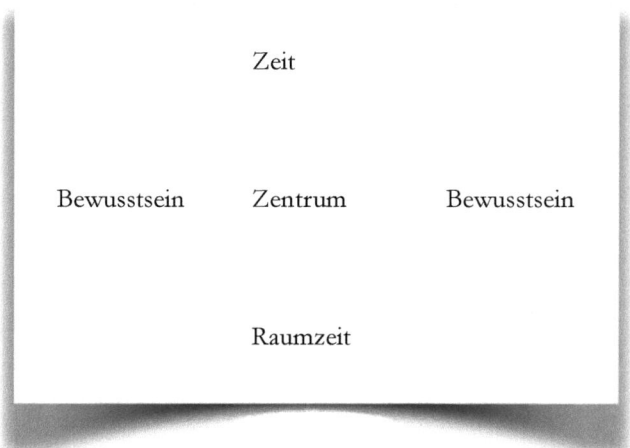

Mögliche Erkenntnisse aus der Sicht der 11. Dimension
Man kann gut erkennen, wie diese *Eigenschaft* den Menschen in den
niederen Dimensionen gefangen hält. Auch die Enge wird immer
deutlicher. Das Selbstbild ist nicht nur positiv, sondern durchdrungen
von einer kaum beschreibbaren Überzeugung, die Wahrheit zu besitzen. Es ist möglich zu sehen, dass das höhere Selbst wie das niedere
Selbst Dunkelheit ist.

Die *Eigenschaft* beginnt sich aufzulösen und stirbt. Damit verschwindet sie aus dem inneren All.

Beenden Sie die Meditation mit der üblichen Praxis und lösen Sie alle
Imaginationen wieder auf.

Der 4. Teil der Praxis der 11. Dimension

Die Befreiung von den *Eigenschaften* der Lebensthemen und Lebensbereiche

Das Besondere an dieser Übung ist, dass Sie die *Eigenschaften* selbst auswählen. Ihre Aufgabe ist es nun, eine 4-polige Substanz zu diesem Lebensthema zu bilden:

Am Platz des Lebensthemas oder des Lebensbereichs denken Sie sich ihr persönliches Thema. In diesem Fall verwenden wir das Thema Ernährung. Durch diese 4-Poligkeit wird das Essen zu einer personifizierten *Eigenschaft*.

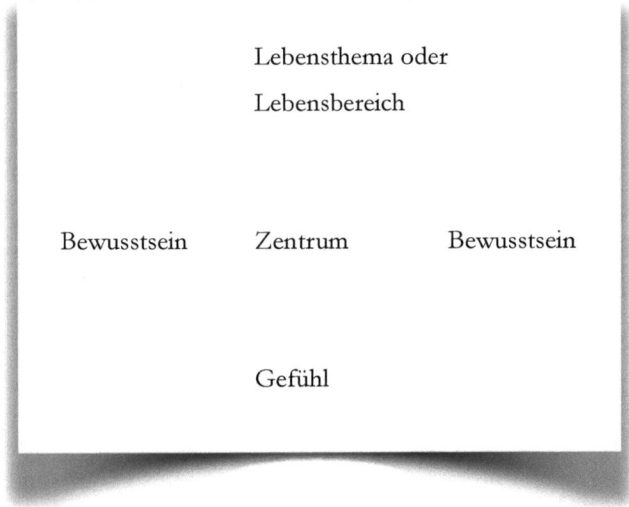

Nun beginnen Sie mit den Meditationen mit der 4. Dimension.

Begeben Sie sich in das Bewusstsein der 4. Dimension und betrachten Sie dieses Thema aus dieser Instanz. Vielleicht kommt jemand zur Erkenntnis, dass er das Essen gedankenlos in sich hineinstopft.

Der nächste Schritt führt in die 5. Dimension und eventuell zu der Erkenntnis, dass Essen Energie ist, die man braucht, um Körper und Geist zu bewegen.

Aus der Instanz der 6. Dimension erfährt man unter Umständen, dass man gedankenlos isst und aus der Instanz der 7. Dimension, dass man sich keine Gedanken darüber macht, wie viel man eigentlich isst.

Die Meditation im Bewusstsein der 9. Dimension führt unter anderem zur Erkenntnis der persönlichen Themen, die mit dem Essen verbunden sind.

In der 10. Dimension beginnt es sich aufzulösen und in der 11. Dimension löst es sich auf.

Es macht natürlich einen großen Unterschied, ob man in seiner Kindheit ein durchschnittliches Leben geführt hat, ob man in seiner Jugend unter Essstörungen gelitten hat oder ob man hungern musste. Die Erkenntnisse in den einzelnen Dimensionen werden sehr unterschiedlich sein.

Schließlich erfährt man in diesem Thema Befreiung im Sinne der 11. Dimension.

Einige Themen möchte ich hier nennen: Beruf, Partnerschaft, soziale Kontakte, Familie, Gemeinschaften, sozialer Status, Hobbys, Natur, Pflanzen, Tiere, Möbel, Ordnungssinn, Unordnung, Gesundheit, Krankheit, Kleidung, Schönheitssinn, Religion, esoterische Lehren, Autos, Verkehr, Flugzeuge, Meer, Berge usw.

Diese Meditation kann mit jedem Thema des Lebens praktiziert werden. Vor allem ist es wichtig, über die Themen zu meditieren, die einem im Erdenleben wichtig waren und sind.

Es gibt eine Ausnahme: Ein anderer Mensch darf den Platz des Lebensthemas, welches man vor sich imaginiert, nicht einnehmen. Dann schadet man sich selbst.

Der 5. Teil der Praxis der 11. Dimension

Wesenszüge des Charakters und der Persönlichkeit in der 11. Dimension

Die Meditationen dieser Praxis dienen dazu, die Wesenszüge des Charakters im Sinne der 11. Dimension zu empfinden[89]. Dadurch verändert sich die Empfindung, obwohl es sich um den gleichen Wesenszug handelt.

Der Wesenszug Ruhe

Das Empfinden von Ruhe auf der Erde
Nimmt man z. B. den Wesenszug Ruhe, so bedeutet sie ein Zurücknehmen der geistigen und körperlichen Bewegung. Man kommt zur inneren Ruhe. Ebenso unterstützen ruhige Orte diese Ruhe. Die Ruhe besitzt auf der Erde einen Magnetismus, der der Gravitation folgt. Diese Ruhe bewegt sich automatisch in Richtung Dunkelheit. Wenn man es mit der Ruhe übertreibt, können negative Folgen wie Depressionen auftreten.

Um nun diesen Wesenszug im Sinne der 11. Dimension zu fühlen, stellt man sich zunächst das Gefühl der Ruhe vor, wie man es gewohnt ist, und fühlt es. Man muss die innere Ruhe empfinden.

---

[89] Das ist die Praxis des sogenannten Zwillingserlösers, der auch das Kind des Kindes genannt wird.

Nun stellt man sich die 4 Pole der 11. Dimension vor. Man befindet sich in der Mitte mit dem Gefühl der Ruhe.

Die Aufgabe ist nun, sich auf die 4 Pole zu konzentrieren und nüchtern zu beobachten, wie sich die Empfindung Ruhe verändert.

Zeit

Bewusstsein   Das Gefühl   Bewusstsein
                   Ruhe

Raumzeit

Die Ruhe in der 11. Dimension
Das Besondere ist, dass es keine Gravitation gibt, die die Ruhe anzieht. Ebenso ist Ruhe nicht mehr der Gegenpol zur Aktivität. Die Ruhe wird zu einem positiven, nach oben gerichteten Gefühl, das nicht davon abhängt, ob sich der Körper bewegt oder nicht. Diese Ruhe schafft einen inneren Raum und lässt einen aufatmen. Dieser Raum füllt sich mit Kraft und die Folge ist, dass man sich nach kurzer Zeit erholt hat.

Die Kunst dieser Meditationspraxis besteht darin, die Ruhe, die Struktur oder eine andere Qualität sich verändern zu lassen. Man darf nicht an der gewohnten Empfindung der Ruhe festhalten. Wenn man nüchtern bleibt und die 4 Pole auf sich wirken lässt, wird sich die Empfindung von der gewohnten Ruhe auf der Erde zur Ruhe der 11. Dimension verändern. Durch diese Praxis gewöhnt man sich an die Gefühle und Empfindungen der 11. Dimension.

Während der Meditation braucht es einerseits die Konzentration auf die 4 Pole der 11. Dimension. Andererseits braucht es die Hingabe, damit sich die Ruhe verändern kann.

Am Ende der Meditation können Sie sich in das „Ich bin das Ich bin" begeben. Anschließend lösen Sie die Imaginationen auf.

Der Wesenszug Strukturiertheit

Das Empfinden von Strukturiertheit auf der Erde

Jemand ist strukturiert, wenn er Ordnung im Raum und Ordnung in der Zeit schafft. Im Raum bedeutet dies z. B., dass die Wohnräume aufgeräumt sind. Eine strukturierte Zeiteinteilung wäre Ordnung in der Zeit. Ebenso gibt es Struktur im Geschäftsleben, wie man an einer ordentlichen Buchhaltung sehen kann, oder Struktur in sozialen Kontakten, um z. B. eine Freundschaft zu pflegen.

Wenn man es mit der Struktur übertreibt, dann kommt es zu einer Erstarrung und man bewegt sich in einem selbst geschaffenen Gefängnis. Ebenso kann ein Zuviel an Struktur bedeuten, dass man Ordnungen schafft, durch die man sich selbst reguliert. Strukturiertheit auf der Erde dient grundsätzlich der Aufrechterhaltung der Dunkelheit.

Auf die gleiche Weise wie zuvor stellt man sich die 4 Pole der 11. Dimension vor, konzentriert sich auf sie und beobachtet, wie sich das innere Gefühl der Strukturiertheit verändert.

Die Strukturiertheit in der 11. Dimension
Struktur ist keine feste Größe, sondern ein dynamischer Prozess. Das Leben ist in ständiger Veränderung. Struktur in der 11. Dimension bedeutet, den Dingen mit der nötigen Aufmerksamkeit zu begegnen. Die Strukturen verändern sich automatisch im Laufe der Zeit.

Es gibt weder die Starrheit des Raumes, die den Inhalt konserviert, noch die Starrheit der Zeit, die keine Entwicklung zulässt. In jeder Struktur der 11. Dimension befindet sich das Bewusstsein, das sich entwickeln kann. Sie definiert keine feste Ordnung, sondern eine dynamische Ordnung in Richtung der 13. Dimension.

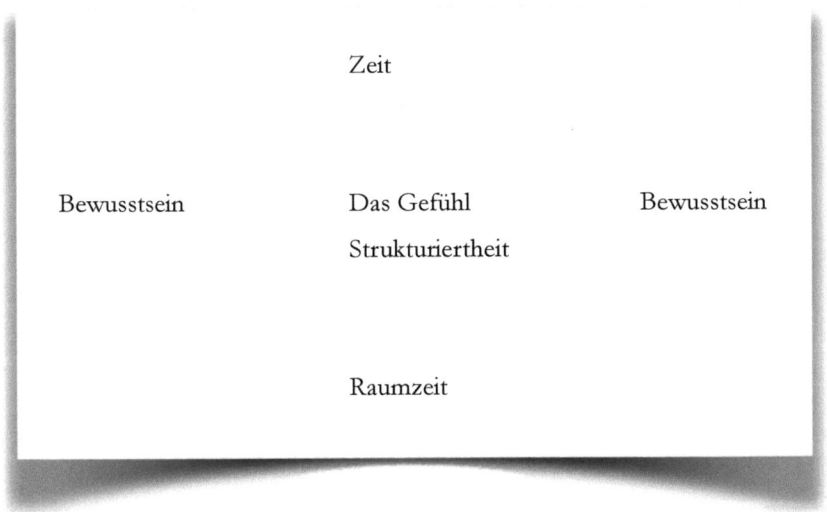

Wiederum können Sie sich in das „Ich bin das Ich bin" begeben und danach die Imaginationen auflösen.

Man kann diese Meditation mit allen positiven Wesenszügen des Charakters und der Persönlichkeit praktizieren. Einige Beispiele: Freundlichkeit, Geduld, Begeisterung, Aktivität, Strukturiert, Disziplin, Klarheit, Zuversicht, Vertrauen, Stabilität, Gewissenhaftigkeit, Verantwortung, Bescheidenheit, Gerechtigkeit, Hilfsbereitschaft und Fleiß.

Der 6. Teil der Praxis der 11. Dimension

Die Befreiung von den 12 Raum-Bewusstseinen der 6. Dimension

Durch diese Praxis befreit man sich vom niederen Selbst und vom höheren Selbst der niederen Dimensionen. Es handelt sich um 12 Meditationen, von denen sich jede auf ein Raum-Bewusstsein bezieht[90]. Es ist hilfreich, die Beschreibung des Raum-Bewusstseins der 6. Dimension durchzulesen, bevor Sie mit der Praxis der Befreiung von diesem Raum-Bewusstsein beginnen.

Die Praxis beginnt damit, sich mit einer der 12 *höheren Eigenschaften* der Befreiung zu identifizieren. Die Aufgabe besteht darin, eine Dimension als männliches Prinzip mit einer Dimension als weibliches Prinzip zu vereinigen. Man kann die Dimensionen 4-polig aufbauen. Auch diese Praxis erfordert Übung. Durch die Vereinigung entsteht jeweils eine *höhere Eigenschaft.*

Abschnitt 1
Aufbau der 4-Poligkeit der 10. Dimension
Imaginieren Sie die 4 Pole. Wenn Sie die Substanz des Bewusstseins empfinden, können Sie sich in das Bewusstsein begeben. Denken Sie sich das Bewusstsein der 10. Dimension links vor sich und verbinden es mit dem weiblichen Prinzip.

---

[90] Diese Praxis ist die Bedeutung der 12 Erlöser im Lichtland.

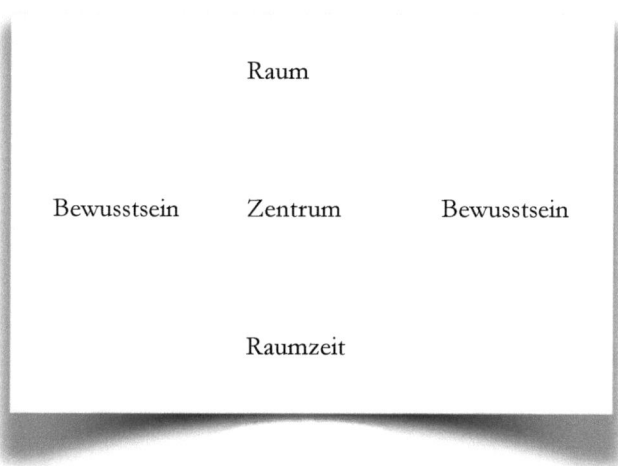

Raum

Bewusstsein   Zentrum   Bewusstsein

Raumzeit

Abschnitt 2

Nun müssen Sie sich in das Bewusstsein der 11. Dimension begeben. Auch hier bauen Sie die 4 Pole auf:

Zeit

Bewusstsein   Zentrum   Bewusstsein

Raumzeit

Verbinden Sie das Bewusstsein mit dem männlichen Prinzip und positionieren es rechts vor sich.

Abschnitt 3

Links vor Ihnen befindet sich jetzt das Bewusstsein der 10. Dimension als weibliches Prinzip und rechts vor Ihnen das Bewusstsein der 11. Dimension als männliches Prinzip. Nun ist es Ihre Aufgabe, beide Prinzipien miteinander zu vereinigen:

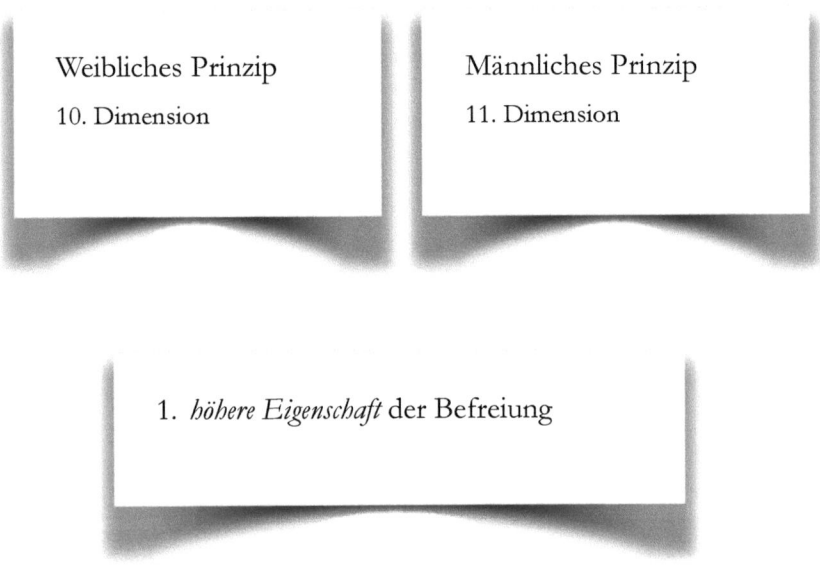

Weibliches Prinzip

10. Dimension

Männliches Prinzip

11. Dimension

1. *höhere Eigenschaft* der Befreiung

Durch die Vereinigung entsteht eine 3. Substanz, die 1. *höhere Eigenschaft* der Befreiung. Dabei handelt es sich um die Befreiung vom 1. Raum-Bewusstsein der 6. Dimension. Es ist dies das 1. der 6 Raum-Bewusstseine des niederen Selbst. Begeben Sie sich in diese *höhere Eigenschaft* der Befreiung und empfinden Sie sie.

Abschnitt 4

Der nächste Schritt besteht darin, dass Sie um sich die Pole der 6. Dimension aufbauen. Wesentlich ist jedoch, dass Sie selbst in der *höheren Eigenschaft* der Befreiung bleiben.

Unabhängigkeit
von der Zeit

Bewusstsein   1. höhere   Bewusstsein
                     Eigenschaft
                     der Befreiung

Gefühl

Abschnitt 5

Durch die 4-Poligkeit der 6. Dimension öffnet sich der Raum der 6. Dimension. Ihre Aufgabe ist es, sich mit dem Bewusstsein der *höheren Eigenschaft* in den Raum des Bewusstseins der 6. Dimension zu begeben.

Sie können sich vorstellen, wie sie von der 4-Poligkeit der 6. Dimension wie durch ein Tor in den Raum der 6. Dimension gelangen.

Abschnitt 6

Sie befinden sich nun mit dem Bewusstsein der *höheren Eigenschaft* im Raum der 6. Dimension. Diese *höhere Eigenschaft* innerhalb der 6. Dimension bewirkt, dass sich das 1. Raum-Bewusstsein der 6. Dimension auflöst. Damit löst sich das 1. Raum-Bewusstsein des niederen Selbst auf.

Konzentrieren Sie sich auf die 1. *höhere Eigenschaft* der Befreiung und lassen Sie sie innerhalb des Raums der 6. Dimension wirken.

Abschnitt 7

Nach einiger Zeit denken Sie sich wiederum die 4 Pole der 6. Dimension. Nun bildet diese 4-Poligkeit ein Tor, durch welches Sie den Raum der 6. Dimension verlassen.

Lösen Sie nun alle 4 Pole der 6. Dimension wieder auf.

Abschnitt 8

Trennen Sie die 1. *höhere Eigenschaft* wieder in das weibliche Prinzip links vor sich und in das männliche Prinzip rechts von sich. Links vor Ihnen befindet sich nun die 10. Dimension und rechts vor Ihnen können Sie die 11. Dimension erkennen. Lösen Sie die Prinzipien von den Dimensionen und lösen sie auf.

Abschnitt 9

Begeben Sie sich in das Bewusstsein der 11. Dimension und lösen die 4 Pole auf. Gleiches wiederholen Sie mit dem Bewusstsein der 10. Dimension.

Die Praxis ist nun beendet und Sie haben sich vom 1. Raum-Bewusstsein des niederen Selbst befreit.

Insgesamt gibt es 12 *höhere Eigenschaften* für die Befreiung von den 12 Raum-Bewusstseinen der 6. Dimension. Mit dem Unterschied, dass sich immer andere Dimensionen vereinigen und eine *höhere Eigenschaft* der Befreiung bilden, bleibt die Praxis gleich.

Die 12 *höheren Eigenschaften* der Befreiung von den Raum-Bewusstseinen der 6. Dimension

Befreiung vom 1. Raum-Bewusstsein des niederen Selbst
1. *höhere Eigenschaft*
Weibliches Prinzip: 10. Dimension – Männliches Prinzip: 11. Dimension

Befreiung vom 2. Raum-Bewusstsein des niederen Selbst
2. *höhere Eigenschaft*
Weibliches Prinzip: 10. Dimension – Männliches Prinzip: 12. Dimension

Befreiung vom 3. Raum-Bewusstsein des niederen Selbst
3. *höhere Eigenschaft*
Weibliches Prinzip: 10. Dimension – Männliches Prinzip: 13. Dimension

Befreiung vom 4. Raum-Bewusstsein des niederen Selbst
4. *höhere Eigenschaft*
Weibliches Prinzip: 11. Dimension – Männliches Prinzip: 11. Dimension

Befreiung vom 5. Raum-Bewusstsein des niederen Selbst
5. *höhere Eigenschaft*
Weibliches Prinzip: 11. Dimension – Männliches Prinzip: 12. Dimension

Befreiung vom 6. Raum-Bewusstsein des niederen Selbst
6. *höhere Eigenschaft*
Weibliches Prinzip: 11. Dimension – Männliches Prinzip: 13. Dimension

Befreiung vom 1. Raum-Bewusstsein des höheren Selbst
7. *höhere Eigenschaft*
Weibliches Prinzip: 12. Dimension – Männliches Prinzip: 11. Dimension

Befreiung vom 2. Raum-Bewusstsein des höheren Selbst
8. *höhere Eigenschaft*
Weibliches Prinzip: 12. Dimension – Männliches Prinzip: 12. Dimension

Befreiung vom 3. Raum-Bewusstsein des höheren Selbst
9. *höhere Eigenschaft*
Weibliches Prinzip: 12. Dimension – Männliches Prinzip: 13. Dimension

Befreiung vom 4. Raum-Bewusstsein des höheren Selbst
10. *höhere Eigenschaft*
Weibliches Prinzip: 13. Dimension – Männliches Prinzip: 11. Dimension

Befreiung vom 5. Raum-Bewusstsein des höheren Selbst
11. *höhere Eigenschaft*
Weibliches Prinzip: 13. Dimension – Männliches Prinzip: 12. Dimension

Befreiung vom 6. Raum-Bewusstsein des höheren Selbst

12. *höhere Eigenschaft*

Weibliches Prinzip: 13. Dimension – Männliches Prinzip: 13. Dimension

Der 7. Teil der Praxis der 11. Dimension

Die Praxis der Befreiung des Körpers der individuellen Eigenschaften

Diese Praxis erfordert das Wissen um die Existenz eines Ursachenprinzips. Grundsätzlich bedeutet das, dass jeder Gegenstand, jedes Ereignis und jede *Eigenschaft* auf eine tiefere Ursache zurückgeführt werden können. Ein materieller Gegenstand wie z. B. ein Holztisch hat als Ursache das Holz, den Baum, die Jahreszeiten und später den Holzfäller, den Schreiner und vieles mehr.

Es gibt 3 Prinzipien der Ursachen
Das 1. Prinzip bezieht sich auf nicht personifizierte Gedanken und geistige Substanzen. Sie kennen kein individuelles Bewusstsein, sondern sind Teil eines größeren Bewusstseins. Die Farbe dieses Prinzips ist schwarz-grün.
Das 2. Prinzip betrifft die Ursache der niederen Dimensionen. Dazu gehören die Erde und alle Menschen, die sich mit dem niederen oder höheren Selbst identifizieren. Die Farbe ist schwarz-violett.
Das 3. Prinzip der Ursache bezieht sich auf die höheren Dimensionen und alle Menschen, die in ihnen verkörpert sind. Seine Farbe ist schwarz-orange.

Diese Praxis befreit den Körper der individuellen Eigenschaften[91]. Sie bewirkt eine Veränderung dieses Körpers, sodass er in die 12. Dimension aufsteigen kann.

Man begibt sich in Verbindung mit einer *höheren Eigenschaft* in eine Dimension. Diese *höhere Eigenschaft* bewirkt die Veränderung im Körper der individuellen Eigenschaften. Es ist auch möglich zu erkennen, ob es noch notwendig ist, über bestimmte *Eigenschaften* dieser Dimension zu meditieren.

Abschnitt 1

Beginnen Sie damit, sich in das Bewusstsein der 11. Dimension zu begeben. Bauen Sie die 4 Pole auf, empfinden Sie die Substanz des Bewusstseins und begeben sich in das Bewusstsein.

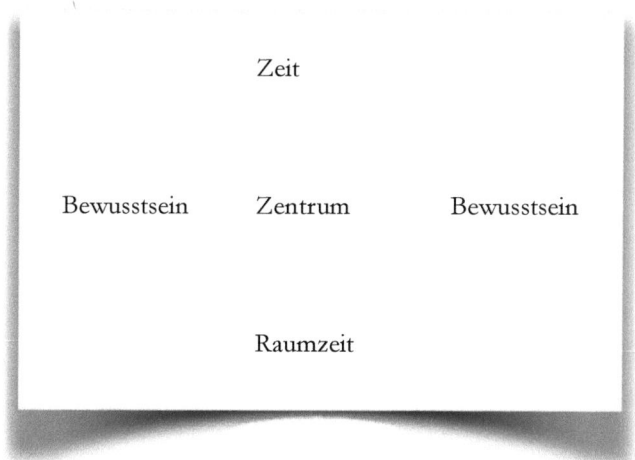

Stellen Sie sich vor, wie das Bewusstsein in Verbindung mit dem männlichen Prinzip den Platz rechts vor Ihnen einnimmt.

---

[91] In der Pistis Sophia werden 9 Wächtern erwähnt. Dabei handelt es sich um diese Praxis.

Abschnitt 2

Jetzt imaginieren Sie links vor sich das Ursachenprinzip der höheren Dimensionen. Dazu stellen Sie sich die Farbe schwarz-orange vor. Denken Sie in Verbindung mit dieser Farbe, dass sie dieses Prinzip in sich tragen. Der Gedanke genügt.

Verbinden Sie es nun mit dem weiblichen Prinzip.

Abschnitt 3

Nun besteht Ihre Aufgabe darin, beide Prinzipien miteinander zu vereinigen.

Weibliches Prinzip

Das Prinzip der Ursache der höheren Dimensionen (schwarz-orange)

Männliches Prinzip

Das Bewusstsein der 11. Dimension

Höhere Eigenschaft der Befreiung des Körpers der individuellen Eigenschaften

Identifizieren Sie sich mit dieser *höheren Eigenschaft*.

Abschnitt 4

Der nächste Schritt besteht darin, während Sie sich mit dieser *höheren Eigenschaft* identifizieren, rund um sich die 4 Pole der 1. Dimension aufzubauen.

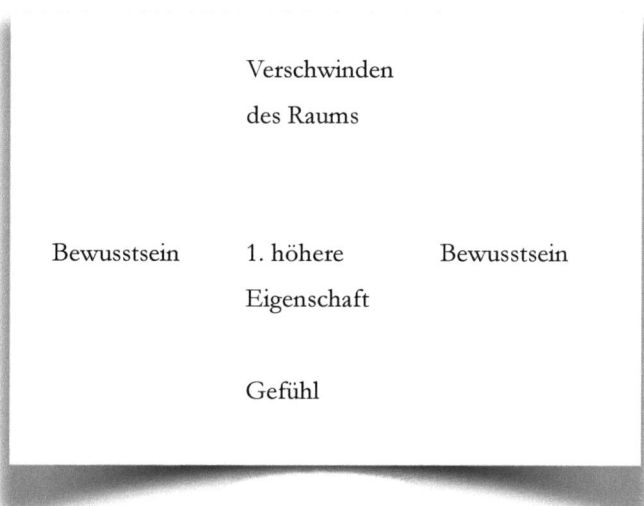

Verschwinden
des Raums

Bewusstsein   1. höhere   Bewusstsein
               Eigenschaft

               Gefühl

Dadurch wird es möglich, sich in Verbindung mit der *höheren Eigenschaft* in die 1. Dimension zu begeben.

Abschnitt 5

Nun befinden Sie sich selbst in eins mit der *höheren Eigenschaft* innerhalb der 1. Dimension. Die Aufgabe ist es, diesen Zustand der *höheren Eigenschaft* so nüchtern wie möglich aufrechtzuerhalten und einfach wirken zu lassen. Die Folge ist, dass sich die Dimension von allen Substanzen und *Eigenschaften* befreit, mit denen sich der Körper der individuellen Eigenschaften identifizieren könnte.

Ist eine Befreiung noch nicht möglich, wird ein innerer Prozess in Gang gesetzt, der zu dieser Befreiung führt.

Wesentlich ist die Nüchternheit. Je nüchterner diese Meditation praktiziert wird, desto wirksamer ist sie. Es bringt nichts und ist auch hinderlich, die Meditation zu beschleunigen. Wichtig ist die nüchterne Konzentration auf den Zustand der 1. *höheren Eigenschaft*.

Abschnitt 6

Nach der Meditation verlässt man die 1. Dimension. Dazu baut man als Gedankenstütze die 4 Pole auf und definiert die Mitte als Tor, um sich aus der Dimension hinauszubewegen. Für diese Bewegung genügt ein Gedankenimpuls. Danach löst man die 4 Pole wieder auf. In der gewohnten Weise löst man dann die beiden Prinzipien und die Imaginationen des Ursachenprinzips der höheren Dimensionen und der 11. Dimension auf.

Diese Meditation sollte man öfters wiederholen. Mit jeder Meditation nähert man sich der Befreiung des 4. Körpers, des Körpers der individuellen Eigenschaften.

In der gleichen Weise ist es notwendig, die Meditation nicht nur mit der 1. Dimension zu praktizieren, sondern mit der 1. Dimension bis zur 9. Dimension. Die *höhere Eigenschaft* der Befreiung des Körpers der individuellen Eigenschaften bleibt identisch. Der Unterschied besteht darin, dass man sich in die 2. Dimension, die 3. Dimension usw. begibt und sie in der jeweiligen Dimension wirken lässt.

Der 8. Teil der Praxis der 11. Dimension

Die Befreiung der Dimensionen

Die letzte Praxis der 11. Dimension bezieht sich auf die Befreiung der Dimensionen[92]. Dies sind die letzten Meditationen vor dem Aufstieg des Bewusstseins in die 12. Dimension. Bevor man diese Meditationen ausführt, sollte man sich schon einige Zeit mit der Praxis der 11. Dimension beschäftigt haben. Insgesamt sind es 12 Meditationen, die zu dieser Praxis gehören.

Abschnitt 1
Beginnen Sie damit, sich in das Bewusstsein der 1. Dimension zu begeben. Bauen Sie die 4 Pole auf, empfinden Sie die Substanz des Bewusstseins und begeben Sie

Verschwinden

des Raums

Bewusstsein   Zentrum   Bewusstsein

Gefühl

---

[92] In der Pistis Sophia wird von 7 Stimmen und 5 Bäumen im Lichtland geschrieben. Die beschriebene Praxis ist ihre Bedeutung.

sich in das Bewusstsein.

Abschnitt 2
Während Sie sich im Bewusstsein der 1. Dimension befinden, imaginieren Sie rund um sich die 4 Pole des Bewusstseins der 13. Dimension:

Abschnitt 3

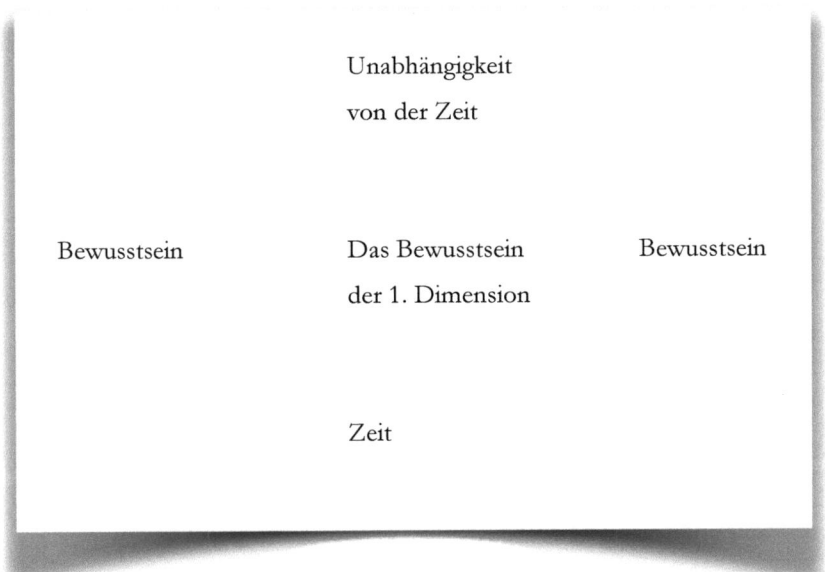

Unabhängigkeit
von der Zeit

Bewusstsein   Das Bewusstsein   Bewusstsein

der 1. Dimension

Zeit

Lassen Sie nun das Bewusstsein der 13. Dimension auf sich wirken. Da Sie sich im Bewusstsein der 1. Dimension befinden, wird in ihrem inneren All diese Dimension befreit. Die Herausforderung ist es, nüchtern zu bleiben und die Veränderung der 1. Dimension durch den Einfluss der 13. Dimension zuzulassen.

Anschließend lösen Sie alle Imaginationen wieder auf.

In gleicher Weise ist es notwendig, dass man diese Meditation nicht nur mit der 1. Dimension, sondern ebenso mit der 2. Dimension, dann mit der 3. Dimension bis zur 12. Dimension praktiziert.

Die 12. Dimension des Bewusstseins

Das befreite und aufgestiegene Bewusstsein

In der 12. Dimension ist das Bewusstsein[93] daran gebunden, dass die Unabhängigkeit von der Zeit den Raum beherrscht. Das bedeutet, dass eine innere Veränderung möglich ist, ohne an die Zeit gebunden zu sein.

In der Welt der 12. Dimension zu inkarnieren bedeutet, alles zurückzulassen. In dieser Dimension gibt es keine *Eigenschaften* der niederen Dimensionen. Dort existieren auch keine Regulierung und keine Orientierung.

Von den 5 Körpern steigen 2 in die 12. Dimension auf, der Körper der individuellen Eigenschaften und der Körper des individuellen Bewusstseins.

Der Körper der Eigenschaften wird durch die befreiten Dimensionen gebildet. In den Dimensionen gibt es keine *Eigenschaften*, die wie in den niederen Dimensionen den Charakter und die Persönlichkeit z. B. als verwaltende oder umfassende *Eigenschaften* definieren.

---

[93] Die 12. Dimension des Bewusstseins wird in der Pistis Sophia der Ort der Erbteile des Lichtreichs genannt. Der unaussprechliche Gott ist ursprünglich das personifizierte Bewusstsein der 12. Dimension und der unnahbare Gott das personifizierte Bewusstsein der 13. Dimension.

Die Voraussetzung für den Aufstieg ist die Befreiung der Dimensionen von allen *Eigenschaften*. Erst wenn dieser Körper die notwendige Reinheit besitzt, kann sich der Mensch wirklich befreien. Reinheit bedeutet hier, dass das Bewusstsein an keine *Eigenschaft* mehr gebunden ist. Es geht dabei nicht um die Unterscheidung von *positiven* und *negativen Eigenschaften*, sondern um die Reinheit des Lichtes oder der Substanz des Bewusstseins selbst.

Der Körper des individuellen Bewusstseins hat als innerste Prägung 12 *höhere Eigenschaften*, die der 13. Dimension innerhalb der 12. Dimension entsprechen[94].

Von der 1. bis zur 10. Dimension kann man sich die Hierarchie der 5 Körper so vorstellen, dass der Körper des individuellen Bewusstseins der größte ist. Es folgt der 4. Körper, der Körper der individuellen Eigenschaften, der sich durch die *Eigenschaften* definiert, mit denen sich der 5. Körper verbindet. Der 3. Körper, der Körper der individuellen Korrektur, reguliert die *Eigenschaften* im Sinne der niederen Dimensionen oder gibt dem Menschen Orientierung im Sinne der 9. und 10. Dimension.

Der Körper des individuellen Geistes, also der 2. Körper, nimmt diese korrigierten *Eigenschaften* als Grundlage seines Handelns. Für den menschlichen Geist ist dies die physische und geistige Wirklichkeit, die nach der Korrektur noch vorhanden ist. Der Körper des individuellen Mensch-Bewusstseins ist der 1. Körper. In ihm manifestiert sich das, was sich letztlich im Mensch-Bewusstsein in Verbindung mit dem physischen Körper realisiert.

Wenn man in die 12. Dimension aufsteigt, besteht der Unterschied darin, dass es keinen regulierenden oder orientierenden Körper mehr gibt. Das bedeutet, dass der Geist frei in seinen Handlungen ist. Das

---

[94] Das in der 12. Dimension personifizierte Bewusstsein der 13. Dimension trägt in der Pistis Sophia den Namen Melchizedek.

betrifft die Gedanken, die Gefühle, den Glauben, die Liebe, die Hoffnung und zahlreiche andere geistige Qualitäten. Der Mensch entscheidet selbst über seinen Geist, der unmittelbar mit dem 4. und 5. Körper verbunden ist. Diese Stufe geistiger Freiheit ist in den niederen Dimensionen unvorstellbar.

Man könnte es auch so sagen: Der Mensch reguliert und orientiert sich selbst. Es ist allein seine Entscheidung.

Der Körper des individuellen Mensch-Bewusstseins entspricht der 12. Dimension.

Wenn man durch die 11. Dimension aufsteigt und in der 12. ankommt, erhält man Hilfe von Menschen, die in diesem Universum leben. Dort befindet man sich zunächst in einem Zustand der Regeneration und muss sich erst an das Licht und die dort herrschende Energie gewöhnen. Nach und nach kommt der Mensch dort an und gleichzeitig öffnet sich ihm das Universum der 12. Dimension.

Das Leben dort ist ein physisches Leben. Man kann es jedoch nicht mit dem Leben auf der Erde vergleichen. Zum Beispiel ist es dort möglich, den physischen Körper zu regenerieren. Es gibt kein körperliches Altern wie auf der Erde.

Der physische Körper wurde, bevor der Mensch in die 12. Dimension gelangte, durch den Geist der 11. Dimension[95] gebildet. Unter anderem durch diesen Geist besitzt der physische Körper die Fähigkeit zur Regeneration.

Das Bewusstsein der dort lebenden Menschen ist auf einem Entwicklungsstand, der auch im physischen Leben keiner Regelung bedarf. Es gibt weder Nationen noch Religionen. Macht in irgendeiner Form über andere auszuüben, sei es durch Gesetze, Gebote oder Verbote, ist absurd.

---

[95] Der im Christentum und in der Gnosis bekannte Heilige Geist ist ursprünglich der Geist der 11. Dimension.

Das Leben ist lebendig. Menschen stellen sich ihre Lebensaufgaben selbst. Sie entscheiden auch selbst, wie sie ihr Leben führen wollen. Denken und Fühlen unterscheiden sich stark vom Leben auf der Erde. Wenn man über die 12 *höheren Eigenschaften* meditiert, kann man einen Einblick gewinnen, wie sich die Menschen dort selbst erkennen. Es sind die *höheren Eigenschaften* des Körpers des individuellen Bewusstseins.

Wenn man die Befreiung des Bewusstseins verwirklicht hat, dann hat man gleichzeitig das höchste Ziel innerhalb der Dimensionen des Bewusstseins realisiert. Diese Befreiung zu verwirklichen, ist das innerste Streben aller Menschen in allen Universen.

Die Ordnung der 12 *höheren Eigenschaften* des Bewusstseins der 13. Dimension als individuelles Bewusstsein in der 12. Dimension

1. *höhere Eigenschaft*

Die 1. *höhere Eigenschaft* dieses Bewusstseins ist vollkommene Freiheit. Es gibt keine Einschränkung. Diese Freiheit betrifft jede Bewegung und jede Begegnung. Nichts in allen Dimensionen kann diese Freiheit auch nur berühren. Es ist die Freiheit des Bewusstseins der 13. Dimension als individuelles Bewusstsein in der 12. Dimension.

2. *höhere Eigenschaft*

Die 2. *höhere Eigenschaft* ist die Anerkennung der Freiheit jedes Menschen. Diese Anerkennung ist absolut. Es gibt keine Beeinflussung eines anderen Menschen. Auch zwischen den Menschen gibt es keine Bewertung. Dies bezieht sich sowohl auf materielle Güter als auch auf geistige Fähigkeiten oder die Stufe der Verwirklichung der Dimensionen. Dieses Bewusstsein bleibt bei sich selbst.

3. *höhere Eigenschaft*

Die 3. *höhere Eigenschaft* ist die Erkenntnis der Unendlichkeit des Bewusstseins. Es gibt für das Bewusstsein keine Grenze für die Verwirklichung höherer Zustände des Bewusstseins. Bildhaft ausgedrückt: Selbst derjenige, der das höchste individuelle Bewusstsein aller 13. Dimensionen verwirklicht hat, sieht keine Grenze nach oben. Diese

Sicht und die gleichzeitige Erkenntnis der Unendlichkeit der Entwicklung ist Teil dieses Bewusstseins.

4. *höhere Eigenschaft*

Die 4. *höhere Eigenschaft* des Bewusstseins der 13. Dimension in der 12. Dimension ist, dass es das höchste Bewusstsein aller 13 Dimensionen ist. Es gibt in den Welten der Dimensionen und in den Dimensionen selbst kein individuelles Bewusstsein, das eine hierarchisch gleiche oder höhere Position einnimmt.

5. *höhere Eigenschaft*

Die 5. *höhere Eigenschaft* definiert die Substanz dieses Bewusstseins. Diese Substanz ist das höchste Licht und bleibt in der Reinheit dieser Substanz. Sie verbindet sich mit keinem Inhalt, der nicht diese Reinheit in sich trägt. Sie definiert sich selbst. Durch diese *höhere Eigenschaft* wird jede Substanz des Bewusstseins gereinigt, unabhängig davon, mit welchen Inhalten der Dimensionen sie sich identifiziert hat.

6. *höhere Eigenschaft*

Die 6. *höhere Eigenschaft* dieses Bewusstseins ist die vollkommene Form der Selbstwahrnehmung. Dieses Bewusstsein nimmt sich in allen Aspekten gleichzeitig als individuelle Einheit wahr. Der Zustand der 6. *höheren Eigenschaft* ist die Konsequenz des Wachseins von der 1. bis zur 12. Dimension.

7. *höhere Eigenschaft*

Die 7. *höhere Eigenschaft* besagt, dass dieses Bewusstsein grundsätzlich keine Grenzen im Umgang mit anderen Menschen hat. Der Maßstab dafür ist die Entwicklung des Menschen in Richtung der höheren Dimensionen. Es ist diesem Bewusstsein möglich, jeden Menschen aus jeder Dunkelheit aller Dimensionen und Lebenswelten zu befreien und in jedes Bewusstsein einzuweihen.

8. höhere Eigenschaft

Die 8. *höhere Eigenschaft* definiert die vollkommene Wahrnehmung der Umwelt. Dies betrifft alle Menschen und Lebewesen sowie alle physischen und mentalen Substanzen. Diese Wahrnehmung durchdringt alle Dimensionen und es gibt innerhalb der Dimensionen keinen Aspekt, den dieses Bewusstsein nicht wahrnehmen kann.

9. höhere Eigenschaft

Die vollständige Erkenntnis aller Inhalte aller Dimensionen ist die 9. *höhere Eigenschaft* des individuellen Bewusstseins der 13. Dimension innerhalb der 12. Dimension. Dies bezieht sich auch auf die Ursache ihrer Existenz. Die Erkenntnis umfasst ebenso die 5 Körper in den niederen Dimensionen und in der 9. und 10. Dimension. Auch betrifft es die Körper eines Menschen in der 12. Dimension.

10. höhere Eigenschaft

Die 10. *höhere Eigenschaft* des befreiten Bewusstseins ist der freie Wille. Diese Willensfreiheit ist absolut. Es gibt keine Macht, keine Kraft, kein Wesen, das diesen Willen beeinflusst oder beeinflussen könnte. Dieser Wille bezieht sich sowohl auf das eigene Selbst als auch auf den gesamten umgebenden Raum.

11. höhere Eigenschaft

Diese *höhere Eigenschaft* betrifft die Beherrschung der Funktion des Gefühls und damit gleichzeitig die Freiheit des Gefühls. Durch die Funktion des Gefühls kann sich das Bewusstsein mit *Eigenschaften* identifizieren. Es ist die Entscheidung dieses Bewusstseins, über welche *Eigenschaften* es sich definieren will. Die Möglichkeiten sind unbegrenzt.

12. *höhere Eigenschaft*

Die 12. *höhere Eigenschaft* ist „Ich bin das Ich bin". Sie ist das ständige Gewahrsein des Bewusstseins der 13. Dimension in der 12. Dimension. Jede Form von „Ich bin das Ich bin" innerhalb der 13 Dimensionen führt in Richtung dieser 12. *höheren Eigenschaft*.

Die Praxis der 12 *höheren Eigenschaften* der 12. Dimension

Durch diese Praxis ist es möglich, sich den 12 *höheren Eigenschaften* anzunähern und sie mit dem Bewusstsein zu erfahren. Es gibt 2 Möglichkeiten der Meditation:

Die 1. Möglichkeit

Denken Sie sich vor sich eine menschliche Silhouette. Lesen Sie nun den Text einer *Eigenschaft* durch und stellen sich vor, wie sich die Gestalt mit der *Eigenschaft* füllt. Identifizieren Sie sich mit dieser Gestalt. Nun können Sie darüber meditieren.

Die Herausforderung besteht darin, so nüchtern wie möglich zu bleiben und die *Eigenschaft* nicht durch die eigene Vorstellungskraft zu verändern, z. B. indem man die Gestalt mit Licht füllt oder sich etwas anderes vorstellt.

Wenn Sie eine Weile meditiert haben, beenden Sie die Meditation mit dem „Ich bin das Ich bin".

Lösen Sie dann alle Vorstellungen auf.

Die 2. Möglichkeit

Die 2. Möglichkeit besteht darin, sich mithilfe eines Schlüssels mit einer *Eigenschaft* zu verbinden. Diese Schlüssel sind relativ komplex und es bedarf einiger Übung, um sie anwenden zu können. Ich werde die Praxis wieder Schritt für Schritt anhand eines Beispiels beschreiben. Es handelt sich um die Meditation über die 1. der 12 *höheren Ei-genschaften.*

Abschnitt 1
Bilden Sie die 1. *höhere Eigenschaft* der Befreiung der 12. Dimension:

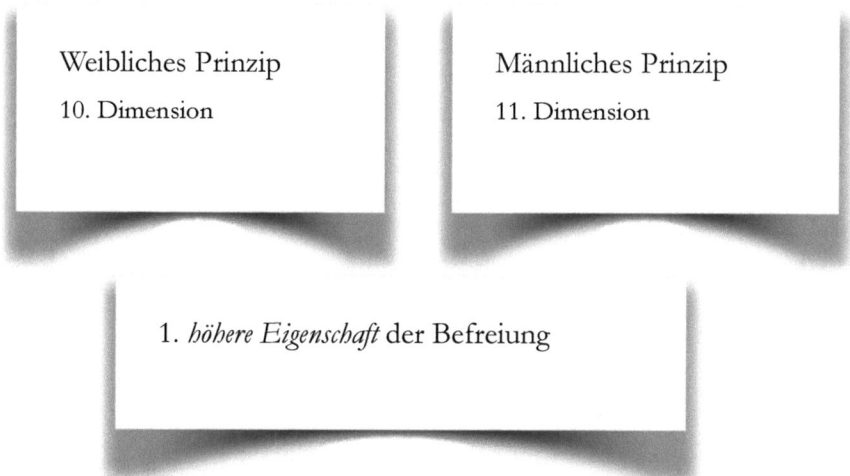

Weibliches Prinzip

10. Dimension

Männliches Prinzip

11. Dimension

1. *höhere Eigenschaft* der Befreiung

Geben Sie nun diese *höhere Eigenschaft* auf den Platz links vor Ihnen und verbinden sie mit dem weiblichen Prinzip.

Abschnitt 2
Das männliche Prinzip wird gebildet, wenn Sie Bewusstsein als weib-liches Prinzip mit Bewusstsein als männliches Prinzip vereinigen:

Weibliches Prinzip	Männliches Prinzip
Bewusstsein	Bewusstsein

Bewusstsein vereinigt mit Bewusstsein

Geben Sie dieser neuen Substanz die Position rechts vor sich.

Abschnitt 3

Nun können Sie das männliche und das weibliche Prinzip dieser *Eigenschaft* miteinander vereinigen:

Weibliches Prinzip	Männliches Prinzip
1. höhere Eigenschaft der Befreiung	Bewusstsein vereinigt mit Bewusstsein

1. *höhere Eigenschaft* des Bewusstseins der 13. Dimension in der 12. Dimension

Abschnitt 4

Durch diese neue Substanz kann man sich in diese 1. *höhere Eigenschaft* begeben, sie erkennen und darüber meditieren. Lesen Sie die Beschreibung dieser *Eigenschaft*. Der Schlüssel ist wie ein Tor zu dieser *höheren Eigenschaft* des Bewusstseins.

1. *höhere Eigenschaft*

Die 1. *höhere Eigenschaft* dieses Bewusstseins ist vollkommene Freiheit. Es gibt keine Einschränkung. Diese Freiheit betrifft jede Bewegung und jede Begegnung. Nichts in allen Dimensionen kann diese Freiheit auch nur berühren. Es ist die Freiheit des Bewusstseins der 13. Dimension als individuelles Bewusstsein in der 12. Dimension.

Beenden Sie die Meditation mit „Ich bin das Ich bin".

Zum Schluss ist es wieder ihre Aufgabe, alle Imaginationen aufzulösen.

Die Schlüssel der 12 höheren Eigenschaften der 12. Dimension
Für die Meditationen mit den *höheren Eigenschaften* der 12. Dimension
brauchen Sie die *höheren Eigenschaften* der Befreiung. Sie finden die
Schlüssel der *höheren Eigenschaften* der Befreiung auf Seite 991.
Indem Sie als weibliches Prinzip die 2. *höhere Eigenschaft* der Befreiung
verwenden, kommen Sie zur 2. höheren *Eigenschaft* des Bewusstseins
der 13. Dimension in der 12. Dimension.

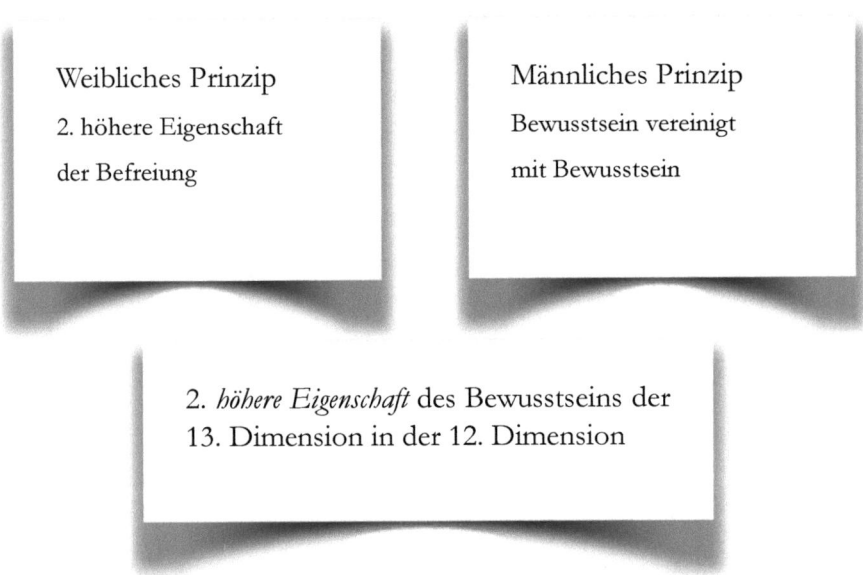

Weibliches Prinzip

2. höhere Eigenschaft

der Befreiung

Männliches Prinzip

Bewusstsein vereinigt

mit Bewusstsein

2. *höhere Eigenschaft* des Bewusstseins der
13. Dimension in der 12. Dimension

In der gleichen Weise können Sie alle 12 Schlüssel bilden.

Die 13. Dimension des Bewusstseins

Der Aufstieg des Bewusstseins

Die 13. Dimension ist keine Lebenswelt der Menschen, die in den Universen der 13 Dimensionen leben. Sie ist eine Dimension des Übergangs in eine nächste, höhere Matrix des Bewusstseins. Die Menschen, die jenseits der 13. Dimension leben, haben nicht 2, sondern 3 DNA-Stränge. Was das bedeutet, ist kaum vorstellbar. Ein damit verbundenes Bewusstsein ist so fremd, dass man es erst lernen muss, darüber nachzudenken, geschweige denn, es zu fühlen.

Auf der Erde besitzen die Menschen 2 DNA-Stränge, von denen der eine mit der 4. Dimension und der andere mit der 8. Dimension in Verbindung steht. In diesem Spannungsfeld zwischen der Bindung an die Zeit und der damit verbundenen Veränderung einerseits und der Aufrechterhaltung andererseits leben die Menschen. Man könnte es auch so beschreiben, dass der DNA-Strang der 8. Dimension die Aufrechterhaltung anstrebt, während der DNA-Strang der 4. Dimension die Veränderung durchsetzt.

Im Universum der 5. Dimension sind es die 8. Dimension und die 5. Dimension. Auf die gleiche Weise sind die DNA-Stränge der Menschen in den Universen der 6. und 7. Dimension aufgebaut. Die physischen Körper der Menschen sehen ähnlich aus, reagieren aber vollkommen unterschiedlich auf die physikalischen Gesetze.

Im Universum der 9. Dimension ist ein DNA-Strang mit der 9. Dimension und ein DNA-Strang mit der 10. Dimension verbunden.

Die DNA definiert die Einbindung des menschlichen Körpers in das Universum der jeweiligen Dimension. Es ist immer das Bewusstsein, das über die beiden Stränge den physischen Körper und den Körper des individuellen Mensch-Bewusstsein beeinflusst.

Für das Leben auf der Erde ist das Bewusstsein der 13. Dimension die innerste und höchste Orientierung des Bewusstseins. Dort ist das Bewusstsein daran gebunden, dass die Unabhängigkeit von der Zeit die Zeit beherrscht. Wenn ein Mensch im Universum der 12. Dimension lebt, ist sein Körper des individuellen Bewusstseins mit der 13. Dimension verbunden. Dies gleicht der Beherrschung jeder Form von Veränderung aus einer Position der Unabhängigkeit.

Es ist sehr ungewohnt, das Bewusstsein der 13. Dimension wahrzunehmen, da die Menschen das Bewusstsein meistens mit dem Raum in Verbindung bringen. Ein Bewusstsein, das sich über die Unabhängigkeit der Zeit definiert, welche die Zeit beherrscht, befindet sich nicht im Raum, sondern in der Zeit. Aus einer Position der Unabhängigkeit heraus ist es zum Beispiel möglich, die Zeit zu verlangsamen oder anzuhalten. Dann entsteht im Bewusstsein eine große Fülle, die wahrgenommen werden kann.

Die Praxis des Aufstiegs des Bewusstseins

Die letzte Praxis für die Befreiung des Bewusstseins betrifft die 13. Dimension. Es ist die Vorbereitung für den Aufstieg des Bewusstseins.

Abschnitt 1
Der 1. Schritt besteht darin, die 4 Pole des Bewusstseins der 13. Dimension zu imaginieren. Anschließend, wenn Sie die Substanz des Bewusstseins als Kraft wahrnehmen, begeben Sie sich in das Bewusstsein selbst.

Abschnitt 2

Unabhängigkeit
von der Zeit

Bewusstsein   Zentrum   Bewusstsein

Zeit

Wenn Sie sich im Bewusstsein der 13. Dimension befinden, dann bauen sie um sich wiederum die 4 Pole der 13. Dimension auf. Lassen Sie diese 4 Pole auf das Bewusstsein der 13. Dimension, in welchem Sie sich befinden, wirken. Wichtig ist, dass Sie nüchtern bleiben.

Durch diese letzte Praxis steigt das innere All auf.

Abschnitt 3

Unabhängigkeit
von der Zeit

Bewusstsein   Bewusstsein der   Bewusstsein
                     13. Dimension

Zeit

Beenden Sie die Meditation mit dem „Ich bin das Ich bin".
Anschließend lösen Sie alle Imaginationen wieder auf.

Es ist möglich, dass sich der Aufstieg des Bewusstseins während des Lebens auf der Erde vollzieht. In diesem Fall durchwandert der Mensch nach dem Ableben des physischen Körpers die Dimensionen und gelangt über die 11. Dimension in das Universum der 12. Dimension, wo er sich mit dem nun befreiten Bewusstsein inkarniert.

Nachwort

Mit der Veröffentlichung dieser beiden Teile des Buches habe ich eine Arbeit abgeschlossen, die ich mir vor Jahren vorgenommen hatte. Es war mein Anliegen, dass es dem Leser dieses Buches möglich ist, in Selbstverantwortung ein Bewusstsein der höheren Dimensionen zu verwirklichen.

Eine Erfahrung auf dem Weg, die ich mit Freunden teile, ist, dass man immer mehr Mensch wird. Damit meine ich nicht menschlicher im allgemeinen Sinne, sondern dass man in sich selbst das erfüllt, was Menschsein bedeutet. Gleichzeitig übertrifft das Bewusstsein und das Licht des Bewusstseins, das man in sich erkennt, bei weitem alle Erwartungen.

Bedanken möchte ich mich bei meiner Lebenspartnerin Susanne für ihre unermüdliche Hilfe und Unterstützung.

Noch eine Bitte: Ich habe das Buch als Self-Publisher veröffentlicht und habe deshalb nicht die Unterstützung eines Verlages, der z. B. mein Buch im Buchhandel bewirbt. Falls Ihnen das Buch gefällt, freue ich mich über eine Bewertung in Form einer Sterne-Bewertung oder einer Rezension.

Die Praxis der Befreiung des Bewusstseins – Buch 1
Preis: 29,99 Euro
542 Seiten
ISBN: 9783759786876

In diesem Buch beschreibt Kurt Walchensteiner ein neues Verständnis des Menschseins. Es gibt eine mehrdimensionale Struktur des Bewusstseins, die vergleichbar mit einer inneren Plattform im Menschen das Menschsein definiert. Das Wissen um diese Struktur ist verloren gegangen. Tausende Eigenschaften, Ordnungen und Raum-Bewusstseine aus 13 Dimensionen bilden ein inneres All im Menschen. Raum und Zeit bestimmen diese Struktur, in welche sich der Mensch einfügt.

In manchen Überlieferungen findet man einzelne Inhalte. Die in der gnostischen Schrift Pistis Sophia erwähnten Orte des Lichts und der Dunkelheit beziehen sich ebenso wie die 13 Kristallschädel der Maya-Religion in ihrer ursprünglichen Bedeutung auf die 13 Dimensionen des Bewusstseins. Auch in anderen Religionen und Lehren findet man Ordnungen und Raum-Bewusstseine, die herausgelöst aus dem Zusammenhang unterschiedliche Stellungen einnehmen.

Diese Struktur des Bewusstseins ist so alt wie der Mensch selbst. Sie erklärt den Ursprung des Menschen und ebenso den Weg, wohin sich das Menschseins bewegt. Jeder Mensch muss sich der Herausforderung stellen, ein Mensch zu sein. Das bedeutet, sich in das eigene Innere zu bewegen, die Dimensionen des Bewusstseins zu erkennen und das zu werden, was jeder Mensch als innerste Anlage in sich trägt.

Der Weg dorthin ist die Praxis der Befreiung des Bewusstseins und damit die Erfüllung des Menschseins. Das ist der Inhalt der beiden Bücher.

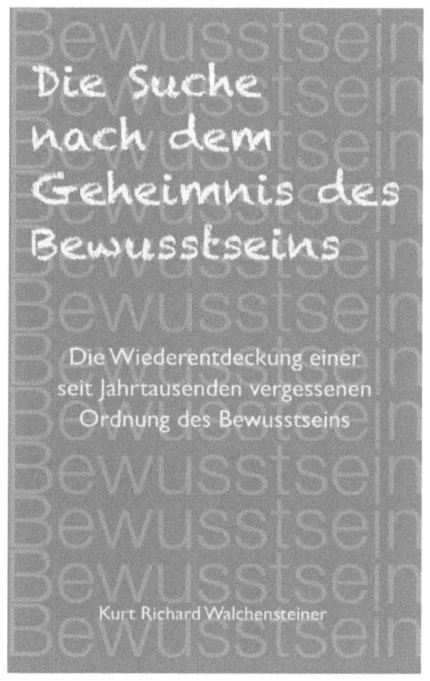

Die Suche nach dem Geheimnis des Bewusstseins

Preis: 16,99 Euro

254 Seiten

ISBN: 9783819282959

Die Wiederentdeckung einer seit Jahrtausenden vergessenen Ordnung des Bewusstseins. Raum, Zeit und Raumzeit sind drei von sieben Grundeigenschaften und dreizehn Dimensionen des Bewusstseins. Diese innerste Matrix des Menschseins ist am verborgensten und am offensichtlichsten Ort versteckt, den es gibt - im Menschen.

Der Autor führt den Leser Schritt für Schritt in die Tiefe der Geheimnisse des Menschseins. Es öffnet sich ein inneres Universum, dessen Ausmaß jede Vorstellung übersteigt. Der Leser erfährt nicht nur, in welcher Weise Bewusstsein die Ursache aller Existenz ist, sondern auch, woher das

Bewusstsein selbst kommt. Die größte aller Fragen ist seit Menschengedenken die gleiche. Was bedeutet es, Mensch zu sein?

Immer wieder nimmt der Autor Bezug auf religiöse und esoterische Inhalte und beschreibt, wo in den Dimensionen ihre Ursprünge zu finden sind. Dieses Buch stellt nicht nur die gesamte religiöse und esoterische Realität der Menschheit in Frage, es gibt Antworten über das Menschsein und das Bewusstsein.

Die Zeitalter des Menschseins -
Wie die Zeit den Menschen prägt

Preis: 14,99 Euro

176 Seiten

ISBN: 9783819282959

In der Zeit verborgen lenken Eigenschaften den Menschen durch die Zeitalter des Menschseins auf der Erde. Mit Marionetten vergleichbar, hängen
sie nicht nur mit dem Körper, sondern ebenso mit dem Bewusstsein und
dem Geist in der Zeit, bewegen sich durch die Zeit und sind der irrigen
Überzeugung, frei zu sein. Zeit ist eine Grundeigenschaft des Bewusstseins
und wird im Menschen geboren.

Zur Wintersonnenwende 2020 endete nach 13.640 Jahren das vierte Zeitalter und begann das fünfte Zeitalter. Für die Menschheit bedeutet dies, dass gänzlich andere Eigenschaften der Zeit Einfluss nehmen.

Dieses Buch gibt auch eine Antwort, warum der Mensch auf die Erde gekommen ist und sich in unserer evolutionären Zeitlinie vor etwas über 54.000 Jahren erstmals im Körper eines Primaten inkarnierte. Der Leser erfährt ein neues Verständnis der Zeit.